이   상   평   전

이상평전: 모조 근대의 살해자 이상, 그의 삶과 예술

발행일 초판1쇄 2012년 12월 10일 초판4쇄 2020년 10월 5일
지은이 김민수 | **펴낸곳** (주)그린비출판사 | **펴낸이** 유재건 | **주소** 서울시 마포구 와우산로 180, 4층
주간 임유진 | **편집** 신효섭, 홍민기 | **마케팅** 유하나
디자인 권희원 | **경영관리** 유수진 | **물류·유통** 유재영
전화 02-702-2717 | **팩스** 02-703-0272 | **이메일** editor@greenbee.co.kr | **신고번호** 제2017-000094호

ISBN 978-89-7682-389-2 03810

이 도서의 국립중앙도서관 출판예정도서목록(CIP)은 서지정보유통지원시스템 홈페이지(http://seoji.nl.go.kr)와
국가자료공동목록시스템(http://www.nl.go.kr/kolisnet)에서 이용하실 수 있습니다. (CIP제어번호: CIP2012005623)

Copyright ⓒ 2012 김민수

저작권법에 의하여 한국 내에서 보호를 받는 저작물이므로 무단전재와 무단복제를 금합니다.
책값은 뒤표지에 있습니다. 잘못 만들어진 책은 구입처에서 바꿔 드립니다.

철학과 예술이 있는 삶 **그린비출판사**

이 상 평 전

김민수 지음

그린비

머리말

신화를 넘어서

"나의 종생(終生)은 끝났으되 나의 종생기(終生記)는 끝나지 않는다. 왜?"
— 이상, 「종생기」 중

이상(李箱), 그는 정말 세상을 떠난 것인가? 그가 저세상 사람이라는 것은 이미 확정된 사실이다. 그는 조선의 국권이 침탈당하고 약 한 달 뒤인 1910년 음력 8월 20일 경성에서 태어나, 1937년 4월 17일 바다 건너 도쿄제국대학 부속병원에서 짧은 생을 마감했다. 그러나 그의 생은 그것으로 끝나지 않았다. 그는 여전히 관심의 대상일 뿐만 아니라, '이상 연구'라는 독보적인 공간에서 늘 조명을 받으며 천수를 누리고 있다. 흥미롭게도 생전에 그는 이런 자신의 운명을 이미 예고하고 있었다. 병이 깊어져 나날이 여위고 마지막에 "보숭보숭한 해골이 되고 말 것"[1]임을 알았던 그는 영원히 죽지 않을 자신의 운명을 예고했다. 마치 시간여행자처럼 그는 미래의 우리를 향해 주문을 걸어 놓았던 것이다. 1936년 11월 20일 도쿄에서 쓰고 유고로 발표된 「종생기」(終生記)에서 그는 "나의 종생(終生)은 끝났으되 나

---

1 유고 「공포의 기록」, 『매일신보』 1937. 4. 25~5. 15.

의 종생기(終生記)는 끝나지 않는다. 왜?"라는 질문을 던졌다. 도대체 왜 아직도 그의 삶은 끝나지 않는 것일까? 끝나지 않은 그의 종생기는 그동안 많은 세월을 거치며 마치 산에서 굴러 내려온 눈덩이처럼 커져 버렸다. 마침내 그것은 이제 쉽게 치울 수 없는 '이상 신화'라는 거대한 설산을 만들어 놓았다. 그가 신화가 된 데에는 여러 이유가 있을 것이다.

무엇보다 그동안 이상을 바라보는 시각 자체가 전현대적인 17세기 고전물리학의 수준이었기 때문이다. 즉 시간과 공간이 분리되어 있다는 고전물리학의 설명처럼 그의 생애와 작품은 서로 분리되어 빛과 같았던 그의 삶의 파동과 입자적 작품세계가 함께 다뤄지지 못하고 별개의 영역에서 따로 놀았다. 이로 인해 그의 작품은 마치 우주에서 내려온 암호문처럼 불가해한 대상으로 간주되는 한편 그의 생애는 여성편력의 화신, 퇴폐주의의 전형, 근대도시를 거닐던 권태로운 산책자 등의 온갖 수식어와 이미지로 그려졌다. 그러나 이제 이러한 전현대적 추측과 해석적 자유방임의 수준을 넘어서 현대적 노력이 좀더 필요하지 않을까 싶다. 요즘 현대물리학에서 말하는 '초끈이론'의 수준까지는 아니더라도 적어도 '파동(삶)과 입자(작품)'가 함께 다뤄져야 한다는 것이다. 한 예술가의 생애와 작품 사이의 관계는 결코 분리될 수 있는 성질의 것이 아니기 때문이다. 그동안 작가의 삶과 무관하게 작품만 좋으면 된다는 식의 전반적인 한국 예술의 풍토에서 볼 때 어쩌면 이러한 인식은 당연한 것인지도 모른다. 그러나 양자역학을 주장한 현대물리학자들은 이미 20세기 초에 빛이 파동으로서의 속성과 입자로서의 속성을 함께 가지며, 모든 물리 대상에서도 이러한 상보성이 관계한다고 이야기하지 않았던가.

오래된 과학이론을 이상 연구에서 언급하는 것은 그의 실험시를 비롯한 작품들이 바로 1920년대 갓 출현한 신건축과 디자인 이론은 물론 양자역학과 상대성이론 같은 현대물리학과도 공명했기 때문이다. 이렇듯 시대를 앞서 간 이상은 '꿈과 날개가 컸지만 날 수 없는' 현실에 좌절했고, 폐결핵으로 죽음이 다가오는 공포와 맞서 싸우며 질주해야 했다. 그는 당대 세계사적 흐름의 최전방으로 날고 싶었다. 그러나 극복될 수 없는 현실이라는 중력의 끌어당김에 좌절했고, 그럼에도 불구하고 그는 또 부단히 노력했던 것이다.

흔히 연구자들은 '이상 신화'가 글의 '난해성'에서 기인한 것처럼 말들을 한다. 하지만 사실 이는 작품 자체가 쉽게 범접하기 힘든 최전방적 사유라는 데에서 기인한다. 그의 작품은 사유의 근원을 파악하고 보면 쉽게 다가오지만 세상과 소통하는 데 있어서는 녹녹지 않았다. 그러나 거기엔 드러내 놓고 말할 수 없었던 비밀과 고민이 따로 있었다. 이에 대해서는 나중에 설명하기로 하고, 그의 작품은 당대의 위상공간을 건너뛰어 21세기 우리 시대에 이르러 오히려 쉽게 접속된다. 이는 그가 선택한 소통의 대상이 당대가 아닌 미래였던 게 아닐까 하는 생각마저 들게 한다. 소통이란 양자 간의 의미가 공유될 때 가능한 법이다. 당대에 이상이 위치했던 조선 문단과 사회엔 그와 소통할 준비가 아직 되어 있지 않았던 것이다. 이 점에서 그는 이 땅에서 '사후(死後) 예술'의 위상으로 세상과 '해석 게임'을 벌인 최초의 예술가였다. 예컨대 이상은 끝나지 않는 종생기의 단서를 자신의 글 곳곳에 숨겨 놓았다. 수필 「비밀」(秘密)에서 그는 "비밀이 없다는 것은 재산 없는 것처럼 가난할 뿐만 아니라 더 불쌍하다"며 "주머니에 푼 전(錢)이 없을망정 나는 천하를 놀려먹을 수 있는 실력을 가진 큰 부자일 수 있다"고 말했다.[2] 어쩌면 그의 비밀은 비밀이 만들어질 수밖에 없

---

[2] 「십구세기식」(十九世紀式) 중 「비밀」(임종국 엮음, 『이상전집』, 문성사, 1966).

었던 시대적 상황에서 비롯되었을 것이다. 언어에 비밀이 새겨지는 사회는 억압받거나 병든 사회이기 때문이다.

결국 이상의 끝나지 않는 종생기는 그가 호언장담했듯이 '세상을 놀려먹을 수 있는 실력과 비밀'이 담긴 그의 텍스트에서 기인한다. 그동안 이 암호들은 많은 연구자들의 노력에 의해서 밝혀진 부분도 있지만, 엉뚱하게 부풀려져 확대 재생산된 경우가 더 많았다. 어떤 경우에는 해석 자체가 너무 멀리 가버려 원전보다 난해한 경우도 많았다. 심지어 어떤 이들은 그의 작품을 '열린 텍스트'로 규정함으로써 해석 포기 내지는 방임주의를 조장하기도 했다. 이로 인해서 이상 연구는 마치 거대한 블랙홀처럼 되어갔다.

그러고 보면 우주의 블랙홀 이야기도 이상이 태어나던 무렵에 나왔다. 그가 태어나던 무렵, 지구 저편에서 아인슈타인은 특수 상대성이론(1905)을 발표한 데 이어 일반 상대성이론(1915)을 준비하고 있었다. 그는 후자의 이론에서 우주는 자체의 중력에 의해 시공간을 휘게 한다고 발표했다. 상대성이론이 발표되고 얼마 후인 1919년에 정말로 우주엔 시공간이 휘어진 블랙홀이 존재한다는 사실이 밝혀졌다. 실제 블랙홀 현상과 이상 사이에는 아무런 관련이 없다. 하지만 비유컨대, 이상은 한국 문학계라는 소행성에 엄청난 중력을 지닌 존재로 다가온다. 시간이 흐를수록 그의 존재감은 더욱더 큰 에너지를 발산하고 있기 때문이다. 이상 자신과 그의 작품은 평탄하던 한국 문학계의 시공간을 휘게 만들고, 마침내 많은 연구자들이 한번 빠져들면 쉽게 나올 수 없는 거대한 블랙홀을 형성시켜 놓았던 것이다.

그동안 많은 노력과 성과에도 불구하고, 이상의 작품, 특히 시에 대한 해석적 오류가 너무 많았다. 여기엔 여러 이유가 있겠으나 무엇보다도 그의 작품을 문학의 틀 안에 가둬 놓고 보려 한 문학적 순수주의 내지는 고립주의가 여전히 한몫하고 있기 때문이다. 이는 지난 20세기 초 아방가르드 근대예술의 지향점이 문학뿐만 아니라 미술, 디자인, 건축, 연극, 영화 등의 전 영역을 가로질러 발생했던 문자언어와 시각언어 사이의 총체적 연결망에 있었던 역사적 사실을 간과한 탓이다. 즉, 이상 텍스트를 문학의 틀 안에서만 본 결과였다. 그렇기 때문에 앞서 졸고[3]와 졸저[4] 등을 통해 필자는 이상의 작품은 일반적인 문학의 차원을 넘어서 시각예술의 차원에서 봐야 한다고 역설했던 것이다. 이런 의미에서 필자는 이상 텍스트와 시각예술 사이의 관련성이 단지 문학 연구를 보조 및 보완하는 수준이 아니라 그가 실제로 진행시켰을 사고 과정의 작업논리에 초점을 맞춰 심층적으로 다뤄져야 한다고 주장했다. 그의 글쓰기는 문학과 시각예술 사이의 매체적 접점 영역에서 발생한 내밀한 상호작용의 산물이었던 것이다.

이와 같이 필자는 이상의 작품이 화가이자 건축가이자 삽화 및 활자 디자이너로서 그의 다중매체적 지식과 시각적 감각이 어떻게 글쓰기와 상호작용하는지를 이해할 때 그 의미가 드러날 수 있다고 역설해 왔다. 그럼에도 불구하고 많은 연구자들은 이상의 글쓰기에 대해 이른바 문학이 지니는 언어예술의 질료적 특성만을 해석하거나, '기호적 유희', '성(性)적 기호' 내지는 '성 에너지의 방출'쯤으로 단순화시키려는 경향이 있다. 이런 풍토 속에서 이상 연구에서 현대 시각예술과의 내밀한 상관성에 주목했던 필자의 연구는 여전히 '문학 밖의' 보조적 연구쯤으로 취급되거나 여

---

[3] 졸고, 「시각예술의 측면에서 본 이상 시의 혁명성」, 권영민 편저, 『이상문학연구 60년』, 문학사상사, 1998. Min-Soo Kim, "Yi Sang's Experimental Poetry in the 1930s and Its Meaning to Contemporary Design", *Visible Language*, vol, 33.3, 1999, pp. 196~235.
[4] 졸저, 『멀티미디어인간 이상은 이렇게 말했다』, 생각의 나무, 1999.

러 해석적 방법론 중의 하나로 가볍게 간주될 뿐이다. 어떤 경우엔 공들여 밝혀 낸 사실들에 대해 인용 언급조차 하지 않고 문학의 빨대로 전유해 버린 경우도 있었다. 물론 여기엔 그동안 이상의 다중매체적 감각은 물론 작품과 삶 사이의 복잡한 연결망을 충분히 설명하지 못한 필자의 무능력과 한계 탓도 있었다고 본다.

이런 맥락에서 필자는 그동안 이 책을 준비하면서 새로 밝혀 낸 여러 사실들에 기초해 이상의 삶과 작품을 총체적으로 연결해 보고자 한다. 애초에 시작한 것보다 일이 커져 버린 데에는 최근에 필자가 원문에 기초해 독해하는 과정에서 이상의 난해시 중 하나로 손꼽히는 「且8氏의 出發」을 비롯해 중요한 시들을 추가로 해독하면서부터였다. 대부분의 해석이 그렇지만, 지금까지 나온 모든 이상 연구에서 해석된 이상 시 중에 '완전 왜곡'된 시가 바로 이 시다. 독해 과정에서 시의 숨은 뜻이 파악되면서 필자는 전율했다. 이로써 비로소 이상의 삶이 실존적으로 다가오기 시작했던 것이다.

「且8氏의 出發」은 1932년 7월 『조선과 건축』(朝鮮と建築)에 발표한 「건축무한육면각체」의 연작시였다. 그동안 많은 연구자들은 제목의 '且8氏'를 두고 한자의 회화적 이미지를 보고 '且'는 모자 모양, '8'은 눈사람이나 오뚜기, 따라서 "모자를 쓴 눈사람"이라는 해석에서부터 '항문기 새디즘'적 성적 이미지를 극대화한 'x팔씨'를 뜻한다는 성도착적 주장도 마다하지 않았다. 최근에 『이상전집』까지 출간한 이상 연구의 대가는 제목을 「차8씨의 출발」로 해석하고, '차'(且)자의 형태가 '구'(具)자와 비슷해서 이상의 친구였던 화가 구본웅(具本雄)의 성씨인 '具'씨를 의미한다는 황당한 해석을 내놓기도 했다. 그러나 이 시는 「차8씨의 출발」이 아니라 「또팔씨의 출발」이었다. 그 이유는 이 책의 4장 '또팔씨의 출발: 절정기와 좌절, 또 출발'에서 자세히 설명하겠지만, 이 시는 이상이 폐결핵으로 죽음의 막다른 골목에서 '실존의 땅'을 계속 파야만 할 운명인 '또-팔-사람의 출발'을 의미하기 때문이다. 미리 요약하면, 이 시는 '질척거리는 현실의 땅에서 분투적으로 땅을 계속 또 파려는(파야만 하는) 한 인간의 실존적 숙명과 새로운 출발'을 다짐한 처절한 시였던 것이다. 일어 원문에 기초해 시 속의 단어를 꼼꼼히 해석하는 과정에서 이 시의 본뜻을 이해하게 된 필자는 이상의 처절한 삶에 전율하고 눈물이 났다. 그동안 그의 삶이 피상적으로 다가왔던 것은 그의 작품이 잘못 해석된 데서 비롯된 것임을 깨닫는 순간이었다. 이러한 계기를 통해 이상의 처절한 삶이 작품과 함께 연결되어 서서히 수면 위로 떠오르기 시작했다. 필자는 이 교감을 독자들과 함께 나눠 '인간 이상'과 그의 '작품세계'에 대해 제대로 이해하고 한국 예술의 미래를 위한 계기를 마련하고자 이 책을 집필하게 되었다.

집필 작업에 앞서 시인 고은 선생이 낸 『이상평전』(1974)을 다시 살펴봤다. 지난 1956년 임종국 선생(이후 존칭 생략)이 이상의 흩어진 원고들을 끌어모아 최초로 『이상전집』을 내어 '이상 연구'의 발판을 마련한 이래 이상에 관한 수많은 글과 문헌들이 발표되었다. 하지만 고은의 『이상평전』만큼 인간 이상의 삶을 실존적으로 다룬 예는 없었다. 한국 문학계에서 이상은 늘 어려운 존재로 신화화되어 그의 삶과 작품이 단절된 채 관념적이고 추상적으로 회자되었다. 하지만 『이상평전』은 주로 전기적 사실을 '소설적으로 재구성'해서 대중적 언어로 실감나게 쉽게 풀어냈다. 이로 인해 이상에 대한 시각은 종래의 관념적인 수준에서 벗어나 오늘날 우리와 비슷하게 똥 싸고 오줌 누는 '인간의 모습'으로 인식될 수 있는 전기적 토대가 마련되었다.[5] 그러나 몇 가지 큰 아쉬움도 남았다. 거기에는 이상의 생애와 작품을 연결하고 설명하는 데 큰 간극을 내포한다는 사실 말고도 과도한 부분이 있었다. 무엇보다 고은은 이상을 두고 '무서운 사생아'라는 '무서운 낙인'을 찍었다.[6] 그는 또한 이상(과 그의 예술)의 본질과 의식의 기원을 지나치게 '성 에너지의 방출' 내지는 "성교주의"쯤으로 단순화시켜 보았다.[7] 이런 식으로 보면, 이상은 19세기 말 영국의 댄디즘과 에로티시즘의 악동, 오브리 비어즐리[8]류의 세기말 퇴폐주의자와 별 다를 게 없는 인물에 불과하게 된다.

    이상과 그의 예술을 여성편력과 성적 판타지와 관련짓는 것은 모든 문제를 '여자 문제'로 귀결시키는 한국적 마초주의 남근중심 시각에서 본 '문학적 상상력의 폐해'로 여겨진다. 그가 기생 금홍을 경성에 데려와 같이 살았던 것은 그녀를 '날개가 큰데도 날지 못하는' 자신과 똑같이 동병상련의 '거세된 존재'로 보았기 때문이며, 병이 깊어진 자신을 좋아한 권순희를 친구 정인택과 결혼시킨 것은 사랑하는 이에 대한 인간적 배려로 볼 수 있을 것이다. 사실 그는 죽기 전까지 변동림과 단 한 번 결혼한 인물이었다. 따라서 이상이 성도착적 여성편력의 화신처럼 낙인찍혀야 할 이유는 별로 없어 보인다. 피카소가 많은 여성들을 사랑했던 것은 예술을 위한 것이고, 이상이 사랑하고 정을 느낀 여성들은 노상방뇨의 대상쯤으로 보는, 그런 시선 자체가 여성에 대한 모독 내지는 건강치 못한 사회적 징후를 반영한 것일 수 있다.

---

[5] 반면 김윤식의 『이상연구』는 이상을 학술적으로 이해하는 데 공헌했다. 김윤식, 『이상연구』, 문학사상, 1987.
[6] 고은, 『이상평전』, 민음사, 1974, 12쪽.
[7] 사실 이 부분은 고은뿐만 아니라 많은 이상 연구자들의 문헌에서 일반적으로 관찰되는 현상이다.
[8] 오브리 빈센트 비어즐리(Aubrey Vincent Beardsley, 1872~1898)는 19세기 영국의 화가이자 일러스트레이터, 만화가로서 퇴폐적 일러스트레이션으로 세상에 알려졌고, 이러한 주제로 가득 찬 문학잡지 『옐로우북』(*The Yellow Book*, 1894~1897)과 『사보이』(*The Savoy*, 1896~1898) 등을 창간했다. 그가 그린 성적 이미지들은 일본 목판화 '우키요에'(浮世繪)의 평면적 선묘화의 영향을 받았다.

고은이 이상을 '무서운 사생아'로 본 것은 그의 문학이 작가 자신이 존재한 역사적이고 사회적인 공간과 공동체에 대해서 그 어떠한 의식도 보여 준 일이 없다고 판단했기 때문일 것이다. 그래서 이상은 "식민지시대의 산물"로 간주된다.[9] 얼핏 맞는 지적일지 모른다. 이상은 "민족의식을 기준단위로 사용한 일이 전혀 없다"는 고은의 말처럼, 그는 문학뿐만 아니라 삶의 흔적에서도 자신이 처한 역사적 공동체엔 관심이 없었던 것처럼 보인다. 예컨대 그는 일본어로 시를 썼고, 그의 삶과 작품 속에는 시인 이상화와 이육사 등처럼 시인으로서 마땅히 가져야 할 '자기가 살아야 했던 시대적 암흑과 대결한 개인적 체험'[10]이 드러나지 않는 것같이 보인다. 뿐만 아니라 시인의 자질로서 '선명한 현실인식과 식민지 지식인으로서의 사명에 대한 투철한 자각과 그 사명을 행동으로 구체화하는 등의 실천력'[11] 같은 의식도 없었던 것처럼 보인다. 이렇게 보면, 이상은 오늘날 공동체의 역사적이고 사회적인 현실을 외면한 채, 개인의 창작이 '순수하다'라고 스스로 위안을 삼는 이 땅의 많은 예술가들과 나아가 실무로 돈만 잘 벌면 장땡이라 여기는 건축가와 디자이너들의 '원조' 내지는 '원형'일지 모른다.

이상의 시에 대한 견해는 그를 아꼈던 시인 정지용과도 사뭇 달랐다. 그는 정지용처럼 시가 "객관적이고 보편적인 진리와 시인의 내적 의식과의 합일에서 탄생된다"[12]고 생각하지 않았다. 또한 그는 정지용이 전통을 박제화시키는 골동취미 대신에 '조선적인 예술적 혁신의 계기로 끌어당

---

[9] 고은,『이상평전』, 28쪽.
[10] 김영무,『시의 언어와 삶의 언어』, 창작과비평사, 1990, 30쪽.
[11] 위의 책, 23쪽.
[12] 김신정 엮음,『정지용의 문학세계 연구』, 깊은샘, 2001, 69쪽.

겨'[13] 조선의 언어를 세련되게 정제시키고자 분투했던 것과는 매우 대조적이었다. 그러나 그렇다고 이상이 조선어 자체에 대해 단 한 줌의 관심도 갖지 않았다고 말할 수는 없다. 왜냐하면 그가 조선어에 대한 미적 감수성을 갖고 있었던 증거가 전혀 없지 않기 때문이다. 예컨대 그는 산문 「아름다운 조선말」에서 "검정콩 푸렁콩을 주마" 하고 말한 정지용의 어느 시 구절의 '푸렁' 소리가 '잊을 수 없는 아름다운 말솜씨'라고 극찬하며 다음 글을 남겼다.

「아름다운 조선말 가운데도 내가 그중 아름답게 생각하는 말 다섯 가지와 자랑하고 싶은 말」이라는 중앙지(中央誌) 1936년 9월호의 설문에의 답.
무관(無關)한 친구가 하나 있대서 걸핏하면 성천(成川)에를 가구 가구했습니다. 거기서 서도인(西道人) 말이 얼마나 아름답다는 것을 깨쳤습니다.
들어 있는 여관 아이들이 손(客)을 가리켜 「나가네」라고 그리는 소리를 듣고 「좋은 말이구나」 했읍니다. 나같이 표표한 여객(旅客)이야말로 「나가네」란 말에 딱 필적(匹敵)하는 것같이 회심(會心)의 음향(音響)이었습니다. 또 「누깔사탕」을 「댕구알」이라고들 그립니다. 「누깔사탕」의 깜직스럽고 무미(無味)한 어감(語感)에 비하여 「댕구알」이 풍기는 해학적(諧謔的)인 여운(餘韻)이 여간 구수하지 않습니다.
그리고 어서 어서 하고 재촉할 제 「엉야-」하고 콧소리를 내어서 좀 길게 끌어 잡아당기는 풍속(風俗)이 있으니 그것이 젊은 여인(女人)네인 경우에 눈이 스르르 감길 듯이 매력적(魅力的)입니다.
그리고는 X溶의 詩 어느 구절엔가 「검정콩 푸렁콩을 주마」하는 「푸렁」소리가 언제도 말했지만 잊을 수 없는 아름다운 말솜씨입니다.
불초(不肖) 이상(李箱)은 말끝마다 참 참 소리가 많아 늘 듣는 이들의 웃음을 사

---

[13] 김신정 엮음, 앞의 책, 115쪽.

는데 제딴은 참 소리야말로 참 아름다운 화술(話術)인 줄 믿고 그리는 것이어늘 웃는 것은 참 이상한 일입니다.[14]

이렇듯 이상은 조선어가 지닌 말의 음향과 여운의 아름다움과 매력적 특징을 매우 잘 알고 있었다. 하지만 그가 선택한 것은 조선의 역사와 전통만을 창조의 계기로 삼는 일이 아니었다. 그는 조선의 산하를 붉게 물들인 가을 단풍이 아닌 '사꾸라'의 가을 홍엽(紅葉)에서도 매력을 느꼈고,[15] 초고층 근대건축을 이루는 철근철골, 시멘트와 가는 모래(細沙)와 같은 축조 기술과 구성주의적 질료로 이루어진 새로운 근대도시건축의 미학 역시 동경했다.[16] 이 결과 그는 당대의 또래 일본인보다 더 유창하게 일본어를 구사했으며, 일본인들에게도 기회가 쉽게 나지 않는 조선총독부 건축과에 취직한 인생의 절정기에 아방가르드 실험시를 일어로 남길 수 있었다.

이처럼 이상과 그의 작품세계는 겉보기에 자신과 운명을 같이하는 역사 공동체, 그 속에서의 현실인식과 지식인의 사명, 갱신된 전통의 혁신과 조선어의 정제 과정을 추구하는 등의 것과 관계가 없어 보인다. 실제로 그는 글만 보면 자신을 둘러싼 모든 것, 즉 역사마저도 '지겨운 짐'이 된다

---

[14] 임종국 엮음, 『이상전집』, 211쪽.
[15] 「가을의 탐승처(探勝處)」, 위의 책, 211쪽. '사꾸라'라는 꽃을 나는 그렇게 장하게 여기는 자가 아닙니다. 然而 이 '사꾸라'가 가을에 眞짜 단풍보다도 훨씬 단풍(丹楓)답게 홍엽(紅葉)이 지는 것을 보고 거 제법이라고 여겼습니다. 하니 가을에 아무도 가려 들지 않는 우이동(牛耳洞)으로 어디 슬쩍 가보는 것이 탐승탐자(探勝探字)에 어울리는 노릇이 아닐까 하는 소생(小生)의 우안(愚案)입니다. 가을에 금강산(金剛山)을 찾는 것은 어째 백원(百圓)짜리 지폐(紙幣)를 한꺼번에 수천(數千) 수만(數萬)장 목도(目睹)하는 것 같아서 소생(小生) 같은 소심(小心)한 자(者)에게는 좀 송구(悚懼)스러운 일이 아닌가 또한 소생(小生)의 우론(愚論)입니다. (1936년 10월 朝光誌 說問에의 答)
[16] 왜 나는 미끈하게 솟아 있는 근대(近代) 건축의 위용을 보면서 먼저 철근철골(鐵筋鐵骨), 시멘트와 세사(細沙), 이것부터 선뜩하니 감응하느냐는 말이다(「종생기」, 위의 책, 101쪽).

고 여겼던 지독한 반역사적 인간같이 비쳐진다. 그래서 그는 다음의 「회한의 장」(悔恨의 章)[17]에서처럼 자기 자신을 극한의 상태로 몰아갔다.

가장 무력한 사내가 되기 위해 나는 얼금뱅이이었다
세상에 한 여성조차 나를 돌아보지는 않는다
나의 나태(懶怠)는 안심(安心)하다

양팔을 자르고 나의 직무(職務)를 회피한다
더는 나에게 일을 하라는 자는 없다
내가 무서워하는 지배(支配)는 어디서도 찾아 볼 수 없다

역사(歷史)는 지겨운 짐이다
세상에 대한 사표(辭表) 쓰기란 더욱 지겨운 짐이다
나는 나의 글자들을 가둬 버렸다
도서관(圖書館)에서 온 소환장(召喚狀)을 이제 난 읽지 못한다

나는 이젠 세상에 맞지 않는 입성이다 봉분(封墳)보다도 나의 의무는 많지 않다
나에겐 그 무엇을 이해(理解)해야 하는 고통(苦痛)은 깡그리 없어졌다

나는 아무것도 보지는 않는다
바로 그렇기에 나는 아무것에게도 보이진 않을 게다
비로소 나는 완전히 비겁(卑怯)해지기에 성공한 셈이다

위의 글에서 보듯, 이상은 '얼금뱅이' 페르소나, 곧 가면을 쓰고 자신

---

[17] 「회한의 장」에 대한 다음의 번역은 『문학사상』 45호(1976. 6)에 실린 번역에 기초하고, 시행은 처음 발표된 『현대문학』(1966.7)에 기초함. 괄호 안의 한자는 필자가 읽기 쉽게 한글로 바꿔 표기한 것임.

을 세상의 모든 관심과 지배로부터 의도적으로 차단시켰다. 그는 '역사는 지겨운 짐'이라며, '사표 쓰기'를 통해 세상과의 단절을 표명한다. 그래서 결국 그가 도달한 지점은 "아무것도 보지 않고, 아무것에게도 보이지 않으며, 완전히 비겁해지기에 성공한" 완벽한 무(無)의 세계였다. 이로 인해 역설적으로 그는 모든 것에서 '자유로운 이방인'이자 '행복한 파산자'[18]가 되어 좁은 문학 동네를 넘어 한국 예술사에서 '영원한 모더니스트'로 기록될 수 있었던 것이다.

한데 여기서 '모더니스트'의 충동이란 과거와 스스로를 단절하고 직면한 세계와의 갈등을 전제로 한다. 즉 그것은 과거의 삶을 부정하고, 자신과 세계 사이의 일체감이 어긋나는 것을 기꺼이 받아들이려는 새로운 삶의 태도를 요구한다. 이로써 모더니스트들은 세계와의 조화와 동일성의 원리가 아니라 새로움과 이질성을 예술의 특성으로 삼을 수 있게 된 것이다.[19] 그러나 이러한 모더니스트의 충동을 식민지 조선 땅에서 서술할 때 문제가 발생한다. 그것은 1930년대 한국 문학뿐만 아니라 건축과 디자인 등에 나타난 모더니즘은 바로 식민지 근대화, 곧 식민지 도시화의 문제로 귀결된다는 사실이다.

이상은 김기림, 박태원, 오장환 등과 함께 1930년대 도시문학의 차원에서 마치 유럽의 도시 산책자였던 것처럼 그려지기도 한다. 특히 최근 들어 한국 근대문학 연구에서 1930년대 도시 경성에 대해 마치 발터 벤야민이 걸었던 파리의 보도블록과 아케이드와 같은 종류의 도시화로 여기면서 이른바 '도시 산책자'를 주제로 한 연구들이 눈에 띈다. 이에 따라 도시

---

18 고은, 『이상평전』.
19 문혜원, 「한국 모더니즘 시의 전개와 발전양상」, 『시와 세계』 2004년 봄호, 116쪽.

문학 연구의 초점이 기존의 관념적인 수준에서 벗어나 구체적인 도시성(都市性)을 주제로 이상과 1930년대를 보는 데 맞춰지기 시작한 것은 학문적으로 꽤 진전된 모습처럼 보인다. 그러나 이는 자칫 연구자의 눈에 '제국의 시선'으로 착색된 어안(魚眼) 렌즈를 끼는 결과를 초래할 수 있다. 일제는 1915년 경복궁을 해체한 자리에서 자신들의 시정 5주년을 기념해 개최한 박람회, '조선물산공진회'를 통해 식민지 근대화의 시정을 자화자찬했었다. 이 역사에 동화된 한국인들 중에는 경성의 도시근대화를 통해 모더니즘 문화와 예술을 낳게 해준 일본의 식민지 근대화에 감사하고 축복으로 여겨야 한다고 주장하는 이들도 있다. 물론 식민지 시대에도 도시 속에 사람들의 의식주가 있었고, 희노애락이 있었으며, 영화와 쇼핑과 첨단 교통수단 및 여가활동이 존재했음은 사실이다.

    그러나 경성과 같은 식민지 수도가 어떤 의도로 건설되었고 그 기능이 어떻게 작동되고 있었는지 '보이지 않는 기획의 시선', 곧 프로그램에 주목해야 한다. 본질적으로 근대도시계획이 전근대와 다른 것은 바로 이 기획력의 철저함과 과학성에 있었다. 과거 자신들이 건설한 식민지 도시 간의 비교를 통해 지역의 구체적인 모습과 특징을 살펴본 하시야 히로시라는 일본인 도시학자가 있다. 그에 따르면, 식민지 도시화란 지배에 따른 일본인과 조선인의 차별 및 차이에 의한 것으로, 양자의 거주 지역은 완전히 양분되어 거리의 모습이나 사회자본에서부터 차이가 있었고 중심부인 구시가와 주변부인 신개발지의 격차라는 공통적 '이중구조'가 형성되었다. 뿐만 아니라 일본의 식민지 도시화가 보통의 도시화와 달랐던 것은, 엘리트층을 중심으로 이주하였던 서양의 식민지 도시와 달리 하층계급이 대거 이주해 본국 도시와 똑같은 일본인 사회가 형성되었다는 사실이다.[20] 이는 무엇을 말하는가? 1930년대 도시문학을 근대성의 체험으로 혹은 산책자의 시선으로 보는 연구가 속절없이 낭만적이고 한가롭고 순진한 발상임을 의미한다. 누군가 지적했듯이, "이런 연구들은 근대도시 자체를 물신화하고 인간을 단지 도시생태학의 수동태로 간주하는 오류에 빠질 수 있다. 도시는 원인이 아니라 결과"인 것이다.[21]

이런 이유로 김기림은 시론 「1930년대의 소묘」에서 이미 당시 문학이 과연 '근대정신'을 붙잡아 그것을 제대로 '체현'했으며 20세기적 단계에 도달했는가에 대해 날카로운 의문을 제기했던 것이다. 그는 그렇지 않은 현실에 유감을 표하면서, 그 원인에 대해 이렇게 밝혔다. "근본적인 원인은 문화 전반의 지반을 이루는 조선 사회의 근대화 과정이……정상적이 아니었다는 것……'근대'라고 하는 것은 실은 소비도시와 소비생활면에 '쇼윈도'처럼 단편적으로 진열되었을 뿐"이라고 한탄하며 근대적 생산조직의 부재로 양식에까지 발전하지 못한 경성의 소비문화 세태를 비판한 글을 남겼던 것이다.[22]

한편 이상은 김기림보다 훨씬 더 멀리 나아갔다. 그는 더 큰 좌절과 절망을 체험해야만 했던 인물이었기에 김기림과는 차원이 달랐다. 그는 1930년 봄 첫번째 찾아온 각혈[23] 이후 폐결핵으로 자살의식을 갖게 된 한편, 총독부 기수로 도시건축 디자인에 투입되어 식민지 도시화의 주체, 곧 생산자 체험을 하면서 좌절했기 때문이다. 그가 현장에서 체험한 것은 공부하며 꿈꿨던 '신건축'(新建築)의 근대 이념 및 실천과는 전혀 무관한 19세기 서구 식민주의 건축의 모방과 답습이었던 것이다. 그래서 그는 수필

---

[20] 하시야 히로시, 『일본제국주의, 식민지 도시를 건설하다』, 김제정 옮김, 모티브북, 2005.
[21] 김명인, 「근대도시의 바깥을 사유한다는 것 : 이상과 김승옥의 경우」, 『인천세계도시인문학대회 발표문』 (2009. 10), 261쪽.
[22] 김기림, 「1930년대의 소묘」, 『김기림 전집 2』, 심설당, 1988, 47~48쪽.
[23] 그의 두번째 각혈은 1935년에 찾아왔다. 유고 「공포의 기록」(1937. 4. 25~5. 15) 중.

「실낙원」(失樂園) 중「육친의 장」(肉親의章)에서 "나는 이 모조 기독(模造基督)을 암살하지 아니하면 안 된다. 그렇지 않으면 내 인생을 압수(押收)하려는 기색이 바야흐로 농후하다"[24]고 말했던 것이다.

여기서 이상이 암살해야 할 대상으로 지목한 '모조 기독'이란 그동안 이상 연구자들이 흔히 해석했듯이 이상의 '백부'도 '아버지'도 아니었다. 그것은 바로 식민지 근대화와 도시화의 '짝퉁 근대성'이었던 것이다. 서구의 종교 '기독'을 상징으로 '짝퉁 서구화'를 빗대어 말한 대목이었던 것이다. 이상에 대한 왜곡된 신화를 계속 확대재생산하는 사람들이 생각하듯 이상은 단순히 근대도시문화의 소비자 내지는 산책자 따위가 아니었다는 사실을 알아야 한다. 그는 1920년대 극소수의 훈련받은 조선인 건축가 출신 중 최초로 '도시건축'을 디자인하는 능력을 학습한 인물이었다. 이상은 건축 조감도처럼 도시경관을 하늘에서 내려다 본 부감시(俯瞰視)로 보고 느끼고 첨예하게 사유할 수 있는 능력을 갖춘 거의 최초의 조선인 중 한 명이었던 것이다. 김기림이 이상이 세상을 떠나자 애통해 했던 것도 바로 이런 이유 때문이었다. 당대 오직 이상만이 '짝퉁 근대'의 허구와 모순을 초극해 20세기로 치고 나아갔던 것이다. 그의 갈등의 근원은 바로 여기에 있었다.

흔히 이상 연구자들은 이상 문학이 '도시적 권태'로부터 탄생했다고 말들을 한다. 그리고 이 권태는 문학동인 구인회 구성원들과 다방 '낙랑팔라' 등을 휘젓고 다니며 노닥거리던 모습으로 설명되곤 한다. 그러나 그의 권태의 본질은 도시생활의 여가에서 나오는 하품과 같은 댄디족의 그런 류가 아니었다. 그는 당대 신건축의 세계사적 흐름과 원리를 깨우쳤지

---

[24] 임종국 엮음, 『이상평전』, 165쪽.

만 이를 펼칠 수 있는 여지가 없었다. 총독부 건축과에서 그가 할 수 있는 일이라곤 뻔한 답이 이미 나와 있는 관공서 건물 디자인을 답습하는 일이었다. 이 일들은 밥 먹고 이쑤시개로 이빨 쑤시는 일보다 쉬웠기에 그의 권태가 시작된 것이고, 나아가 '짝퉁 근대'의 암살을 기도했던 것이다. 이를 위해 그는 인생 절정기에 찾아온 폐결핵이라는 막다른 골목의 절망과 싸우며 빛의 속도로 죽음의 질주를 했다. 그는 병으로 총독부 기수직을 그만두고 나온 뒤, 대부분 비참한 도시빈곤층이었던 일제강점기 조선인들의 사회상[25]이 그랬듯이 가족의 빈곤과 생활고에 또 절망할 수밖에 없었다. 그러나 이보다 더 그를 초조하고 불안하게 만들었던 것이 있었다. 그것은 죽음과 맞서기로 다짐한 자신의 예술이 아류에서 벗어나지 못할까봐 염려한 '치열하고 철저한 예술적 집념'이었다. 그는 이를 위해 계속 땅을 또 파고 또 파려는 불굴의 투지가 담긴 시 「오팔씨의 출발」로 다짐을 하고 「거울」 속에 자신을 복제하는 가상세계를 향해 치열하게 질주했던 것이다. 따라서 이상의 삶과 작품은 그 자체가 '식민지 근대화·도시화'의 허구와 모순을 말해 주는 엄청난 사건이자 증거인 것이다. 이상은 그동안 피상적으로 알려져 있었던 그런 인물이 아닌 것이다. 필자는 이러한 사실을 세상에 알려야겠다는 생각에서 이 책을 쓰게 되었다.

책 내용에 대한 소개에 앞서 그동안 집필 과정에서 느꼈던 몇 가지 경험에 대해 이야기하고자 한다. 첫째는 이상을 둘러싼 모든 오독과 곡해의 근원이 바로 그의 시에 있었다는 점이다. 시가 잘못 해석되면서 모든 것이 곡해되었다. 이상 시는 기호학으로 치면 시의 내용, 즉 의미가 분리된

---

[25] 이 부분에 대해서는 손정목, 『일제강점기 도시사회상연구』(일지사, 1996) 참고.

채 기호의 형태만 서술되어 '표류하는 기표'의 다중성(제멋대로)이 특성인 양 '열린 텍스트'로 간주되었던 것이다. 그의 수필과 소설은 그 문맥이 어느 정도 파악되지만 시의 경우 해독이 쉽지 않다. 이로 인해 초기 실험시에서부터 나중에 발표된 수필-소설-후기시로 이어지는 연결고리가 단절되었고, 이는 다시 이상의 삶과 무관하게 겉도는 상태로 오독되었던 것이다. 중요한 사실은 이상의 비밀을 푸는 중요한 열쇠들이 초기 실험시 속에 다 들어 있었다는 점이다. 이런 연유로 이 시들이 일어로 작성되었기 때문에 한국 근대문학의 맥락에서 배제되어야 한다고 말하는 것은 이상 자체를 아궁이에 쓸어 넣고 불을 질러 버리는 결정적 과오를 초래하는 것이다.

따라서 필자는 모든 비밀의 단서는 시에 있고, 시 해독의 열쇠는 원문에 있다는 원칙으로 새 연구에 착수했다. 불가피한 경우 기존 번역의 도움을 구했는데 이 역시 번역의 기원점에서 다시 출발하게 만들었다. 왜냐하면 이상의 흩어진 글들을 모아 처음으로 체계를 갖춘 이상 연구의 발판을 마련한 임종국의 『이상전집』은 한자 오탈자를 비롯해 의미전달 등 부분적으로 번역의 문제를 갖고 있었고, 이후 번역들은 문체에서부터 종결어미에 이르기까지 임종국의 번역에 상당 부분 의존하면서도 그에 대한 인용 출전 표시조차 제대로 하지 않았기 때문이다. 번역가의 고유한 문체 역시 저작권으로 보호되어야 함에도 불구하고 말이다.

이와 함께 필자는 이상 예술의 첫 기원점에 대한 추적에서부터 건축가가 되어 시를 쓰기 전까지 '이상'이라는 인간 존재를 형성하고 있었던 성장 과정의 장소성, 도시환경에서의 체험, 기억, 지식과 정보 등을 입체적으로 샅샅이 함께 발굴해 들어갔다. 이 과정에서 시 해석은 가급적 기존 번역에 의존하지 않고 일어 원문을 보면서 처음부터 다시 했다. 실제로 그 안에 비밀의 열쇠가 있었다. 한데 흥미로운 것은 이상이 걸어 놓은 비밀의 자물쇠는 한 개의 열쇠로 열리지 않는다는 사실이다. 그는 마치 중세의 성궤처럼 여러 개의 열쇠로 동시에 열어야 열리는 자물쇠를 걸어 두었던 것이다. 이러한 해독 과정을 통해 이상이 말하고자 한 숨은 뜻이 하나둘씩 눈에 들어오기 시작했다. 번역 과정에서 그가 구사한 일어 문장에서도 비밀을 새겨 놓은 사실들이 발견되었다.

예컨대 그는 히라가나로 써야 할 부분을 가타카나로 표기하거나, 보통 가타카나로 표기하는 외래어를 오히려 히라가나로 표기한 경우도 있었다. 어떤 한자는 일본어에서는 사용하지 않는 국어식 한자를 사용한 경우도 있었다. 예컨대 앞서 언급한 '또팔씨'(且8氏)가 대표적인 경우였다. 이 모두가 의미적 교란을 통해 비밀을 새겨 두려 했던 이상의 치밀한 의도에서 비롯된 것이다. 꼼꼼히 원문을 읽어 나가면서 이상이 생각한 의식의 끈들을 추적했고, 그러는 과정에 그가 교란시킨 이 모든 비밀의 자물쇠들이 어느 순간 풀려지는 것이 이상 시의 특징이자 묘미임을 알 수 있었다. 부디 그동안 백내장 환자의 시야처럼 희뿌옇게 가려졌던 이상의 실체가 정확하게 초점이 맞춰진 모습으로 세상에 알려지길 기대한다. 또한 그의 사후에 눈덩이처럼 불어난 '오독(誤讀)의 신화'를 넘어서 그의 예술이 융합예술의 새로운 위상에서 자리 매김되길 기원해 본다.

이 책은 독자들을 이상의 생애와 작품의 본질로 안내하기 위해 그가 유고 「공포의 기록」(1937)에서 설정한 시간대에 따라 '실증적으로' 구성되었다. 이 책의 목적은 소설을 쓰는 데 있는 것이 아니다. 실증적 사료와 정황을 근거로 그가 실제로 선택한 '몸과 마음의 행로'를 추적하고자 한다. 일찍이 그는 자신의 예술적 삶이 세 단계에 걸쳐 진행되었다고 밝힌 바 있다. 그것은 서막에 해당하는 '맹렬한 절뚝발이의 세월'에서부터 두번째의 시기인 '절정의 세월'을 거쳐 죽음에 이르는 세번째 '누렇게 타들어간 겨울'에 이르는 과정이었다. 이 과정을 따라가다 보면 독자들은 이상의 치열했던 삶의 탄도 속에서 작품의 의미를 함께 이해하게 될 것이다. 이에 기초해서 책의 내용은 다음과 같이 전체 6장으로 구성되었다.

'1장 이상의 기원'에서 필자는 경성고공 시절 이상이 그린 한 자화상(1928)이 이후에 펼쳐질 모든 '이상'의 기원점임을 증명하고자 했다. 이는 그동안 학계에서 언급조차 되지 않았던 이상의 첫번째 자화상으로, 독자들은 한국 근대미술사의 화가들 중 그 누구도 선보인 적이 없는 강력한 표현주의 이미지의 진국을 보게 될 것이다. 필자는 이 자화상과 이후의 자화상이 당대 일본 화가들의 자화상들과 어떤 관계가 있는지 미술사적 검토를 시도했다. 이와 함께 이 자화상 속에 표명된 표현주의 화풍이 그의 첫번째 문학작품인 소설「12월 12일」(1930)과 어떤 관계가 있는지 밝혀 보았다.

'2장 절뚝발이의 세월'에서 필자는 이상의 출생지에 얽힌 미스터리를 추적했다. 최근『문학사상』(2010. 4)의 발표에 따르면 이상의 출생지는 '경성부 북부 순화방 반정동 4통 6호'로 확정적이 된 듯하다. 그러나 추적 과정에서 필자는 '반정동'이란 지명이 현재까지 확인된 자료로는 사라진 지명임을 알 수 있었다. 이상의 출생지는 과연 오늘날 구체적으로 어느 곳인가? 어쨌거나 그동안 이상 연구에서 연구자들의 시선은 장소적 실존과 관련해 이상이 성장하며 보았던 구체적 경험에 대해 제대로 파악조차 하지 않았다. 따라서 필자는 통인동 일대 서촌 지역의 장소성과 관련해 이상이 자라면서 겪었을 체험, 기억, 정보 등을 총체적으로 살펴보았다. 특히 그의 성장기에 오가며 경험한 경복궁에서 진행되었던 두 차례의 대규모 공사가 소년 해경뿐만 아니라 당대 도시경관에 어떤 시청각적 영향을 주었는지 검토했다.

'3장 절정의 여명'은 이상이 신명학교 졸업 후 보성고보 시절 그린 「풍경」 그림으로 시작한다. 다음으로 필자는 이상이 1926년 입학한 경성고공의 설립배경과 체제에 대해 살펴보고 이상이 학습한 교과 내용과 교수진 및 특이사항 등을 살펴봤다. 특히 교수진 중 이상의 건축사적 지식과 이론 형성에 지대한 영향을 주었을 후지시마에 대해 그의 『조선과 건축』 기고문을 중심으로 자세히 검토했다. 이를 통해 이미 이상은 빈 분리파 운동 이후 전개된 한스 푈치히와 발터 그로피우스 등에 이르는 이른바 표현주의 건축에서 바우하우스에 이르는 건축의 역사를 접했음을 밝힐 수 있었다. 이로써 그가 어떻게 1928년에 그토록 강력한 표현주의 자화상을 그릴 수 있었는지 그 맥락이 드러났다. 다음으로 필자는 이상이 표현주의를 넘어서 신건축과 접하게 된 과정을 추적하기 위해 경성고공 시절을 전후로 1926년부터 1929년 사이 『조선과 건축』에 실린 모든 문헌들을 검토했다. 그 결과 이상이 접한 근대건축과 디자인에 관해 흥미로운 사실들을 발견할 수 있었다.

'4장 또팔씨의 출발: 절정기와 좌절, 또 출발'에서 필자는 이상의 초기 실험시들을 시간의 경과에 따라 배열하고 그 안에 숨은 의식을 해석해 나갔다. 독자들은 「이상한가역반응」에서 왜 이상이 글에 비밀을 새기려 했는지 그 진심을 이해할 수 있을 것이다. 그것은 엄청난 음모가 숨겨진 시였다. 이와 함께 새로운 세계와 인간에 대한 선언문으로서 「삼차각설계도」, 현실과 이상 사이에서 좌절한 「건축무한육면각체」 등 주요 시들의 해석이 수록되었다. 이상의 인간적 고뇌를 이해하기 위해 아무리 바빠도 「건축무한육면각체」 연작시 중 「또팔씨의 출발」은 꼭 읽어 보길 권하는 바이다.

'5장 모조 근대의 초극: 이상 시의 혁명성'은 이상 시의 가치와 위상을 역사적으로 평가하기 위한 장이다. 그동안 일각에서 그의 시는 서구 다다로부터 영향을 받은 일본 다다이즘을 모방한 것이라고 폄하되어 소개되기도 했다. 이에 대해 필자는 이상의 실험시를 먼저 당대 한국과 일본의 다다이즘과 비교해 그 차이점을 검토하고, 보다 큰 맥락에서 서구 다다와 이상 시를 함께 검토함으로써 그의 세계사적 위치를 확인할 수 있었다. 이는 과거 영문으로 발표된 필자의 졸고[26]를 통해서 확인된 바이기도 하다. 이상의 실험시는 1950년대 구체시와 20세기 말 해체주의 건축을 넘어서 더 멀리까지 공명한 것이었다.

  '6장 죽음의 질주와 또팔씨의 부활'에서 필자는 이상이 갈망한 세계가 식민지 조선을 뛰어넘어 오늘날 우리가 이해하고 있는 것과 같은 방식의 가상현실의 세계임을 입증하고자 했다. 그의 시들은 이러한 의식의 경과 과정을 잘 보여 주었다. 이로써 독자들은 「오감도」 연작시 중 「시 제10호 나비」와 「시 제11호」에서 이상이 어떻게 죽음을 예견하고 '찢어진 벽지 위의 나비'가 되어 가상현실로 날아갔는지를 보게 될 것이다. 또한 이상이 삽화를 그리게 된 경위와 그 내용뿐만 아니라 그동안 확인된 적이 없는 '제비' 다방에 놓여졌던 의자도 보게 될 것이다. 필자는 이상이 세상을 떠나기 전 도쿄에 간 과정과 그곳에서 그가 보려 한 것이 무엇이었는지 이른바 '다이쇼 데모크라시' 시대 전위예술 운동에서부터 1923년 관동대지진 이후 도쿄에서 진행된 근대도시계획 등을 통해 조명했다. 또한 디지털 시대에 이상이 어떻게 부활하는지 그 선례로서 1970년 김환기의 그림을 비롯해, 1984년 윌리엄 깁슨의 SF 소설, 1999년 영화 매트릭스와 2000년대

---

[26] Min-Soo Kim, "Yi Sang's Experimental Poetry in the 1930s and Its Meaning to Contemporary Design", pp. 196~235.

아바타 등의 영화를 예로 들어 논의했다.

　마지막으로 '후기_오래된 미래'에서 필자는 그동안 이상을 둘러싼 편견과 왜곡된 신화에 대해 이상을 변론하고, 우리의 미래를 위해 이상에 대한 왜곡된 신화가 멈춰져야 하는 이유에 대해 논했다. 그리고 이 책의 구성에 대해 밝혀 둘 것이 있다. 제1장에서 제3장까지는 이번 책을 위해 완전히 새로 집필되었고, 제4장에서 제6장은 새로 집필된 부분이 더 많지만 일부는 앞서 발표한 졸고와 졸저의 내용들을 새로 추가 발견한 내용에 맞게 보완하는 차원에서 재구성되었음을 밝혀 둔다. 필자의 그간 경황없었던 삶과 무심함 탓에 졸고「시각예술의 측면에서 본 이상 시의 혁명성」은 다른 연구자의 편저에 실려 그동안 인용 언급도 없이 사용되었고, 졸저『멀티미디어 인간 이상은 이렇게 말했다』는 출판사의 문제로 절판되어 책이 더 이상 나올 수 없는 상태가 되었다. 따라서 이번 책의 전체적인 새로움을 해치지 않는 범위 내에서 일부 내용들을 살려 내 재구성한 부분에 대해 독자들의 양해를 구하는 바이다.

　이제 원고를 쥐고 있던 손을 놔야 할 때가 되었다. 지금 필자는 힘들었던 수년간의 집필 과정을 마치고 치열했던 '또팔씨' 이상의 생애와 작품 해석이 담긴 원고를 바라보고 있다. 이렇게 독자들과 또 만나게 되어 기쁨과 만감이 교차한다. 이번 책을 짓는 일이 가능했던 것은 지식만으로는 풀 수 없는 인생의 의미를 조금은 더 알게 된 나이가 되었기 때문이리라. 인생 곳곳에서 가르침을 주신 모든 분들께 감사한다.

　이번 책의 출간은 집필에만 전념할 수 있었던 연구년이 없었다면 한참 뒤로 늦춰졌을 것이다. 인생의 큰 숙제처럼 늘 무게감으로 다가왔던 원고를 하버드대 방문학자 연구 기간 중에 탈고할 수 있게 되어 여간 큰

다행이 아닐 수 없다. 만일 아직도 끝내지 못했다면 귀국길 발걸음이 비에 젖은 책 보따리처럼 엄청 무거울 뻔했다. 이곳 체류 기간 중 따뜻하게 맞아 주고 도움 주신 모든 분들을 기억하고 싶다. 특히 한국학연구소 소장 김선주 교수님, Susan Laurence 부소장님, Edward J. Baker 교수님, Carter J. Eckert 교수님, Nicholas Harkness 교수님, 그리고 가족처럼 따뜻하게 배려해 주신 Myong Chandra 선생님과 Jina Kim, Javier Cha께 감사드린다. 또한 하버드 디자인대학원(GSD)의 John Hong 교수와 Jinhee Park 교수, 전 마이애미대 Walter K. Lew 교수께 감사드린다. 한국을 떠나오기 전에 마음 써 주신 성균관대학교 건축도시설계원의 조성룡 석좌교수님과 서울대 국제대학원 박태균 교수님께도 감사드린다.

이번에도 흔쾌히 출판을 맡아 준 그린비 유재건 사장님과 혼신의 노력을 다해 주신 박순기 편집장님과 편집 디자인 팀에 감사드린다.

또한 이 책이 세상에 나올 수 있었던 것은 언제나 그랬듯이 오랜 친구이자 아내이자 동료인 한성대 김성복 교수가 있었기 때문이다. 미국에 와 있는 동안 홀로 서울에 남아 직장일과 집안일로 힘든 상황임에도 불구하고 화상통화 때 늘 웃음을 잃지 않고 성원해 준 아내에게 감사의 마음을 실어 보낸다.

마지막으로 내게 인생의 참 뜻을 가르쳐 주신 세상의 큰 스승들을 기억하고자 한다. 언제부터인가 망자의 부활은 곧 산 자의 기억임을 깨닫게 되었다. 故 李箱 김해경 선생과 故 임종국 선생의 영전에 이 책을 바친다.

이상과 함께 치열했던 여름,
하버드대 연구실에서 탈고하며
2012. 7. 14

차례

머리말 — 신화를 넘어서   4

1장   이상의 기원

1 최초의 페르소나, 「1928년 자화상」   33

2 「1928년 자화상」과 표현주의   46

3 최초작 소설 「12월 12일」의 시각성   58

2장   절뚝발이의 세월

1 사라진 출생지   75

2 통인동 집으로   82

3 서촌에서, 장소와 체험들   91

4 경복궁 굴착소리 : 조선물산공진회와 총독부신청사 건설공사   107

3장   절정의 여명

1 보성고보와 「풍경」 그림   131

2 경성고공에서   134

3 『조선과 건축』을 보며 : 표현주의에서 신건축까지   158

4장 또 팔씨의 출발 : 절정기와 좌절, 또 출발

1 문학을 넘어서 … 185
2 이상 시의 조감도 … 194
3 이상한가역반응:직선은 원을 살해하라! … 200
4 삼차각설계도:새로운 세계·인간 선언문 … 212
5 건축무한육면각체:현실과 이상(理想), 그리고 좌절 … 229
6 오감도:막다른 골목에서 … 249

5장 모조 근대의 초극 : 이상 시의 혁명성

1 한국·일본 다다이즘과 이상 … 266
2 서구 다다와 이상 시 … 277
3 구체시와 해체미학을 넘어서 … 285

6장 죽음의 질주와 또 팔씨의 부활

1 가상성과 가상현실 … 293
2 찢어진 벽지 위의 나비 … 305
3 도쿄에서 나비되어 … 327
4 디지털 시대, 또팔씨의 부활 … 348

후기 _ 오래된 미래 … 360

참고문헌 366 | 찾아보기 371

1장   이 상 의 기 원

―

열세 벌의 유서가 거의

완성해 가는 것이었다.

그러나 그 어느 것을 집어 내 보아도

다같이 서른여섯 살에 자살한

어느 '천재'가 머리맡에 놓고 간

개세의 일품의 아류에서

일보를 나서지 못했다.

내게 요만 재주밖에는 없느냐는 것이

다시없이 분하고 억울한 사정이었고

또 초조의 근원이었다.

- 「종생기」 중에서

1 최초의 페르소나, 「1928년 자화상」

이상은 27세의 젊은 나이에 세상을 떠났다. 그의 '삶과 예술'은 가히 빛의 속도에 필적할 만큼 맹렬히 자신을 소진시켜 나간 과정이었다. 그의 이 '맹렬한 삶'은 어떤 과정을 통해 이루어진 것일까? 이 질문에 답하기에 앞서 먼저 전제할 것이 있다. 그것은 '이미지'가 인간의 의식 발전에 있어 '사상'에 선행한다는 사실이다. 일찍이 미술비평가 허버트 리드(Herbert Read)는 "의식은 기호체계……조형적 상징으로 구체화되는 이미지 없이는 발전할 수 없었다"고 하면서, 미술이란 원래 '의식의 부산물'이었다고 주장했다.[1] 또한 그는 "예술은 진화한다"면서, 그 이유는 원시미술과 현대미술 사이에 특별히 구별지을 수 있는 '심미적 진보'가 있어서가 아니라 '심미적 지식'이 그 폭과 깊이에 있어 점차 증가되어 '의식이 확산'되기 때문이라고 주장했다. 예술이 진화하는 것은 심미적 지식과 의식의

---

[1] 허버트 리드, 『도상과 사상 : 인간 의식의 발전에 있어 미술의 기능』, 열화당, 1982, 23쪽.

확산 때문이라는 것이다.² 이러한 배경에서 필자는 1930년대 초에 시작된 이상의 글쓰기는 1920년대 중후반 그가 접한 이미지의 세계, 곧 미술에 대한 '심미적 지식과 의식의 확산 과정'을 이해하지 않고서는 결코 해석될 수 없다고 본다.

　이 말을 입증하는 한 가지 증거가 있다. 이상이 19세 때 그린 '한 점'의 자화상이다(그림 1). 이 자화상은 1956년에 발간된 임종국의 『이상전집』제2권에 흑백 도판으로 처음 소개되었다. 임종국은 이 도판에 대해 '19세 때 그린 유화(어머니 박세창씨 소장)'라고 설명을 붙여 놓았다. 그림의 제작 시기는 이상이 경성고공 졸업반이던 1928년 무렵으로 추정된다. 이 자화상(이하 「1928년 자화상」으로 약칭)이 이상 연구에서 중요한 것은 현재까지 이상이 직접 그린 것으로 밝혀진 초상화 중에서 가장 이른 첫번째 것이기 때문이다. 흥미롭게도 그동안 이 자화상은 거의 주목을 받지 못했다.³ 이 자화상이 근래 『문학사상』(2009. 7)에서 선보인 이상의 초상화에 대한 검토⁴에서 언급조차 되지 않은 것은 매우 의미심장한 일이 아닐 수 없다. 이는 가장 최근에 진행된 이상 연구마저도 여전히 총체적 시각이 아닌 '한국 문학'이라는 자폐적 감옥에 갇혀 있음을 말해 주기 때문이다.

　「1928년 자화상」은 원래 유화로 그려졌다. 하지만 현재 흑백 도판만 남아 있기 때문에 원본의 크기, 색채, 붓질 등의 구체적 정보는 알 수가 없다. 그럼에도 불구하고 이 자화상의 형태는 매우 강렬한 느낌을 전해 준다. 무엇보다 가장 큰 특징은 얼굴의 요소들이 비정형적으로 탈구되어 제

2　허버트 리드, 『도상과 사상』, 21쪽.
3　이상의 이 자화상에 대해 최초로 언급한 사람은 김윤식이었다. 그러나 그는 이 자화상을 조용만이 쓴 『구인회 만들 무렵』(정음사, 1984, 59쪽)에서 언급한 1931년 선전에 출품해 입선한 자화상으로 오인했다. 김윤식, 『이상소설연구』, 문학과비평사, 1988, 67쪽.
4　권영민, 「이상이 그린 박태원의 초상」, 『문학사상』 2009년 7월.

〈그림 1〉 이상의 「1928년 자화상」

〈그림 2〉 1929년 경성고공 졸업앨범의 사진

각각이라는 사실이다. 그러나 〈그림 2〉의 1929년 경성고공 졸업앨범에 수록된 이상의 사진을 보면 전체적으로 실제 얼굴과 나름의 유사성도 유지하고 있다. 그림의 제작 시기가 이상이 경성고공 3학년 때라는 사실과 관련지어 누군가는 '어설픈 습작' 정도로 간주할지 모른다. 그러나 결코 그렇지 않다. 주목할 것은 비정형으로 해체된 머리, 눈, 코, 입, 귀 등의 요소들이 어떤 섬뜩한 이미지를 자아내지만 다른 한편으로는 서로 유기적으로 상호작용하고 있다는 점이다. 그것은 미숙하게 처리된 것이 아니라 '의도적 표현'인 것이다. 특히 얼굴에 대립구조를 이루는 밝은 부분(왼쪽)과 어두운 부분(오른쪽)은 각기 삶과 죽음을 의미하듯 양분된 대칭형을 이룬다. 하지만 코를 기준으로 중심선을 긋고 이미지를 절반씩 나누어 볼 때, 얼굴은 전형적인 대칭형이 아닌 '비대칭 구조'를 이룬다.

보통 머리의 정수리 부분은 불룩하기 때문에 음영이 생길 수 없다. 그러나 이상은 머리카락을 잘못 묘사한 것으로 볼 수 없을 만큼 이마에서 정수리 부분이 깨져 함몰한 것처럼 그렸다. 그 아래 왼쪽 눈의 눈동자는 지나치게 빛난다. 반면 오른쪽 눈엔 안구가 없다. 마치 손상된 사체를 방불케 한다. 한데 안구가 없는 눈에 눈물이 흐른 자국이 선명하다. 귀의 위치는 어떠한가? 매우 과장되게 위로 올라가 있다. 흔히 사람의 귀는 귓바퀴가 눈꼬리 끝에서 시작해 귓불이 코끝에 이르는 것이 일반적이다. 입술은 오른쪽 반사광 처리에 의해 윤곽선이 뭉개져 있어 마치 '비밀'을 숨겨 놓은 듯하다. 자화상의 오른쪽 볼을 타고 흐르는 반사광 처리는 보면 볼수록 섬뜩한 정서를 고조시킨다. 이러한 극한의 정서는 얼굴 아래의 목 부분에서 절정을 이룬다. 목이 잘려져 있지 않은가. 잘려진 목은 더 이상 산 자가 아님을 말해 준다. 그것은 의도적 '자살' 내지는 '타살'을 뜻한다. 이 경우 그림이 자화상이기 때문에 전자에 해당한다. 그러나 더 중요한 사실이 있다. 잘려진 목의 아랫부분을 보라. 오른쪽 밑의 십자가와 함께 화면 밑을 가로질러 가시밭과 같은 이미지가 묘사되어 있다. 이 자화상은 가시밭과 같은 무덤 십자가 위에 목 잘린 도상으로 존재의 고독, 불안, 공포, 자살, 죽음 등의 의식을 드러내고 있는 것이다.

이처럼 「1928년 자화상」은 극도의 내면심리를 빛으로 감광시킨 한 점의 포토그램(photogram)을 방불케 한다. 이 자화상을 파악하기 위해 다음의 두 가지 가능성을 검토해 볼 필요가 있다. 첫째는 일반적으로 알려진 것처럼 이상의 폐결핵으로 인한 첫번째 각혈은 1930년 봄에 있었지만 그 이전부터 이미 병약했던 이상의 신체성이 반영되었을 가능성이 있다. 둘째는 만일 그가 이 자화상을 자신을 괴롭힌 병과 무관하게, 즉 폐결핵을 얻기 전에 그렸다고 한다면, 이는 그가 품고 있던 독특한 내면적 세계관을 거울이미지로 투영한 것이라는 해석이 가능하다. 그는 1930년 봄 총독부 기수로 근무하던 시절에 한 건축 공사장에서 첫 각혈을 한 것으로 알려져 있다.[5] 그러나 폐결핵이 각혈로까지 진행되는 과정을 고려해 볼 때 이 자화상은 1930년 이전에 진행되고 있었던 이상의 병약한 심상을 반영한 것일 수 있다. 한편 후자로 이해할 경우, 이 자화상은 이상이 품었던 보다 큰 예술적 실험과 계획을 위한 포석으로서 일종의 페르소나(persona), 즉 '연출된 가면'일 가능성이 크다.

어쨌든 중요한 것은 이 자화상이 김해경(金海卿)의 가명 '이상'(李箱)보다 앞서 출현했다는 사실이다. 김해경이 '李箱'이란 필명을 최초로 사용한 것은 1929년 경성고공 졸업앨범에서였던 것으로 확인된 바 있다.[6] 김

---

[5] 조용만, 「이상시대, 젊은 예술가들의 초상」, 『문학사상』 1987년 4월, 99쪽.
[6] 김윤식, 『이상연구』, 45쪽.

해경은 자신의 페르소나로 '이상'만을 사용하지 않았다. 이외에도 많았다. 예를 들면, 그는 '히쿠'(比久)라는 또 다른 가명으로 「지도의 암실」(『朝鮮』, 1932. 3)을 발표했고, 1934년에는 '하융'(河戎)이란 화가의 탈을 쓰고 박태원의 소설 「소설가 구보씨의 일일」의 삽화를 그리기도 했던 것이다.

이외에도 이상은 여러 글에서 '절뚝발이', '절름발이', '얼금뱅이(곰보)' 등의 다른 가면들도 설정했다. 그는 글 곳곳에서 자신이 절뚝발이가 아닌데도 그렇게 묘사했고, 자신과 부모가 곰보가 아니었음에도 얼금뱅이로 묘사했던 것이다. 1930년도에 쓴 첫 작품인 장편소설 「12월 12일」에 최초로 등장한 이 불구자 페르소나는 이후 이상의 글 여러 곳에서 중요한 캐릭터로 작용한다. 예컨대 「12월 12일」에서 그는 소설 속 주인공 화자 '나'의 입을 통해 자신이 '가련한 비틀어진 인간성의 사람'이 되었다고 하면서 '절뚝발이 불구자'임을 표명한다. 여기서 소설 속 화자 '나'는 다음과 같이 외친다. "영원한 절뚝발이. 그러나 절뚝발이의 무서운 힘을 보여 줄 걸 자세히 보아라." 이러한 절뚝발이 가면은 훗날 소설 「날개」(1936)의 후반부에서 '절름발이'로 바뀐다. "우리 부부는 숙명적으로 발이 맞지 않는 절름발이인 것이다." 이런 식의 표명은 1935년에 발표한 시 「지비」(紙碑)와 유고시 「척각」(隻脚) 등에서도 발견된다.

내키는커서다리는길고왼다리아프고안해키는작아서다리는짧고바른다리가아프니내바른다리와아내왼다리와성한다리끼리한사람처럼걸어가면아아이부부(夫婦)는부축할수없는절름발이가되어버린다. (이하 생략) — 「지비」[7]

---

[7] 임종국 엮음, 『이상전집』, 236쪽.

목발의길이도세월(歲月)과더불어점점(漸漸)길어져갔다.
신어보지도못한채산적(山積)해가는외짝구두의수효(數爻)를보면슬프게걸어온거리(距離)가짐작되었다. (이하 생략) — 「척각」,[8]

흥미로운 사실은 소설 「12월 12일」에서 처음 표명된 '절뚝발이' 가면은 벗어나고 싶은 환경에 대해 불굴의 투지를 갖고 애쓰는 인물로 설정되었다는 사실이다. 반면에 생애 후반에 발표한 「날개」, 「지비」, 「척각」 등에서는 '세월과 함께 좌절된 슬픈 현실' 속 인물로 그 의미의 변화가 일어났다. 또한 그는 자신과 부모가 곰보가 아니었음에도 불구하고 '얼금뱅이'라는 또 다른 가면을 씌우기도 했다. 예컨대 그는 유고 「회한의 장」(悔恨의 章)에서 "가장 무력한 사내가 되기 위해 나는 얼금뱅이이었다……"고 함으로써 거듭해서 자신의 가면을 내세웠다. 이상의 '얼금뱅이 가면은 친부모와도 관련이 있다. 그는 부모에 대한 묘사에서 '얽었다'는 표현을 사용했다.

그렇다면 이상은 왜 이러한 가면들이 필요했던 것인가? 많은 이상 연구자들은 운명론적 차원에서 어릴 적 이상이 친부모를 떠나 백부의 집에서 자란 가정환경의 특이점, 현미빵을 팔아 고학을 했어야 할 만큼 그를 괴롭힌 가난(적빈), 폐결핵과 허약한 신체성 등을 이유로 꼽는다. 이로 인해 혹자는 그가 가면을 쓰지 않고는 세상을 바로 바라보기가 어려운 어떤 심리적 동기를 갖고 있었음에 틀림없다고 말한다.[9] 과연 그럴까? 물론 이러한 해석은 이상의 실존적 삶에 비추어 볼 때 충분히 설득력이 있다. 하

---

[8] 임종국 엮음, 『이상전집』, 274쪽.
[9] 김윤식, 『이상연구』, 47쪽.

지만 그것은 그가 글에 표명한 페르소나를 설명할 수 있는 필요충분조건이 되지는 않는다. 무슨 근거로 이런 말을 하냐고 누군가 묻는다면 다음의 증언에 주목해 보기 바란다. 이상이 세상을 떠나고 그와 절친했던 정인택[10]이 증언한 다음의 글 내용은 이상에 대한 운명론적 해석에 의문을 갖게 한다.

> 이상을 괴롭힌 것은 결국 병고도 아니요 생활고도 아닐 것이다. 그것은 원인이기는 하나 그보다도 그것이 한데 뭉쳐져서 긴 세월 동안에 빚어낸 이상의 얄궂은(이렇게 밖에 형용할 수 없는) 성격이 여자와 같은 그의 마음씨와 어우러져 그의 명수(命數)를 줄이고 만 것이다. 겉에 나타난 세인이 얼른 짐작하는 이상이대로의 이상이었다면 — 나는 지금 차라리 그러하였던들 — 하고 책상머리에 꽂아 놓은 그의 암울한 자화상을 물끄러미 바라보고 있다.[11]

위 글에서 정인택은 이상의 한 자화상을 보면서 '불쌍한 이상'을 안타깝게 회상하고 있다. 그가 물끄러미 바라보며 말한 '암울한 자화상'은 앞서 필자가 언급한 「1928년 자화상」일 가능성이 많다. 그의 말을 정리하면, 한마디로 이상은 세인들이 짐작하는 이상이 아니라는 것이다. 이상을 괴롭힌 것은 병고와 생활고 등이 원인이기는 하지만 그의 심층에 '얄궂은 성격'이 숨겨져 있다는 것이다. 그렇다면 이 얄궂은 성격은 구체적으로 무엇을 말하는 것일까? 그동안 많은 연구자들은 이상의 이러한 특이점을

---

10 정인택은 이상과 절친한 친구였다. 이상은 금홍과 헤어진 후 1935년 카페 '쓰루'의 여급 권순희와 관계를 가졌다. 그러나 정인택 또한 권순희를 사랑하게 되면서 그녀가 이상과 관계가 깊다는 사실을 알게 되어 자살소동을 벌였다. 이에 이상은 친구를 살리기 위해 사랑을 양보하고 그녀를 설득시켜 1935년 봄 돈암동 흥천사에서 정인택과 결혼시켰다. 고은, 『이상평전』, 267쪽.
11 정인택, 「불쌍한 이상」, 『조광』 1939년 12월.

'성(性)적 집착' 내지는 '에로스적' 차원으로 파악해 왔다. 이로 인해 이상의 의식과 텍스트의 기원은 흔히 '성 에너지'의 사정 내지는 "성교주의"[12] 쯤으로 폄하되는 경향이 있다. 한데 이상을 괴롭힌 얄궂은 성격이 뭐냐는 질문에 대한 단서가 유고 소설 「종생기」에서 발견된다.

> 그날 하루하루가 「인생은 짧고 예술은 기다랗다」 하는 엄청난 평생이다. 나는 날마다 운명하였다. (중략)
> 열세 벌의 유서가 거의 완성해 가는 것이었다. 그러나 그 어느 것을 집어 내 보아도 다같이 서른여섯 살에 자살한 어느 「천재」가 머리맡에 놓고 간 개세(蓋世)의 일품(逸品)의 아류(亞流)에서 일보를 나서지 못했다. 내게 요만 재주밖에는 없느냐는 것이 다시없이 분하고 억울한 사정이었고 또 초조의 근원(根元)이었다.[13]

위 대목에서 알 수 있는 것은, 이상이 '열세 벌의 유서'를 쓸 만큼 생체에너지를 소진시킨 '치열한 인간'이라는 사실이다. 그는 (유서까지 써가며) 아무리 노력해도 결국 '아류'밖에 될 수 없는 절망감에 분하고, 억울하고, 초조해 했던 것이다. 여기서 '열세 벌의 유서가 거의 완성해 가는 것이었다'라는 말은 '13'이라는 수(數)의 상징과 관련해 '죽음의 완성'을 뜻한 것으로 해석된다. 이는 이상이 병고로 인해 다가오는 죽음을 이미 오래전에 의식했을 뿐만 아니라, 오히려 '의도적으로 죽음을 연출'해 왔던 것임을 암시한다. 또한 그는 자신의 '죽은 얼굴'을 의미하는 '데드마스크'에 대해 언급한 글, 「자화상(습작)」을 남기기도 했다.[14]

---

[12] 고은, 『이상평전』.
[13] 김윤식, 『이상문학전집 2 : 소설』, 문학사상사, 1991.
[14] 임종국 엮음, 『이상전집』, 168쪽.

여기는 도무지 어느 나라인지 분간을 할 수 없다. 거기는 태고와 전승하는 판도가 있을 뿐이다. 여기는 폐허다. '피라미드'와 같은 코가 있다. 그 구녕으로는 '유구한 것'이 드나들고 있다. 공기는 퇴색되지 않는다. 그것은 선조가 혹은 내 전신(前身)이 호흡하던 바로 그것이다. 동공에는 창공이 응고하여 있으니 태고의 영상의 약도다. 여기는 아무 기억도 유언되어 있지는 않다. 문자가 닳아 없어진 석비(石碑)처럼 문명의 '잡답(雜踏)한 것'이 귀를 그냥 지나갈 뿐이다. 누구는 이것이 '떼드마스크'(死面)라고 그랬다. 또 누구는 '떼드마스크'는 도적맞았다고 그랬다. 죽음은 서리와 같이 내려 있다. 풀이 말라 버리듯이 수염은 자라지 않는 채 거칠어갈 뿐이다. 그리고 천기(天氣) 모양에 따라서 입은 커다란 소리로 외우친다 — 수류(水流)처럼. —「실낙원」 중 「자화상(습작)」

이상은 이 「자화상(습작)」에서 "떼드마스크"에 대해 언급했다. 그는 코, 동공, 귀를 매개로 "죽음은 서리와 같이 내려 있다"고 데드마스크에 새겨진 죽음의 이미지를 말하고 있다. 필자는 이 이미지 또한 「1928년 자화상」과 관계한다고 본다. 그는 "폐허에 '피라미드'와 같은 코가 있고, 이 콧구멍으로 '유구한 것'이 드나들고 있다"고 언급한다. 다음으로 그는 마치 「1928년 자화상」에 왼쪽 눈의 안구가 없는 것처럼, "창공이 응고하여 있고 …… 아무 기억도 유언되지 않은" 동공에 대해 말한다. 또한 기형적인 귀를 자화상 그림에 그려 넣었듯이, 그는 "문자가 닳아 없어진 돌로 된 비석(石碑)처럼 문명의 잡답(雜踏)한 것이 귀를 그냥 지나갈 뿐"이라고 말한다. 그는 바로 이것이 "떼드마스크"(死面)라고 말했던 것이다. 따라서 글 「자화상(습작)」은 그림으로 그려진 「1928년 자화상」과 내면 정서를 공유하고 있는 닮은꼴이라고 할 수 있다.

만일 그가 이미 폐결핵에 걸린 것이 아니었다면, 「1928년 자화상」을 그렸을 때만 해도 그의 자화상은 자신의 예술적 정체성을 내건 선언적 의미가 강했을 것이다. 그러나 1939년 유고로 발표된 「실낙원」의 「자화상(습작)」은 마치 이상이 자신의 죽음을 예고한 것과 같은 절묘한 수미상관의 닮은꼴을 보여 준 셈이다. 어쨌거나 이상은 어느 시점부터 죽음을 우연히 앉아서 마주한 것이 아니라 치열하게 맞장 붙어 '계획의 완성'으로 끌고 가려 했던 것이 분명하다. 그가 이렇게 작심한 증거에 대해서는 뒷부분 4장에서 자세히 밝히도록 하겠다. 그는 다가오는 죽음 앞에서 아류에서 벗어나지 못 할까봐 초조해했던 것이다. 이 '초조의 근원'에는 "위력이 세상을 뒤덮은(蓋世) 아주 뛰어난 것(逸品)"의 아류밖에 될 수 없다는 불안 심리가 있었던 것이다. 따라서 친구 정인택이 옆에서 보기에 '얄궂은 성격' 때문이라 했던 그 얄궂음의 실체는 바로 '죽음과 맞장 뜬 예술적 집념'이었다.

이러한 그의 심층의식은 유고 「공포의 기록」에서 그가 자신의 예술적 삶의 탄도를 묘사한 다음의 대목에서 아주 잘 드러나 있다.

> 한달 — 맹렬한 절뚝발이의 세월 — 그동안에 나는 나의 성격의 서막(序幕)을 닫아 버렸다.
> 두달 — 발이 맞아 들어왔다. 호흡은 깨끼저고리처럼 찰싹 안팎이 달라붙었다. 탄도(彈道)를 잃지 않은 질풍(疾風)이 가리키는 대로 곧잘 가는 황금과 같은 절정(絶頂)의 세월이었다. 그 동안에 나는 나의 성격을 서랍 같은 그릇에다 담아 버렸다. 성격은 온데간데없어졌다.
> 석달 — 그러나 겨울이 왔다. 그러나 장판이 카스테라빛으로 타 들어왔다. 얄팍한 요 한 겹을 통해서 올라오는 온기(溫氣)는 가히 비밀을 그스를 만하다. 나는 마지막으로 나의 특징까지 내어놓았다. 그리고 단 한 가지 재주를 샀다. 송곳과 같은 — 송곳 노릇밖에 못하는 — 송곳만도 못한 재주를 — 과연 나는 녹슨 송곳 모양으로 멋도 없이 말라버리기도 하였다.[15]

이 대목은 이상의 예술적 생애가 진행된 탄도의 방향과 비밀에 대한 단서를 말해 준다. 그것은 다음과 같은 세 단계의 과정으로 진행되었던 것이다.

1. 한달 : 성격의 서막을 닫아 버린 맹렬한 '절뚝발이의 세월'
2. 두달 : 질풍을 타고 잘 나가던 '절정의 세월'
3. 석달 : 카스테라 빛으로 누렇게 타들어간 '겨울'

이상은 세 단계 과정 중에 두번째 '절정의 세월'에 이르러 "발이 맞아 들어왔고 호흡은 깨끼저고리처럼 찰싹 안팎이 달라붙었다"고 말했다. 또한 그러는 동안 "성격은 온데간데없어졌다"고 한다. 여기서 '깨끼저고리'란 무엇인가? 그것은 속살이 비치는 얇은 두 겹의 옷감을 곱솔로 정교하게 바느질한 옷을 의미한다. 이는 웬만한 솜씨로는 만들기 매우 까다롭고 어려운 저고리에 해당한다. 왜냐하면 투명한 옷솔기마다 가느다란 선만 보이도록 매우 섬세한 바느질을 요구하기 때문이다. 따라서 이상이 '깨끼저고리'를 언급한 것은 은유적으로 이 시기에 이르러 그의 글쓰기가 고도로 섬세하고 치밀한 작업에 의해 성취된 것임을 암시한다. 이러한 배경에서 「1928년 자화상」은 이상의 생애에서 첫 달에 해당하는 '맹렬한 절뚝발이, 질풍노도의 시절'을 표상하는 중요한 상징인 것이다.

---

15 김윤식, 『이상문학전집 2 : 소설』, 203쪽.

2 「1928년 자화상」과
　　　표현주의

　　　　　　앞서 밝혔듯이, 「1928년 자화상」은 이상이 새로운 예술을 위해 세상에 내건 필명 '이상'보다 한 해 앞서 표명한 첫번째 페르소나였다. 이 가면은 자연인 김해경이 '아방가르드 예술가'로 재탄생하기 위한 선언적 의미를 지닌다. 이 초상화에 대해서는 앞에 언급한 도상해석학적 분석과 더불어 미술사적 의미를 좀더 짚어 봐야 할 필요가 있다. 왜냐하면 이 땅에 서양화 기법이 유입된 이래 이 자화상만큼 강력한 표현주의 이미지가 표명된 예는 일찍이 없었기 때문이다. 이는 일본에서 유학하고 돌아와 야수파 화가로 알려진 친구 구본웅(1906~1953)이 이상을 그린 「친구의 초상화」(1935, 그림 3)와 비교해 봐도 그렇다. 이상과 구본웅은 어릴 적 신명학교 시절부터 친한 친구 사이였다. 하지만 이 두 사람이 그린 초상화 사이엔 내용적으로 큰 차이점이 발견된다.

　　　　구본웅이 그린 「친구의 초상화」에는 삐딱한 눈초리로 파이프를 물고 있는 이상이 등장한다. 한데 그가 그린 이상의 초상화는 자유분방한 붓질과 색채의 야수파 기법으로 묘사한 것에 불과할 뿐 그 이상의 내면성을 담아 내지 못하고 있다. 이는 야수파에 대한 미술사적 평가가 그렇듯이, 단지 후기인상파의 연속선상에서 진행된 '간헐적 실험 과정'에 지나지 않기 때문이다.[16] 반면에 이상의 「1928년 자화상」은 야수파를 넘어서 강력한 표현주의와, 나아가 다다의식과도 접속하고 있다. 엄밀히 말해, 표현주의란

---

[16] Sarah Whitfield, "Fauvisum", Nikos Stangos ed., *Concepts of Modern Art*, New York : Thames and Hudson, 1994, p. 29.

〈그림 3〉 구본웅, 「친구의 초상화」, 유화, 1935.

모든 예술에서 '반자연주의적 주관주의'로 심화된 경향을 일컫는 말로, 특정 유파의 예술 운동을 지칭하는 용어는 아니다.[17] 이런 의미에서 구본웅의 그림도 어느 정도는 표현주의 계열에 속한다고 말할 수 있다. 그래서 어떤 미술평론가는 구본웅의 화풍에 대해 형태 변형과 어두운 기조와 전반적으로 의도된 상징적 내용주의에 깊게 경도되어 있어 독일 표현주의

---

[17] Norbert Lynton, "Expressionism", *Concepts of Modern Art*, p. 50.

계열에 가깝다고 말하는 경우도 있다.[18] 그러나 이상의 「1928년 자화상」과 비교해 볼 때, 구본웅의 「친구의 초상화」는 표현주의보다는 후기인상파에 머문 인상을 준다. 이는 미술사적 차원에서 볼 때, 이상의 미학적 욕망이 그 내용의 전개와 밀도감에 있어 구본웅보다 훨씬 더 진전된 것임을 말해 준다.

예컨대 이상이 「1928년 자화상」을 그린 그해 가을, 구본웅은 도쿄에 건너가 가와바타(端川) 화숙에 입학했다. 그는 1929년에 학교를 옮겨 일본대학 예술전문학부 미학과에서 예술이론을 공부하다가, 그해 여름에 잠시 귀국해 결혼을 하고, 이듬해인 1930년에 다시 태평양미술학교에 입학해 유화를 공부한 것으로 알려져 있다. 구본웅은 이상보다 나이가 많았지만 누상동 신명학교를 함께 다닌 소학교 친구였다. 이 둘은 고등학교 시절에 같은 선생에게서 서양화를 배웠다. 이상이 보성고보 시절 최초의 서양화가 고희동으로부터 그림을 배우고 있을 때, 구본웅은 역시 경신고보에 다녔기에 학교는 달랐으나 YMCA 회화강습회에서 고희동으로부터 서양화를 배웠던 것이다. 구본웅이 야수파 화가로 알려지기 시작한 것은 1930년 태평양미술학교에 다니던 시절 이과전(二科展) 등에 출품해 수상하면서부터였다.

따라서 이상의 「1928년 자화상」은 구본웅의 야수파 화풍이 형성되기 이전에 그려진 것이었다. 이는 이상의 자화상을 구본웅이 1927년 제6회 조선미술전람회(선전)에서 특선을 받은 조소작품, 「두상습작」(首の 習作, 그림 4)과 비교해 보면 좀더 확실해진다. 이 두상을 통해 알 수 있는 사실은 당시 구본웅의 미의식은 그가 YMCA 강습소에서 조선 최초의 서

---

[18] 오광수, 『한국근대미술사상노트』, 일지사, 1988, 100쪽.

〈그림 4〉 구본웅, 「두상습작」(首の習作), 『조선일보』 1927. 6. 4.

양 조각가 김복진으로부터 배운 사실주의였다는 점이다.[19] 따라서 이상의 「1928년 자화상」이 그려진 시기에 구본웅의 미의식은 조각가 김복진식의 사실주의 맥락에 위치해 있었던 것이다. 그가 야수파 화가로 알려지기 시

---

19 김복진은 1925년 도쿄미술학교에서 조각을 공부하고 귀국해 배재고보 미술교사로 근무하면서 서울 기독교 청년회 청년학관 미술과에서 조각을 가르쳤다. 구본웅은 이때 그에게 조각을 배우며 조각가가 되고자 했다. 그러나 구본웅은 조각을 그만두고 서양화로 바꿨는데, 이는 건강상의 이유와 신체장애 때문이었던 것으로 알려져 있다.

작한 것은 대략 1930년 무렵이었다. 그렇기 때문에 그동안 이상의 현대미술적 감각이 친구 구본웅을 쫓아다니며 곁눈질로 영향을 받은 것이라는 식의 일부 연구자들의 설명은 매우 잘못된 것이다. 이상은 구본웅이 야수파 화가로 활동하기 전에 이미 야수파를 넘어서 표현주의뿐만 아니라 당대 여러 현대예술의 스펙트럼을 가로질러 내면화 단계에 도달해 있었던 것이다. 이 사실은 당시 일본 내 미술가들이 그린 자화상과 비교해 보면 명확해진다.

이를 위해 필자는 20세기 초 일본에서 그려진 근대 자화상들과 이상의 「1928년 자화상」을 비교 분석해 봤다.[20] 주목할 만한 비교 대상으로는 1910년대 아오키 시게루(靑木繁), 무카이 준키치(向井潤吉)를 비롯해, 1920년대 에비하라 기노스케(海老原喜之助), 시미즈 다카시(淸水多嘉示), 하세가와 도시유키(長谷川利行), 기노우치 요시(木內克) 등의 자화상 정도가 발견된다. 하지만 이 중에서 이상의 「1928년 자화상」에 필적할 만한 강렬한 표현주의는 없다. 먼저 아오키 시게루의 자화상(그림 5)은 그가 도쿄미술학교 선과(選科)에 입학해 21세이던 1903년에 그린 것이다. 이 자화상은 "전체적으로 마치 녹물이 넓게 어둡게 번지는 가운데 화면 군데군데 밝은 면과 대비를 이뤄 비현실인 느낌을 자아낸다".[21] 이러한 표현은 그가 전 생애를 통해 추구했던 신화적 주제의 공상적 세계와 관계하는 것으로 알려져 있다. 무카이 준키치의 1919년 자화상(그림 6)은 화면의 거친 질감이 강렬한 특징을 이루는 반면 내면의 깊이와 긴장감은 별로 드러나지 않는다.

---

20 이 비교 검토를 위해 필자가 기초한 문헌은 다음과 같다. 桑原住雄, 『日本の自畵像』, 東京: 南北社, 1966.
21 위의 책, 60쪽.

〈그림 5〉 왼쪽, 아오키 시게루, 「자화상」, 1903(출전 : 桑原住雄, 『日本の自畵像』, 59쪽).
〈그림 6〉 가운데, 무카이 준키치, 「자화상」, 1919(출전 : 위의 책, 67쪽).
〈그림 7〉 오른쪽, 에비하라 기노스케, 「자화상」, 1922(출전 : 위의 책, 69쪽).

다음으로 1920년대 자화상 중에서 이상의 「1928년 자화상」과 비교될 만한 것으로는 에비하라 기노스케의 자화상(그림 7)을 들 수 있다. 이 자화상은 에비하라가 1922년 18세 때 고향 가고시마(鹿兒島)에서 상경하여 가와바타 화숙에 다니던 시절 도쿄 요요기의 한 하숙집에서 그린 것으로 알려져 있다. 그의 자화상은 화면이 어둡고 머리카락은 제멋대로 뻗쳐 있고, 눈의 표정은 무언가를 골똘히 생각하는 듯 그늘져 있으며 무겁게 침체되어 있는 특징을 이룬다.[22] 그러나 전체적으로 이는 외향적으로 발산되는 젊은 혈기를 얼굴에 담고 있을 뿐 보는 이를 심층 세계로 인도하지는 않는다.

---

[22] 앞의 책, 69쪽.

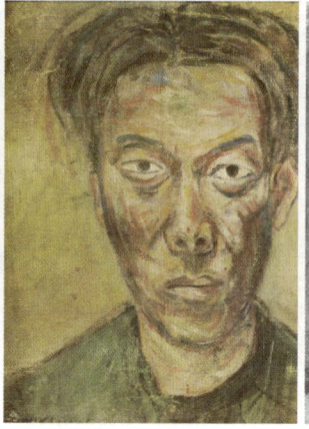

〈그림 8〉 **왼쪽**, 시미즈 다카시, 「자화상」, 1923(출전 : 桑原住雄, 『日本の自畵像』, 57쪽).
〈그림 9〉 **가운데**, 하세가와 도시유키, 「자화상」, 1925(출전 : 위의 책, 83쪽).
〈그림 10〉 **오른쪽**, 기노우치 요시, 「자화상」, 1923(출전 : 위의 책, 71쪽).

    시미즈 다카시의 1923년 자화상(그림 8)은 엘 그레코와 세잔에 심취해 있던 파리 체류 시기에 그려진 것으로 알려져 있다. 그는 원래 조각으로 널리 알려진 인물로서 부르델의 영향을 받아 조각가로 성장한 인물이었다.[23] 따라서 그의 자화상에 나타난 개성적 표현은 부르델 풍의 조각 이미지와 19세기 세잔식의 인상주의가 결합한 것이라 할 수 있다. 하세가와 도시유키의 1925년 자화상(그림 9)은 거친 선들의 독특한 표현이 얼굴에 긴장감을 형성해 마치 화가 뭉크의 「절규」(1893)식의 내면적 고통과 불안을 자아내는 듯하다.

---

[23] 桑原住雄, 『日本の自畵像』, 57쪽.

얼핏보기에 기노우치 요시[24]의 1923년 자화상(그림 10)은 스타일적으로 이상의 「1928년 자화상」과 가장 유사하게 보인다. 이는 그가 파리에 조각을 공부하러 갔다가 회화에 재미를 느껴 시도한 그림으로 알려져 있다.[25] 이 자화상은 꿈꾸는 듯 날카로운 눈매의 표현과 볼을 타고 흘러 내려가는 턱 선과 굳게 다문 입술의 묘사에 있어 이상의 자화상과 유사해 보인다. 두 자화상 모두 생각에 잠겨 거울을 응시하는 듯 어두운 두 눈 속의 동공이 무겁게 그늘진 특징을 이룬다. 그러나 기노우치의 자화상에서는 짙은 선으로 표시된 눈, 입술, 목선에서 화면의 긴장감을 완화시키는 만화적 객기가 스며 나온다. 반면에 이상의 「1928년 자화상」은 눈, 입, 목의 경계가 선적 표현이 아니라 반사광으로 처리되어 입체적 볼륨감을 지닌다. 이로 인해 내면의 긴장감을 극도로 끌어 올리는 특징을 지닌다. 기노우치의 자화상은 아직 창조자로서의 의식이 개발되기 이전에 "조각을 사랑하고 회화 감상을 즐겼던 어린 딜레탕트(dilettante)"로서 예술청년기의 기노우치를 표현한 것으로 평가되고 있다.[26] 그러나 이상의 자화상에선 매우 진지하게 표명된 고뇌의 내면적 깊이가 훨씬 더 큰 반향을 자아낸다. 따라서 그것은 결코 '습작'이 아니라 분명히 맥락이 존재한 그림이었으며, 글로 쓰여진 선언문에 앞서 표명된 최초의 예술적 페르소나였던 것이다.

한편 「1928년 자화상」은 내용적으로 이상이 1931년 조선미술전람회(鮮展, 이하 선전)에 출품해 입선을 수상한 두번째 자화상, 「자상」(自像,

---

24 기노우치 요시(木內克, 1892~1977)는 이바라기 현(茨城縣) 미토 시(水戶市)에서 1892년 출생. 1914년 아사쿠라 후미오 조소학원에 들어가 조각가의 길에 입문. 1921년 런던을 거쳐 파리에 가서 부르델의 아틀리에에서 사사. 귀국 후 1936년 이과전(二科展)에서 특상하는 등 두각을 발휘. 전후 수많은 전시와 수상을 통해 일본 현대 조각계를 주도하고, 1977년 85세로 사망했다.
25 桑原住雄, 앞의 책, 71쪽.
26 위의 책, 71쪽.

〈그림 11〉 이상, 「자상」(自像), 1931(출전 : 『제10회 조선미술전람회 도록』, 1931).

그림 11)과도 크게 구별된다. 이는 「1928년 자화상」과 비교해 볼 때 비슷한 얼굴 구도로 그려졌지만 표현주의적 긴장감이 떨어지고 오히려 차분해진 양상을 보여 준다. 무슨 이유 때문이었을까? 여기엔 두 가지 추측이 가능하다. 첫째는 1931년 '절정의 시기'에 이상의 예술적 욕망은 이미 표현주의를 넘어서 또 다른 예술세계에 감응해 있었기 때문이라는 것이고, 둘째는 총독부가 주관하는 선전이라는 관제 전람회의 제도적 취향에 '의도적'으로 맞춤화시킨 것이라는 추정이다.

전자에 대해서는 다음에서 자세히 설명하기로 하고, 먼저 후자의 경우에 주목해 보기로 하자. 흥미롭게도 이상의 1931년 「자상」은 앞서 소개한 아오키 시게루[27]의 1903년 자화상(그림 5)과 놀라울 만큼 스타일적으로 유사하다. 이 두 그림은 분명히 다른 인물을 대상으로 하고 있지만 기법적으로 눈과 시선 처리, 붓질 효과, 음영의 배합과 화면 효과 등에서 거의 닮은꼴이라 할 수 있다. 둘 모두 마치 운명적인 것을 사선으로 꼬나보는 듯한 눈의 표정과 시선이 일치하며, 동일하게 깊고 어둡다. 오른쪽 눈이 어둡게 처리되어 흐릿하게 뭉개진 것도 서로 비슷하다. 입 모양은 좀 다르지만 턱 선을 처리한 붓질의 방향 역시 유사하다. 무엇보다 전체 화면 효과에 있어 두 그림 모두 어두운 기름이 번지듯 부분적으로 희끗희끗 밝게 처리된 부분들이 대상을 질량이 빠져나간 유령처럼 보이게 한다. 아오키는 그의 작품이 중요 문화재로 지정되어 있을 만큼 일본에서 가장 유명한 작가 중의 한 사람으로 1911년 폐결핵으로 만 28세의 젊은 나이에 요절한

---

[27] 아오키 시게루(青木繁, 1882~1911)는 후쿠오카 현(福岡縣) 구루메 시(久留米市)에서 1882년 출생. 1899년 만 16세에 폐결핵으로 중학교를 중퇴하고 상경해 화숙 부동사(不同舎)에 들어가 도루 쇼타로(小山正太郎)로부터 사사. 1904년 도쿄미술학교 졸업. 주요 작품으로 「海の幸」(1904), 「わだつみのいろこの宮」(1907) 등을 제작. 1911년 3월 폐결핵으로 28세의 젊은 나이에 사망했다.

화가로 알려져 있다.

따라서 1920년대 조선과 일본 화단에서 세상이 빤히 다 아는 아오키 스타일을 이상이 자신의 자화상에 아예 내놓고 보란 듯이 '차용'한 것은 선전의 제도적 취향에 '옛다 엿먹어라'식으로 맞춤화시킨 것 외에 달리 이유가 없다. 이를 두고 당시 조선 최고의 미술평론가 윤희순이 이상의 「자상」에 대해 "무엇인지 새로운 것을 보여 주려고 노력하는 신경의 활동이 있다"고 평했던 것은 매우 재미있는 부분이라고 할 수 있다.[28] 여기에 또 한 가지 가능성을 추가한다면, 필자는 최근에 이상이 1928년에서 1929년 사이에 도쿄에서 개최된 제국미술전람회(帝國美術展覽會, 제전으로 약칭)에 작품 제출을 위한 '출품지원서'를 주문한 사실을 새로 발견하게 되었다. 뒤에 '6장 죽음의 질주와 또팔씨의 부활' 편에서 밝히겠지만, 이상이 과거에 도쿄 진보초에 있었던 누군가를 통해 제전 2과(서양화부)에 작품 출품을 위한 지원서를 주문한 사실이 발견된 것이다. 이상이 선전에서 아오키 스타일의 자화상을 의도적으로 그린 것은 이러한 일련의 과정과 맞물려 있었기 때문으로 여겨진다. 그가 일본 제전에 작품을 실제로 출품했는지의 여부는 아직 확인되지 않지만 관제 미술전람회의 제도적 모순에 대한 분노 같은 것이 형성되었던 것으로 추정된다.

역설적으로 이상은 1931년 「자상」을 아오키 풍으로 그렸기에 선전에서 입선을 할 수 있었다. 선전은 3·1운동 이후 총독부의 문화정책 사업의 일환으로 1922년부터 개최되었다. 그러나 선전에서 입상작을 둘러싸고 늘 문제가 발생하곤 했다. 왜냐하면 일본인 심사위원들과 그들의 하수인이었던 조선인 심사위원들은 일본식 구미에 맞춤화된 그림들만을 수상

---

[28] 윤희순, 「제10회 조선미전 평」, 『동아일보』, 1931. 5. 31~6. 9.

작으로 선정했기 때문이었다. 이는 이상이 선전에서 입상한 1931년에 이르러 비판이 거의 최고조에 달하고 있었던 당시 상황이 입증해 주고 있다. 예컨대 이상이 「자상」을 출품한 제10회 선전에서는 특선을 받은 일본인 화가(도미타 아야코)와 입선한 오지호의 작품에 대한 심사 잣대의 불공정성 문제가 불거져 나오기도 했다.[29] 또한 비평가 윤희순은 "이 전람회의 출발이 순수 예술기관으로서의 사명에 있지 않고 문화정치 표방의 일본 교화 시설에 있었음"을 전제하고, "심사의 불공평, 특선급의 심사원 추천, 공로자의 대우 등 불평과 비난이 불거져 나오고 있어……이제 미전의 일대 개혁을 단행해야 할 시점에 도달했다"고 비평했던 것이다.[30]

따라서 이상은 바로 이러한 선전 수상제도의 문제점을 역으로 드러내려 했을 수 있다. 이러한 추정은 이 무렵 1931년에 그가 발표한 첨예한 시(詩)의 세계에서 당시 시대적 상황에 좌절하고 갈등해 탈출을 시도하는 내용들이 매우 깊숙이 숨겨져 있기 때문에 가능하다. 따라서 이상의 1931년 「자상」이 보여 주는 '아오키 짝퉁(모조) 양식'은 앞으로 전개될 그의 시와 관련해 모종의 비밀을 담은 의도가 엿보이는 대목이라 할 수 있다. 필자가 왜 이런 말을 하는지 궁금한 독자들은 뒷부분 '4장 또팔씨의 출발'에서 직접 확인해 보기 바란다.

---

[29] 김종태, 「제10회 미전 평」, 『매일신보』, 1931. 5. 26~6. 4.
[30] 윤희순, 앞의 글.

3 최초작 소설 「12월 12일」의 시각성

「1928년 자화상」은 이후 전개되는 모든 이상 텍스트의 원형이자 출발점에 해당한다. 왜냐하면 이 자화상의 이미지가 그의 첫번째 문학작품으로 알려진 「十二月 十二日」(1930, 이하 「12월 12일」로 표기)의 내용과 일치하기 때문이다. 바로 이 지점에서 시각 텍스트로서 자화상 이미지가 문학 텍스트인 글로 변환되었던 것이다. 이 소설은 이상의 유일한 장편소설로 총독부 기관지 『조선』(朝鮮)[31]에 1930년 2월부터 12월까지 연재되었다. 「12월 12일」의 서사는 일인칭 화자 '내'가 십유여 년 전에 고향을 등지고 떠나던 '과거의 일'을 기억하는 것으로 시작한다. 이 소설에서 이상은 무엇을 말하려 했던 것일까? 단서가 연재 '제1회' 분의 앞부분에 나온다. "세상은 모두가 돌연적이고 우연적이고 모두가 숙명적일 뿐이라는 것이다." 여기서 소설 속 화자 '나'는 불행한 운명이 들러붙어 악순환의 인연이 끊이지 않는 인물로 묘사된다. 소설 속의 '나'는 고향을 떠나 십유여 년간의 방랑생활에서 얻은 것이 "불행한 운명 가운데서 난 사람은 끝끝내 불행한 운명 가운데서 울어야만 한다"는 것이라고 말한다.

「12월 12일」의 서사에서 큰 특징은 서술의 초점, 즉 시점이 계속 바뀐다는 사실이다. 예컨대 '제1회'의 시작 부분에서 '나'는 이 글을 "과거의 공개장"이라며 회고조로 서술하다가, 시점이 3인칭 관찰자 '그'로 바뀐다. 그러나 '제2회'부터 화자는 다시 1인칭 화자 '나'로 바뀌고, '제3회'에서 다시

---

[31] 『조선』(朝鮮)은 조선총독부 관방문서과에서 발간한 월간종합지로 조선통치에 관련된 광범위한 정보를 다뤘으며 일본어판과 조선어판이 동시에 발간되었다.

3인칭 '그'와 'X'로 변한다. '제4회'에서는 기존의 서간체에서 화자 '그'에 대한 서술로 문체가 바뀐다. 그리고 화자 '그'는 마지막 '제9회'까지 계속 이어진다. 이러한 시점 변화는 마치 현대미술에서 피카소와 브라크와 같은 입체파 화가들의 다중시점 이미지와 다를 바 없다. 이상은 입체파 화가처럼 소설 속 주인공이 현실을 바라보는 각도를 시점의 변화를 통해 계속 바꿔 나갔던 것이다. 「12월 12일」의 서사를 이루는 주요 인물들의 설정은 '그'(처음에 '나', 나중에 편지에서 X), '그'의 절친한 친구 M, '그'의 친동생 T, T의 아들이자 '그'의 조카인 '업'으로 구성된다. 이해를 돕기 위해 「12월 12일」의 내용을 요약하면 다음과 같다.

'그'는 아내가 산후 발병으로 세상을 떠나고 곧바로 젖먹이까지 죽자 어머니를 모시고 고향을 떠난다. 부산부두에서 연락선에 몸을 실은 것은 한 해가 저무는 12월 12일 이른 새벽이었다. 일본 고베로 간 그는 조선인 노동자들이 살고 있는 변두리 산비탈에 토굴을 파고 움집살이를 하면서 비참한 생활을 이어간다. 그러나 그의 어머니는 영양실조에 의한 쇠약과 추위를 견디지 못한 데다가 토질병까지 겹쳐 세상을 떠난다. 어머니를 잃은 불행 중에 그는 조선소에 페인트칠하는 숙련 직공으로 일하면서 한 달에 45원을 받아 주린 창자를 채우고도 돈이 남아 술과 도박에 빠진다. 그는 고향 떠난 지 3년이 지나 고베를 떠나 친구와 나고야로 가서 식당 '뽀이'로 일한다. 그가 일한 식당은 광란의 축제와 음란한 노래와 춤이 어우러진 도시적 향락문화에 젖어든 '놀기 위한 식당'이었다. 그는 매일 밤 더없는 황홀과 흥분과 피로를 느끼면서 육체를 노예화시키면서 노동을 제공한다. 나고야의 요리사 생활 이후에 사할린에 가서 7년 동안 일을 하다가 어느 날 레일 위를 질주하는 공사용 궤도차(토로)와의 충돌사고로 절뚝발이가 된다. 십유여 년의 방랑생활 끝에 그(X)가 얻은 것은 어머니를 잃고 절뚝발이가 되었다는 것이다.

한편 고국에서 그의 조카이자 T의 아들인 '업'은 방종과 허영으로 타락한다. 친구 M은 집안이 파산해 물질적 고통을 당하면서도 업의 학비를 대왔지만 중학교를 마치고 음악학교로 진학하겠다는 업의 결정에 실망해 학비 지원을 단념한다. 이에 업은 M을 원망하고 업의 교만 방종한 태도는 늘어만 간다. M에게 보낸 편지(6신)에서 X(그)는 십유여 년의 방랑생활을 끝내고 귀국하려 한다고 밝힌다. 그동안 X는 3년간 여관 주인과 친구가 되어 공동경영을 했는데 그가 갑자기 사망하자 X는 집과 재산을 물려받아 큰 부자가 된다. 그가 일본에서 귀국해 서울역 승강장에 기적소리와 함께 도착한 날이 12월 12일이었다. 그는 고향에 돌아와 동생 T의 집에 머물며 부산에서 서울역까지 타고 온 3등 객차 안에서 만났던 신사와 여자를 떠올리며 벽에 걸린 조그만 일력을 본다. 'DECEMBER 12.' 그는 동생 T의 가족들과 함께 그동안 신세진 M에게 은혜를 갚기 위해 M의 명의로 병원을 내주자고 상의한다. 하지만 T의 가족은 아무 말도 하지 않는다. 그는 고민 끝에 병원을 내고 수입을 삼등분하기로 결정한다.

그는 병원에서 'C'라는 간호부에게서 이상한 기분을 느낀다. 한데 그녀는 (우연히도) 그가 나고야에 있을 때 만났던 죽은 XX의 여동생이었다. 그가 C를 좋아하게 되었지만 C 간호부는 업과 친해져 해수욕을 가려하자 질투심이 폭발해 그들의 해수욕 도구를 책상에 올려놓고 알코올을 부어 불태워 버린다. 이후 C는 병원을 떠나고 업은 병이 들었는데, 어느 날 C로부터 편지가 온다. C는 편지에서 업을 사랑한 이유가 단지 업의 얼굴이 헤어진 배필이자 오빠(XX)의 친구인 A의 얼굴과 흡사했기 때문이라고 말한다(C의 오빠 XX는 A와 사냥을 나갔다가 A가 쏜 탄환에 우연히 맞아 사망했다). 그가 간호부 C의 집을 찾았을 때 C는 젖먹이(업의 아이)를 내어주며 돌봐줄 것을 부탁하는데, 이때 그는 누워 있는 초췌한 C의 얼굴에서 10여 년 전 세상을 떠난 아내의 얼굴을 발견한다. 이후 업의 병세는 겨울이 되면서 더욱 심해진다. 업은 방 윗목에 철 아닌 해수욕 도구를 채워놓고 하루 종일 그것만 바라본다.

어느 날 업은 해수욕 도구를 마당에 끄집어내어 알코올을 들이 붓고, 백부인 '그'를 불러와 그의 면전에서 골수에 사무친 복수를 수행한다. 그리고 그날 저녁, 우연처럼 업은 C가 낳은 아이를 남기고 세상을 떠난다. 이에 업의 아버지 T는 정신

병자가 되어 '희유의 방화범'이 되고, '그'는 C가 남기고 간 아이를 안고 철로를 따라 걷는다. 누군가에게 물어 본 그날이 바로 12월 12일이었다. 마침내 그는 달려오는 남행열차에 자살을 시도한다. 그의 "영락한 육체 위로 무서운 에너지의 기관차 차륜이 굴러 넘어가면서 그의 육체는 산산조각이 나서 흩어진다. 한데 어린 것이 살아남아 인간의 백팔번뇌를 상징하듯 '으아!' 울기 시작한다. 소설은 다음과 같은 질문을 던지며 끝을 맺는다. "과연 인간세계에 무엇이 끝났는가? 기막힌 한 비극이 그 종막을 내리우기도 전에 또 한 개의 비극이 다른 한쪽에서 벌써 그 막을 열고 있지 않은가? 으아! 으아! 이 소리가 약하게 그리하여 점점 강하게 들려오고 있을 뿐이었다."

「12월 12일」은 계속되는 비극적 상황에서 우연과 필연의 역설적 상관관계를 다룬 소설이라 할 수 있다. 이상은 화자 '나'(뒤에 '그')를 통해 "우리가 생각하는 것과 같은 것은 아니라……모두가 돌연적이었고 모두가 우연적이었고 모두가 숙명적일 뿐……"인 역설의 이 세상에 대해 말하고 있었던 것이다. 이러한 맥락에서 소설의 제목 또한 매우 역설적으로 붙여졌다는 사실을 알 수 있다. 소설에서 제목의 날짜 '十二月 十二日'은 모두 다섯 번 등장한다. 그것은 그가 이른 새벽 부산항에서 연락선을 타고 일본으로 떠난 날이자, 십유여 년의 고생 끝에 귀국해 서울역 승강장에 도착한 날이며, 동생 T의 집에 머물며 달력을 보고 일력의 '12'쪽을 떼어 낸 날이기도 했다. 또한 그것은 그가 달려오는 남행열차에 치여 자살하기 전, '두 번'[32] 물어봤던, 새로운 우주의 가로를 걸어간 날이기도 했다.

여기서 주목할 것은 동일한 숫자 '12'가 '월'이 되기도 하고, '일'로

---

[32] 이 소설에서 네번째와 다섯번째로 등장하는 '12월 12일'은 전자가 주인공 '그'가 죽기 전에 확인한 날짜라면, 후자는 '그'가 우연히 두 번이나 물었을지 모르는 '가상'의 날짜에 해당한다.

도 분열한다는 사실이다. 이상은 제목의 날짜에서 동일한 비극(十二)이 우연과 필연으로 분열하는 관계를 그리고 있었던 것이다. 한자로 표기된 제목의 형상 '十二' 자체도 역설적이다. 왜냐하면 긴 직선과 짧은 직선 2개를 어떻게 조합하느냐에 따라 '十'이 되기도 하고 '二'가 될 수도 있기 때문이다.[33] 그러나 문제는 그래봐야 '十二'라는 실존적 사실이다. 바로 이것이 문제였던 것이다. 대부분 이상의 텍스트에 내재된 공포와 절망의 근원은 바로 이런 것이라 할 수 있다. 아무리 노력해 봐야 이미 한계 지어진 자신의 실존적 상황 앞에서 이상은 절망할 수밖에 없었고, 그는 그것을 공포스러워 했다. 그래서 이상은 이 소설에서 "벗어나려고 애쓰는 환경일수록 그 환경은 그 사람에게 매달려 벗어나지를 않는 것이다"라고 했던 것이다.

「12월 12일」은 마치 도스토예프스키의 대표작 『카라마조프의 형제들』과 『죄와 벌』을 연상케 한다. 등장인물의 구성과 소설의 시간개념에서는 『카라마조프의 형제들』의 영향력이 엿보이고, 구성에 있어서는 『죄와 벌』식의 콜라주 기법이 사용되고 있기 때문이다. 실제로 이상은 여러 곳에서 도스토예프스키에 대한 생각을 글로 남겼다. 특히 「종생기」에서 이상은 도스토예프스키의 글에 대해 '아름다운 문장'(美文)이라며 다음과 같이 말했다.

> 그렇다 하더라도 '카라마조프의 형제'나 '40년'을 구경삼아 들러 보시지요.
> (중략)
> 도스토예프스키나 고리키는 미문(美文)을 쓰는 버릇이 없는 체했고, 또 황량·아담한 풍치를 '취급'하지 않았으되 이 의뭉스러운 어른들은 오직 미문은 쓸 듯 쓸

---

[33] 바로 이러한 발상이 1931년 6월 5일에 쓴 시, 「BOITEUX·BOITEUSE」의 첫 시행에도 나온다. "긴 것 짧은 것 열십자 그러나 CROSS에는 기름이 묻어 있었다."

듯, 절승경개는 나올 듯 나올 듯만 해보이고 끝끝내 아주 활짝 꼬랑지를 내보이지 않고 그만둔 구렁이 같은 분들이기 때문에 그 기만술은 한층 더 진보된 것이며, 그런 만큼 효과가 또 절대(絶大)하여 천년을 두고 만년을 두고 내리내리 부질없는 위무(慰撫)를 바라는 중속(衆俗)들을 잘 속일 수 있는 것이다.

「12월 12일」과 도스토예프스키의 소설 사이의 관련성은 무엇보다 소설의 문체와 시점에서 잘 드러난다. 이상이 구사한 화자의 시점은 도스토예프스키가 「죄와 벌」에서 사용한 문체로부터 영향을 받은 것으로 보인다. 예컨대 「죄와 벌」처럼 이상은 「12월 12일」 첫 부분에서 일인칭 시점의 고백체로 시작하다가 이야기가 진행되면서 삼인칭으로 화자의 시점을 변경시켰다. 이로써 이상은 「12월 12일」에서 도스토예프스키의 문체적 특징을 이루는 고백체와 기록체의 서로 다른 두 어조 사이의 모순을 유사하게 유발시켰던 것이다.[34]

이러한 유사성은 등장인물의 구성과 시간개념에서도 잘 드러난다. 이상은 「12월 12일」을 연재하면서 '제6회'에 이르러 'C간호부'를 등장시켜 주인공(큰아버지) '그'와 조카 '업' 사이에서 삼각관계를 형성했다. 그러나 '그'의 뜻과 달리 C와 업이 서로 가까워지고, 단둘이 해수욕을 가려 하자 '그'는 해수욕 도구를 모두 끌어내 불을 지른다. 이러한 인물 설정은 도스토예프스키의 「카라마조프의 형제들」과의 짙은 연관성을 엿보게 한다.

「카라마조프의 형제들」에서 아버지 표도르의 캐릭터는 "거의 무일푼으로 출발해 재산을 모아" 부자가 된 인물로 설정되어 있다. 이는 일본에서 산전수전 다 겪으면서 큰돈을 벌어와 집안을 일으킨 「12월 12일」의

---

[34] 조주관, 『죄와 벌의 현대적 해석』, 연세대학교 출판부, 2007, 63쪽.

'그'와 비슷한 설정이라고 할 수 있다. 표도르의 장남인 드미트리는 아버지의 여자 그루센카의 육체적 매력에 이끌려 원래 약혼녀 카테리나를 버리고 아버지를 증오한다. 한데 이러한 삼각관계 위에 또 하나의 관계가 추가된다. 차남 이반이 형 드미트리의 약혼녀 카테리나를 사랑하게 된 것이다. 따라서 인물 설정에 있어 「12월 12일」은 「카라마조프의 형제들」과 유사한 구성방식으로 친족 간의 갈등관계를 공통적으로 다루고 있다.

  그러나 그렇다고 해서 두 소설 사이의 관계가 정확하게 일치한다고 할 수는 없다. 왜냐하면 「12월 12일」은 「카라마조프의 형제들」만큼 인물 개개인의 특성과 감정을 잘 드러내지 않았기 때문이다. 또한 후반부에 '그-C-업'의 삼각관계에서도 '그'나 업이 C간호부를 사랑하는 내면적 이유와 미묘한 감정에 대해 구체적인 언급을 결여하고 있다. 「12월 12일」은 다만 "교만하고 방종한" 업, 이 같은 아들에게 "죽은 쥐 같은 태도"로 절절매는 T, 이러한 불합리한 T의 태도에 불만을 가득 가진 M 등과 같이 최소한의 이미지만을 드러낼 뿐이다. 「12월 12일」이 「카라마조프의 형제들」만큼 인물 개개인의 특성과 본질을 잘 드러내지 않은 것은 텍스트의 상황 설정문제가 더 중요했기 때문으로 추정된다. 예컨대 「12월 12일」에서, '그'와 C간호부 사이의 관계에 있어 중요한 것은 이 둘 사이의 감정이 아니라 C가 일본 명고옥에서 주인공 '그'와 함께 일했던 XX의 여동생이었다는 '인과적 우연성'이 훨씬 더 중요한 것이다. 반면에 「카라마조프의 형제들」에서 그루센카와 카테리나라는 여성들에 대한 아버지 표도르, 장남 드미트리, 차남 이반의 관계는 결코 우연적인 갈등이 아니다. 그것은 태생적 원수 사이의 적의를 지닌 대립관계를 구성한다는 점에서 필연적이며 운명론적 갈등인 것이다. 따라서 이상은 「카라마조프의 형제들」에서 인물 설정과 서사적 모티브는 영향을 받았을 수 있지만 내용적으로 다른 이야기를 전개한 것이다.

그럼에도 불구하고 「12월 12일」이 시간개념에 있어 「카라마조프의 형제들」로부터 큰 영향을 받았다는 사실은 분명하다. 1880년에 출판된 「카라마조프의 형제들」은 기존 소설의 시간개념과 비교할 때 매우 독특했다. 왜냐하면 이 소설의 서사 대부분이 매우 치밀하게 단 하루 동안에 일어난 사건에 초점을 두고 있기 때문이다. 그것은 독자들을 인간적인 시간 계산의 틀 안에다 감금시키고, 이야기의 첫머리부터 무시간(無時間)의 정신 세계에 우리들을 납치해 버린다.[35] 같은 맥락에서 이상은 '12월 12일'이란 날짜를 이야기 중에 여러 번 반복해 사용한다. 앞서 설명했듯이, 모두 다섯 번 등장하는 '十二月 十二日'이란 날짜는 동일한 숫자 '12'가 '월'이 되고 '일'로 분열하는 의미를 지닌다. 이를 통해 이상은 다른 시공간에서 발생한 사건들이 마치 동일 시간대(12월 12일)에 우연히 일어난 것처럼 독자들을 의도적으로 유인하고 있는 것이다.

이상의 「12월 12일」이 도스토예프스키로부터의 영향을 받았다는 것은 또 다른 사실을 통해서도 확인될 수 있다. 예컨대 「카라마조프의 형제들」에 나오는 다음의 대목은 이상이 「12월 12일」에서 추구했던 주제의식뿐만 아니라 이상 텍스트 전체 내용과 긴밀하게 맞닿아 있다. 「카라마조프의 형제들」을 보면, 둘째 아들 이반의 입을 통해 신을 인정하면서도 부정하는 역설적 이야기가 나온다.

그래서 나는 분명히 말해 두겠다 — 정직하게 신을 인정한다고. 그렇지만 한 가지 주의해 둘 것이 있어, 다름 아니라 정녕 신이 이 지구를 창조했다고 한다면, 그

---

[35] J. M. 마리, 이경식 옮김, 『도스토예프스키의 문학과 사상』, 서문당, 1980, 229쪽.

럴 경우 우리가 이미 알고 있듯 신이 유클리드 기하학에 의해 지구를 창조하고 인간의 두뇌에 공간의 삼차원 관념만을 부여한 것이 돼. 그러나 기하학자나 철학자 중엔 이것을 의심하는 사람들이 옛날에도 있었고 지금도 역시 존재하고 있어. 개중에는 유클리드 법칙에 의해 이 지상에서는 절대로 만날 수 없는 두 개의 평행선도 무한 공간의 어느 지점에 가서는 서로 마주칠지 모른다는 대담한 생각을 하는 자까지 있을 지경이니까. 그런 것조차 이해하지 못한다면 내가 어떻게 신의 문제를 파악할 수 있겠니! 잔인하다. 나의 지성은 유클리드식이야. 지상적인 것이야. 알료샤, 충고하지만 그런 문제는 결코 생각하지 않는 것이 좋아, 특히 신의 존재 여부에 관한 문제는 말이야. 이런 문제는 삼차원의 관념밖에 지니지 못한 인간의 두뇌로는 엄두도 낼 수 없는 문제야. 그래서 나는 신을 인정해. 하지만 놀라지 마라. 나는 최후의 결론으로서 이 신의 세계를 인정할 순 없어. 이 세계가 존재한다는 것을 알고 있지만 그래도 그것을 받아들일 순 없어. 알겠니? 나는 신이 창조한 세계를 인정할 수 없다는 거야. 이게 나의 본질이야. 이것이 나의 명제란 말이다.[36]

아마도 이상은 「카라마조프의 형제들」의 위 대목에서 가장 큰 감명을 받았을 것이다. 왜냐하면 이 대목은 한마디로 신(神)의 존재와 삼차원의 유클리드 기하학을 부정하는 이야기였기 때문이었다. 여기서 이상은 신의 세계와 유클리드 기하학에 의한 삼차원 관념에 대한 부정에 공감하면서, 다른 한편으로 비유클리드 세계에 대한 새로운 비전을 펼칠 계획을 상상했을 것이다. 그렇기 때문에 이상 연구자들 사이에서 이상을 두고 '유클리드 기하학의 작가'라고 규정하는 것은 그의 부모를 '얼금뱅이(곰보)'로 규정하는 것만큼이나 매우 잘못된 것이다. 그는 삼차원의 유클리드 기

---

[36] 도스토예프스키, 『카라마조프家의 형제들』, 정해근 옮김, 정암, 1989, 125~126쪽.

하학으로부터 탈주해 비유클리드의 세계를 추구했기 때문이다.[37] 이는 그가 「12월 12일」의 '제9회' 마지막 부분에서 던진 다음의 질문이 잘 말해준다. "인과에 우연이 되는 것이 있을 수 있을까?" 이 질문을 통해 이상은 인과법칙의 불확정성과 우연성의 문제를 화두로 제시했던 것이다. 여기서 「12월 12일」을 통해 이상이 말하려는 의도가 좀더 분명해 진다. 그것은 "기막힌 한 비극이 그 종막을 내리기도 전에 또 한 개의 비극이 다른 한쪽에서 벌써 그 막을 열고 있는" 비극의 연속성과 동시성으로 말미암은 절망인 것이다.

이상에게 있어 이러한 비극과 절망은 사실 표면적인 것에 불과하다. 내용에 있어 그가 이 소설을 통해 진짜 말하고자 했던 것은 '우연성의 문제'라고 할 수 있다. 그것은 세상의 모든 사건과 물리현상을 엄격한 인과성으로 설명했던 뉴턴의 고전물리학과 3차원의 유클리드 기하학적 개념을 넘어선 세계를 의미한다. 그것은 시공간에서 취해지는 모든 측정들이 절대적 의미를 상실하고, 대신에 4차원의 연속체로서 시공간 개념과 비유클리드 기하학이 필요한 새로운 '우주적 세계'를 말한다. 따라서 이상은 「12월 12일」을 통해 20세기 초 현대물리학이 밝혀 낸 새로운 과학적 사실과 아인슈타인의 상대성이론에 대한 암시로서 '인과적 관계를 넘어선 우연성의 세계'를 강조했다고 할 수 있다. 결과적으로 그는 이 「12월 12일」에서 이듬해(1931)부터 시각 텍스트의 형태로 펼치기 시작한 실험시의 서막을 선보였던 것이다.

이러한 맥락에서 「12월 12일」은 예술사적 차원에서 매우 특별한 의미를 지닌다. 이 작품이 일반적인 소설과 달리 시각성의 문제를 여러 각도

---

[37] 이 부분이 극명하게 표현된 글의 예가 이상의 초기 실험시 「선에관한각서 1」이다.

에서 실험한 글이었기 때문이다. 이 글을 꼼꼼하게 분석해 보면, 이상이 앞으로 펼칠 자신의 모든 글을 위하여 매우 풍부한 시각 실험을 감행한 흔적들이 발견된다. 예컨대 「12월 12일」의 마지막 편(제9회) 후반부에는 주인공 '그'가 기관차에 치여 신체가 '해체되는 과정'을 그린 극적인 장면이 나온다.

> …… 그는 확실히 새로운 우주의 가로를 보행하였을 것이다. 그러나 또 그의 영락한 육체 위로는 무서운 에너지의 기관차의 차륜이 굴러 넘어갔는지도 모른다. 그리하여 그의 피곤한 뼈를 분쇄시키고 타고 남은 근육을 산산이 저며 놓았는지도 모른다. 그리하여 기관차의 피스톤은 그의 해골을 이끌고 그의 심장을 이끌고 검붉은 핏방울을 칼날로 희푸르러 있는 선로 위에 뿌리며 10리나 20리 밖에 있는 어느 촌락의 정거장까지라도 갔는지도 모른다. 모닥불을 쬐던 철로 공사의 인부들도, 부근민가의 사람들도 황황히 그곳으로 달려들었다. 그러나 아까에 불을 피하여 달아나던 그의 면영은 찾을 수도 없었다. 떨어진 팔과 다리, 동구(瞳球), 간장(肝腸), 이것들을 차마 볼 수 없다는 가애로운 표정으로 내려다보며 새로운 우주의 가로를 걸어 가는 그에게 전별의 마지막 만가(輓歌)를 쓸쓸히 들려주었다.

위 대목에서 주목할 것은 이상의 글쓰기가 영화적 연출 기법을 사용해 '보여 주기' 텍스트로 변환된 점이다. 이상은 주인공 '그'가 기관차에 치여 육체가 해체되는 과정을 마치 긴 호흡의 카메라 앵글을 들이대는 '롱-테이크' 영화 기법으로 담아내고, 조각난 신체 파편들에 대해 상세하게 초점을 두는 '딥 포커스' 기법을 사용했던 것이다. 이러한 효과는 앞서 「1928년 자화상」에서 사용한 포토그램이 영화적 연출에 의해 더욱 발전된 형태로 전개된 미장센(mise-en-scene) 장면에 해당한다고 할 수 있다. 이러한 연출 효과는 「12월 12일」의 '제2회' 중 'M에게 보내는 편지(四信)'에서도 잘 드러난다. 이상은 주인공 '내'가 북해도에서 광부로 일하던 시절 궤도차(토로) 충돌사고로 절뚝발이가 된 장면을 다음과 같이 묘사했다.

> '뛰어내리자. 그래야만 앞의 사람이 산다……'
> 내가 화살 같은 토로에서 발을 떼려는 순간 때는 이미 늦었네. 뒤에 육박해 오는 주인 없는 토로는 무슨 증오가 나에게 그리 깊었던지 젖 먹은 기운까지 다하는 단말마의 야수같이 나의 토로에 거대한 음향과 함께 충돌되고 말았네. 그 순간에 우주는 나로부터 소멸되고 다만 오랫동안의 무(無)가 계속되었을 뿐이었다고 보고할 만치 모든 일과 물건들은 나의 정신권 내에 있지 아니하였던 것일세. 다만 재생한 후 멀리 내 토로의 뒤를 따르던 몇 사람으로부터 '공중에 솟았던' 나의 그 후 존재를 신화 삼아 들었을 뿐일세.

위의 대목은 흡사 레일 위를 무서운 속도로 질주하던 궤도차(토로)의 충돌 순간을 그려 낸 미래파 이미지로 다가온다. 그러나 그 내용을 자세히 보면 이는 우주적 찰나의 순간에 발생한 존재론적 표명과 맞닿아 있음을 알 수 있다. 그것은 마치 빅뱅 이후 우주에 대한 새로운 정보를 얻기 위해 입자가속기 속에서 이루어진 아원자 충돌실험을 방불케 한다. 이외에도 「12월 12일」에는 여러 곳에서 포토몽타주를 비롯해 입체파, 표현주의, 구성주의에 해당하는 많은 시각예술의 이미지 기법들이 등장한다. 예컨대 주인공 '그'가 철로에서 자살하기 전에 다음과 같은 장면을 떠올리는 대목을 보자.

> 이제 그의 눈앞에 나타났던 새로운 우주는 어느 사이엔지 소멸되고 해수욕 도구를 불사르던 어느 장면이 환기되었다.

이 대목은 '새로운 우주'라는 판타지와 '해수욕 도구를 불사르던 장면'의 현실 이미지가 충돌하는 장면으로 그는 이중노출 기법에 의해 겹쳐진 몽타주 이미지를 사용해 절묘하게 표현했다. 이처럼 「12월 12일」은 서사와 구조에 있어 파편적 다중시점의 전개와 콜라주와 몽타주 등의 구성 기법을 사용했다. 이로써 작가는 분열, 죽음, 공포 등의 의식을 반영한 한 편의 영상 이미지를 만들어 내고 있었던 것이다. 추정컨대 이 소설이 쓰여지는 시점에서 이상은 당시 자신이 꿈꿨던 이상적인 세계와 현실에서 하고 있는 일 사이에 극심히 충돌과 갈등을 겪고 있었던 것으로 여겨진다. 예컨대 신건축의 이념과 원리를 깨우치고 당대 펼쳐지고 있던 최첨단 현대물리학의 새로운 우주론적 세계관을 상상했던 그가 정작 총독부 기수로서 진부한 일을 하고 있는 현실에 직면해 꿈과 현실 사이에 갈등하고 있었던 것이다.

흔히 이상 연구자들 사이에서 「12월 12일」은 소설의 서술적 객관성과 균형이 훼손되는 등 기법적으로 미숙한 습작 정도로 평가되는 경향이 있다. 그러나 여기서 이상이 구사한 서사적 배열 및 사건의 전개방식은 입체파, 표현주의, 구성주의 등 현대 시각예술의 전위적 실험과 관계한다는 사실에 주목할 필요가 있다. 또한 이 소설의 내용은 훗날 유고로 발표된 「공포의 기록」과 절묘하게 이상의 전 생애를 가로질러 수미상관의 대칭을 이룬다. 따라서 「12월 12일」에서 누군가 서술의 객관성과 균형을 요구하는 것은 마치 현대음악가 쇤베르크의 '12음 기법, 무조(無調)음악'에서 속절없이 아름다운 조성(調性)을 기대하는 일과 다를 바 없다. 쇤베르크의 무조음악은 동시대 미술의 입체파, 다다, 표현주의로부터 영향을 받았다. 그것은 12개의 음표를 임의적으로 배열함으로써 스트라빈스키로 이어지는 음악적 표현주의의 길을 열어 놓았다. 현대음악은 태생적으로 화성적 아름다움, 형식적 균형미, 온음계적 화성의 완결적 긴장구조, 규칙적 운율, 이해하기 쉬운 선율 등과 같은 19세기 낭만주의 음악의 유산과 '거리두기'에서 출발했던 것이다.[38] 이렇듯 「12월 12일」은 현대예술, 특히 현대시각예술이 선보인 새로운 이미지 경관과 관련이 있는 것이다. 이는 서사와 구조에 있어 파편적 다중시점[39]의 전개와 콜라주와 몽타주 구성 기법을 사용했다. 이로써 이상은 분열, 죽음, 공포 등의 의식을 반영한 한 편의 '표현주의 영상'을 만들어 내고 있다.

즉, 이상은 「12월 12일」에서 "어그러진 인간법칙"의 참담함 속에서도 "새로운 우주의 가도를 보행해야"만 하는 인간의 "불행한 운명"을 그려냈던 것이다. 한데 흥미로운 사실은 그의 첫번째 작품에서 표현된 소설 속 주인공의 운명이 우연으로 보기에 이상할 만큼 이상 자신의 운명과 닮아 있다는 점이다. 이로 인해 소설 「12월 12일」은 우연으로 보기엔 이상할 정도로 이상 자신의 운명을 미리 서술한 '예고편'이었을 연관성을 깊게 암시한다. 그리고 그가 남긴 유고 「공포의 기록」에서도 새로운 우주의 가도를 보행해야만 했던 인간의 불행한 운명이 "맹렬한 절뚝발이의 세월"로 시작되면서 자신의 삶과 놀라울 만큼 '닮은꼴'로 그려져 있다. 과연 이러한 '이상(異狀)한 이상(李箱)'의 삶이 그의 작품들과 어떤 연관이 있는지 첫번째 단계, '맹렬한 절뚝발이의 세월'부터 살펴보기로 하자.

---

[38] 아르놀트 베르너-옌젠 외, 『The Music : 음악의 역사』, 이수영 옮김, 예경, 2006, 336쪽.
[39] 예컨대 이는 다음의 대목에서 잘 드러나 있다. "이제 그의 눈앞에 나타났던 새로운 우주는 어느 사이엔지 소멸되고 해수욕 도구를 불사르던 어느 장면이 환기되었다."

2장 절뚝발이의 세월

—

나는 팔짱을 끼고 오랫동안 잊어버렸던

우두자국을 만져보았습니다.

우리 어머니도 우리 아버지도 다 얽으셨습니다.

그분들은 다 마음이 착하십니다.

우리 아버지는 손톱이 일곱밖에 없습니다.

궁내부 활판소에 다니실 적에 손가락 셋을

두 번에 잘리우셨습니다.

우리 어머니는 생일도 이름도 모르십니다.

맨 처음부터 친정이 없는 까닭입니다.

나는 외가집 있는 사람이 퍽 부럽습니다.

그러나 우리 아버지는 장모 있는

사람을 부러워하시지는 않으십니다.

나는 그분들게 돈을 갖다 드린 일도 없고

엿을 사다 드린 일도 없고

또 한번도 절을 해본 일도 없습니다.

- 「슬픈 이야기」 중에서

1   사라진 출생지

이상(李箱, 본명 金海卿, 1910~1937)은 아버지 김영창(金永昌)과 어머니 밀양 박씨(훗날 朴世昌으로 알려짐) 사이에서 태어났다.[1] 그가 태어난 날은 1910년 음력 8월 20일로, 안중근 의사가 이토 히로부미를 처단하고 뤼순감옥에서 3월 26일 32살의 삶을 마감한 바로 그 해였다. 또한 이완용 등의 역신들이 순종황제에게 인준도 받지 않고 제멋대로 선포한 병합조약이 체결된 때였다. 이로써 대한제국은 1905년 을사늑약에 따른 외교권 박탈에 이어, 국호와 국권마저 침탈되었다(그림 1). 본격적으로 일제 식민지가 된 조선의 운명은 이상의 출생지에도 곧바로 반영되었다.

그동안 많은 이상 연구 문헌들에서 이상은 '사직동'에서 출생한 것으로 알려져 왔다. 그러나 그의 출생지는 '경성부 북부(北部) 순화방(順化坊) 반정동(半井洞) 4통 6호'로 확정되는 듯했다. 이는 1980년대 말에 김윤식이 그의 『이상연구』(1987) 연보에서 최초로 언급하고, 다시 권영민이 『문

---

[1] 김윤식, 『이상연구』, 390쪽.

〈그림 1〉 일한합방기념엽서, 1910. 양쪽에 2대통감 소네 아라스케(왼쪽)와 이토 히로부미(오른쪽)를 배치하고 가운데 이완용과 3대통감 데라우치가 새출발을 기념하고 있다(출전 : 『식민지조선과 전쟁미술』, 민족문제연구소, 2004, 24쪽).

학사상』(2010. 4)에서 이상의 제적등본 원본을 공개함으로써 재확인된 바 있다.[2] 그러나 그렇다고 해서 이상의 출생지에 관한 모든 것이 밝혀진 것은 아니다. 왜냐하면 제적등본에 적힌 '반정동'(半井洞)이란 지명은 확인되지 않는 동네명이기 때문이다. '반정동'이란 동명은 1910년 8월 29일 한일병합조약 직후 통감부가 칙령 제357호에 따라 기존 '한성부'를 '경성부'로 개칭한 북부 순화방 행정구역에서 확인되지 않는다.[3] 그렇다면 '반정동'이란 동명은 무엇인가? 반정동은 1914년 4월 1일자로 일제가 임의로

---

2 권영민, 「새 자료로 보는 이상의 출생과 성장 과정」, 『문학사상』 2010년 4월, 28쪽, 29쪽.
3 서울특별시, 『서울육백년사』 제4권, 1995, 181~195쪽 참고.

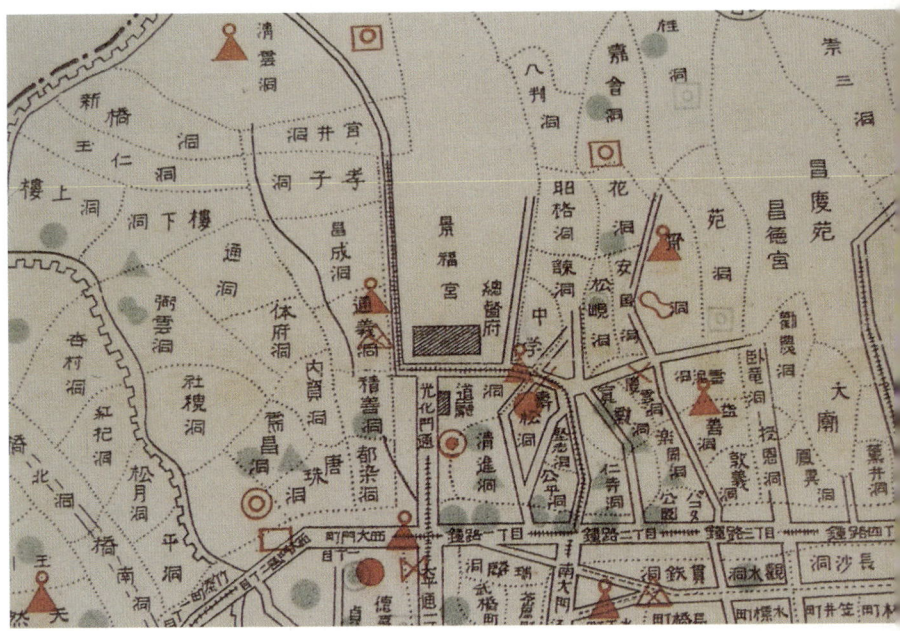

<그림 2> 경성부관내도. 옵셋인쇄본(빨간색 표시는 학교), 1931년. 이상 김해경의 출생지는 지도 중심 경복궁 왼편의 청운동-궁정동-효자동 언저리의 옛 순화방 지역에 속해 있었고, 그가 성장한 통인동은 그 아래쪽 통동(通洞)으로 표시된 옛 준수방 지역에 위치했다(출전: 허영환, 『정도 600년 서울지도』, 범우사, 1994, 119쪽. 윤형두 소장).

옛 한성부의 행정구역제도를 없애고 경성부제로 개편할 때 '사라진 동명'으로 추정된다(이런 이유로 필자는 본서 1쇄에서 '반정동'이 '박정동'[朴井洞]을 잘못 표기한 것일지 모른다고 추정했던 것이다. 한데 필자가 이 문제를 제기한 후, 한 조사에서 '반정동'이 1910년대 일부 지도에 '통동'의 위치에 표기된 것이 발견되었다.[4] 이에 따르면 흥미롭게도 '반정동 4통 6호'는 다름 아닌 이상이 세 살 때부터 들어가 살았던 조부의 집, 곧 '통인동 154번지'였다는 것이다.

[4] 「시인 이상의 출생지 찾았다」, 『주간경향』 1033호(2013. 7. 9.).

그렇다면 이상의 출생지는 '반정동 4통 6호'가 될 수 없다. 왜냐하면 그곳은 이상이 태어난 곳이 아니라 세 살부터 23세 때까지 자란 집이기 때문이다. 따라서 이상의 출생지는 반정동이 아니라 백부 김연필이 1917년까지 소유했던 '사직동 165번지' 집일 것으로 새롭게 추정되었다.[5] 그러나 이곳 역시 오늘날 아파트 단지가 들어서 있기에 이상의 출생지는 이미 오래전에 흔적도 없이 사라져 버렸던 것이다).

일제강점기 이전에 한성부의 제도와 행정구역은 고종 31년(1894) 갑오개혁 때 마지막으로 개편되었다. 당시 한성부는 도성 안팎의 구역을 재정비해 기존의 5부(部)를 5서(署)로 고치고, 그 밑에 모두 47개 방(坊)을 설치했다.[6] 이 중에서 반정동이 속한 순화방은 북서(北署) 관할지역의 12방(坊) 중 하나였다. 순화방은 크게 북쪽과 남쪽의 2계(契)로 나눠 북쪽에 사재감상패계(司宰監上牌契)와 남쪽에 사재감하패계(司宰監下牌契)로 구분했다. 여기서 사재감상패계에 속한 동명으로는 효곡(孝谷), 신교(新橋), 백운동(白雲洞), 박정동(朴井洞), 육상궁동(毓祥宮洞), 온정동(溫井洞), 청풍동(淸風洞), 동곡(東谷), 백구동(白狗洞), 창성동(昌成洞), 간곡(間谷), 옥정동(玉井洞), 대동(帶洞)이 있었다. 반면 남쪽 사재감하패계(司宰監下牌契) 지역에는 장동(壯洞), 매동(梅洞), 구곡동(九曲洞), 체부동(體府洞), 금교(禁橋), 누각동(樓閣洞), 남척동(南隻洞), 장성동(長城洞), 유목동(柳木洞), 복조동(福祚洞), 대송동(大松洞), 간곡(間谷), 오거리(五巨里)가 있었다.[7] 오늘날의 행정구역으로 치면 순화방의 북쪽 상패계 지역은 효자동, 신교동, 궁정동, 창성동 일부에 해당하고, 하패계는 체부동, 누각동, 누상

---

[5] 「시인 이상의 출생지 찾았다」.
[6] 박경용, 『개화기 한성부 연구』, 일지사, 1995.
[7] 위의 책, 35쪽.

동, 통의동, 효자동 일원에 해당한다.

　　이처럼 반정동이란 지명은 구한말 갑오개혁 때 정한 한성부 행정구역에 등장하지 않으며, 국권침탈 직후 일제가 1911년과 1914년에 연이어 시행한 경성부제의 행정구역 개편에서도 발견되지 않는다. 그러나 1910년대 일부 지도에 표시되어 있는 것을 보면 구한말까지 사용되다가 일제강점기 행정구역 개편 때 정리된 지명으로 여겨진다. 반정동이 속한 순화방의 옛 권역은 오늘날 인왕산과 마주하는 경복궁과 청와대의 서쪽 지역, 아래로는 사직로, 위로는 자하문터널에 이르는 꽤 넓은 지역에 해당한다.

　　예로부터 순화방 지역에는 북악산 자락에서 발원하는 물길이 있어 샘과 우물이 많았다고 한다. 예컨대 지금도 궁정동 육상궁(毓祥宮) 안에는 맑은 물이 샘솟는 '냉천'(冷泉)과 우물이 실제로 남아 있어 이 지역의 역사를 생생하게 증언하고 있다. 이로 인해 순화방에는 온정동(溫井洞)과 박정동(朴井洞) 같은 우물명과 관련된 동네가 있었던 것이다. 온정동은 따뜻한 물이 샘솟아 붙여졌고, 박정동은 '쪽박으로 물을 퍼냈다'고 해서 붙여진 '박우물골'에서 유래했다고 한다.[8] 그러나 이 박정동은 일제강점기에 역사 속으로 사라졌다. 1914년 조선총독부 고시 제7호에 따라 1911년에 개편한 종래의 부-방-계-동(部-坊-契-洞) 제도를 폐지하고, 새로 186개 동-정-통-정목(洞-町-通-丁目)을 설치하면서 박정동이 궁정동과 청운동에 편입되었기 때문이었다. 궁정동은 '육상궁동'(毓祥宮洞)과 '온정동'(溫井洞)에서 각기 글자를 따서 붙인 새로운 동명으로, 그 범위는 육상궁동 일부, 동곡(東谷) 일부, 온정동 일부, 신교(新橋) 일부와 박정동 일부를 포함했다. 한편 청운동은 박정동 일부, 백운동(白雲洞), 청풍동(淸風洞)과 신교

8　서울특별시, 『서울육백년사』 제4권, 194쪽.

일부를 포함했다.⁹

경관을 살펴볼 때, 오늘날 서촌 일대에 해당하는 옛 순화방 지역은 북악산의 치솟는 기개를 옆에 두고, 인왕산의 뭉클거리는 근육질 산세를 정면으로 마주보는 절경의 장소다. 사람은 원래 좋은 기운의 땅을 본능적으로 알아보는 법이다. 그래서 예로부터 청운동과 궁정동 일대엔 율곡학파를 계승하여 시문서화로 일세를 올리던 서인들이 많이 살고 있었다.¹⁰ 예를 들어 육상궁 바로 옆 궁정동 2번지에서는 삼연 김창흡(三淵 金昌翕, 1653~1722)이 태어나 살았고, 바로 옆 청운동 89번지 일대(옛 유란동)에서는 삼연의 제자, 겸재 정선(謙齋 鄭敾, 1676~1759)이 태어났다. 조선 화풍에서 진경시대를 꽃피운 화성(畵聖)이 바로 이 동네에서 태어나 살았던 것이다. 1751년 겸재가 자기 집 옆 북악산 서쪽 사면에 올라 비가 개인 인왕산을 마주 보고 그린 「인왕제색」(仁王霽色)은 인왕산 일대 옛 진경의 정취를 전하고 있다. 이상은 겸재가 태어난 곳과 매우 가까운 지역에서 태어나 자랐던 것이다.

따라서 분명한 사실은 이상이 태어난 집(사직동)과 성장한 집(통인동)은 모두 인왕산 자락에 위치한 장소성을 지니고 있었다는 사실이다. 어릴 적 이상은 이 동네에서 과연 무엇을 보고 자랐을까? 일찍이 철학자 하이데거는 "'장소'는 인간 실존이 외부와 맺는 유대를 드러내는 동시에 인

---

9 『서울육백년사』 제4권, 194쪽.
10 육상궁 서쪽 궁정동 2번지에는 청음 김상헌(淸陰 金尙憲, 1570~1652)이 살았다. 이 집에서 청음의 아들 문곡 김수항(文谷 金壽恒, 1629~1689)이 조선 후기 진경문화를 꽃 피운 아들 6형제를 낳아 길렀다. 이들 중 삼연 김창흡(三淵 金昌翕, 1653~1722)은 성리학은 물론 불교, 도교를 비롯해 제자백가와 시문서화 등에 두루 통달한 인물로 진경산수화의 대가 겸재 정선(謙齋 鄭敾, 1676~1759)의 스승이었다. 겸재의 집은 삼연의 집에서 얼마 떨어지지 않은 현 청운중고등학교가 있는 청운동 89번지 일대에 있었다. 또한 겸재와 진경산수화와 짝을 이뤄 진경시를 썼던 사천 이병연(槎川 李秉淵, 1671~1751)은 육상궁 동쪽 동네 대은암동에서 태어났다. 최완수, 「겸재 정선과 진경산수화풍」, 최완수 외, 『진경시대』, 돌베개, 1998, 52~53쪽.

〈그림 3〉 궁정궁과 효자동 쪽에서 본 인왕산의 자태(사진 : 김재경 2012).

간의 자유와 실재성의 깊이를 확인하는 방식으로 인간을 위치시킨다"고 했다.[11] 인간의 실존과 경험을 이해하는 데 장소가 그만큼 중요하다는 말이다. 이 점에서 그동안 이상을 보는 시선들은 장소적 실존과 관련해 그의 구체적 삶과 경험을 자세히 파악하지 않고 무심히 넘겨 버렸다. 대부분 구체적인 '장소'가 아니라 문학적 상상력에 의존한 추상적 '공간'에서 이상의 생애와 작품을 더듬고 있었던 것이다. 이상은 어릴 적에 구체적으로 무엇을 보고 자랐을까? 다음에서 필자는 그가 자라난 옛 장소들을 추적해 가면서, 그가 실존적 삶 속에서 했음직한 사고와 경험의 예민한 신경 조직들을 해부해 보기로 한다.

2 통인동 집으로

겸재가 「인왕제색」을 그린 지 19년 후인 1770년, 한문소설로 이름을 날린 실학자 유득공(柳得恭, 1748~1807)은 그의 스승 연암 박지원(燕巖 朴趾源, 1737~1805)과 절친 이덕무(李德懋, 1741~1793) 등과 함께 한양을 둘러보며 봄날의 여흥을 글로 남겼다. 이 책이 바로 『춘성유기』(春城遊記)라는 책인데, 여기서 그는 인왕산을 두고 "사람이 팔짱끼었던 양팔을 풀어 놓은 듯, 양어깨에 날개가 돋힌 듯하네"라고 멋지게 표현했다.[12] 앞서 말했듯이 근육질이 뭉클거리는 것 같은 인왕산의 산세를 일컬어 유득공

---

[11] 에드워드 렐프 지음, 『장소와 장소상실』, 김덕현 외 옮김, 논형, 2005, 25쪽.
[12] 김영상, 『서울육백년 1』, 대학당, 1997.

은 "양어깨에 날개가 돋힌" 모습이라 했던 것이다. 그의 이 말은 괜한 말이 아니었다. 이로부터 약 140여 년 후 순화방 아래 준수방(俊秀坊) 통동(현 통인동)에서 인왕산을 매일 보고 자란 김해경이란 아이가 훗날 커서 '이상'이란 필명으로 「날개」라는 소설을 썼던 것이다. 그는 이 소설에서 양팔 겨드랑이가 가렵다며, "날개야 다시 돋아라······. 한번만 더 날아 보자꾸나"라고 외쳤다. 날개가 돋힌 형상의 인왕산 자락에서 자라난 아이가 커서 「날개」를 써서 세상을 놀라게 한 것은 예사롭지 않은 인연일지 모른다. 그의 이러한 인연은 3세 때부터 살기 시작했다는 '통동 154번지' 백부의 집에서 시작되었다.

최근『문학사상』이 다시 확인한 바에 따르면, 이상은 아버지 김영창(金永昌)과 어머니 박 씨(박세창으로 알려짐) 사이에서 1910년 8월 20일(양력 9월 23일) 장남으로 태어났다. 이로부터 3년 후에 남동생 운경(雲卿)이, 6년 후에 여동생 옥희(玉姬)가 태어났다. 남동생 운경은 이상의 호적상의 출생지와 동일하게 '순화방 반정동 4통 6호'에서 태어났고, 옥희는 '통동 154번지'에서 태어난 것으로 기록되어 있다.[13] 이상의 백모 김영숙(金英淑)의 말에 따르면, 이상은 3세 때부터 23세까지 20년 동안 백부 김연필(金演弼)의 집, 곧 통동 154번지에 들어가 살았던 것으로 알려져 있다.[14] 이와 관련해서 그동안 많은 이상 관련 문헌들은 이상이 백부의 집에 '양자로 들어가 살았다'고 기술해 왔다. 그러나 공개된 그의 제적등본에 기초해 볼 때, 이상이 백부의 집에 양자로 들어가 살았다는 것은 사실과 다르다. 그는 백부의 양자로 입적된 적이 없었다.[15] 이상은 1912년 세 살 때 백부 김연필

---

13 『문학사상』 2010년 4월, 28~31쪽 참조.
14 고은, 『이상평전』, 38쪽.
15 『문학사상』 2010년 4월, 29쪽.

〈그림 4〉 위, 서촌 일대 위성사진(출전 : 구글)과 이상의 통인동 집 위치(붉은 화살표).
〈그림 5〉 오른쪽, 이상이 자란 통인동(통동) 154번지 집(붉은 화살표). (사진 : 김재경, 2012).

의 집이 아니라 조부 김병복(金炳福)[16]이 호주인 통동 154번지 집에 들어갔다.

　　이상이 통동 집에 들어가 살기 시작한 것은 조부 김병복과 특히 조모 최 씨가 '장남이 잘 되어야 집안이 잘 된다'는 집착 때문에 그를 집에 데려왔기 때문으로 보인다. 이로 인해 그는 조부 김병복이 그 다음해(1914)에 세상을 떠나고, 통동 154번지의 호주가 조부에서 백부로 바뀐 뒤에도 이 집에 계속 살게 되었던 것이다. 다시 말해, 이상은 양자가 아니라 '장남에게 거는 기대감' 때문에 통인동 집에 들어가 살았던 것이다. 물론 여기엔 이상이 집안 어른들의 사랑과 귀여움을 받을 만큼 "총명하고 재주가 많

---

16 제적등본에는 이상의 호적상 조부가 실제 조부 김병복과 같은 본관인 강릉의 김석호(金錫鎬)로 표기되어 있다. 정황을 미루어 이는 아버지 김영창이 손이 끊긴 양조부(養祖父) 김석호의 호적에 입적되어 후사를 이은 것으로 보인다.

왔던"¹⁷ 이유도 있었을 것이다. 그러나 1932년 세상을 떠날 때까지 백부가 이상을 데리고 살았던 것은 장남인 자신이 집안을 책임져야 한다는 의무감이 크게 작용했던 것으로 여겨진다. 이는 이상이 통인동 조부 집에 들어가 살기 시작한 4년 후인 1916년 여동생 옥희가 태어났을 때, 그녀의 출생지 역시 '통동 154번지' 백부의 집으로 기록되어 있는 것으로도 입증된다. 백부는 해경 일가가 밖에 나가 따로 살고 있었지만 해경뿐만 아니라 남동생 운경과 여동생 옥희의 출생지를 모두 자신의 집주소에 올려놨던 것이다. 이는 백부가 일가를 돌보는 장남의 책임감을 갖고 있었음을 말해 준다. 해경 일가는 통인동 집에서 완전히 분가해 나가 살았던 것이 아니었던 것이다.

다시 정리하면 이야기는 이렇게 된다. 이상의 부모는 해경에 이어 둘째 운경이 태어날 때까지 '사직동 165번지' 백부 김연필 소유의 집에 나가 살고 있었다. 당시 아버지 김영창은 백부의 주선으로 궁내부 활판소에서 일을 했는데, 어느 날 종이 절단기에 손가락을 잃고 갑자기 불구가 되어 버린 사고를 당해 일을 그만두어야 했다. 그러나 1914년 조부 김병복이 사망하자 아버지 김영창은 처음에 백부의 반대에도 불구하고 결국 그의 도움으로 이발관을 차려 둘째 운경만을 데리고 임시 분가 형태로 따로 살았다. 임시로 한 분가였기에 1916년 여동생 옥희가 태어났을 때 그녀의 주소지는 백부의 집이 된 통동 154번지로 기록되었던 것이다. 백모 김영숙의 다음 증언은 이러한 정황을 뒷받침해 준다.

---

17 이상의 여동생 옥희의 증언에 따르면, 백부 김연필은 이상이 "두 돌 때부터 천자문을 놓고 '따 지'를 외며 가리키는 총명을 귀여워 못배겨 했으며 그래서 모든 일을 어린 큰오빠와 상의했다"고 한다. 김옥희, 「오빠 이상」, 『신동아』 1964년 12월.

해경의 부모가 따로 분가한 것은 임시로 분가한 것이었소, 집안이 협착하거나 함께 살 형편이 못 되어서가 아니었소. 더구나 그때로는 일가가 한 지붕 밑에서 사는 것이 도리였으니 말이오. 한데 해경 아버지는 어른과 달라서 이발관 같은 것을 차려보고 싶다고 했어요. 어른이 한동안 그런 생각은 상스럽다고 반대하셨으나 아우의 갑작스러운 불구에 동정하고 그런 일도 개화 개명이라고 생각하셨는지 나중에는 묵인하셨어요. 분가는 아주 분가 형식으로 시아버님 유산을 얼마쯤 나누어주시지 않고 어른들께서 사용(私用)하시는 돈을 주셨어요. 그 돈으로 이발소를 차리고 살림을 한 셈이지요. 그때 이발 기계가 아주 비쌌던 것이 생각납니다.[18]

위의 증언에 따르면, 조부 김병복이 사망하자 해경의 아버지 김영창은 백부의 도움으로 이발관을 차려 임시로 분가했던 것임을 알 수 있다. 여기서 한 가지 주목해 볼 것은 조부의 사망 직후 유산이 곧바로 아버지 김영창에게 상속되지 않은 채 백부에 의해 관리되고 있었다는 점이다. 이 부분은 훗날 이상 일가와 백부 일가 사이에 갈등의 불씨로 작용했을 여지가 있다. 백부는 당시 동생 김영창의 이발관 개업과 임시 분가를 위해 값비싼 이발 기계와 설비를 자신의 가용 자금으로 구입해 줄 만큼 돈이 꽤 있었던 것을 알 수 있다. 김영창이 시작한 이발업은 1910년대 초에 급속히 성장했던 꽤 유망한 직종이었다. 그러나 그렇다고 해서 이발업으로 쉽게 돈을 벌 수 있는 것도 아니었다. 그동안 이상 관련 문헌들은 이 부분에 대해 이상의 아버지 김영창이 손가락이 잘린 불구였기 때문에 이발업 영업에 실패했다고 기술해 왔다. 그러나 이는 당시의 시대적 상황에 대한 몰이

---

18 고은, 『이상평전』, 28쪽.

해와 장애인에 대한 편견에서 비롯된 주관적 추정에 불과한 것으로 여겨진다. 이발소 운영에 실패한 것은 이상의 아버지 김영창이 불구였기 때문이 아니었다. 당시 이발업에 대해 경찰의 '위생단속'이 심했을 뿐만 아니라 시간이 지날수록 일본인, 중국인, 조선인별로 따로 조직된 이발조합 간에 요금경쟁이 지나쳤기 때문이었다.[19]

위생단속의 경우, 당시에 면도기뿐만 아니라 "머리카락을 깎는 이발기는 예전에 머리를 깎던 칼과 달리 상처를 내지 않아 안전했으나 독이 있어 버짐과 부스럼 같은 피부병을 옮겼다. 사람들이 머리를 잘 감지 않고 이발기 소독을 잘 하지 않기 때문에"[20] 문제가 되었다. 이런 이유로 일제는 국권침탈 직후 기후풍토가 다른 조선에 이주해 온 일본인(내지인)들을 위해 조선의 위생환경을 개선할 필요로 경무총감부령 제6호 '이발영업취체규칙'(理髮營業取締規則, 1911. 5. 11)을 만들어 비위생적인 이발사와 이발관에 대한 단속을 대대적으로 실시했던 것이다.[21] 뿐만 아니라 1915년에는 콜레라, 장티푸스, 천연두 등 9종을 전염병으로 규정한 '전염병 예방령'을 공포하기에 이른다.[22] 당시 일제의 식민지 의료보건정책은 형식적이어서 실제로는 실효를 거두지 못했다. 그러나 이발업의 경우, 이발소의 장소, 의복, 기기 소독뿐만 아니라 1910년대 말에 이르러서는 이발업자의 위생과 건강진단에 이르기까지 규정이 계속 강화되었다.[23] 주민들의 경우 아직 전염병에 대한 대처는 대부분 주술적 수준에 의존하고 있었던 것이 현

---

[19] 전우용, 「일제하 경성 주민의 직업세계(1910~1930)」, 권태억 외, 『한국 근대사회와 문화 III : 1920·1930년대 '식민지적 근대'와 한국인의 대응』, 서울대학교출판부, 2007, 137쪽.
[20] 이이화, 『한국사이야기22 : 빼앗긴 들에 부는 근대화 바람』, 한길사, 2004, 200쪽.
[21] 위의 책, 117쪽.
[22] 서울특별시사편찬위원회, 『일제 침략 아래서의 서울(1910~1945)』, 2002, 356쪽.
[23] 전우용, 「일제하 경성 주민의 직업세계(1910~1930)」, 117쪽.

실이었다.

따라서 해경 일가의 이발관이 어려워진 직접적 원인은 아버지 김영창의 손가락 불구 때문이 아니라, 당시 가중된 이발업에 대한 규제와 단속에 설상가상 이발조합들끼리 제살 깎아먹기 식의 과도한 가격경쟁을 벌인 것이 원인이었던 것이다. 이로 인해 해경 일가의 생활은 처음엔 백부의 도움을 받아가며 그럭저럭 버텼지만 갈수록 상황이 악화될 수밖에 없는 처지가 되었던 것이다.

한데 여기서 또 한 가지 짚고 넘어가야 할 것이 있다. 그것은 이상의 부모가 흔히 연구자들 사이에 알려진 것처럼 '얼금뱅이', 즉 곰보로 알려져 있지만 실제로는 그렇지 않다는 사실이다. 이는 이상이 글 곳곳에서 자신의 부모를 두고 '얽으셨다'고 표현한 것을 이상 연구자들이 그대로 인용한 데서 기인한다. 예컨대 수필「슬픈 이야기」에서 그는 다음과 같이 묘사했다.

(중략) 나는 팔짱을 끼고 오랫동안 잊어버렸던 우두자국을 만져보았습니다. 우리 어머니도 우리 아버지도 다 얽으셨습니다. 그분들은 다 마음이 착하십니다. 우리 아버지는 손톱이 일곱밖에 없습니다. 궁내부 활판소에 다니실 적에 손가락 셋을 두 번에 잘리우셨습니다. 우리 어머니는 생일도 이름도 모르십니다. 맨 처음부터 친정이 없는 까닭입니다. 나는 외가집 있는 사람이 퍽 부럽습니다. 그러나 우리 아버지는 장모 있는 사람을 부러워하시지는 않으십니다. 나는 그분들께 돈을 갖다 드린 일도 없고 엿을 사다 드린 일도 없고 또 한번도 절을 해본 일도 없습니다.
(이하 생략)

위 글에서 이상은 부모에 대해 "다 얽으셨습니다"라고 묘사하고 있다. 그러나 그것은 사실과 다른 '비유적 표현'에 불과한 것으로 여겨진다.

⟨그림 6⟩ 이상의 가족. 남동생 운경, 여동생 옥희, 어머니 박세창. 이상의 어머니는 얼금뱅이가 아니었다(출전 : 임종국 엮음, 『이상전집』).

왜냐하면 현재 남아 있는 한 장의 가족사진[24]이 진실에 대해 말해 주고 있기 때문이다. 사진에는 모친 박세창, 남동생 운경과 여동생 옥희의 모습이 함께 찍혀 있다. 한데 박세창의 얼굴을 자세히 보면, '얽으셨다'는 표현이

---

24 이 사진은 임종국이 엮은 『이상전집』(1956)에 '이상의 가족'으로 실렸다.

무색할 정도의 깨끗하고 단아한 모습을 하고 있다. 그의 남동생과 여동생 또한 모두 수려하고 깨끗한 용모를 지니고 있다. 부친 김영창의 사진이 현재 남아 있지 않아 확인이 불가능하지만 이 사진 속 모친의 얼굴을 놓고 봤을 때 이상의 부모는 얼금뱅이가 아닐 가능성이 훨씬 더 크다. 이상이 부모에 대해 "얽으셨다"고 표현한 것은 신체적 특징에 대한 직접적 묘사가 아니라 일종의 '무력한 존재'를 암시하는 비유적 표현이었던 것으로 여겨진다. 왜냐하면 이상은 「회한의 장」에서 자기 자신을 일컬어 "가장 무력한 사내가 되기 위해 나는 얼금뱅이이었다"라고 진술한 부분이 나오기 때문이다. 같은 맥락에서 그는 자신을 포함해 무력하고 보잘것없는 부모의 이미지를 얼금뱅이로 그려 놓았던 것이다. 독립적 생활을 하지 못하고 백부의 그늘 속에 기생해서 가난하게 살고 있었던 부모에 대한 일종의 무력감을 그렇게 표현한 것이리라. 이것이 그가 수필 「슬픈 이야기:어떤 두 주일 동안」에서 "젖 떨어져서 나갔다가 이십삼 년 만에 돌아와 보았더니 여전히 가난하게들 사십디다"라고 했던 맥락이었던 것이다.

3   서촌에서, 장소와 체험들

이상이 조부와 백부의 집(이하 '이상의 집'으로 통칭)에 들어가 어린 시절을 보낸 통인동 집 일대는 오늘날 '서촌'이라 부르는 지역이다. 서촌은 경복궁 서편에서 인왕산 자락까지 아우르는 곳으로 통인동, 누상동, 누하동, 필운동, 옥인동, 체부동 등의 동네들이 위치해 있다. 통동 154

번지 '이상의 집'은 1910년대 '북부 순화방 반정동 4통 6호'로 표기되었지만 옛날 조선시대 한성부 행정구역 체제에서는 북부 '준수방'에 속해 있었다. 현재 이 집은 '자하문로'와 통인동 '우리은행'(효자동지점)이 만나는 곳에서 골목길(자하문로 7길)로 접어들면, 그리 멀지 않은 오른편에 위치해 있다. 이상의 집 앞에서 인왕산 쪽을 향해 통인시장 입구를 지나 옥인동 시범아파트까지 걸어 올라가노라면, 골목길의 흐름이 자연스레 굽이치는 모습을 보게 된다. 땅에 오래된 시간의 켜가 새겨져 있음을 절로 느끼게 된다. 지금은 덮여져 보이지 않지만 바로 이 구불구불한 길 전체 구간이 옛날 인왕산에서 맑은 물이 내려오던 물길이었다. 이상의 집 앞에는 그 옛날 인왕산 옥류동(玉流洞)에서 발원해 이름만 들어도 시원한 '옥계'(玉溪) 물길이 흐르고 있었던 것이다. 한데 이상의 집 뒤편에도 또 다른 물길이 흐르고 있었다. 인왕산 백운동 청풍계(淸風溪)에서 흘러내린 물길이다. 훗날 이 물길은 사직로에서 자하문 터널까지 이어지는 도로, '자하문로'를 만들면서 복개되었다. 청풍계 물길은 이상의 집을 사이에 두고 옥계 물길과 현 우리은행 효자동지점(통인동 156-2번지 소재) 앞에서 만나 제법 큰 삼각형의 지형을 이루고 있었다.

　이처럼 이상의 집은 삼각형 지형에 위치한 지리적 특징 때문에 많은 옛 지도를 통해서도 위치를 가늠할 수 있다. 예컨대 1750년대 영조 때 그려진 필사본 「도성도」(都城圖)에는 준수방의 특이한 삼각형 지형과 주변 일대 지명들이 선명하게 표시되어 있다. 이 지도를 보면, 경복궁 서편 순화방과 준수방 지역에는 모두 세 줄기의 물길이 흘렀던 것을 알 수 있다. 이 중 가장 오른쪽에 위치한 물길이 창의문 아래 육상궁(毓祥宮)[25] 부근에서 발원해 경복궁 안으로 흘러든다. 두번째는 백운동(白雲洞) 청풍계에서 내려온 물길로서 자수궁(慈壽宮) 다리를 지나 준수방 끝머리에서 세번째 물

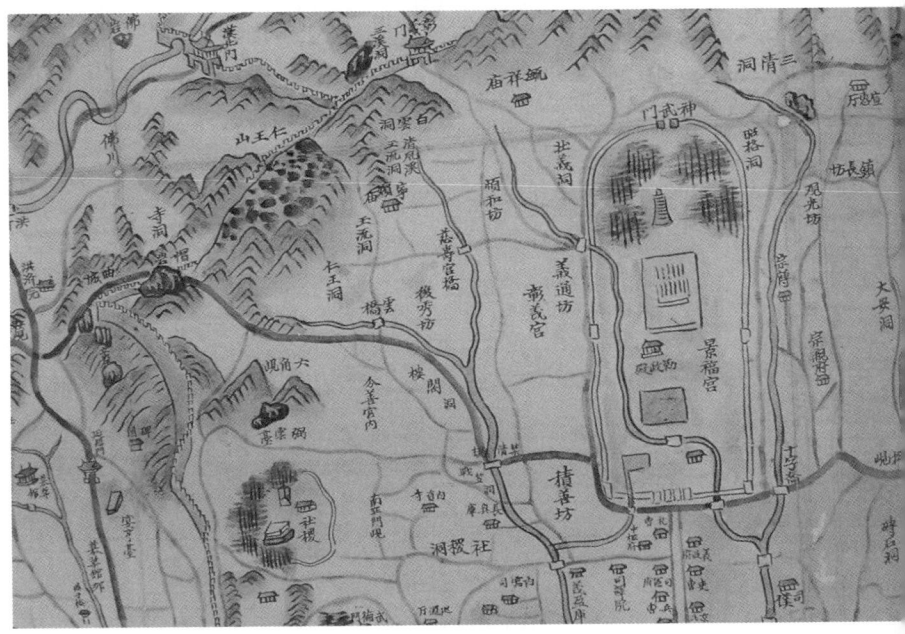

〈그림 7〉 도성도(都城圖) 필사본, 1750년대 (출전 : 허영환, 『정도600년 서울지도』, 26쪽. 서울대학교 규장각 소장)

길과 합류하는데, 이 세번째 물길이 바로 인왕산 옥류동(玉流洞)에서 발원해 운교(雲橋)를 지나 이상의 집 앞을 지나는 옥계 물길이다. 이 물길은 아랫쪽에서 청풍계 물길과 합류해 삼각형의 지형을 이루고 체부동의 금청교(禁淸橋)와 적선방(積善坊, 현 적선동 일대)을 지나 청계천으로 흘러든다. 또한 지도에는 준수방 삼각형 지형 왼편에 누각동(樓閣洞), 분선궁내(分善

---

25 육상궁(毓祥宮)은 1725년 영조가 생모 숙빈 최씨의 사당을 경복궁 후원 부근에 세우고 육상궁으로 궁호를 내린 것이 시초였으며, 나중에 성안에 산재해 있던 나머지 육궁의 신위를 이 육상궁에 모아 칠궁으로 통합한 사당이다(대통령경호실, 『청와대 주변 역사문화유산』, 2005. 31쪽). 현재 청와대 길에서 부암동으로 넘어가는 창의문로와 만나는 북악산 기슭에 위치해 있다.

2장 _ 절뚝발이의 세월

宮內)²⁶, 필운대(弼雲臺), 사직(社稷) 같은 지명이 표시되어 있다.

　이상의 유고 수필 「슬픈 이야기: 어떤 두 주일 동안」²⁷에는 어릴 적 동네의 풍경이 다음과 같이 그려져 있다.

　　거기는 참 오래간만에 가본 것입니다. 누가 거기를 가보라고 그랬나 — 모릅니다. 퍽 변했습디다. 그전에 사생(寫生)하던 다리 아치가 모색(暮色) 속에 여전하고 시냇물도 그 밑을 조용히 흐르고 있었습니다. 양쪽 언덕은 잘 다듬어서 중간중간 연못처럼 물이 괴었고 자그마한 섬들이 아주 세간처럼 조촐하게 놓여 있습니다. 게서 시냇물을 따라 좀 올라가면 졸업 기념으로 사진을 찍던 목교(木橋)가 있습니다. 그 시절 동무들은 다 뿔뿔이 헤어져서 지금은 안부조차 모릅니다.

　이 대목은 백부 김연필이 1932년 5월 7일 사망하고 이상이 통인동 집을 떠나 살다가 훗날 다시 찾은 소회를 담고 있다. 고은은 이 수필의 첫머리에 나오는 '거기'가 누상동 신명학교(新明學校) 부근일 것이라고 추정한 바 있다.²⁸ '거기'에서 이상은 풍경화를 사생(寫生), 곧 스케치했었던 것이다. 또한 그는 '거기'에서 좀더 올라가 졸업사진을 찍던 나무다리에서 옛날을 회상하기도 했다. 여기서 이상이 그림을 그리던 다리 또는 시냇물을 따라 더 위쪽에 있었던 목교는 아마도 옛 지도에 표시된 '운교'(雲橋)가 있었던 곳쯤이 아니었을까 추정된다. 그는 1917년 8살 때부터 누상동에 있는 신명학교에 입학해 다녔다. 이 학교는 이상의 집에서 서쪽 인왕산 자락으로 좀 올라간 매우 가까운 곳에 위치해 있었다. 학교 건물은 한식 기

---

26 분선공감(分膳工監)의 오기인 것으로 보인다.
27 수필 「슬픈 이야기 : 어떤 두 주일 동안」은 1937년 6월 『조광』에 유고로 실렸다.
28 고은, 『이상평전』, 69쪽.

와집이었으며 학생 수 20명 정도의 작은 규모였던 것으로 알려져 있다.[29]

1908년에 설립된 신명학교는 4년제 '사립학교'로, 이는 당시 통감부 정책에 의해 시행된 일반 '보통학교'와는 구별되는 성격을 지니고 있었다. 사립학교는 을사늑약 이후 일제 통감부에 의해 식민지 교육체제가 본격적으로 도입되기 전에 한국인들에 의한 주체적 근대교육의 모색 과정에서 설립되었다.[30] 근대교육으로의 전환을 위한 시도는 1894년 이른바 '갑오교육개혁' 때부터 있었지만, 사립학교 설립운동이 일어난 것은 1907년 제2차 한일협약과 군대해산이 결정적인 계기가 되었다.[31] 민간 차원의 근대교육운동이 사회운동 차원에서 크게 일어났던 것이다. 이에 일제는 사립학교들이 근대적 교육체제로 발전하지 못하도록 제재하는 정책을 썼고, 그 여파로 1919년 3·1운동 이후에 신명학교를 비롯한 많은 사립학교들이 폐교되거나 폐교될 운명에 처하게 되었다. 이러한 정황은 이상이 처음 받은 근대적 학교 교육[32]이 사립학교 설립운동의 이상과 총독부 식민 교육정책의 현실 사이에서 서로 충돌하는 대립적 구도에서 이루어진 것임을 말해 준다. 이상은 이렇듯 정책적으로 어수선한 때에 4년제 신명학교를 졸업하고 1921년에 불교계가 설립한 동광학교로 진학했다.

현재로서 신명학교 자리가 어디에 있었는지 확인할 수는 없다. 하지만 수필「슬픈 이야기」에 기초해 볼 때, 그 위치는 옛 지도에 표시된 '운교' 근처의 누각동 어디엔가 있었을 것이다. 신명학교 자리는 옛날 광해군 때

---

[29] 김정동, 「이상의 펴지 못한 날개 건축의 꿈」, 『마당』 1982년 1월, 187쪽.
[30] 오성철, 「1910년대 일제의 식민지 교육정책과 한국인의 대응」, 『한국 근대사회와 문화 II』, 서울대학교출판부, 2005, 204쪽.
[31] 위의 글, 204쪽.
[32] 이상은 신명학교에 입학하기 전, 7세 때 서당에 다녔고, 이때 이미 『대학』과 『논어』를 읽고 어휘 암기에 재능이 있었다고 알려져 있다. 고은, 『이상평전』, 47쪽.

조성되어 구한말까지 잔존해 있던 인경궁(仁慶宮)의 일부 전각 터였을 것이다. 왜냐하면 누상동에서 '누'(樓)자가 뜻하는 바가 바로 이 궁궐의 잔존한 전각에서 유래했기 때문이다. 원래 누상동이란 동명은 구한말까지 존재하지 않았다. 그것은 1914년 경성부제를 실시하면서 기존의 누각동(樓閣洞)을 쪼개 누하동(樓下洞)과 함께 새로 지정되었다. 흔히 누각동의 '누각'은 연산군 때 세운 한 누각이 이 지역에 있었기에 이로부터 유래했다고 알려져 있다. 그러나 서울의 동명연혁을 다룬 자료에 따르면, 누각동은 연산군 때 세운 누각 때문에 붙여진 이름이 아니라 "지역의 대표 명사가 될 만큼의 큰 누각 건물, 곧 민가의 누각보다 궁궐과 관계있는 누각"에서 비롯되었다는 것이다.[33] 누각동이라 불린 지역 일대에는 옛날에 궁궐이 있었다는 말이 된다. 문헌과 관련 지도 등의 자료에 기초해 볼 때, 인경궁의 소재지는 오늘날 필운동, 누상동, 누하동 일대에 해당한다.

실제로 1750년대 「도성도」에는 누각동과 함께 필운대 밑에 '분선궁내'(分善宮內)로 표기되어 '궁궐 안'을 암시하는 지명이 등장하고 있다. 여기서 '分善'(분선)이라는 한자명은 '분선공감'(分繕工監)의 '分繕'을 잘못 표기한 것으로 보인다. 왜냐하면 18세기 중엽에 제작된 또 다른 필사본 지도 「조선장안도형도」(朝鮮長安圖形圖)에는 필운대 밑에 또렷하게 '분선공'(分繕工)이라고 표기되어 있기 때문이다(그림 8). 이 지명은 19세기 초에 김정호가 제작한 「수선전도」(首善全圖)에서도 똑같이 확인할 수 있는데, 분선공감은 오늘날 필운동 배화여고와 배화여대 일대에 위치해 있었던 것으로 추정된다. 이는 조선시대 공조 산하 선공감(繕工監)의 업무를 나누어 맡아 본 관서로 주로 토목과 영선에 관한 일을 수행했던 관청이었

---

[33] 『동명연혁고 I: 종로구편』, 1967, 22~23쪽.

〈그림 8〉 조선장안도형도(朝鮮長安圖形圖) 필사본. 18세기 중기(출전 : 허영환, 『정도600년 서울지도』, 37쪽. 서울시 종합자료실 소장). 원으로 표시된 곳이 '분선공'(分繕工).

다.³⁴ 이런 이유로 1750년대 「도성도」에 표기된 '분선궁내'란 '분선공감이 있는(혹은 있었던) 궁궐 내부'를 뜻하는 지명인 것이다. 이는 이 지도가 그려진 영조 때까지도 분선공감이 궁궐의 권역 안에 존재했음을 의미한다. 이런 배경에서 분선공감 주변에는 대대로 전문기술직 중인계급이 많이 모여 살았다. 예컨대 분선공감과 가까운 곳에 대대로 살았던 백부 김연필(1883~1932)이 1907년에 개교한 공업전습소를 졸업하고 강제병합 전에 대한제국 궁내부 기술 관리로 재직했던 것도 이러한 지리적 연고와 무관하지 않은 것으로 여겨진다. 그가 조카 해경을 공업전습소의 후신인 경성

---

34 세종대왕기념사업회, 『한국고전용어사전』.

고공에 보내 건축가가 되도록 권유한 배경에는 이러한 '삶터의 장소성'이 있었던 것이다.

이상은 신명학교 다닐 적에 그림을 매우 잘 그렸다. 이런 소질은 어디서 배운 것이 아니라 타고난 듯 보인다. 동생 옥희는 오빠 해경에 대해 다음과 같이 기억한 바 있다.

> 오빠는 또 어릴 때부터 그림을 매우 잘 그렸습니다. 무엇이든지 예사로 보아 넘기는 일이 없는 그는 밤을 새워 무엇인가를 골똘히 생각하고 그것을 종이에 옮겨 써 보고, 그려 보고 하는 것이 버릇처럼 되었더라고 합니다. 열 살 때인가 '칼표'라는 담배가 있었는데, 그 껍질에 그려져 있는 도안을 어떻게나 잘 옮겨 그렸는지 오래도록 어머니가 간직해 두었다고 합니다.

위 대목을 통해 알 수 있는 것은 이상이 뛰어난 관찰력은 물론 정확한 데생력과 디자인 감각을 갖고 있었다는 사실이다. 이상의 이러한 재능에 대해 인지과학의 차원에서 보면, 그는 보는 지각력과 생각하는 인지력과 재현하고 표현하는 능력이 막힘 없이 원활했다는 말이 된다. 그렇기 때문에 앞서 이미 언급했듯이 그가 그린 「1928년 자화상」은 결코 잘못 그린 그림이거나 습작 수준의 서툰 그림이 아니다. 이는 훗날 단순 묘사 차원을 넘어 의도적 변형을 할 수 있는 이상의 탁월한 이미지 감각이 어린 시절에 이미 충분히 갖춰져 있었음을 말해 준다. 이 점에서 이상이 쓴 글들은 전적으로 추상적인 상상력에 의존한 결과가 아니다. 그것은 그가 평소 치밀하게 관찰한 사건들로부터 변형되거나 각색된 것이라는 사실에 주목할 필요가 있다.

예컨대 이상이 1934년 조선중앙일보에 발표한 「오감도」 연작시 「시

제1호」에는 '무서운 골목'에 대한 어떤 '장소 이미지'가 나온다. 이 시는 "13인의 아해가 도로로 질주하오. (길은 막다른 골목이 적당하오)"로 시작하는데, 여기엔 무섭다고 하는 "제1의 아해"에서부터 "제13의 아해"가 연이어 등장한다. 한데 13인의 아해는 모두 무섭다고 그러면서도, 이들은 '무서운 아해와 무서워하는 아해'의 두 그룹으로 나뉜다. 잘 알려진 이 시의 모습은 다음과 같다.

十三人의兒孩가道路로疾走하오.
(길은막다른골목이適當하오.)

第一의兒孩가무섭다고그리오.
第二의兒孩도무섭다고그리오.
(중략)
第十三의兒孩도무섭다고그리오.
十三人의兒孩는무서운兒孩와무서워하는兒孩와그러케뿐이모혓소
(다른事情은업는것이차라리나앗소)
(이하 생략)

이 시는 먼저 "13인의 아해가 도로로 질주하오"라고 제시하고, 괄호 안에 "(길은 막다른 골목이 적당하오)"라고 말한다. 13인의 아해가 도로로 질주하는 것과 막다른 골목이 적당하다는 것은 서로 모순이다. 하지만 일단 말 그대로 보자. 이는 '길이 막다른 골목이기 때문에 아해들이 도로로 질주한다'는 말이 될 수 있다. 이 막다른 골목이 아이들로 하여금 도로로 질주하게 만든 '무서움'의 원인을 제공하고 있다. 도대체 막다른 무서운 골목에서 무슨 일이 벌어진 것일까?

어떤 이상 연구자는 위의 시가 '공포의 기록'을 기호화한 것이라고 평하기도 한다. 한데 이 공포의 실체는 이상의 백부이자 근원적으로 실부, 곧 아버지라면서 이상은 백부와 아버지의 악몽에서 평생을 시달리지 않으면 안 되었는데, 바로 이것이 이상 문학에 내재된 공포의 근원이라는 것이다.[35] 그러나 이같이 이상의 가족사적 관계에만 집착하는 문학적 해석만으로는 뜬금없는 해석의 미궁에 빠질 수 있다. 이상의 어린 시절로 돌아가 그가 실제로 체험했을, 그로 인해 마음속 깊이 각인된 어떤 상황과 장소에 주목해 보자. 주목할 것은 통인동 이상의 집 근처에 그가 어릴 적 경험했던 '막다른 골목'에서의 '무서운 상황'이 실제로 존재했었다는 사실이다.

현재 이상의 집에서 통인시장을 거쳐 옥인동 군인아파트가 있는 곳에 이르면 '송석원터'(松石園址)라는 표석이 하나 나온다. 이 일대에는 옛 한양의 서촌 주민들이 오랜 세월 동안 공유해 온 소나무와 바위가 어우러진 절경이자 조선 후기 중인계급 시인들이 시를 읊었던 천혜의 경관 '송석원'이 있었다. 그러나 송석원 자리에 친일매국노 윤덕영의 개인 별장이 세워졌다. 나라를 빼앗기듯 공공의 자연 경관인 송석원이 윤덕영의 사유지로 넘어간 것이다. 윤덕영은 윤비, 즉 순정효황후(純貞孝皇后)의 삼촌이자 해풍부원군 윤택영의 형으로 권세를 누렸다. 그는 오늘날 대통령 비서실장에 해당하는 시종원경(侍從院卿)으로 국권피탈 과정에서 어새를 몰래 찍은 인물로 알려져 있다. 이런 친일매국의 대가로 그는 일제로부터 자작 작위와 함께 사례로 엄청난 은사금을 받았다. 바로 이 돈으로 윤덕영은 송석원 절경에 주변을 제압하는 큰 별장을 짓고 살았던 것이다.[36] 이 별장은

---

[35] 김윤식, 『이상연구』, 57~60쪽. 이 책에서 김윤식은 이상의 백부와 실부가 작품에서 '모조 기독'으로 상징화되어 이상 문학의 근원적 공포를 이룬다고 보았다.
[36] 윤덕영의 처인 김복원 역시 일제강점기 말 전시체제하에서 애국금차회 회장을 맡아 금비녀 헌납운동에 앞장섰다.

〈그림 9〉 위, 윤덕영이 옛 송석원터에 지은 개인 별장. 「명물 아방궁: 조선에서 제일 사치한 집」(출전: 『동아일보』 1921. 7. 27).
〈그림 10〉 아래, 막다른 골목에 위치한 윤덕영의 별장 앞 사진과 관련 기사. 「옥인동 송석원」(출전: 『동아일보』 1924. 7. 21).

1914년에 착공해 3년 후 이상이 신명학교에 입학하던 해인 1917년에 준공되었다. 준공 당시 윤덕영 별장은 그 압도적인 규모로 인해 통인동과 옥인동 일대에 살았던 주민들은 그 누구도 시선을 피할 수가 없는 이른바 랜드마크였다. 옥인동 47-3번지에 위치한 이 집의 디자인은 프랑스인이 맡아 프랑스 저택풍으로 지어졌다. 별장은 대지 면적 3,000평에 벽돌조로 지하 1층 지상 2층에 옥탑까지 둔 본관을 비롯해 3층 구조의 별관, 부속 건물 14동에 이르기까지 총 연건평 1,175평의 엄청난 규모였다.[37] 1924년 7월 21일자『동아일보』는 「옥인동 송석원」이란 제목의 기사에서 이렇게 전하고 있다.

> (생략) 별별 사치를 다한 집이라 대궐도 못 따르겠지요. 그런데 어린아이라도 이 집은 악마(惡魔)가 얼어붙은 것처럼 흉하게 보아서 저 집 참 좋다고 부럽게 알지 않습니다. 더구나 뾰족한 머리를 얹어 밉게 보았던지 이 집 위에 있는 피뢰침만 보아도 만 가지 궁흉한 수단이 그리로 솟아오를 것 같이 안답니다. (중략) 문앞 다리와 살던 골목이 무슨 죄입니까. 이 집을 송석원이라 말고 윤자작저(邸)라고 하시지요. 푸른 솔 흰 돌이 원통하다 할 것입니다.[38]

위 기사에 주목할 것은 윤덕영의 별장에 대해 어린아이들조차 "악마가 얼어붙은 것처럼 흉하게 보아서"라는 대목이다. 동네 아이들에게 그 집이 뾰족한 뿔 달린 악마처럼 비쳐졌다는 말이다. 한데 이 집의 대문은 막

---

[37] 이 집은 해방 후 병원으로 사용되다가 한국 장교 숙소로, 이후엔 국제연합 한국통일부흥위원회(UNCURK) 사무실로 사용되었다. 1966년 4월 5일 환기 설비를 수리하던 중 산소 용접으로 인한 화재로 건물이 불탔다. 1973년 6월 도로정비사업을 위해 철거되었다.
[38] 「옥인동 송석원」,『동아일보』 1924. 7. 21.

다른 골목에 위치하고 있었다. 필자가 확인한 한 옥인동 주민의 증언에 따르면, 옛날 윤덕영의 집 대문은 차가 드나들 수 있을 만큼 규모가 컸으며, 막다른 골목에 있었다고 한다. 지금도 이곳에는 양쪽 대문의 기둥들이 남아 있어 대문의 규모를 짐작케 해주고 있다. 따라서 이 일대에 살았던 아이들에게는 막다른 골목에 이르러 '악마 같은 집'과 마주했던 경험이 어릴 적에 깊숙이 새겨져 있었던 것이다. 「시 제1호」에 나오는 '막다른 골목과 아해들'은 이상이 어릴 적 체험한 한 '장소 이미지'에서 유래해 구조화되었을 가능성이 크다.

　　당시 옥인동에는 이처럼 아이들이 접근하면 혼나기 때문에 '무서운 골목'이 또 있었다. 윤덕영 별장, 송석원 앞에서 자수궁 다리(慈橋)로 나가는 길 왼편에 매국으로 새 시대를 열어 호의호식의 귀감이 된 또 한 명의 친일귀족이 엄청난 필지에 집을 짓고 살고 있었다. 바로 이완용이었다. 그는 윤덕영과 함께 순종황제의 인준도 받지 않은 불법 무효조약을 이끈 장본인이었다. 왕의 공식서명도 받지 않고 어새를 몰래 찍은 허위조약서를 윤덕영으로부터 건네받은 그는 그것을 남산 통감관저로 들고 가 데라우치 통감에게 바쳤다. 통한의 유언을 남긴 순종황제의 말에 따르면, "제멋대로 해서 제멋대로 선포한 역신의 무리"[39] 중 두 주역이 국권을 일제에 넘긴 직후 통인동 인근 옥인동에 살았던 것이다.

　　이완용의 집은 현재 옥인동 동사무소 앞 19-16번지에 있으며, 아무도 살지 않아 폐가로 남아 있다. 그러나 원래 이 저택은 지금과 비교가 되

---

[39] 「전융희황데의 유죠」, 『신한민보』 1926. 7. 8. 순종황제의 유언은 다음과 같다. "…… 지난날의 병합 인준은 역신의 무리와 제멋대로 해서 제멋대로 선포한 것이요 다 나의 한 바가 아니라. 오직 나를 유폐하고 나를 협제하여 나로 하여금 말을 할 수 없게 한 것으로 내가 한 것이 아니니 ……." 이로써 1910년 병합조약은 공식조서로서 형식요건도 갖추지 못한 국제법상의 흠결을 지닌 불법 무효조약이었다.

지 않는 엄청난 필지에 자리 잡고 있었다. 이완용은 1910년 매국의 대가로 현 옥인동 19번지 전체에 이르는 엄청난 필지를 소유하게 되었던 것이다. 실제로 1911년에 제작된 경성부시가도(京城府市街圖)에는 경성피병원(京城避病院) 바로 옆에 '이완용저(李完用邸)'가 표시되어 있는데 그 규모는 경성피병원 앞에서부터 복개되기 전 자하문길에 있었던 옛 자교(慈橋, 자수궁 다리)에까지 이르렀다. 오늘날 옥인파출소 앞에서 자하문로에 이르는 19번지 일대가 모두 이완용의 집이었던 셈이다. 한데 '자교'가 말해 주듯, 이완용의 집 바로 앞에는 옛 광해군 때 지어진 자수궁(慈壽宮)이 있었는데, 이 자리에는 경성피병원이 들어서 있었다. 현 군인아파트가 들어선 일대에 해당한다. 피병원은 순화원(順化院)이란 이름으로 대한제국 말에 일제 통감부와 협약하여 전염병 환자 격리를 목적으로 1910년에 완공되었는데, 1911년 경성부립순화병원으로 명칭이 바뀌었다.⁴⁰

풍수지리적으로 이완용이 집터를 자수궁 옆에 정한 것에는 여러 가지 이유가 있었겠지만, 무엇보다 다음의 두 가지가 크게 작용했을 것으로 추정된다. 첫째는 자수궁터는 광해군 때 인왕산의 왕기를 누르기 위해 세워진 자리였다는 점이다. 이완용은 대한제국을 팔아먹기 위해 순종황제를 압박하고 있었던 자신의 역할을 놓고 볼 때 이곳을 마치 자신을 위해 준비

---

40 피병원은 1908년 대한제국과 일제 통감부 사이의 협약에 의해 1910년 7월 국립 광제원(廣濟院) 부설기관으로 세워졌다. 광제원은 1899년 대한제국의 국민질병 치료를 목적으로 설립된 내부병원(內部病院)에서 출발, 1900년 보시원(普施院)으로 창설되었다가 광제원으로 개칭되었다. 그러나 광제원은 을사늑약 이후 통감부가 기존 의학교(1899)와 함께 통폐합한 대한의원(1907)을 창설하는 계획을 1906년 9월에 공포함으로써 폐지되었다(황상익, 「서울대병원, '시계탑 건물'의 진실은…」, 프레시안, 2010. 9. 22 참고). 따라서 피병원은 1908년 통감부의 계획에 따라 1910년 완공된 전염병 예방 의료기관이었으며, 순화원(順化院)으로 불리다가 1911년 경성부립순화병원으로 개칭되었다. 이후 순화병원은 한국전쟁 이후 유엔군 사무실로 사용되었고, 1959년 서울시립중부병원으로 사용되다가 1977년 폐원됐다. 오늘날 옛 병원 자리에는 옥인동 군인아파트, 옥인변전소, 종로구 보건소가 들어서 있다. 서울시사편찬위원회 편, 『일체침략 아래서의 서울』, 2002. 청와대경호실 편, 『청와대와 주변지역 역사 문화유산』, 2007, 239쪽 참조.

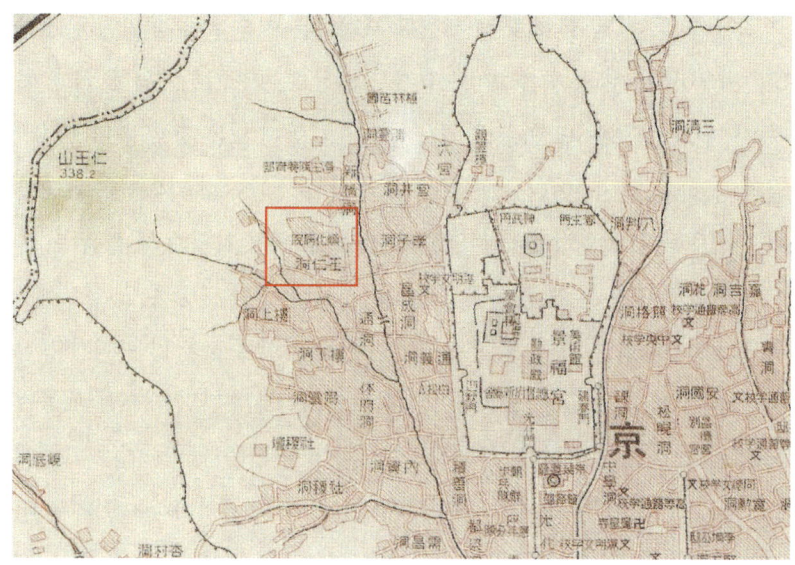

〈그림 11〉 옥인동 피병원(순화병원)의 위치. 조선교통지도 1924. 피병원의 위치는 현 군인아파트가 들어서 있는 곳이다. 아래쪽에 누상동, 누하동, 통동의 지명이 보인다.

된 집터라고 여겼을 것이다. 둘째로 자수궁터에 서구식 의료기관 피병원(순화병원)이 들어섬으로써 선진 의료혜택을 제때에 조속히 받을 수 있다는 점이다. 이로 인해 이완용은 '권력의 천수'를 누리고 싶었을 것이다. 이처럼 이상이 태어날 무렵 통인동 인근에는 서구식 병원이 세워졌고, 윤덕영의 별장뿐만 아니라 이완용의 저택이 위세당당하게 들어서 있었다.

신명학교 다닐 때, 이상은 야위어서 체조를 싫어하고 아이들과 어울려 놀기보다는 혼자서 관찰하고 그림 그리기를 좋아했다고 한다.[41] 그래서 어린 해경에게는 동네 아이들의 노는 모습도 관찰의 대상이었다. 당시 동네 아이들에게 있어 희뿌연 흙먼지를 뿜으며 윤덕영의 '뾰족 귀신' 같

---

[41] 고은, 『이상평전』, 52~53쪽.

은 아방궁을 드나들던 자동차 행렬을 구경하는 일은 큰 볼거리였을 것이다. 또한 아이들에게 서슬 퍼런 이완용 저택 부근을 기웃거리고, 바로 옆 순화병원의 담장을 '담치기'해 녹지 숲을 드나들며 노는 것은 중요한 하루 일과 중 하나였을 것이다. 그러나 이들의 골목길 놀이는 가뜩이나 뾰족탑이 무서운 와중에 윤덕영 집 하인들의 "이놈들, 냉큼 가지 못해. 뿔 달린 귀신이 잡아간다"는 말에 혼비백산해 막다른 골목에서 도망쳐 도로로 뛰쳐나오기 일쑤였을 것이다. 또한 아이들은 서슬 퍼런 주인을 닮은 이완용 집 하인들의 "예서 놀면 순사가 잡아 간다"는 엄포에 후다닥 내빼곤 했을지도 모른다. 해서 아이들은 '무섭다고 하면서도' 그 무리들 중에는 그곳에 또 가자고 부추기는 '무서운 아이'와 이 말에 떨며 '무서워하는 아이들'이 있었던 것이다. 여기서 '무서운 아이'와 '무서워하는 아이'들은 총합이 '13인'이 되면서, 이 '죽음'의 숫자에 의해 더욱 극적으로 '무서움'이 강조된다. 훗날 이 죽음의 숫자 '13'은 이상 자신에게 다가온 죽음의 그림자를 상징하지만, 이상의 어린 시절, 막다른 골목에서 뛰쳐나와 도망치듯 '도로로 질주하는 아해들'의 장면은 이렇게 형성되었던 것이다.

「시 제1호」의 마지막 구절에서 말하듯, 막다른 골목이 뚫린다면 아해들은 더 이상 도로로 질주하지 않아도 된다. 그러나 이제 성장해 '장밋빛 인생의 절정의 세월'을 보려 했던 이상의 생에 진짜 '막다른 골목'이 나타났다. 그는 폐결핵으로 각혈을 하면서 죽음을 예상하고, 이 죽음을 수동적으로 그냥 받아들일 수 없어 죽음의 질주로 자살을 꿈꾸는 역설의 상황에 직면한 것이다. 이 부분에 대한 자세한 설명은 이 책의 뒷부분에서 하기로 한다. 해서 그는 막다른 심정과 좌절을 뚫고 싶은 욕망을 어릴 적 보았던 무서운 골목의 '장소 이미지'와 아해라는 '행위자'에 기초해 전개했던 것이다. 한데 어릴 적 무서운 골목에서 뛰쳐나와 도로로 질주하던 경험에서 어린 해경을 포함한 당시 아이들은 실제로 무엇을 보고 배웠을까? 나라를 팔아먹어도 성공만 하면 오히려 떵떵거리고 호의호식할 수 있다는 식민지 조선의 역설과 모순으로 가득 찬 이상한 현실이었으리라. 이상이 품었던 성공에 대한 집념에는 이러한 어릴 적 장소 이미지와 체험이 자리 잡고 있었을 것이다. 어쨌거나 「시 제1호」에 모순된 막다른 상황을 묘사한 '역설의 풍경'이 그려져 있는 것은 분명한 사실이다.

4 경복궁 굴착소리 : 조선물산공진회와 총독부신청사 건설공사

이상의 여러 글에는 장소 이미지로부터 내면화된 흔적들이 곳곳에 담겨져 있다. 여기서 정서적 특징 중 하나가 그의 심층에 깊이 새겨진 '폐허의식'이다. 예컨대 그는 「종생기」에서 자신의 삶을 이렇게 회고했다.

> 나는 그러나 이 모든 것에 견뎠다. 한번 석류(石榴)나무를 휘어잡고 나는 폐허를 나섰다. 조숙(早熟) 난숙(爛熟) 감(柿) 썩는 골머리 때리는 내. 생사의 기로에서 완이이소(莞爾而笑), 표한무쌍(剽悍無雙)의 척구(瘠軀) 음지(陰地)에 창백한 꽃이 피었다.

이처럼 이상은 자신이 견디고 있는 환경을 "폐허"로 묘사하고 있다. 그는 위 글에서 너무 조숙하게 무르익어 감이 썩듯 일찍 찾아온 삶과 죽음의 기로에서 잠시 멈춰서 자신을 들여다보고 있다. 그는 죽음 앞에서 애써

의연한 척, 마치 공자가 그랬다는 것처럼 입가에 엷게 퍼지는 미소를 짓는다(莞爾而笑). 또한 그는 '성질이 급하고 사납기로 견줄 만한 것이 없고'(剽悍無雙) '파리하게 여윈 몸'(瘠軀)이 놓인 음지에 창백한 꽃이 피었다고 말한다. 여기서 그가 말한 '폐허'란 무엇을 의미하는 것일까? 그동안 많은 연구자들은 이를 두고 몰락해 간 '이상 자신의 집안과 몸'을 상징한다고 해석해 왔다. 그럴 수도 있을 것이다. 그러나 이러한 주관적 해석은 일단 보류하고, 그 이전에 당대 도시경관에서 이상이 체험한 실제 '폐허' 이미지부터 따져 볼 필요가 있다. 이는 그의 글 곳곳에서 발견되는 폐허적 은유의 유래와 의미를 찾는 데 중요한 단서를 제공할 것이다.

이상의 집 근처 필운대 너머 인왕산 자락에는 옛 한양도성의 구간들이 훼멸되어 방치된 채 성돌 잔해들이 나뒹굴고 있었다. 폐허가 된 장소는 성곽뿐만 아니라 궁궐도 마찬가지였다. 예컨대 경복궁은 을미사변과 아관파천 이후에 정궁의 기능이 경운궁(덕수궁)으로 옮아가면서 사용되지 않아 버려진 채 방치되어 있었다. 한데 이런 폐허들은 도쿄제국대학의 교수 세키노 다다시(關野貞)와 같은 일인 건축학자에 의해 조선 문화와 역사 자체를 '폐허화'시키는 이른바 '정체사관'(停滯史觀)의 방증자료로 재활용되기도 했다. 1904년에 그가 발표한 『한국건축조사보고』(韓國建築調査報告)를 보면, 경복궁과 창덕궁 등을 비롯한 수많은 조선의 건축물들이 폐허화된 모습으로 곧 사라져야 할 대상임을 암시하고 있다.

조선물산공진회와 제국의 시선

이처럼 조선의 역사와 문화는 구한말에 이르러 돌보지 못해 실제로 폐허가 되기도 했지만 일제에 의한 '의도적 폐허화' 과정을 거치고 있었다. 이

〈그림 12〉 조선물산공진회 개최 포스터, 1915년. 이 포스터에서 특징을 이루는, 전통옷을 입은 조선 여인의 얼굴이 일본 화풍의 여성 이미지로 표현되어 있다.

상이 6세 되던 해에 경복궁에선 일본제국의 시선을 강제 훈육함으로써 조선의 폐허화를 가속화시키는 거국적 행사가 개최되었다. 1915년 경복궁에서 열린 '시정5주년기념 조선물산공진회'(이하 공진회로 약칭)가 그것이다(그림 12). 당시 경복궁 바로 옆 통인동에서 백부와 함께 살고 있던 이상이 그해 9월 11일부터 시작한 이 공진회의 구경을 가지 않았을 가능성은 매우 희박하다. 왜냐하면 그의 백부는 "신문물과 신기술을 남보다 빨리 이해하고 받아들였던 최초의 기술자 중 한 사람"[42]이었기 때문이다. 당시 경복궁 내에는 이제껏 조선에서 본 적이 없는 신기한 건축물과 신문물들이

---

42 김정동, 「이상의 퍼지 못한 날개 건축의 꿈」, 187쪽.

소개되고 있었던 것이다. 이는 요즘 생각하듯 단순한 볼거리가 아니었다. 여기엔 제국주의와 식민주의의 시선이 담겨져 있었다.

원래 서구에서 박람회는 1851년 영국 런던에서 처음 개최된 이래 새로운 산업과 자본의 전시장이자 제국의 전시장이 되었다. 박람회는 새로운 산업기술과 근대 상품세계가 대중과 만나 유통되는 장소이자 대중오락의 '흥행물'로서 자본주의의 문화장치이기도 했다. 뿐만 아니라 그것은 제국의 식민주의가 전시되는 제국주의 선전(propaganda)의 장치였다.[43] 따라서 경복궁에서 박람회 형식의 공진회가 개최된 것은 일제가 이러한 서구로부터의 학습을 실습하고, 무엇보다 자신들의 식민통치 5주년의 위업을 효과적으로 널리 알리기 위함이었다. 이는 식민통치로 조선이 얼마나 근대적으로 발전했는지를 선전하려는 통치 의도에서 비롯된 것이었다. 이를 위해 일제는 시정 5년 후 새롭게 변모한 조선의 제도와 물산을 '전과 후'의 이항대립적 관계로 상호 비교·대비시켜 야만의 조선과 문명의 일본을 설정하고, 총 13부 46류의 출품 부문과 심세관, 참고관, 참고미술관, 동척특설관, 철도관, 기계관, 영림관 등의 특설관으로 나누어 전시했다.[44]

그러나 경복궁 공진회 개최의 이면에는 더 깊은 의도가 숨겨져 있었다. 그것은 조선총독부 신청사를 짓기 위함이었다. 신청사 건립을 위해서는 먼저 경복궁을 해체하는 기초 작업이 선행되어야 했던 것이다. 실제로 이를 위한 예산 계획은 공진회가 개최되기 훨씬 전인 1911년에 이미 시작되었다. 남산 왜성대 자리에 있었던 통감부 건물을 청사로 사용하던 총독부는 1911년 신청사 건립을 위해 본국 정부에 180만 원(圓)의 예산을 요

---

[43] 요시미 순야, 『박람회 : 근대의 시선』, 이태문 옮김, 논형, 2003, 42~46쪽.
[44] 서울시립미술관, 『사진 아카이브의 지형도 : 도큐멘트』, 서울시립미술관, 2004, 14쪽.

청했다. 하지만 이는 보류되었고, 이듬해부터 확장된 규모의 300만 원으로 증액 편성되어 재요청되기 시작했다. 기초설계는 이미 1914년에 완성되었다.⁴⁵ 따라서 공진회 개최의 숨은 목적은 총독부 신청사 건립을 위한 경복궁 해체를 하기 위한 눈가림용이었던 것이다.

이에 따라 향후 총독부 신청사가 들어설 자리를 위해 홍례문(興禮門)과 양쪽 회랑 및 금천교(禁川橋)가 해체되고 공진회 제1호 전시관이 지어졌다. 궁궐 내 전각들 중 거의 3분의 1이 이렇게 해체되어 나갔다. 또한 멸실되지 않고 살아남은 교태전과 경회루 등 주요 전각들은 전시지원 용도의 허드레 부속시설로 변질되었다. 이로써 경복궁은 왕궁으로서 장소성을 상실하고 공진회 전시 및 관람과 연계된 한낱 유원지 기능으로 전환되어 상징성 자체가 훼멸되었다. 일제가 경복궁에서 공진회 개최를 기획한 이유가 바로 여기에 있었던 것이다. 그것은 '폐허 더미에서 꽃 핀 제국의 은총과 시선'을 조선인들의 삶 속에 스며들게 하기 위한 계략이었다. 여기서 '제국의 시선'이란 일본 제국의 식민지 경영에 의해 이루어진 근대화 과정을 조선인들 스스로 확인케 해서 효율적인 식민지배를 위한 규율과 권력의 내면화를 유도하는 것을 뜻한다.⁴⁶

예컨대 데라우치 총독은 공진회 개회식 연설에서 다음과 같이 말했다. "…… 조선에서 이러한 행사의 개최는 창시(創始)라 하겠지만 이를 계기로 삼아 식산흥업의 발전을 촉진하며 총독부의 시정방침과 상호 일치하여 더욱 만중(萬衆)의 복지를 증진케 한다 할지라 ……"⁴⁷ 이날 데라우치의 개회사를 듣고 공진회 전시관을 둘러 본 관람객들은 조선의 과거란

---

45 『朝鮮と建築』第5輯 第5號 : 朝鮮總督府 新廳舍號, 朝鮮建築會, 1926, 27쪽.
46 서울시립미술관, 『사진 아카이브의 지형도: 도큐멘트』, 13쪽.
47 허영섭, 『조선총독부, 그 청사 건립의 이야기』, 한울, 1996, 67쪽.

⟨그림 13⟩ 위, 경복궁에 들어선 조선물산공진회 박람회장 중 철도국 특설관, 1915년(출전 : 『식민지조선과 전쟁미술』, 34쪽).
⟨그림 14⟩ 아래, 흥례문과 전각을 철거하고 지은 공진회 제1호 전시관. 이 전시관 자리가 조선총독부 신청사를 위해 미리 계획된 부지였다(출전 : 『사진엽서로 보는 근대풍경 8』, 부산박물관 민속원, 2009, 320쪽).

모두 버려져야 할 쓰레기 더미에 불과한 것이라는 인식을 스스로 각인했을 것이다. 그것은 공진회보고서에 기록되었듯이, "조선 민중으로 하여금 신정(新政)의 혜택을 자각할 수 있도록"[48] 하기에 충분한 것이었다. 이제 조선의 역사는 폐허와 같으며, 새 시대에는 자신을 부정하는 것이 곧 사는 길인 것이다. 이런 이유로 이상은 수필 「회한의 장」에서 이렇게 말했다. "역사(歷史)는 지겨운 짐일 뿐"이다.

당시 공진회에 설치된 18개 전시관과 그 안의 전시품들은 온 장안의 화제가 되었다. 무엇보다 관람객들을 놀라게 한 것은 신기한 건축물이었다. 예컨대 공진회장 입구인 광화문을 들어서면 정면에 제1전시관이 마주 보인다. 한데 그 전에 비록 임시 가(假)건물로 지어졌지만 사람의 눈을 사로잡는 희한한 전시관이 광화문 동쪽에 세워져 있었다. 바로 '철도국 특설관'이었다. 이 특설관은 당시 조선인들에게는 '우물 통'을 제외하고 그 어디에서도 구경한 적이 없는 '3층의 원형구조'로 설계되어 있었다. 요즘 식으로 보면, 마치 하늘에서 내려 온 UFO와 같았다. 특설관에는 인력을 대치한 화력 엔진의 위력을 보여 주는 증기기관의 원리와 화륜차(火輪車)의 종류, 궤도 연결 방식 등이 그림과 모형으로 전시되어 있었다. 1,435mm짜리 표준 궤간과 러시아 철로인 1,524mm짜리 넓은 궤간의 연결방식도 그림으로 자세히 설명해 놓았다. 아직 일반 도회지 사람들에게조차도 화륜차는 신기할 때였다.[49] 철도국 특별관은 건물 자체가 조선인들에게 엄청난 영향을 주는 건물이었다. 따라서 조숙했고 예민한 감수성을 지녔던 어린 해경이 받았을 시각적이고 문화적인 충격은 이루 말할 수 없었을 것

---

[48] 강상훈, 「일제강점기 박람회 건축과 근대의 표상」, 『한국건축역사학회 2004년 춘계학술대회자료집』, 한국건축역사학회, 49쪽.
[49] 위의 글, 71쪽.

이다. 아마도 해경은 이런 생각을 했을 것이다. "나도 이담에 커서 이런 건물을 짓는 사람이 될 수 있을런가……." 이상이 품은 '건축가의 꿈'은 1927년 보성고보를 졸업하고 경성고공 건축과에 진학하기 훨씬 더 오래전, 마음속 깊은 곳에서 가느다란 담배 연기처럼 피어오르고 있었던 것이다.

조선총독부 신청사 건축공사

조선총독부 신축공사는 공진회가 끝난 다음 해부터 시작되었다. 1916년 해경의 나이 7세 때의 일이었다. 공사는 1926년까지 10년간 이어졌다. 해경은 보성고등보통학교를 졸업하고 경성고등공업학교 건축과에 입학한 열일곱 살이 될 때까지 공사 현장 앞을 지나다니며 성장했던 것이다. 따라서 총독부 신축공사 과정은 이상이 체험한 도시경관 요소와 이미지 형성에 매우 중요한 부분을 차지하고 있다고 할 수 있다. 이 10년의 과정 동안 그는 무엇을 보았을까?

총독부 신축공사는 1916년 6월 25일 경복궁 근정문 앞에서 치러진 '지진제'(地鎭祭) 의식으로 시작되었다. 데라우치 총독을 비롯해 총독부 각료들과 조선인 친일 귀족들이 참석해 공사 과정의 무사 안녕을 비는 제사를 올렸다. 이로부터 보름 후인 7월 10일 기공식이 열렸다. 첫 삽을 신호탄으로 마침내 조선식민통치의 심장부 신축공사가 본격적으로 시작된 것이다. 총독부 건축기관지『조선과 건축』의 1926년 5월 신청사 특별호에 따르면, 공사 위치는 정확하게 경복궁 근정문의 앞쪽으로 17간(間, 약 30.6m)[50], 광화문으로부터 46간(약 82.8m)의 간격을 둔 지점이었다. 이 위치에서 중심선은 남쪽으로 태평로통과 맞춰졌다.[51] 이 자료에 기초해 정리하면, 신청사의 규모는 5층 건물로 전면 71간(間) 8분(分), 측면 39간, 처마 높이 75척(尺), 앞면 중앙의 원형 첨탑까지 높이 180척이었으며, 건평은 약 2,114평, 각 층의 연건평은 9,604평 정도에 달했다(이는 미터법으로 환산해, 대략 전면은 129m, 측면 70m, 처마 높이 21.5m, 중앙 원형 첨탑 높이 54.5m, 건평은 6,976m²에 해당한다).

건물의 외관은 석재로 마감된 르네상스 양식으로 계획되었다. 이는 "관청다운 진면목의 용태를 보이기 위해서 진부하더라도 고전 양식"을 선택한 결과였다. 식민통치를 위해서는 규모뿐만 아니라 외관의 권위가 중요했던 것이다. 따라서 조선총독부 청사에는 벽돌로 지어진 대만총독부 청사보다 압도적인 외관을 강조하기 위해서 석재가 사용되었다. 총독부는 당시 설계 과정에서 일본 내에 지어진 건축에 비해 사치스럽게 보일지 모른다는 내부 비판에 대해 석재는 인근 산에서 채석하고 전차를 사용하면 운반이 가능하기 때문에 경제적이라는 논리로 밀어붙였다. 무엇보다도 조선인과 중국인 등의 값싼 노동력을 사용할 수 있었기 때문에 석재마감이 일본 내지(본국)에 비해 비싸지 않았다. 또한 조선에서는 지진을 걱정할 필요가 없기 때문에 석재의 두께를 최소한 4촌(寸)까지 줄일 수 있었다.

주 출입구인 현관 앞에는 돌로 마차(馬車) 돌림을 만들었고, 화강석으로 마감된 현관 계단을 오르면 대형 홀이 나온다. 이 홀은 탑 정상에서 채광이 되는데, 홀 주위는 전체가 대리석으로 마감되었다. 홀은 건물의 중심에 위치해 1, 2, 3층 전체로 통할 뿐만 아니라 사방으로 연결되었다. 그 면적은 약 200평 높이 70척(약 21.2m)으로 전체는 화강석과 대리석으로 장식되었다. 전체 5개 층 중에서 맨 위의 상층과 지면 1층을 뺀 3개 층에는

---

50 1902년 대한제국 때 바뀐 일본식 곡척(曲尺)으로 환산하면 1척(尺)은 30.303cm, 1간(間)은 6척 3촌(寸).
51 『朝鮮と建築』第5輯 第5號 : 朝鮮總督府 新廳舍號, 31쪽.

대형 홀을 중심으로 양쪽에 사무실이 배치되었다. 1층에는 제1식당이 위치하고, 2층에는 정면에 총독실과 그 옆에 정무총감실이 있고 뒤쪽에 대회의실이 있었다. 이 대회의실에 일왕 초상화[御眞影] 봉안소를 만들고 3층에는 정면에 제2회의실과 소회의실을 두었다. 1층 공간은 약 절반을 사무실로 하고 기타는 주로 숙직실, 우편국, 전화교환실, 변전실, 각종 작업실, 위생실, 보통식당, 차고, 물건창고, 매점 등으로 충당하고, 5층은 대부분을 사무실로 하고 일부를 문서창고, 도서실, 도서고, 청사진실, 암실, 물건창고 등으로 했다. 1층에 회계과와 토목과의 일부, 관방의 회계과와 내무국 전부, 2층에 관방과 경무국과 재무국, 3층에 학무국, 법무국, 식산국, 5층에 토지개량과와 임야조사위원회 사무실들이 배치되어 있었다.[52]

조선총독부 신청사 건립은 공사 과정 자체가 '시청각적'으로 충격적이었다. 도시경관 요소로서 장소의 성격은 시각뿐만 아니라 청각적 소리인 '소음'으로부터도 상당한 영향을 받는다. 도시의 '소음 경관'에 대한 주제는 경제적·사회적·심미적 탐구의 주제임에도 불구하고 그동안 한국의 근현대사 연구에서는 거의 다뤄진 적이 없다. 그러나 '소음'(noise)은 한 사회의 권력 생산에 있어 중요한 이데올로기적 지시체로 작용하는 것으로 알려져 있다. 예컨대 '소리의 문화정치'를 연구한 프랑스의 경제-사회학자 자크 아탈리(Jacques Attali)는 "색과 형태 이상으로 한 사회를 창조하는 것은 소리와 그 배열"이라고 말한 바 있다.[53] 달리 말해 소음으로 권력이 탄생된다는 것이다. 그는 소음이 한 사회 속에서 어떻게 형태로 배열

---

[52] 『朝鮮と建築』第5輯 第5號 : 朝鮮總督府 新廳舍號, 32쪽.
[53] Jacques Attali, *Noise: The Political Economy of Music*, Manchester : Manchester University Press, 1985, p.6(Original work published 1977). Andrew Leyshon et al. ed., *The Place of Music*, Guilford Publications, 1998. p.1에서 재인용.

되는가는 권력의 속성에 해당하며, 따라서 권력을 다루는 모든 이론은 '소음의 생산과 배열 방식'이 한 사회와 어떻게 작용하는지를 살펴야 한다고 주장한 바 있다.[54] 이런 맥락에서 일제가 조선왕조의 정궁인 경복궁을 해체한 자리에 총독부 신청사를 건립하면서 만들어 낸 '공사판의 소음 경관'은 또 다른 지배의 상징이자 권력의 실행이었던 것이다.

특히 기초공사 과정에서 서촌 일대 주민들은 일찍이 듣지도 보지도 못한 심한 '기계 소음'을 경험해야 했다. 왜냐하면 건물의 기반이 지반 밑으로 15척(尺)까지 파내려가 소위 '항타'(杭打)로 다져졌기 때문이다. 여기서 '항타'란 무른 땅을 다지기 위해 나무를 파일(pile)로 박는, 곧 '말뚝 박기' 작업을 뜻한다. 한데 기록에 따르면, 항타 작업 전부터 엄청난 기계 소음이 이미 발생하고 있었다(그림 15). 땅을 파는 과정에서 경복궁 지반에서 자연용수(自然湧水)가 심하게 솟아오른 탓이었다.[55] 경복궁 근정문 앞쪽에는 원래 공진회 제1전시관을 가설하기 전에 옛 금천(禁川)의 물길이 지나고 있었던 것이다. 공진회장 조성을 위해 물길을 돌려놓았지만 지반 밑으로 여전히 물길이 흐르고 있었다. 이로 인해 미국제 배수펌프 2대를 밤낮으로 가동해 진창이 된 땅에서 물을 퍼내야만 했다. 배수펌프들은 굉음을 내며 돌아갔다. 이 기계 소음은 북쪽의 백악산과 서쪽 인왕산을 스피커 울림통 삼아 서촌 일대에 울려 퍼졌던 것이다. 또한 항타 작업으로 9천 개가 넘는 말뚝이 박히는 과정 또한 일찍이 전 조선 땅에서 유래가 없는 엄청난 공사 장면이었으며, 소음 또한 장관을 이뤘다. 이에 대해 『조선과 건축』은 다음과 같이 기록했다.

---

54 Andrew Leyshon et al. ed., *The Place of Music*, p. 3.
55 『朝鮮と建築』 第5輯 第5號 : 朝鮮總督府 新廳舍號, 50쪽.

〈그림 15〉 조선총독부 신축 공사장 항타 작업, 1916년(출전: 『朝鮮と建築』 第5輯 第5號).

항타 작업은 처음에 모타와 파일 엔진으로 작동하는 항타 기계 20대를 사용했다. 그러나 야간작업까지 해서 계속 공사를 하였으나 결빙기까지 종료 약속을 지킬 수 없다고 예상되었다. 하여 스팀 윈치까지 더해 26대까지 기계를 가동시켰다. 이 항타 시기 동안 끊이지 않는 타격 소리가 들렸고 기계가 있는 곳, 즉 감독원이 있는 장소는 불꽃 튀는 광경으로 낮에도 그 위세가 대단했지만 야간작업 때 위에서 내려다보면 실제 장관이었다. 목재를 벌목해 항타까지 대정 5년 7월에 착수하여 대정 6년 3월말에 끝났다.[56]

항타, 곧 '말뚝 박기' 작업은 1916년 7월부터 압록강변에서 자란 낙

---
56 『朝鮮と建築』 第5輯 第5號 : 朝鮮總督府 新廳舍號, 50쪽.

엽송을 실어와 15척에서 26척에 이르는 목재로 다듬어 땅에 때려 박는 과정으로 이듬해 3월 말까지 진행되었다. 위의 자료에 따르면, 항타에 사용된 통나무 수는 1본(本, 개)당 약 평균 15톤의 하중력을 감당하도록 예상해 1만 개가 준비되었는데 실제 땅에 박혀진 말뚝은 9,300본(本) 정도였다.[57] 통나무 공급은 영림창(營林廠)에서 인수하였는데 자재로 쓸 만한 1만 개에 달하는 통나무를 단기간에 마련하는 것은 쉽지 않은 일이었다.[58]

이처럼 총독부 기초공사는 시각적으로뿐만 아니라 청각적으로도 "위세가 대단했고……장관이었다". 당시 주변에 살면서 경복궁 앞을 지나 다녔던 서촌 일대 주민들에게 이러한 공사장 풍경은 조선물산공진회가 시작되기 전부터 큰 구경거리였음을 쉽게 짐작할 수 있다. 따라서 서촌 주민들 중 한 사람으로서 어린 해경이 당시 접했을 시청각적 충격과 영향력 또한 상당했을 것이다. 주목할 것은 이러한 어릴 적 체험이 훗날 이상이 건축가로서 실무 현장에서 실제 겪은 경험과 합해져 시적 이미지의 모체로 작용했다는 사실이다. 그동안 난해한 작품 중의 하나이자 완전히 곡해되어 「차8씨의 출발」로 번역된 시, 「且8氏の出發」이 바로 그것이다.

이 시는 1932년 7월 『조선과 건축』에 「건축무한육면각체」의 연작시 중 하나로 발표되었다. 이상의 대부분 대표시들이 그렇지만 이 시만큼 제목에서부터 내용에 이르기까지 잘못 해석된 경우도 없다. 그동안 많은 연구자들은 제목의 '且8氏'를 두고 한자의 회화적 이미지에 초점을 두거나 '항문기 새디즘'적 성적 이미지를 극대화한 시라는 '원색적' 주장도 마다하지 않았다. 예컨대 문학평론가 이어령은 '且8氏'에 대해 언어의 의미보

---
[57] 앞의 책, 50쪽.
[58] 앞의 책, 50쪽.

다 한자의 회화적 이미지를 강조해 '且'는 모자모양, '8'은 눈사람이나 오뚜기, 따라서 모자를 쓰고 있는 눈사람이라고 해석한 바 있다. 같은 맥락에서 송기숙은 회전 혹은 순환에 의한 허무의 표현이라고 했고, 이규동은 항문기 새디즘의 발로, 곧 18, 12, 69 같은 성적 이미지과 관련시켜 x팔씨 등으로 해석한 바 있다. 또한 이승훈은 회화적 의미와 항문기 새디즘이 결합되어 남성의 성적 이미지와 x팔씨의 의미를 동시에 나타낸다고 보았다.[59] 또한 최근에 이상 연구의 종결을 선언하듯 『이상전집』을 낸 권영민은 제목의 '차'(且)자의 형태가 '구'(具)자와 비슷해서 이상의 절친 화가 구본웅(具本雄)의 성씨인 '具'씨를 의미한다는 황당한 해석을 내놓기도 했다.[60] 이처럼 「且8氏の出發」에 대한 해석 대부분은 이상을 거의 유아적 수준의 환쟁이 내지는 가학적 성도착증 환자 수준으로 치부하거나, 아무 상관도 없는 자의적 해석의 오류에 빠져든 수준에서 다뤄졌다. 그렇다면 이상이 말한 '且8氏의 출발'은 대체 무슨 뜻인가?

먼저 제목부터 보도록 하자. '且8氏'는 글자 그대로 '또 차(且)'자와 '숫자 팔(8)'이 호칭 '씨(氏)'자와 결합된 것이다. 이 제목은 위에서 살펴본 바와 같이 그동안 마치 캄캄한 방에서 코끼리 다리 더듬기식의 해석을 낳았다. 그러나 그것은 다름 아닌 '또팔씨'를 뜻한다. 여기서 '또 차(且)'자는 본문 후반부에 나오는 시행 "또 쏜살같이 달려 또 쏜살같이 달려 또 쏜살같이 달리는 사람……"에 나오는 '또 우(又)'자와 글자만 다를 뿐 동일한 의미를 지닌다. 이는 교묘하게 한자와 숫자를 사용해 의미적 교란를 일으킨 이상의 분명한 의도에서 비롯된 것이다. 따라서 '또 차'와 '여덟' 사이

---

59 이승훈 엮음, 『李箱문학전집 : 시』, 문학사상사, 1989, 179쪽.
60 권영민, 『이상전집 I』, 뿔, 2009, 346쪽.

의 모호한 관련성과 한자 '且'와 아라비아 숫자 '8'이 결합한 '且8'의 묘한 형태 이미지로 인해 마치 대단한 암호처럼 보였던 것이다. 그러나 그것은 '(좌절하지 않고 계속 땅을) 또-팔-사람'을 뜻한다. 따라서 전체 제목은 '또-팔-사람의 출발'이라는 뜻이다. 다시 정리하면 이는 '질척거리는 현실의 땅에서 분투적으로 땅을 계속 또 파려는(파야만 하는) 한 인간의 새로운 출발'을 보여 준 시였던 것이다. 이 시는 일어로 다음과 같이 발표되었다.

◆ 且8氏の出發

龜裂の入った莊稼泥濘地に一本の棍棒を挿す。
一本のまま大きくなる。
樹木が生える。
　　　　以上　挿すことと生えることとの圓滿な融合を
　　　　　　示す。
沙漠に生えた一本の珊瑚の木の傍で豕の樣なヒ
トが生理されることをされることはなく淋し
く生理することに依って自殺する。
滿月は飛行機より新鮮に空氣を推進することの
新鮮とは珊瑚の木の陰鬱さをより以上に增やすこ
との前のことである。
　　輪不輾地 展開された地球儀を前にしての設問
　　　　一題。
棍棒はヒトに地を離れるアクロバテイを敎へる
がヒトは解することは不可能であるか。
地球を掘鑿せよ。
(이하 생략)

위의 부분을 번역하면 다음과 같다.

◆ **또팔씨의 출발**[61]

균열이들어간장가이녕의땅에한자루의곤봉을꽂는다.
한자루인채로커져간다.
수목이자란다.
    이상 꽂는일과자라는일의원만한융합을
    가리킨다.
사막에자란한그루의산호나무옆에멧돼지같은
사람이생매장[62]당하는일을당하는일없이외롭게
생매장하는일에의해자살한다.
만월은비행기보다신선하게공기를추진한다는일의
신선함은산호나무의음울함을보다늘리는것
전의일이다.
   윤부전지 전개된지구의를앞에둔설문
    하나.
곤봉은사람에게땅을떠나는곡예를가르치지만
사람은이해하는것이불가능한것인가.
지구를굴착하라.
(이하 생략)

위에서 이상이 처음에 말한 '균열이 들어간 장가이녕(莊稼泥濘)의 땅'

---

61 ⓒ 김민수, 2012.
62 이 책 1쇄와 2쇄에 일어 원문의 '生理'가 '生埋'로 잘못 표기된 부분을 바로잡음.

이란 풀이 무성하게(茁) 나온(稼) 진흙(泥) 진창(濘)의 땅(地)에 생긴 갈라진 틈(龜裂)을 뜻한다. 여기에 "한 자루의 곤봉을 꽂는다"는 말은 그동안 한국 문학계의 일부 이상 연구자들이 추측하는 것처럼 성적 은유가 아니다. 그것은 건축 기초공사의 항타 작업처럼 풀이 무성하게 자란 폐허 속 진창 구덩이의 갈라진 틈바구니에 삶의 근간이 될 작은 곤봉 한 자루를 간신히 박았다는 매우 '실존적인 진술'의 은유인 것이다. 한데 이 작은 곤봉이 그대로 커져서 한 그루의 나무(樹木)로 싹이 움터 자라났다는 것이다. 이를 두고 이상은 '곤봉을 꽂는 일과 그것이 나무로 자라는 일 사이에 원만한 융합이 있었다'고 말한다. 비록 처음에 어렵게 시도되었지만 여기까지 자신의 인생은 원만히 잘 풀려나갔다는 말이다.

그러나 원만한 융합으로 찬란하고 아름다운 산호나무처럼 자라난 이상의 삶은 다가온 죽음 앞에서 음울한 그림자를 남긴다. 왜냐하면 그는 "사막에 자란 한 그루의 산호나무 옆에 야생 멧돼지 같은 사람이 생매장 당하는 일을 당하는 일 없이 외롭게 생매장하는 일에 의해 자살한다"고 했기 때문이다. 여기서 이상은 자신이 일궈 낸 삶을 '사막에 자란 한 그루의 산호나무'라고 하면서, 자신을 '야생 멧돼지'에 비유하고 있다. '산호나무 옆에 멧돼지 같은 사람'(珊瑚の木の傍で豕の樣なヒト)이라는 표현에서 '돼지 돈'자 '豚'이 아니라 '豕'자로 표기된 부분에 주목하기 바란다. 그동안 많은 이상 연구자들은 이상이 표기한 '豕'자를 일반적인 '돼지 돈(豚)'과 같은 의미의 '돼지 시(豕)'로 해석을 해왔다. 이로 인해 '돼지 같은 사람'의 지시대상이 이상의 아버지가 상속받을 재산을 가로챈 백부라고 주장한 연구자들이 많았다. 그러나 여기서 '豕'자는 '돼지 돈'자가 아니라 '야생 멧돼지'를 뜻한다. 왜냐하면 일본어에서 '豚'자는 일반 돼지를 의미하는 'ぶた'(부타)인 반면, '豕'자는 'いのこ'(이노코), 즉 야생 멧돼지를 지칭

하기 때문이다. 이런 맥락에서 멧돼지는 땅을 본능적으로 파는 야생 동물이자 '또팔씨', 즉 이상 자신의 또 다른 은유였던 것이다. 이 관계는 이렇게 요약된다.

산호나무 = 이상의 삶
멧돼지 = 또팔씨 = 이상
생매장 = 각혈로 인한 자살

정리하면, 이상의 삶은 척박한 진창에 꽂은 한 자루의 곤봉이 마치 사막에서 자란 눈부신 산호나무처럼 아름답고 찬란하게 자라났다. 그러나 이제 그의 운명은 누군가에 의한 타살이 아니라 '각혈하는 일'에 의해 '생매장 당하는' 외로운 자살을 맞이하게 된 것이다. 여기서 그는 입으로 각혈하는 일을 마치 여성의 자궁에서 주기적으로 피가 나오는 '월경'과 같은 '생리현상'으로 보고 있는 은유적 표현을 사용하고 있다. 그래서 그는 폐결핵으로 인해 피를 토하는 '각혈하는 일'을 '생매장 당하는 일'에 비유한 것이다. 따라서 계속 또 땅을 파야 할 멧돼지와 같은 사람, 즉 이상은 누군가에게 타살되어 피를 흘리는 것이 아니라 (폐결핵으로 인해) 가슴에서 피가 나오는 일에 의해 스스로 외롭게 생매장되는 자살을 맞이하고 있는 것이다. 따라서 이제 그에게 중요한 것은 산호나무를 더 크고 더 아름답게 키우는 일보다 한 줌의 신선한 공기를 마시는 일이다. 그래서 그는 "만월은 비행기보다 신선하게 공기를 추진한다는 일의 신선함은 산호나무의 음울함을 보다 늘리는 것 전의 일"이라고 말한 것이다. 이는 배기가스를 내뿜는 비행기보다 신선하게 공기를 추진해 이동하는 만월과 같은 신선함이 산호나무의 음울함을 늘리는 것보다 훨씬 더 중요하다는 말이다.

「또팔씨의 출발」은 「건축무한육면각체」 연작시 중 하나로 1931년

10월경에 작시되어 이듬해인 1932년 『조선과 건축』(제11집) 제7호에 발표되었다. 따라서 이 시는 이상이 1933년 폐결핵의 악화로 총독부 기수직을 그만두고 요양가기 전의 심정을 잘 반영한 시라고 할 수 있다. 이를 통해 볼 때, 그는 폐결핵으로 다가오고 있는 죽음의 그림자를 이미 오래전에 예감하고 있었던 것이다. 여기서 중요한 것은 그가 다가오는 죽음을 향해 '타살'이 아니라 '자살'로 진술하고 있다는 사실이다. 그는 폐결핵과 이로 인한 죽음을 수동적으로 받아들이기보다 적극적으로 받아들여 오히려 투지를 불태우고 있었다. 그는 각혈하는 와중에도 땅을 계속해서 파는 '또팔씨'의 새로운 출발을 다짐했던 것이다.

다음으로 이상은 땅을 굴착해 말뚝을 박고, 철근 콘크리트 기둥 위로 솟아오르는 20세기 초 현대건축의 새로운 양상에 빗대어 존재의 해방감을 표명했다. 예컨대 그는 '수레바퀴는 땅에 구르지 않는다'(輪不輾地)[63]고 말하면서 현대건축의 공중부양하는 양상을 은유적으로 묘사했다. 그리고 3차원의 입체에서 2차원의 평면으로 전개(展開)된 지구의(地球儀) 앞에서 다음과 같이 질문하고 외친다. "곤봉은 사람에게 땅을 떠나는 곡예를 가르치지만 사람은 이해하는 것이 불가능한 것인가. 지구를 굴착하라." 여기서 '곤봉이 땅을 떠나는 곡예를 가르친다'는 말은 앞서 설명한 건축 기초공사에서 항타 작업으로 건물을 세우는 일과는 구별되는 또 다른 차원의 건축적 의미를 내포한다. 여기서 말하는 곤봉은 지표면 위로 기둥(필로티, piloti)이 솟아올라 집이 얹어지는 신건축(新建築)[64]의 양상까지 포함할

---

[63] 이는 원래 장자가 말한 '수레바퀴는 땅에 닿지 않는다'(輪不蹍地)에서 나온 말로, 이상은 원문의 '밟을 전'(蹍)을 '구를 전'(轉)으로 바꿔서 표기했다. 따라서 의미적으로 '수레바퀴는 땅에 구르지 않는다'가 된다.
[64] 이는 1920년대 근대건축의 거장 르 코르뷔지에가 주장한 '도미노 이론'에서 나온 신건축의 양상을 뜻한다. 다음 장에서 자세히 설명하려 한다.

수 있다. 이 경우 건물의 바닥면은 기둥 위로 떠워지기 때문에 지면에 닿지 않고도 건물이 세워질 수 있는 구조체의 실행이 가능한 것이다. 그래서 이상은 '수레바퀴는 구를 때 땅에 닿지 않는다'는 장자(莊子)의 말을 빌려 말했던 것이다. 그의 사고의 흐름은 다음과 같이 진행된 것이다.

곤봉 = 말뚝(항타) = 기둥(필로티) = 輪不輾地 = 신건축의 공중부양

이제 「또팔씨의 출발」을 통해 이상이 진정으로 원한 것이 무엇이었는지를 알 수 있다. 그것은 황폐한 진창과 같은 현실에서 지면 위로 솟아올라 치고 올라가는 존재의 해방이었다. 그는 이러한 가능성을 현대건축 공법의 '땅을 떠나는 곡예'에서 발견했던 것이다. 질척거리는 현실이 들러붙은 땅으로부터 탈출하는 수단으로 기둥을 세우기 위해 땅을 굴착하라고 외치고 있었던 것이다. 한 가지 주목해야 할 것은 이 시에서 이상이 단지 힘든 현실로부터 벗어나기 위해 위와 같은 표명을 한 것만은 아니라는 사실이다. 이 점에 대해서는 뒤의 '4장 또팔씨의 출발: 절정기와 좌절, 또 출발'에서 시 전체를 다루면서 자세히 밝히기로 하고 그 전에 먼저 짚고 넘어가야 할 것이 있다.

이상의 의식에서 '곤봉'은 흔히 해석하는 것처럼 남자의 '성기'가 아니다. 그것은 무른 땅에 건물을 세우기 위해 박아 넣는 '말뚝'이자, 지표면 위로 띄워질 '기둥'으로서 진창의 땅을 떠나는 수단의 강력한 은유인 것이다. 그가 말한 '곤봉'과 '땅을 떠나는 곡예'가 무엇을 말하는지 〈그림 16〉을 보기 바란다. 사진 속 건물은 1962년 스위스 건축가 르 코르뷔지에가 하버드대학교에 세운 미국 내에 유일하게 존재하는 그의 건축물이다. 이는 그가 1965년 세상 떠나기 전에 자신이 주장해 왔던 건축관을 집대성한 말년

〈그림 16〉 르 코르뷔지에(Le Corbusier / Charles-Edouard Jeanneret, 1887~1965), 하버드대학교 카펜터 시각예술센터, 1962(사진 : 김민수 2012). 만일 이상의 「且8氏의 出發」이 노골적인 성적 은유라면 지면을 굴착해 기둥을 세우고 지상으로 솟은 이 건물 역시 노골적인 성도착적 건물이며, 따라서 르 코르뷔지에는 정신분석의 대상이 되어야 할 것이다. 우연히 주차되어 있는 위 사진의 가운데 빨간색 자동차도 성적 상징이라고 말할 것인가?

의 건물이었다. 여기에 지면 위로 곡예하듯 솟은 기둥의 모습들이 잘 드러나 있다. 이상의 시 「또팔씨의 출발」에 대해 온갖 황당한 해석을 갖다 붙였던 이상 연구자들 중에 어떤 이들은 이 건물마저도 '땅이라는 여성 성기에 삽입된 남근'이라면서, 아마 이렇게 말할지 모른다. "르 코르뷔지에의 편집증적 에로티시즘이 잘 반영된 건축"이라고…….

그동안 이상의 「또팔씨의 출발」에 대해 혼자서나 가능할 법한 가학적인 성교 장면을 투사해 해석이라고 내놓고, 온갖 황당하고 낯 뜨거운 추측도 마다하지 않은 시선은 그 자체가 정신과 상담치료를 요하는 수준이 아닐 수 없다. 이러한 해석적 오류가 발생한 것은 시의 텍스트에만 편집증적으로 집착하고 이상이 공부하며 체험한 실제 지식과 정보에 대해 볼 수 있는 눈이 없었기 때문이다. 따라서 이상이 보성고보 졸업 후 경성고공 재학 시절에 공부했을 근대건축과 디자인에 대한 이해와 설명이 요구된다.

3장 절정의 여명

—

왜 나는 미끈하게 솟아 있는

근대건축의 위용을 보면서

먼저 철근철골, 시멘트와 세사(細砂),

이것부터 선뜩하니 감응하느냐는 말이다.

- 「종생기」 중에서

1   보성고보와 「풍경」 그림

　　　　조선총독부 신청사 공사는 10년 동안 이어졌다. 공사 시작 4년 만인 1920년 7월 10일에 기초공사가 끝나 정초식을 가졌고, 1923년 5월 17일에 상량식이 열렸다. 아직 마무리 공사가 한창이었지만 전체 건물의 위용은 이미 윤곽이 드러났다. 장중한 돔을 올리고 그 위에 청동판을 덮는 공사가 진행 중이었다. 이 광경은 오랜 시간 공사현장 앞을 오가며 지켜본 누군가의 눈을 압도하기에 충분했다. 거대한 입체 구조물이 땅 위에 세워지는 과정을 지켜본다는 것, 그것은 여간 신기한 일이 아니었을 것이다.

　　　　이처럼 총독부 신청사가 지어지는 속도만큼 어린 해경도 서서히 청년으로 자라나고 있었다. 그는 1921년 신명학교를 졸업하고, 불교계에서 운영하던 동광학교에 입학했다. 그러나 1924년에 이 학교가 보성고등보통학교(普成高等普通學校, 이하 보성고보로 약칭)에 병합되면서 해경은 수송동에 위치한 이 학교로 편입해 다니게 되었다. 한데 이 무렵 보성고보 강당은 조선 화단의 신작품이 소개되는 중심지였다. 해경이 편입하기 한 해 전인 1923년 3월 31일부터 4월 2일까지 제3회 서화협회 전람회가 이곳

〈그림 1〉 1924년 동광학교 졸업 때, 14세 소년 김해경의 모습(출전 : 임종국 엮음, 『이상전집』).

에서 열렸던 것이다. 단 사흘 동안의 전시 기간 중에 무려 오천여 명의 관람객이 몰려들었으니 이 분위기는 언론의 주목을 받기에 충분했다. 당시 언론은 이 전람회를 일컬어 「기운생동하는 협전」이란 제목으로 전람회장의 표정을 사진으로까지 보도했을 정도였다.[1] 이처럼 보성고보에서 주목할 만한 전람회가 열리게 된 데에는 그곳에 한국 최초의 서양화가로서 서화협회 창립 회원인 고희동(高羲東, 1886~1965)이 미술선생으로 있었기 때문이었다.

　　근대미술사 연구에 따르면, 고희동은 한국 근대화단의 주된 인물들

---

1 「기운생동하는 협전」, 『동아일보』 1923. 4. 1.

이 관학파 중심의 관료출신들이었듯이 궁내부 주사(主事)였다. 그는 두 명의 당대 대가를 사사했는데, 안중식을 통해 조선화풍의 그림 공부에 발을 들여놓고, 나중에 조석진의 지도를 받았다. 그러나 그는 1900년대 초에 조선에 와 있던 유럽미술가들 중 프랑스인 레미옹(Remion)의 영향을 받아 서양미술을 접하고 프랑스 공사관에서 개최한 전람회(1905)에 양화를 출품해 한국 최초의 서양화가가 되었다. 이로 인해 그는 본격적으로 양화를 배울 뜻을 품고 1909년 일본에 건너가 이듬해에 도쿄미술학교 서양화과에 입학해 공부했다. 귀국 후 그는 신구 서화의 발전과 동서미술의 연구와 향학 후진교육을 목적으로 1918년에 서화협회를 결성하는 데 가장 나이 어린 발기인으로 참여했다. 그의 미술에 대한 관념은 대체로 개인의 자유분방한 표현을 강조하는 데 있었다.[2] 예컨대 그는 그림이란 다름 아니라 "각각 작자의 마음대로 그리어 천연의 현상에 소감(所感)된 기분이 화폭에 충일하면 그것이 곧 위대한 작품이 되고 우아한 취미가 차(此)에 생하는" 것이라고 주장했다. 또한 동양과 서양에는 기후, 역사, 관습 등의 차이가 있어 작법과 색채에서 굳이 서양의 잣대를 따를 필요가 없다고 주장했던 인물이었다. 그러나 그의 이러한 생각이 실제 화풍에 적용되는 데는 인상파 수준에 머물러 있었던 한계가 있었다. 현존하는 유화 「자화상」(1915)에 기초해 볼 때, 그의 화풍은 대체로 인상파적인 밝은 색채와 경쾌한 필치가 특징으로 알려져 있다.[3] 그는 또한 전통 조선미술에 대한 무시가 지나칠 정도로 남달랐던 인물이었다. 이러한 인식의 뒤틀림 이면에는 일제 미술사학자들과 육당 최남선의 식민미술사관에 영향을 받은 조선미술에

---

[2] 최열, 『한국근대미술의 역사』, 열화당, 1998, 123쪽, 138쪽.
[3] 이구열, 「韓國 洋畵 70년의 흐름」, 『韓國洋畵 70年展』(도록), 호암갤러리, 1985. 8. 29~9. 29.

대한 자학적 열등의식이 뿌리 깊이 내재되어 있었다.⁴

따라서 해경이 편입한 이듬해인 1925년, 보성고보 3학년 때 교내 미술전람회에서「풍경」을 그려 1등상을 받은 것은 운 좋게 거저 뽑힌 것이 아니었다. 고희동이 생각하고 있던 미술의 관념과 잘 맞아떨어졌기 때문이었다. 짐작건대 이상의「풍경」은 대부분 학생들이 그렸던 일반적인 사생(寫生), 즉 눈앞의 장면을 본 그대로 사실적으로 옮겨 그리는 수준이 아니었을 것이다. 3년 후 그가 경성고공 시절에 그린「1928년 자화상」으로 미루어 볼 때, 그것은 강렬한 붓질과 색감에 의해 감정과 정서적 느낌을 거침없이 담아 낸 수준의 표현주의 성향의 그림이었을 것이다. 이는 바로 좋은 그림이란 "작자 마음대로 그리어 천연의 현상에 소감(所感)된 기분이 화폭에 충일하게 반영된 것"이라는 고희동의 화론에 잘 부합했으리라. 이러한 맥락에서 이상의 의식은 보성고보에 다닐 무렵 이미 표현주의의 주파수에 감응했을 가능성이 매우 크다.

2   경성고공에서

1926년. 해경은 보성고보를 졸업하고 경성고공 건축과에 입학했다. 공교롭게도 십 년에 걸친 조선총독부 신청사 공사가 마무리된 해였다. 그해 1월에 준공식이 있었고, 10월에는 대대적인 낙성식이 열렸다. 총독부 신청사 건립은 식민통치의 전환기를 의미했다. 이로 인해 경성의 식

---

4 최열,『한국근대미술의 역사』, 139쪽.

민도시화 전기(1904~1926)가 마무리되었기 때문이었다. 국권이 침탈되기 전, 대한제국 선포 시기 전에 이미 1896년경부터 도로정비사업[5]과 도시건축은 시작되고 있었다. 그러나 강제병합 이후 '게이조'로 불리기 시작한 경성은 시구개정사업으로 도로망을 정비하고 식민지배를 위한 통감부 등 관청 건립과 조선은행(1912)과 경성우편국(1915) 등의 건립으로 식민도시화 기반 구축을 위한 초기 단계를 끝내고 새로운 국면에 들어간 것이다. 예컨대 1925년에 완공된 남산의 조선신궁과 경성역을 비롯하여 1926년의 경성부청과 총독부 신청사 건립으로 마침내 식민지 수도의 상징경관이 완성되었다. 이로 인해 도시는 청계천을 중심으로 북쪽의 조선인 지역과 남쪽의 일본인 거주 지역 사이의 차별과 차이를 생산하는 구조로 이원화되었고, 1926년부터 본격적인 식민지 수도로서 식민자본주의의 소비문화가 범람하는 식민도시화의 후기(1926~1945)로 접어들고 있었던 것이다.[6]

경성고공은 원래 1916년에 설립된 경성공업전문학교를 모태로 1922년의 학사 개편에 따라 교명이 개칭된 학교였다. 이 학교의 기원은 1906년 통감부가 식민지 고등교육을 위해 설립한 관립공업전습소로 거슬러 올라

---

5 한성부 도로정비사업은 1896년 9월 말 공포된 「내부령 제9호, '한성 내 도로의 폭을 규정하는 건'」에 따른 시정의 일환이었다.
6 김백영은 일제강점기 서울의 도시사를 식민권력의 지배전략과 도시공간의 정치학의 전개양상으로 파악해 먼저 전기와 후기로 나누고, 이를 다시 네 시기로 구분했다. 서울의 식민도시화 전기(1904~1926)는 제1기와 제2기로 나뉘는데, 제1기(1904~14)는 러일전쟁의 발발로부터 경성부의 성립이며, 제2기(1914~1926)는 조선왕조 5백년 도읍지 한성이 일제의 식민지 수도 경성으로 전환되는 과정이다. 식민도시화 후기(1926~1945)는 식민지 행정수도로부터 소비자본주의적 대도시로 전환되는 제3기와 제4기로 구분된다. 제3기(1926~1936)는 경성시가지계획이 실시되는 1936년을 기준으로 '문화정치' 이후 식민지 통치체제의 안정화를 바탕으로 경성이 식민지 수도로서 본격적인 도시 성장과 자본주의적 소비문화의 발전을 겪는 시기에 해당한다. 제4기(1936~1945)는 확장된 '대경성'의 속출하는 도시적 갈등과 사회적 모순들이 군국주의적 전시총동원체제의 수립을 통해 봉합되는 시기이다. 김백영, 「일제하 서울에서의 식민권력의 지배전략과 도시공간의 정치학」, 서울대학교 대학원 박사학위논문, 2005.

〈그림 2-1〉 위, 1926년 조선총독부 신청사 준공 후 그 일대의 도시경관(출전: 서울특별시시사편찬위원회 소장).
〈그림 2-2〉 아래, 1920년대 초 식민지 도시 기반이 형성된 경성의 경관(출전: 『식민지조선과 전쟁미술』, 31쪽). '조선명소, 경성시가의 중앙'으로 소개된 오늘날 명동과 회현동 일대는 조선은행, 경성우편국, 철도호텔 등이 들어서 있는 일본인 거주 지역이었다. 미쓰코시 백화점(1927)과 경성부청사(1926)가 아직 들어서지 않은 것을 볼 때 1920년대 초의 사진으로 추정된다. 위 두 사진을 비교해 보면 '서촌' 통인동 '이상의 집'이 위치한 총독부 주변 북쪽과 남쪽의 명동(혼마치)과 회현동 일대 사이에 도시경관의 불균형이 심화되어 있음을 알 수 있다. 〈그림 2-1〉의 북쪽은 조선인 지역, 〈그림 2-2〉의 남쪽에 형성된 시가 중심은 일본인이 점유한 이원구조로 확실히 분리되어 있다. 이는 식민지 도시화가 본질적으로 통치 전략의 차원에서 디자인된 것으로 공간구조에 있어 일본인과 조선인의 사이의 차별과 차이를 생산하기 위한 것임을 입증한다. 거리 경관과 투여된 사회자본의 형태와 기능 모두에 있어 차이가 있었다.

간다. 당시 일제는 향후 식민지 지배와 경영을 위해 여러 수탈사업에 투입할 하급 기능직 인력을 양성할 실업교육의 필요성을 인식했다. 무엇보다 지방에 개설된 각종 전습소에 파견할 기술지도요원을 양성하기 위해 교과 과정을 갖춘 공업기술교육이 필요했던 것이다. 이를 위해 통감부는 기존의 농상공학교(1904)를 개편해 농림학교, 선린상업학교와 함께 관립공업전습소로 개편했다.[7] 경성부 이화동(현 방송통신대학 자리)에 위치한 공업전습소는 1906년 8월 설립계획이 결정되어 10월에 착공해 이듬해 4월 20일 준공과 함께 개소식을 열었다.

확인되진 않지만 이상의 백부 김연필은 공업전습소 출신으로 알려져 있다. 그는 공업전습소를 나와 압록강 기슭 국경지대인 자성(慈城)까지 가서 보통학교, 기술학교 훈도를 하고, 김해경이 태어날 무렵 경성에 돌아와 궁내부 기술 관리에 임명되어 총독부 상공과 관리로 근무하고, 모교인 공업전습소의 교원을 하기도 했다고 한다.[8] 만일 이 내용이 사실이라면 김연필은 공업전습소 제1기 졸업생일 가능성이 크다. 왜냐하면 공업전습소의 본과 수업연한은 2년이었고, 졸업 후 전습받은 기술 분야에 1년간 의무적으로 종사하도록 되어 있었기 때문이다.[9] 이 사실에 기초해 볼 때, 그는 1907년 4월 개소한 공업전습소에 입학해 1909년 본과 2년 과정을 마치고, 압록강 자성의 지방전습소에 파견되어 기술지도요원으로 1년간 근무하다가 해경이 태어난 1910년 무렵 경성에 올라와 궁내부 기술 관리로 있다가 병합되면서 조선총독부 상공과 관리로 근무하게 된 것으로 추정된다.

---

7 정인경, 「경성고등공업학교의 설립과 운영」, 김영식·김근배 엮음, 『근현대 한국사회의 과학』, 창작과비평사, 1998, 171~173쪽.
8 김정동, 「이상의 펴지 못한 날개 건축의 꿈」, 187쪽. 고은, 『이상평전』, 32쪽.
9 정인경, 위의 글, 174쪽.

〈그림 3〉 종로구 동숭동 구 공업전습소 본관, 1909. 목조 2층 건물의 르네상스 양식에 건물벽은 독일식 비늘판으로 마감되었다(사진:김민수).

　　당시 관립공업전습소의 학과 체제는 염직, 도기, 금공, 목공, 응용화학, 토목의 6개 과로 이루어졌는데, 토목과는 1910년에 폐지되어 5개 학과 체제가 되었다.[10] 여기서 건축과 관련된 것은 목공과의 세부 교과 전공으로 설정된 집짓기, 조가(造家)였다. 이외에도 목공과에는 가구(家具) 전공을 두어 실습 위주의 수업을 했다. 고은은 『이상평전』에서 백부 김연필이 "해경이 동광학교에 들어갈 무렵 총독부 건설과 기사직에 근무했다"고 기

10　정인경, 「경성고등공업학교의 설립과 운영」, 173쪽.

술한 바 있다.¹¹ 만일 이것이 사실이라면 김연필은 공업전습소 토목과에 입학해 다녔을 것으로 추정된다. 당시 공업전습소의 입학전형은 15~25세의 공업가의 자제 또는 장래 공업에 종사할 의향이 확고한 남자들 중에서 경력과 학력을 가지고 선발하였다. 학생들에게는 정부로부터 매월 기숙사비(3원 45전)를 내고도 남을 만큼의 충분한 실습 수당(6원)까지 받는 혜택이 주어졌다. 이처럼 공업전습소 학생들은 학비 면제는 물론 실습 수당까지 지급받았을 뿐만 아니라 입학 자격 요건으로 특정한 학력을 요구하지 않았고, 공부를 마치고 나면 관리로 입문하는 것도 수월했기 때문에 지원자가 많이 몰려들었던 것으로 알려져 있다.¹² 공업전습소가 관리직 출세의 지름길이었다는 사실은 학교에 친일단체 일진회 소속의 학생들이 많이 입학해서 학생들 사이에 반감과 갈등이 심했다는 대목에서도 알 수 있다.¹³ 백부 김연필이 공업전습소를 모태로 설립된 경성고등공업학교 건축과에 해경이 입학하기를 간절히 원했던 것에는 이러한 배경이 있었던 것이다.

　　1926년 봄을 느끼기엔 아직 이른 어느 날, 해경은 경성고공 합격자 통지서를 들고 등록을 위해 이화동 대로변에 위치한 르네상스풍의 목조 2층 건물에 들어섰다. 입학시험에서 중상위권의 좋은 성적으로 합격해 입학한 것이다. 경성고공은 앞서 말했듯이 기존 공업전습소(1906)와 중앙시범소(1912)를 떠안은 경성공업전문학교(1916. 4)를 기반으로 설립되었다. 1919년 3·1운동 이후 반일감정을 무마하기 위해 일제는 1922년 제2차 조선교육령을 발포하고, 명목상 조선인에 대한 차별교육을 없애고 일본과

---

[11] 고은, 『이상평전』, 128쪽.
[12] 김근배, 『한국 근대 과학기술인력의 출현』, 문학과지성사, 2005, 55쪽.
[13] 위의 책, 59~60쪽.

동일한 학제를 적용한다며 학교명을 바꾸고 학과와 교과 과정, 졸업생 자격을 개정했던 것이다.[14] 그러나 이는 형식적인 개편에 불과했고, 실제로는 경성고공에 일본 내의 고등공업학교들이 당대의 필요성에 부응하기 위해 설치했던 기계과와 전기과 같은 학과는 없었고, 다만 염직과, 요업과, 응용화학과, 토목과, 건축과 등만이 개설되어 있었다. 또한 경성고공은 학사운영 면에서 일본 내의 고등공업학교들과 많은 차이가 있었고 지원과 투자도 변변치 않았다. 무엇보다 경성고공은 학사운영에 있어 조선인에 대한 차별이 심해 입학하기도 힘들었지만 졸업해서 취직하기도 쉽지 않았다. 예컨대 당시 조선인 학생은 전체 졸업생의 30% 정도로 한 해에 겨우 10여 명이 졸업했고, 1920년에서 1936년 사이에는 조선인 비율이 더욱 낮아져 20% 이하였고 토목과와 건축과에서는 조선인 졸업생이 한 해에 1~3명 정도에 불과했다. 김해경에 앞서 경성고공 건축과를 졸업한 조선인으로는 박길용, 이기인, 김세연, 이원식, 장연채, 김순하, 이남수, 이균상 단 8명밖에 없었다.[15] 이는 당시 불어닥친 세계적인 불황의 여파와 함께 취업률이 높은 과에 조선인 학생을 적게 배정하는 차별정책으로 인해 조선인의 입학과 졸업이 더욱 제한되었기 때문으로 알려져 있다.[16]

이런 맥락에서 해경이 1926년 경성고공 건축과에 입학해 1929년에 졸업하고 조선총독부 기수(技手)로 취직한 것은 조선인으로서 매우 드문 일이었다. 역으로 그것은 일본인들 틈에서 그가 1등으로 졸업해 찬란한 '산호나무'가 되어 절정의 시기를 맞기까지, 「또팔씨」의 멧돼지'로서 욕망과 열망이 어느 정도였을지를 가늠케 한다. 그의 학적부[17]를 보면, 그는

---

14 정인경, 「경성고등공업학교의 설립과 운영」, 189쪽.
15 김정동, 「이상의 펴지 못한 날개 건축의 꿈」, 189쪽.
16 정인경, 위의 책, 196쪽.

1926년 입학시험에서 502점을 받아 전체 지원자 63명 중 23등으로 중상위권 성적으로 입학했다. 재학 중 그의 성적은 1학년 때 총점 79.6점을 받아 성적이 '을'이었지만 2학년 때부터 좋아지기 시작해 82.1점(갑)을 받고, 3학년 때는 81점(갑)을 받아 12인 중 1등으로 졸업했음을 알 수 있다. 그의 성적 중에 특이한 점은 '국어 조선어'(84점)도 '갑'을 받아 잘했지만, 1학년과 2학년 두 차례 수강한 '영어'에서 각각 93점과 90.3점을 받았다는 사실이다. 또한 그는 1학년과 2학년 두 차례 '건축사'(建築史) 수업에서 각각 81점과 92.5점을 받았다. 오늘날 건축 디자인 수업에 해당하는 '건축계획' 과목은 2학년과 3학년 때 각각 87.7점과 87점으로 '갑'을 받았다. 이외에도 그는 '건축장식법, 측량학, 자재화, 철골, 시공법, 공업경제, 공업법령' 등에서 우수한 성적을 받았다. 흥미로운 사실은 그가 성격이 예민하고 꼼꼼해서 매우 잘했을 것으로 추정되는 '제도 및 실습'에서는 의외로 2학년과 3학년 때 각각 70.3점과 72점으로 '을'을 받았다는 점이다.

  그렇다면 해경이 경성고공 시절 접한 근대건축과 예술에 관한 지식은 어떤 것이었을까? 그동안 이상의 글과 근대건축의 직접적 관련성에 대해서는 거의 다뤄진 적이 없다. 하지만 그는 자신의 글에 근대건축의 핵심 내용을 언급한 바 있다. 예컨대 그는 한 수필에서 이렇게 말했다.

> 왜 나는 미끈하게 솟아 있는 근대건축의 위용을 보면서 먼저 철근철골, 시멘트와 세사(細砂), 이것부터 선뜩하니 감응하느냐는 말이다. —「종생기」중에서

  위 대목에서 이상이 말한 '감응'은 그의 글 곳곳에서 발견되는 사물

---

17 『문학사상』 2010년 4월, 42~45쪽.

의 '본질'에 대한 치밀한 진술과 분석적 시각으로 이어진다. 이러한 시선은 그가 20세기 새로운 산업시대의 변화된 기술적·경제적·사회적·미학적 토대 위에서 새로운 형태의 건축과 예술을 표명했던 모더니즘 건축의 디자인관(觀)과 접속되어 있었음을 말해 준다. 달리 말해, 그것은 일찍이 "형태는 기능을 따른다"는 강령에서부터 "현대는 그 자체의 참된 양식을 찾아내야 한다"고 주장했던 한스 푈치히(Hans Poelzig, 1869~1936) 등의 근대건축가와 디자이너들의 주장들을 관통해 형태의 명료성, 재료의 정직성과 정밀성을 요구했던 새로운 지적 성향 및 태도와 맞닿아 있는 것이다. 이를 위해 독일의 바우하우스(Bauhaus, 1919~1933)와 같은 학교에서는 건축가와 디자이너들에게 새로운 소재와 건조방식뿐만 아니라 새로운 과학에 기초해, 전통적 시각보다 훨씬 더 유연하고 넓은 사회적 관계를 고려한 정확하고 정밀한 관찰을 요구했다. 따라서 이상이 감응했다고 한 것은 바로 이러한 근대건축과 디자인의 원리였다. 그의 이러한 지식은 경성고공 입학 후 여러 경로를 통해 유입되었다. 추정컨대 느슨하게 짜여진 당시 경성고공의 학교 교육보다는 도서관과 책방에서 개인적으로 접한 많은 책들을 통해 그는 근대건축의 역사와 이론을 접했고 이로써 근대건축과 디자인의 본질에 다가갔던 것이다.

앞서 검토했듯이 해경은 1~2학년 때 '건축사'와 2~3학년 '건축설계'에서 좋은 성적을 받아 두각을 드러냈다. 당시 경성고공에서 '건축사'를 가르친 교수는 도쿄제국대학 공학부 건축과 출신의 후지시마 가이지로(藤島亥治郎)[18]였고, '건축설계'를 가르친 교수는 교토고등공예학교 도안과 출신의 야마가타 세이치(山形靜智)였다. 해경은 내용이 구태의연한 야마가타의 전근대적 '건축설계'와 같은 실기수업보다는 후지시마의 '건축사'와 같은 이론수업을 통해 근대건축의 원리를 이해하고 지식을 습득하는 데 많은 영향을 받은 것으로 추정된다. 왜냐하면 야마가타의 실기 수업은 주로 신고전주의 건축양식에 기초하고 있었기 때문이었다. 예컨대 야마가타가 수업에서 가르친 건축 실무의 모델은 영국의 윌리엄 챔버스(William Chambers, 1723~1796) 등과 같은 전근대적 건축가들의 작업이었다. 반면, 후지시마가 '건축사' 수업에서 가르친 것은 동시대에 진행되고 있었던 유럽 모더니즘 건축의 최신 동향과 이론이었다. 후지시마는 1923년 도쿄제국대학 공학부 건축학과를 졸업하고 경성고공 교수로 임용된 인물로 조선총독부 기사를 겸직하고 있었다. 특히 그는 해경이 경성고공에 입학하기 한 해 전인 1925년 조선총독부 건축 기관지『조선과 건축』에 최초로 모더니즘 건축이론을 소개한 인물이기도 했다.

예컨대 후지시마는 '경성고등공업학교 교수'의 직함으로『조선과 건축』1925년 제4집의 제1호부터 제4호까지「근대건축 노트」라는 제하의 연재물을 발표했다. 제1호에서 그는 "모든 예술품은 그 시대의 자식"이라는 칸딘스키의 말을 인용해「와그너 이후: 근대건축 노트의 서」(ワグネル以後：近代建築 ノオトの序) 연재를 시작했다. 서문에 해당하는 이 글에서 그는 양식적으로 혼탁했던 19세기 고전주의와 낭만주의 등의 유파적 경향은 오토 와그너(Otto Wagner) 이후에 객관적 양식주의에서 '개성 발휘주의'로 변하고 있다고 주장했다. 그는 이러한 변화의 주된 원인으로 과학의 발달, 사조의 변화, 경제계의 변동, 교통의 발달, 건축목적의 변화, 재료

---

18 후지시마 가이지로는 1899년 일본 이와테 현 모리오카에서 태어나 1923년 도쿄제국대학 공학부 건축학과를 졸업하고 경성고공 조교수로 임용되어 조선총독부 기사를 겸임했다. 1929년에 도쿄제국대학 조교수로 임용, 1933년 공학박사 학위를 받아 도쿄제국대학 건축과 교수로 1960년까지 재직했다. 그는 1950년 일본 문부성 문화재위원회 전문위원을 맡아 1980년까지 지냈으며 1960년 도쿄대 명예교수로 은퇴했다.『조선건축사론』(1930)과『대만의 건축』(1948) 등을 저술해 식민지 건축에 대한 저술을 남겼다. 웹사이트[www.weblio.jp/wkpja/content/藤島亥治郎_藤島亥治郎の概要] 참조.

〈그림 4〉 위, 쾰른 독일공작연맹 전시회 기계관 정면, 1914(출전 : S. Giedion, *Walter Gropius : Work and Teamwork*, New York : Reinhold Publishing, 1954, p. 102).
〈그림 5〉 아래, 파구스(Fagus) 구두 공장, 1911(출전 : S. Giedion, *Walter Gropius : Work and Teamwork*, p. 96).

구성의 변화, 생활의 변화 외에 예술의 영향 등이 있다고 밝혔다. 이 글의 요점은 오스트리아 빈 분리파 운동 이후에 한스 푈치히, 에리히 멘델존, 브루노 타우트, 발터 그로피우스 등의 예를 통해 근대건축가와 작품을 소개하고 비평하는 데 있었다.

제2호에 실린 기고문의 제목은 「발터 그로피우스」(ワルタア·グロピウス)였다. 이 글에서 후지시마는 발터 그로피우스(Walter Gropius, 1883~1969)를 일컬어 당대 "최고의 혁명적인 예술공예학교인 바이마르 국립 바우하우스의 지도자"로 소개했다. 이 글의 첫머리는 그로피우스가 디자인한, 1914년 쾰른에서 개최된 독일공작연맹(Deutche Werkbund)[19] 전시회 기계관의 정면 사진으로 시작되었다(그림 4). 후지시마는 바우하우스에 당대 유럽에서 가장 걸출한 조형예술가와 신예술의 대표 인물들이 포진해 있으며, 학교의 좌우명이 "예술가, 조각가, 화가, 건축가로서 독창적 창조자다운 천재적 예술가를 훈련"하는 데 있다고 기술했다. 특히 이 글은 그로피우스가 설립한 바우하우스의 신건축이 1914년 쾰른 독일공작연맹 전람회에서 선보인 "건축적 X-광선"을 투과시킨 듯한 투명한 구조체로서 기존 건축과 어떻게 연결되는지 그 배경에 대해 설명하고, "외부장식 요소를 철저히 거부한" 그로피우스의 대표작인 파구스(Fagus) 구두 공장 디자인(그림 5)을 비롯해 그가 추구한 "공업적 요구에 부응한" 신건축의 이념과 양상에 대해 자세히 언급했다. 이와 함께 최근 그로피우스가 선보인 '단독주택' 계획과 '예나 시립극장'의 사례에 대해서도 다뤘다. 참고로 이 글에서 사용된 도판 사진 이미지는 다음과 같다.

---

[19] 1907년 독일 산업디자인의 질적 향상과 수출 진흥을 위해 건축가, 디자이너, 공예가들이 뮌헨에서 결성한 단체.

〈그림 6〉 쾰른 독일공작연맹 전람회 사무소 건물, 1914(출전: S. Giedion, *Walter Gropius: Work and Teamwork*, p. 99).

① 쾰른 독일공작연맹 전람회 사무소 건물 전면(그림 6) / ② 동 전람회 기계관 전면 / ③ 동 전람회 기계관 전면과 탑 전경 / ④ ~ ⑤ 단독주택 계단실과 전면 / ⑥ 예나 시립극장(Jena Stedt-theater) 전면 / ⑦ 예나 시립극장의 실내 좌석

위 글의 말미에 후지시마는 "헤르만 게오르규 쉐플라우어(Herman George Sheflauer)의 논문에 기초"하여 기고문을 썼다고 서명을 남겼다.

참고로 독일 바우하우스는 발터 그로피우스가 1919년 바르마르 시에 설립했고, 후지시마가 글을 쓴 1925년 무렵 공업도시 데사우로 학교 건물을 신축 이전해 막 전성기에 접어들고 있었다.

제3호에서 후지시마는 당대 독일 최고의 표현주의 건축가이자 화가로서도 유명한 한스 푈치히에 대해 개괄적으로 소개했다. 1869년 베를린에서 태어나 그곳에서 생을 마감한 푈치히는 20세기 초 신건축에서 낭만주의와 이상주의, 급진주의와 객관주의 사이를 연결한 인물로 알려져 있다.[20] 후지시마는 이 기고문에서 푈치히가 "현대 독일에서 가장 기념할 만한 건축형태의 창조자이자 개혁자"라고 소개했다. 대가로서 그의 건축에 대한 태도는 "감정 표현을 구성적·광학적·음향적 창조로까지" 연결시키는 데 있으며, 이러한 건축의 "놀랍고 신비로운 특징들"에 대해 설명했다. 이를 위해 그는 다음과 같은 사진들을 도판 이미지로 예시했다.

① ~ ② 포젠(Posen) 산업박람회, 실레지아 타워(Upper Silesia Tower), 1911(그림 7) / ③ 루방(Luban) 화학공장, 1911 / ④ ~ ⑥ 브레슬라우(Breslau) 백주년 전람회 역사전시관, 1913 / ⑦ 비스마르크 메모리얼(Bismarck Memorial) 계획, 1911(그림 8) / ⑧ ~ ⑪ 베를린 대극장(Grosses Schauspielhaus), 1919(그림 9) / ⑫ 클링겐베르크(Klingenberg) 댐, 1908 / ⑬ 잘츠부르크(Salzburg) 페스티벌 극장 오페라 하우스, 1920~22(그림 10)

제4호는 「잘츠부르크 대극장에 대하여」(ザルツブルグの大劇場に就て) 편으로, 후지시마는 앞서 제3호에서 "환상적인 건축가" 한스 푈치히

---

[20] Ulrich Conrads ed., *Programs and Manifestoes on 20th-Century Architecture*, The MIT Press, 1970 (First English Language Edition), p. 14.

〈그림 7〉 **위 왼쪽,** 포젠 산업박람회, 실레지아 타워, 1911.
〈그림 8〉 **위 오른쪽,** 비스마르크 메모리얼 계획, 1911.
〈그림 9〉 **가운데,** 베를린 대극장, 1919.
〈그림 10〉 **아래,** 잘츠부르크 페스티벌 극장 오페라 하우스, 1920~22.

의 업적을 개괄하면서 설명이 충분치 않았다고 생각해 최근작 '잘츠부르크 페스티벌 극장'(Salzburger Festspielhaus, 1922)에 대해 보다 상세히 다뤘다. 그는 위대한 음악가 모차르트가 태어나 살았던 도시에서 그의 혼을 담아내는 작업을 푈치히가 어떻게 전개했는지에 대해 언급하면서 1921년 '잘츠부르크 페스티벌 극장 연맹'에서 그가 행한 연설문을 짧게 소개했다.

> 건축가는 매우 자연스럽게 전체 부지를 에워싸는 공상의 분위기에 사로잡힐 것이다. 예술작품이 바로 거기에 존재한다. 그래서 그가 미라벨과 헬브룬 지역을 한번 보면, 그의 눈앞에 암석으로 형성된 자연의 극장과 마주하고 열광하게 될 것이다. 그는 이러한 형태들의 폭동에 필적하는 무언가를 또는 이보다 더 위대한 무언가를 어떻게 창조할 수 있을지 생각하는 것 외에 그 어떤 생각도 할수 없을 것이다.[21]

이 부분은 푈치히가 잘츠부르크 페스티벌 극장을 위해 미라벨 궁전과 헬브룬 공원이 위치한 잘츠부르크의 아름다운 자연 경관을 어떻게 추상적인 관념화 과정을 통해 디자인했는지 접근방법을 서술한 대목이었다. 이 계획에서 푈치히는 세 가지 유형의 설계안을 창안해 냈을 만큼 분투적으로 작업했다. 후지시마는 표현주의 건축의 극치를 보여 준 잘츠부르크 페스티벌 극장의 디자인 과정을 다음과 같은 도판 이미지를 사용해 설명했다.

---

21 藤島亥治郎, 「ザルツブルグの大劇場に就て : 現代建築のノオトの三」, 『朝鮮と建築』 第4輯 第4號, 1925, 2쪽. 이 연설문의 원문은 Hans Poelzig, *Gesammelte Schriften und Werke*, Julius Posener ed., Berlin : Mann, 1970, pp. 142~151에 실렸고, Julius Posener, *Hans Poelzig: Reflections on His Life and Work*, Cambridge : The MIT Press, 1992. pp. 150~151에서 재인용.

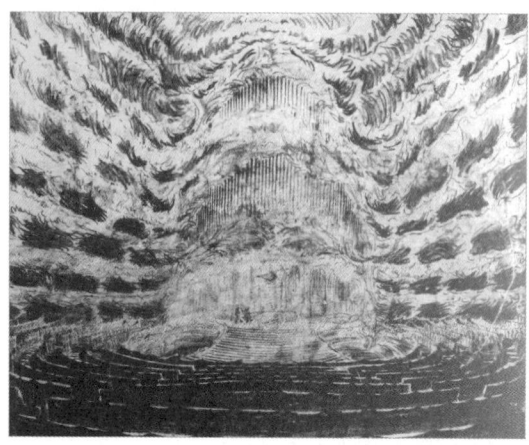

〈그림 11〉 **위.** 잘츠부르크 페스티벌 극장, 오페라 하우스 내부 드로잉, 첫번째 디자인.
〈그림 12〉 **가운데.** 잘츠부르크 페스티벌 극장, 두번째 디자인.
〈그림 13〉 **아래.** 잘츠부르크 페스티벌 극장 세번째 디자인, 정면.

① 잘츠부르크 페스티벌 극장, 오페라 하우스 내부 드로잉, 첫번째 디자인(그림 11) / ② 잘츠부르크 페스티벌 극장, 두번째 디자인(그림 12) / ③ 잘츠부르크 페스티벌 극장 배치도 / ④ 잘츠부르크 페스티벌 극장 세번째 디자인, 정면(그림 13) / ⑤ 잘츠부르크 페스티벌 극장 세번째 디자인, 단면 / ⑥ 잘츠부르크 페스티벌 극장 세번째 디자인, 뒷면 / ⑦ 잘츠부르크 페스티벌 극장 세번째 디자인, 1층 평면 / ⑧ 잘츠부르크 페스티벌 극장 세번째 디자인의 인테리어 / ⑨ 잘츠부르크 페스티벌 극장 세번째 디자인, 2층 평면 / ⑩ 탄죨리 사당(タンジョーリ祠堂) / ⑪ ~ ⑫ 음악당과 무대장치.

이처럼 후지시마의 기고문 「근대건축 노트」는 1925년 1월부터 4월까지 『조선과 건축』에 모두 네 차례에 걸쳐 실렸다. 따라서 해경이 경성고공에 입학한 1926년을 전후로 후지시마의 이 글들과 그의 '건축사' 수업을 통해 그로피우스의 바우하우스와 푈치히의 표현주의 건축을 접했으리라는 것은 의심의 여지가 없는 사실이다. 한데 이 중에서 경성고공 초기에 해경에게 가장 큰 영향을 준 것은 후자의 표현주의였던 것이다. 왜냐하면 푈치히뿐만 아니라 그로피우스를 비롯한 대부분의 바우하우스 교수진들은 1919년 설립 이후 1925년까지의 바우하우스 초기에는 표현주의 영향권 내에 있었기 때문이다. 예컨대 바우하우스가 사회적 삶을 위해 정형화되기 전까지 스타일적으로 자유분방하고, 개인의 창조적 자아 발견과 형성에 지대한 영향을 끼친 요하네스 잇텐(Johannes Itten)을 비롯해 리오넬 파이닝거, 파울 클레, 바실리 칸딘스키 등 모두가 표현주의자들이었던 것이다. 심지어 그로피우스조차 푈치히 등과 함께 표현주의 건축가들이 주축이 된 예술단체, '11월 동맹'에 참여하고 있었다.

경성고공 시절 초기에 해경이 표현주의에 심취했었다고 보는 데는 두 가지 이유가 있다. 첫째는 표현주의가 개성 있는 건축적 표현을 강렬하게 자극했기 때문이고, 둘째는 당대 표현주의 예술가들이 건축가이면서 화가로서 이중 역할을 했기 때문이었다. 아마 이상에게는 후자의 이유가 전자의 일반적인 이유를 훨씬 더 압도했을 것으로 추정된다. 예컨대 한스 푈치히 같은 인물은 건축가이자 인테리어 디자이너이면서, 그림으로도 인정을 받는 뛰어난 화가로서 다중적 재능을 지니고 있었다. 그가 건축과 회화를 동시에 진행한 것은 그런 작업이 '예술적 탐구를 위한 모색'으로서 '능동적인 지적 활동'이라고 여겼기 때문이었다.[22] 건축가이자 화가로서의 이중적 역할은 르네상스 시기 레오나르도 다빈치나 미켈란젤로 이래 전통적인 시각예술가들 사이에서 흔한 일이었다. 특히 다른 영역의 예술가가 회화에 끌리는 것은 회화가 지닌 특유의 매력 때문이었다. 회화는 특히 음악처럼 다양한 사실들을 동시에 묘사할 수 있다. 예컨대 시(詩)가 개별적인 낱말 하나하나에 주목하는 것과 달리, 그림은 음악처럼 전체적이고 즉각적으로 지각되고 이해되는 장점을 지닌다. 그래서 푈치히 같은 건축가는 3차원 공간에 대한 탐구 못지않게 색과 붓질에 의한 일종의 '즉흥연주'로서 폭풍처럼 변하는 2차원 화면의 변형에 마음을 빼앗겼던 것이다.[23] 따라서 표현주의는 시각예술가들에게 이러한 질풍노도와 같은 '마음의 연주'를 가능케 하고 심화시키는 일종의 예술적 해방구였던 것이다.

일반적으로 현대미술의 역사에서 '표현주의'라 함은 특정 유파의 예술운동을 지칭하지는 않는다. 그러나 그 흐름을 설명할 때 반드시 언급해야 할 지시대상은 분명히 존재한다. 이는 예컨대 키르히너, 헤켈, 로틀루프, 블레일과 같은 '다리파'(Die Brücke) 화가들[24]과 칸딘스키와 마르크 등

---

22 Christian Marquart, *Hans Poelzig : Architect-Painter-Designer*, p. 18.
23 *Ibid.*, pp. 18~19.
24 다리파는 일명 드레스덴파로 불리며 1905년에서 결성되어 1913년에 해체되었다. Nobert Lynton,

〈그림 14〉 한스 푈치히, 「그리스도」(Christ), 캔버스에 유화, 90x100cm, 1918/1919(출전: Christian Marquart, *Hans Poelzig: Architect-Painter-Designer*, Tübingen : Wasmuth, 1995, p. 35).

이 참여한 청기사파(Der Blaue Reiter)[25]뿐만 아니라 코코슈카와 파이닝거 등과 같은 화가들이 밀고 나간 질풍노도의 정신과 내면의 분출을 의미한다.[26] 표현주의 화가들 중에서 우리의 주인공 이상과 관련해 주목할 부분

"Expressionism", pp. 36~37.
25 청기사파는 1912년 5월 칸딘스키와 마르크가 편집인으로 뮌헨에서 출간한 연감 명칭에서 유래했다. 청기사파 화가들은 1911년과 1912년 두 번의 전시회를 열었는데, 여기엔 막케, 야블렌스키, 클레, 뮌터, 베레프킨 등이 구성원으로 참여했다. *Ibid.*, p. 40.
26 *Ibid.*, pp. 33~34.

〈그림 15〉 에른스트 루드비히 키르히너, 「군복을 입은 자화상」, 캔버스에 유화, 1915.

은 다리파 화가들이다. 공교롭게도 이들은 모두 이상과 같은 건축학도들이었다. 한데 다리파 화가들 중에 이상과 관련해 특히 흥미로운 인물이 있다. 바로 키르히너(Ernst Ludwig Kirchner, 1880~1938)다.

먼저 「군복을 입은 자화상」(1915)으로 알려진 키르히너의 한 자화상을 보자. 이는 이상의 「1928년 자화상」과 표현방식과 내면성에 있어 매우 닮아 있다. 키르히너의 자화상은 극도로 날카롭고 신경질적인 인물의 존재감을 자아낸다. 이러한 심리 표현은 군복을 입은 인물의 잘려진 오른쪽 손목과 불을 붙이지 않은 담배를 삐딱하게 물고 있는 입을 통해 더욱 분위기가 고조된다. 이 자화상은 1913년 다리파의 해체 후, 이듬해 발발한 세계대전에 자원입대했다가 신경쇠약에 걸린 키르히너의 불안과 공포를 반영한 것으로 알려져 있다. 잘려진 손목에 칠해진 붉은 색은 마치 정육점의 살코기를 연상시킴으로써 더 이상 그림을 그릴 수 없는 작가의 좌절감을 극적으로 표현했다.

키르히너와 이상은 그림뿐만 아니라 생애 또한 서로 닮아 있다. 키르히너는 아버지의 권유로 드레스덴의 공업전문대학에서 건축을 공부했고, 이상은 백부의 권유로 경성고공 건축과에 입학한 것으로 알려져 있다. 또한 1938년 나치의 탄압으로 58살의 나이에 자살을 선택한 키르히너의 생애는 글 곳곳에 '자살'을 암시했던 이상과 닮아 있다. 예컨대 이상은 소설 「종생기」에서 이렇게 말했다.

> …… 열세 벌의 유서가 거의 완성해 가는 것이었다. 그러나 그 어느 것을 집어내 보아도 다 같이 서른여섯살에 자수(自殊)한 어느 '천재(天才)'가 머리맡에 놓고 간 개세(蓋世)의 일품(逸品)의 아류(亞流)에게 일보를 나서지 못했다. 내게 요만 재주 밖에는 없느냐는 것이 다시없이 분하고 억울한 사정이었고 또 초조의 근원(根元)이었다. ─ 「종생기」 중

위 글에서 이상은 그동안 열세 벌의 유서를 계속 써왔다고 말한다. 그리고 유서들을 집어내 다 읽어 보아도 36살에 스스로 목숨을 끊은(自殊) 어느 천재의 아류밖에 되지 않아 분하고 억울하고 초조하다는 독백을 하고 있는 것이다. 이상은 이 소설의 끝에 '1936년 11월 30일'에 썼다고 날짜 서명을 남겼다. 그가 도쿄제국대학 병원에서 세상을 떠난 것이 1937년 4월 17일이니 죽기 약 넉 달 보름여 전 도쿄에서 쓰인 것이고, 세상을 떠나고 한 달 뒤 유고로 『조광』(1937. 5)에 발표되었다. 그는 마치 예정된 죽

음의 철로 위로 질주하는 기차와 같았던 것이다. 따라서 키르히너의 죽음이 외부적 탄압에 의한 자살이라면, 이상의 경우 길지 않았던 '예술적 삶'의 세월 동안 숙성된 내적 동인에 의해 '스스로 죽음을 완성시켜 나간' 사실이 다를 뿐이다. 이러한 이상의 죽음을 두고 고은은 앞서 『이상평전』에서 그가 품었던 '나르시시즘'의 귀결로 파악한 바 있다. 말하자면 그는 죽음을 예감한 것이 아니라 '죽음에 대한 예행 유희를 한 것'이라는 것이다.[27] 그러나 과연 이상이 죽음에 이르는 과정마저도 유희적 행태로 봐야 하는지에 대해서는 의문이 남는다. 아무리 유희와 희극을 위해 애쓴 개그맨이라 할지라도 그 나름의 생의 절실함은 있는 법이거늘 개그맨도 아닌 이상의 죽음을 유희적 행태로 볼 수 있을까? 어쨌거나 그가 죽음이 닥쳐오기 전에 자신의 예술을 완성시키려 몸부림쳤다는 것은 분명한 사실이다.

한편 키르히너와 이상 사이의 닮은꼴은 그들이 서로 내건 선언문에서도 발견된다. 예컨대 1906년 키르히너는 다리파 선언문에서 이렇게 말했다. "창조를 위해 자신의 충동을 위장하지 않고 직접적으로 표현하는 사람은 누구라도 모두 우리에 속한 사람이다."[28] 이상 역시 『경성고공 1929년 졸업기념 사진첩』에 유사한 글을 남겼다. 그는 선언하길, "보고도 모르는 것을 폭로(曝露)식혀라! 그것은 발명(發明)보다도 발견(發見)! 거기에도 노력(努力)은 필요(必要)하다. 李箱"이라고 했다.[29] 여기서 이상이 말한 "보고도 모르는 것을 폭로시키라"는 키르히너식의 "창조적 충동을 감추지 않고 직접적으로 표현하는 자"에 해당한다. 태생적으로 감정의 표출이

---

[27] 고은, 『이상평전』, 105쪽. 고은은 이상의 죽음에 대해 "소외된 자아를 보완하는 자의식 과잉이라는 정신적 이상 현상에까지 자신을 몰고 간 것"으로 파악하고 있다.
[28] Nobert Lynton, "Expressionism", p. 36.
[29] 이 사진첩에 기록된 김해경의 필명은 조선총독부 건축기수로 재직하기 전에 이미 그가 '이상'을 필명으로 사용하고 있었음을 말해 준다.

라는 점에서 '폭로와 표현'은 같은 의미인 것이다.

　　이상과 키르히너와의 관련성은 이상이 사용한 용어에서도 발견된다. 용어의 선택은 사고의 가닥을 추적할 수 있는 단서를 제공한다. 이상은 유고 「공포의 기록」에서 그의 예술적 생애의 두번째 단계가 "질풍이 가리키는 대로 곧잘 갔던 황금과 같은 절정의 세월이었다"고 기록했다. 여기서 그가 사용한 '질풍'이란 단어는 표현주의 화가들의 의식에 뿌리내린 '질풍노도'(Sturm und Drang)의 정신과 관련된 용어인 것이다. 이는 초기 이상의 글이 '급속한 산업화와 도시화에 의해 야기된 비참한 상황에 파국적인 전쟁을 겪어야 했던 독일 표현주의 이념'[30]의 예술을 흡수하고 있음을 말해 주는 방증인 것이다. 따라서 건축학도로서 근대도시건축의 구성 원리와 역사적 전개를 알게 된 이상이 이러한 이념과 실천운동에 이끌렸을 거라는 것은 충분히 짐작할 만한 일이다. 무엇보다 시기적으로 이상이 초중등학교를 다닌 1919년에서 1923년의 시기는 유럽에서 미술뿐만 아니라 건축과 디자인에서 표현주의가 절정에 달했던 시기였다. 따라서 이러한 시대적 배경이 이상의 초기 작품, 즉 초상화와 첫 소설 「12월 12일」에 반영되었다는 것은 전혀 우연이 아니다. 그동안 이상 연구는 그의 예술사적 위치를 주로 초현실주의와 다다 언저리에서만 파악했을 뿐 이 부분을 간과하고 있었다.

　　이러한 맥락에서 이상이 경성고공 건축과에 진학한 이유에 대해 재고해 볼 필요가 있다. 흔히 많은 이상 연구자들은 그가 경성고공에 입학한 이유가 화가가 되고자 했던 미련을 버리지 못했기 때문이라고 말한다. 그러나 이는 짧은 생각일지 모른다. 왜냐하면 그는 단순히 '화가의 꿈'을 버

---

[30] *Ibid.*, p. 11.

리지 못해 경성고공에 입학한 것이 아닐 수 있기 때문이다. 그는 독일의 다리파 화가들이 그랬듯이 오히려 적극적으로 '건축가의 삶'이야말로 당대 최첨단 예술에 도달할 수 있는 길이라고 인식했을 수 있다. 그는 건축을 높은 수준의 예술이라고 생각했던 것이다. 그러나 식민지 수도 경성에서 펼쳐지고 있는 식민건축의 현실에서 그는 실망과 권태감을 느껴 좌절할 수밖에 없었다.

3 『조선과 건축』을 보며:
표현주의에서 신건축까지

한편 경성고공 입학 후 이상은 표현주의 외에 또 어떤 건축과 디자인의 세계와 만났을까? 당시 조선에서 발행된 유일한 건축 정론지, 『조선과 건축』에 1926년부터 1929년 사이에 실린 문헌들을 중심으로 검토해 보면 몇 가지 단서들을 포착할 수 있다. 1926년(제5집) 제1호를 보면, 여기엔 또 다시 「한스 푈치히의 건축관:근대건축 노트」가 'G. F. 生'이란 필자에 의해 소개되었다. 필명 'G. F.'는 글의 내용을 볼 때 'Gaigiro Fugishima', 즉 '후지시마 가이지로'의 영문표기 약자임을 알 수 있다.

후지시마는 한스 푈치히가 당시 건축잡지 『아메리칸 아키텍트』(*The American Architect*)에 자신의 건축관을 표명한 내용을 다뤘다. 여기서 그가 중요하다고 글 옆에 강조점을 표시한 내용들을 몇 문장 추리면 다음과 같다.

〈그림 16〉 한스 푈치히, 베를린 고층 사무실 빌딩, 1921~22년.

스타일은 창조되는 것이 아니라 자신이 만드는 것이다. 예술가는 이 발생에 있어서 그 과정을 연기하는 연기자면서 또한 발생의 과정을 기록하는 사람이다.[31] 내가 설계에서 자주 보이는 것이지만, 나는 자연의 길에 따라가도록 설계를 해본다. 그리고 무엇을 그리더라도 확실하고 탄탄한 구조체로, 개성적이고 표현적으로 전형을 전개하려 한다. 그리고 현대에서는 건축의 상세는 재료와 형체 둘 다 담백해야 한다는 것이 자명의 논리다.[32]

---

31 G. F. 生, 「Hans Poelzig氏の 建築觀 : 近代建築ノオト」, 『朝鮮と建築』 第5輯 第1號, 1926, 26쪽.
32 위의 글, 29쪽.

3장_절정의 여명

위 대목에서 스타일은 자신이 만드는 것이며, 예술가는 이 발생 과정의 '연기자'이자 '기록자'이고, 현대건축의 디테일은 '재료와 형체 모두 담백해야 한다'는 부분이 눈길을 끈다. 푈치히의 건축관을 요약하면, 그는 건축에서 역사적 양식을 차용하는 것으로는 진전을 기대하기 어려우며, 현대건축의 미래 진로는 철골과 콘크리트 구조에 의해 이룩될 수밖에 없다고 말한다. 그러나 철이나 콘크리트 또한 자연의 산물이기 때문에 철은 불에 약하고 콘크리트는 물에 약한 단점을 인식해야 한다는 것이다. 또한 그는 이 재료들의 스타일적 요소가 뼈대의 율동적 효과와 건축의 외부를 표현하는 데 있어 고대건축과 달라야 함을 강조했다. 따라서 르네상스와 바로크를 포함한 '고대예술의 외곽선을 단지 모방해 장식을 무리하게 덧붙이는 것은 잘못된 짓'이라는 것이다.

1927년과 1928년 사이 『조선과 건축』에는 연재 형식으로 「도불(渡佛) 중의 후지시마 이사(理事)로부터」라는 제목의 기고문이 실렸다.[33] 이 글들은 후지시마가 프랑스와 유럽 건축의 동향을 현지에 가서 소개한 내용이었다. 1928년(제7집)부터는 도시에 대한 글들이 눈에 띄기 시작한다. 예컨대 제4호에는 조선총독부 정무총감 이케가미 시로(池上四郞)가 경성도시계획연구회 총회에서 발표했던 「경성도시계획에 대한 소신의 일단을 피력함」이 실리기도 했다. 이는 1929년(제8집)에 본격적으로 다뤄지는 도시에 관한 여러 견해들의 서곡에 해당했다. 제7호는 책머리에 초고층 건물의 기능미를 보여 주는 화보로 「고층 가구(架構)의 미(美)」와 「베를린 클링겐베르크 공장」의 사진들을 함께 소개했다.

---

[33] 후지시마는 1925년 『조선과 건축』에 앞서 설명한 「근대건축 노트」를 연재한 데 이어, 1926년 제2호부터 제5호까지 「조선건축사」를 '강좌'란에 연재했다. 또한 1927년 제2호부터 1928년 제8호까지 프랑스에 가서 「도불 중의 후지시마 이사로부터」라는 제목으로 1년 6개월간 현지 건축의 동향을 소개했다. 따라서 그가 경성

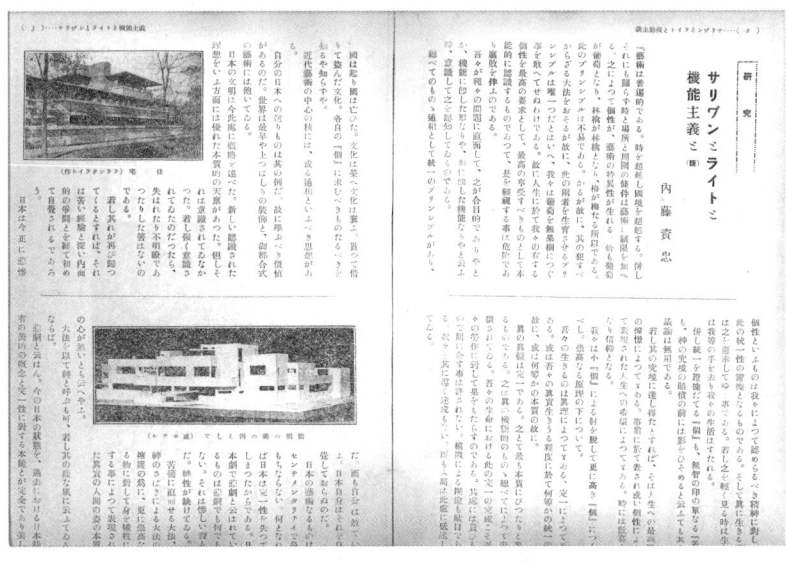

〈그림 17〉 나이토 스케타다(内藤資忠), 「설리번과 라이트와, 기능주의와(속)」(출전: 『조선과 건축』 제7집 제7호, 1928).

    1928년에 실린 기고문 중에서 근대건축 디자인과 관련해 나이토 스케타다(内藤資忠)의 「설리번과 라이트와, 기능주의와」(6~9호)가 매우 중요하다. 왜냐하면 이 글은 『조선과 건축』에서 1920년대 근대건축과 디자인의 핵심 용어인 '기능주의'(functionalism)를 세 차례 연재물(제6, 7, 9호)로 진지하게 다뤘기 때문이다. 나이토는 기능주의의 최고 목표는 "가장 본질에 딱 알맞은 참된 진수로서 '완일'(完一)에 있다"고 전제했다.[34] 그는 세계가 이제 겉모습에만 신경 쓴 장식주의와 편의주의 예술에 질리고 말았

    고공에서 건축사 수업을 통해 이상을 직접 가르친 시기는 1926년이었으며, 이상이 2학년이 되던 1927년부터 3학년인 1928년까지 후지시마는 해외에 체류하고 있었음을 알 수 있다.
34 内藤資忠, 「サリヴンとライトと機能主義と(續)」, 『朝鮮と建築』 제7집 제7호, 1928, 2쪽.

〈그림 18〉 프랭크 로이드 라이트, F. C. 로비(Frederick C. Robie) 저택, 1908~10(출전 : Kathryn Smith, *Frank Lloyd Wright: America's Master Architect*, Abbeville Press, 1998, p. 48).

다며, 일본 건축과 예술의 미적 개념이 이러한 '완일성'(完一性)에 기초해 '간명(簡明)한 미(美)'를 추구해야 한다고 촉구했다.

따라서 미국 건축가 라이트(Frank L. Wright)의 건축은 일본이 본받아야 할 '완일성의 산물'이라는 것이다(그림 18). 또한 그는 사물과 현상을 아름답게 미(美)로 여기는 이유는 단순히 그것이 주는 '기능적 쾌감' 때문이 아니라 '내면에 생명을 표출하는 상징', 즉 '합목적'이라 불리는 생명의 기운으로서 '선(善)과 진(眞)' 때문이라고 밝혔다. 건축은 일반적인 예술, 즉 회화, 조각, 음악, 문예 등에 비해 제일 속물(俗物)에 속하는 존재로서 그 안에서 진과 선을 꿰뚫어야 하는데 이를 주창하고 실행한 인물들이 바로 라이트와 설리반(Louis H. Sullivan)이라는 것이다. 전체적으로 이 글은 기능주의 미학을 다루면서 근대건축의 수단과 목적의 융합, 즉 전체에 대한 유기적 상관관계로서 건축개념을 강조했다.

『조선과 건축』에서 보다 심화된 기능주의 건축 디자인의 내용은 이듬해 1929년(제8집) 제3호에 실린 건축가 르 코르뷔지에(Le Corbusier)에 대한 글에서 발견된다. 조선총독부 건축과의 하시즈메 오쿠라(橋爪大藏)가 쓴 「코르뷔지에 씨의 건축에 관하여」가 그것이다(그림 19). 이 글에서 하시즈메는 다음과 같이 르 코르뷔지에의 건축을 '시적(詩的) 언어'의 차원에서 소개했다.

> 현대 프랑스 건축계를 대표하는 거장의 한 명으로써 코르뷔지에 씨의 …… 작품은 참신하며 간결하고, 그 속에 숨 쉬는 한 줄기 시정(詩情)! 코르뷔지에 씨의 언어는 깊고 명료하며, 사람들로 하여금 흥분케 하는 격정이 넘쳐나며, 이 몇 년 동안 건축계에 절대적 센세이션을 일으켰다.[35]

하시즈메는 이 글에서 먼저 예전에 잡지 『건축신조』(建築新潮)에 르 코르뷔지에의 사상을 소개한 데 이어 그의 작품을 논하게 되어 매우 기쁘다는 사실을 밝혔다(이는 1929년 3월 이전에 이미 르 코르뷔지에의 건축 세

---

35 橋爪大藏, 「コルビユシエ氏の建築について」, 『朝鮮と建築』, 第8輯 第3號, 1929, 2쪽.

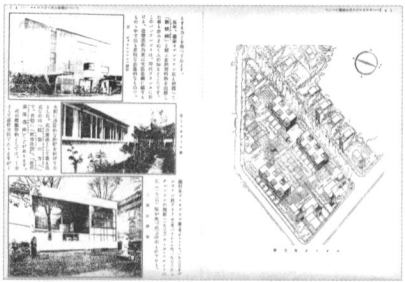
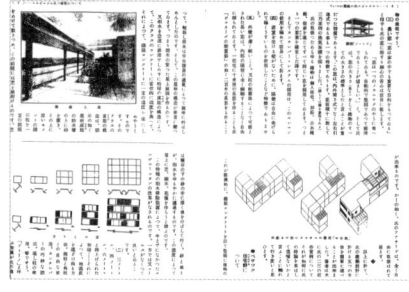

<그림 19> 하시즈메 오쿠라(橋爪大蔵), 「코르뷔지에 씨의 건축에 관하여」(출전 : 『朝鮮と建築』 第8輯 第3號, 1929, 2, 3, 4, 7, 8쪽).

계가 일본과 조선에 소개되었음을 의미한다). 이 글은 르 코르뷔지에가 1918년 아메데 오장팡(Amédée Ozentfant)과 만나 그와 함께 1920년 발간한 국제 평론잡지 『에스프리 누보』(*L'esprit nouveau*)가 현대 프랑스 문예사조 및 조형예술에서 가장 앞서고 급진적인 것으로 이론적 논증을 거친 것이라고 평했다. 또한 저자는 르 코르뷔지에의 저서 『건축을 향하여』, 『도시론』(*Urbaninsm*), 『오늘날의 장식예술』에 대해 언급하고, 「오장팡 아틀리에」(1923, 그림 20), 「은행가 라 로쉬(La Roche) 주택」(1923) 등과 같은 단독주택의 대표작을 다뤘다. 이외에도 철근 콘크리트를 이용해 건축의 표준화와 공업화의 좋은 예를 선보인 보르도 지역 「노동자 아파트」(1924)와 파리 국제박람회에 선보인 「에스프리 누보관」(1925, 그림 21-1, 2), 「페삭

〈그림 20〉 르 코르뷔지에, 오장팡 아틀리에, 1923(출전 : S. Giedion, *Le Corbusier: Art and Architecture—A Life of Creativity*, ル・コルビュジエ展 圖錄, 2007. 5. 26~9. 24, 森美術館, 2007, p. 88).

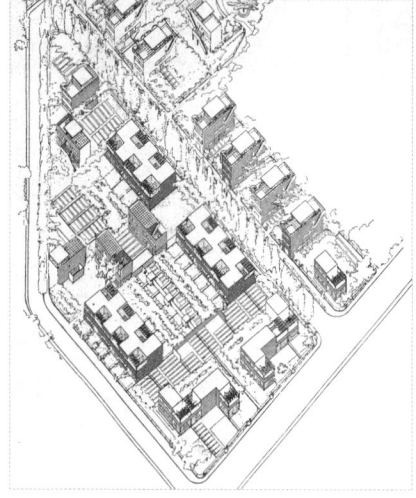
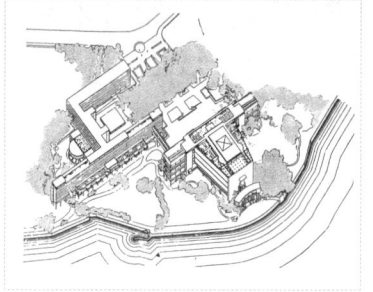

〈그림 21-1, 2〉 **위**, 에스프리 누보관, 1925(출전 : 하버드대학교 미술관 시각자료 소장).
〈그림 22〉 **아래 왼쪽**, 페삭(Pessac) 노동자 주거단지, 1925(출전 : 르 코르뷔지에 재단 소장).
〈그림 23〉 **아래 오른쪽**, 제네바 국제연맹회관 현상설계, 1927(출전 : 르 코르뷔지에 재단 소장).

(Pessac) 노동자 주거단지」(1925, 그림 22), 현상설계에서 수상한 「제네바 국제연맹회관 현상설계」(1927, 그림 23) 등이 사진 도판과 함께 소개되었다. 이처럼 소개된 르 코르뷔지에의 사상과 작품은 당시 이상을 비롯한 건축학도들로 하여금 (하시즈메가 말하듯) "격정이 넘쳐나게 흥분시키는" 영향력을 가졌다. 특히 이상과 관련해 이 글의 내용이 그를 흥분시키기에 충분한 것은 다음과 같은 사실들과의 관련성 때문이다.

첫째, 이 글은 코르뷔지에에 대해 "우수한 건축가임과 동시에 한편으로 이론가, 작가, 수필가로서도 훌륭한 소질을 갖고 있던 천재"로 소개하고 있었다.[36] 이는 이상에게 앞서 푈치히와 키르히너 등과 같은 표현주의의 영향 이후 새로운 차원의 자극을 주었을 것으로 여겨진다. 무엇보다, 하시즈메가 이 글에서 언급하지 못했지만, 르 코르뷔지에가 당시 피카소의 입체파에 필적하는 새로운 회화운동 퓨리즘(Purism)을 주도한 중요한 화가였다는 사실이다. 지적 호기심에 가득 찼던 이상이 이 부분을 놓쳤을 리가 없다.

둘째, 이 글은 르 코르뷔지에가 표명한 새로운 건축 설계방법과 시공수법을 자세히 다뤘다. 즉 그가 말한 "옥상정원, 기둥, 긴 창문, 자유로운 평면, 입면의 해방"이라는 이른바 '신건축의 5원칙'이 소개되었던 것이다.[37] 이 원칙은 ① 철근 콘크리트 건물 위에 배수시설을 해서 잔디를 심고 옥상정원을 두어 건물에 일정한 온도를 유지하게 하고, ② 필로티(piloti), 즉 기둥을 자유롭게 사용해 지상 위로 끌어 올려진 '도미노'(Domino) 가구(架構)로 구조화하고, ③ 개인주택, 별장, 공공건축물 등 다양한 건물에 모두 긴 창문을 달아 '창을 하나의 표준형 기계로 간주'하고, ④ 도미노 구조는 벽이 하중을 받을 필요가 없기에 얇아진 격벽을 자유롭게 꺾어 사용해 평면을 자유롭게 하고, ⑤ 기둥의 배치에 따라 외벽을 얇고 가볍게 쓸수 있어 창을 얼마든지 길게 만들어 입면을 해방시킬 수 있다. 이와 함께 하시즈메의 글은 위 '5원칙'을 적용한 건물로 '슈투트가르트 주택'을 도판 이미지와 함께 소개했다. 그것은 2.5m와 5m 간격의 기둥에 의해 지면 위로 띄워진 새로운 건축물이었다. 이는 건물이 육중한 중력의 끌어당김으

---

[36] 橋爪大藏, 「コルビユシエ氏の建築について」, 5쪽.
[37] 위의 글, 6쪽.

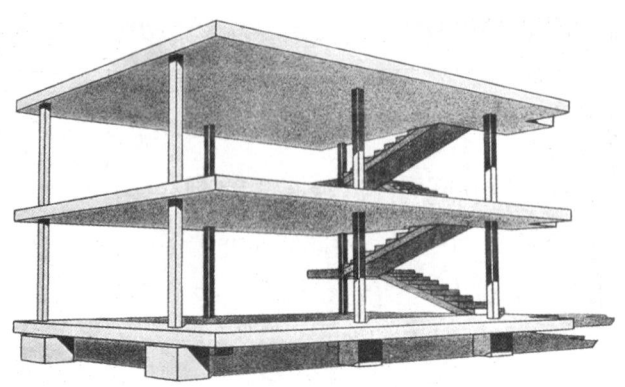

〈그림 24〉 위, 도미노 가구(架構), 1914(출전 : 르 코르뷔지에 재단 소장).
〈그림 25-1〉 왼쪽 아래, 빌라 사보아(Villa Savoye) 드로잉, 1928(출전 : 하버드대학교 미술관 시각자료 소장).
〈그림 25-2〉 오른쪽 아래, 빌라 사보아(Villa Savoye) 옥상정원 테라스 드로잉, 1928(출전 : 하버드대학교 미술관 시각자료 소장).

로부터 벗어나 2층과 3층이 지면 위로 부상(浮上)할 수 있음을 확실히 보여 주고 있었던 것이다. 이상은 이 글의 내용과 사진을 보며 열광했을 것이다. 그는 지긋지긋한 현실에서 탈출해 해방되는 꿈을 매일 꾸고 있었기 때문이다.

  1929년(제8집) 『조선과 건축』에서 주목할 만한 글은 제4호의 「경성 도시계획 특집호」, 제5호의 노무라 요시후미(野村孝文)가 쓴 「모스크바의 현대건축」, 제7호와 8호에 실린 나이토 스케타다(內藤資忠)의 「점·선·면·

〈그림 26〉 뉴욕시의 입체적 도시의 경관 사진(출전: 『朝鮮と建築』 第8輯 第4號, 1929).

양」(제7호)과 「프랑의 환영」(プランの幻影, 제8호), 그리고 제9호에 실린 「조선박람회 특집호」 등을 들 수 있다.

    1929년 제4호의 「경성도시계획 특집호」는 앞서 제2호에 실린 강연 「장래의 경성」과 담화 「살기 좋은 도시」와 「도로포장의 문제」 등에 이어 본격적으로 경성의 도시계획을 다뤘다. 무엇보다 이 특집은 책머리를 사진과 도표로 편집해 시각적으로 압도적이었다. 화보로 세계의 도시경관을 스펙터클하게 선보였던 것이다. 첫번째 사진은 '뉴욕시'로, 맨하탄 남쪽 월가 일대에서부터 북쪽 엠파이어스테이트 빌딩 일대에 이르는 마천루 도시경관을 담은 사진에 「입체적 도시의 위관」(立體的 都市の偉觀)이란 제목을 붙였다. 이 화보에는 르 코르뷔지에의 계획안인 「고층 건축도시의 해결법」, 「미국 사우스 베드의 시용도 지역도」, 「베를린시 타우엔친 거리」, 「힐휄셈 전원도시」 같은 해외의 도시 유형을 비롯해 「경성도시계획 지역 및 지구 예정도」, 「경성시구개수예정계획선도」, 「하늘에서 찍은 경성시가

조감도」, 「경성부 및 부근 교통량 조사」와 같은 경성의 도시계획과 경관이 사진으로 소개되었다. 본문에 해당하는 「도시계획」 편에는 경성도시건축회 부회장 나카무라 마코토의 「조선에 있어서 도시계획의 급무(急務)」, 후지시마 마사이치로의 「도시미(都市美)에 대해서」, 경성제국대학 의학부장 시가 기요시의 「도시의 위생에 대해서」를 비롯해 도시계획과 위생설비, 소방, 시가지 건축물법 등 도시 기반과 관련된 내용들이 다뤄졌다. 또한 이 특집호에는 「경성시가의 변천」 등에 대한 자료와 함께 「경성도시계획에 관한 좌담회」 기사도 눈에 띈다. 만일 이상이 이 특집호를 보았다면, 그는 단순히 하나의 건물로 끝나는 점(點)과 같은 건축을 넘어서 면(面)과 입체(立體)로 확대되는 '도시적 사고와 감각'을 학습했을 것이다. 바로 이러한 지식과 접한 경험이 이상의 텍스트를 일반적인 1930년대 '도시문학'과 구별해야 하는 지점이다. 그는 도시의 수동적인 관찰자, 곧 '소비자'가 아니라 도시건축을 디자인하도록 훈련받은 '생산자'였던 것이다.

제5호에서 노무라 요시후미[38]의 「모스크바의 현대건축」은 러시아 현대건축의 특징을 소개했다. 이 글에서 노무라는 전후에 러시아 건축이 명쾌하고 분명해진 차원을 넘어서 "합목적 원리"에 기반하고 있다고 분석했다. 그는 러시아 건축의 합목적 원리가 단순히 사회적으로 쓸모 있는 구축물을 만드는 것뿐만 아니라, 그 어떤 예술보다 더 많이 특별하고 거대한 특징을 통해 '혁명적 현대'를 표현한다고 주장했다. 그는 러시아 건축의 첨예한 예로, 2개의 건축가협회 곧 오사(OSA)와 아스노바(ASNOVA)를 예시해 설명했다. 이 글에서는 특히 건축예술의 출발점으로 '기능주의'와

---

[38] 노무라 요시후미(野村孝文)는 1907년 출생. 1929년 도쿄제국대학 공학부 건축과를 졸업하고 조선총독부 건설과에서 일하다가 1930년부터 경성고공 건축과 교수가 되었다. 전후 1970년 이래 규슈산업대학 교수를 지냈다. 저서로 『朝鮮の民家―風土・空間・意匠』(學芸出版社, 1981) 등을 남겼다.

'구성주의'를 두 개의 큰 축으로 설정한 대목이 눈길을 끈다. 이 양자 모두가 예술로서의 건축 고유의 기본법칙에 따라 특수한 표현을 획득할 때에만 비로소 '신건축 형식'을 창조할 수 있다는 것이다.[39]

제7호의 나이토 스케타다[40]가 쓴 「점·선·면·양」은 '건축적 창조의 기본 원리'를 제시했다. 그는 "하늘의 별도 점이다. 지면에 연필로 찍은 흑연의 검은 덩어리도 점(點)"이라며, 점에서부터 시작되어 '선'(線)과 '면'(面)으로 이어져 궁극의 덩어리, 즉 양감(mass)을 갖는 건축 형태의 원리에 대해 설명했다.[41] 한데 이 글은 단순히 디자인 요소로서 점-선-면-양을 설명하는 기술적 차원을 넘어서 '형태의 본질'에 해당하는 '존재론적 의미'를 다루고 있다. 따라서 누군가에게는 이 글이 시적 표현과 유사한 글로 읽혀질 수 있을지 모른다. 예컨대 이 글은 점(點)에 대해 다음과 같이 서술하고 있다.

> 하늘의 별도 점이다. 지면에 연필로 찍은 흑연의 검은 덩어리도 점이다.
> 별을 통해 끝없는 우주의 신비에 마음을 달리게 하지만, 지면의 검은 점은
> 연필심의 덩어리로밖에 생각하게 하지 않는다.
> 점이라는 일원(一元)의 것에 대해서조차 우리의 마음은 감정의 포로(虜)다.
> 별은 아름답다. 별을 보면 즐거우니까 아름답다.
> 적어도 그러한 감정에 지배되기 때문에 아름다운 것일 거다.
> 혹은 별이 그러한 일맥(一脈)의 생명을 가지고 있는 것으로도 생각할 수 있다.

---

39 野村孝文, 「モスコーの現代建築」, 『朝鮮と建築』 第8輯 第5號, 1929, 16쪽.
40 나이토 스케타다(內藤資忠, 1903~?)는 도쿄에서 출생해 교토제국대학 공학부 건축학과를 나왔다. 대학 졸업 후 교토대학 건축과 교수로 재직 중 오쿠라 사부로와 함께 교토대학 법학부와 경제학부 신관을 설계했다. 1942년 나이토설계사무소를 개설, 1953년 주식회사로 개편되었다.
41 內藤資忠, 「點·線·面·量」, 『朝鮮と建築』 第8輯 第7號, 1929, 2~10쪽.

생명을 부여하는 것으로도 생각할 수 있는 우리의 감정을, 어디까지라도 살려 가면서 이런저런 것(物)을 관찰하고 싶다.[42]

'선'(線)에 관한 다음 서술은 더욱 심화된 시적 표현을 구사한다.

무한의 백지에 무한의 직선 하나(一本), 그곳에는 오직 멀리 한 방향으로 뻗어가는 상(相)이 있을 뿐이다.
창공의 일각(一角)에 유성(流星)이 있음.
기점 강하게 그어서 종점 또는 청백색으로 남는다.
그곳에는 방향의 상(相)과 선의 일부를 구분하는 성질이 있다.
(중략)
지면 상에 일선(一線)이 있다. 하나는 약하게 시작하여 힘없이 끝나고 있다.
유일의 선 하나와 하나, 그곳에 아키텍트로서 기분전환(心やり)의 유무가 알려진다.[43]

위의 '선에 관한 서술'은 지면에 그어지는 선의 의미와 선긋기 행위에 대해 명상하게 한다. 추정컨대, 이상은 이러한 디자인 요소에 대한 존재론적인 '점-선-면-양'에 대한 서술로부터 암묵적 영향을 받아 1931년 「건축무한육면각체」 연작시에 나오는 「선에관한각서」류의 시들을 발표한 것으로 여겨진다. 이에 대한 설명은 다음에서 자세히 하기로 한다.

한편, 나이토가 제8호에 발표한 「프랑의 환영」은 그가 글머리에 밝혔듯이, 르 코르뷔지에의 저서 『건축을 향하여』(Vers une Architecture)

---

[42] 內藤資忠, 「點·線·面·量」, 2쪽.
[43] 위의 글, 2쪽.

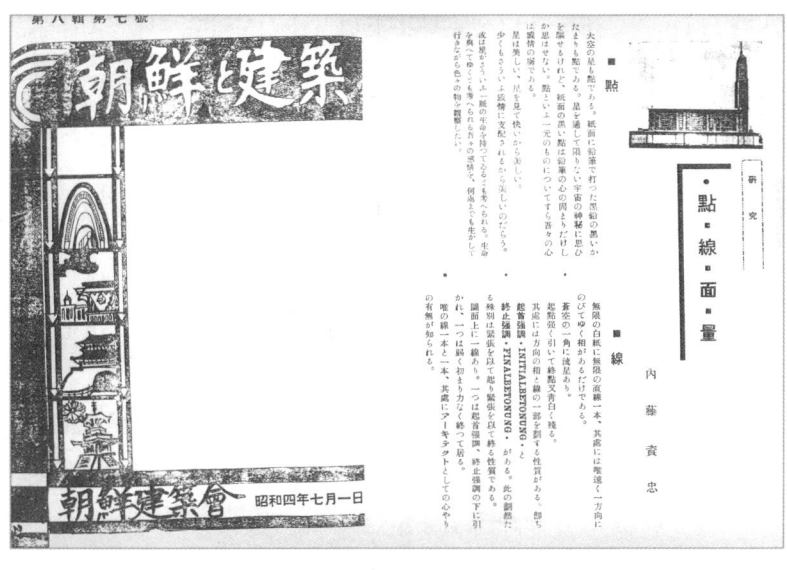
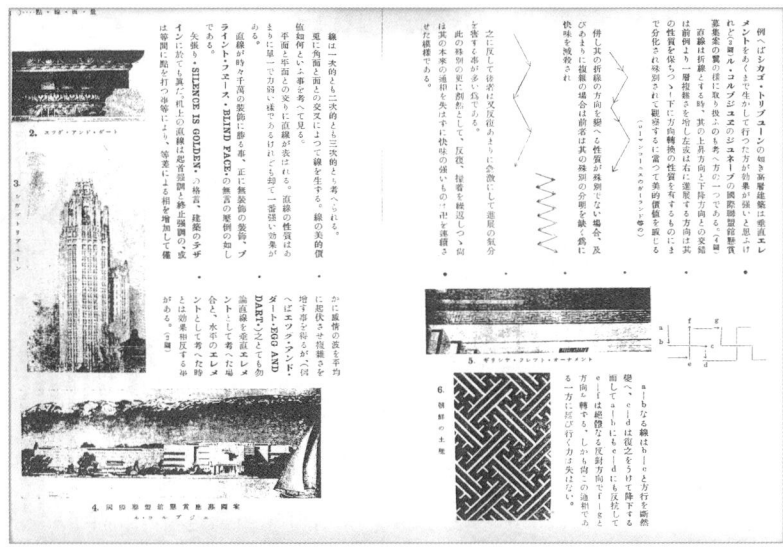

〈그림 27〉 나이토 스케타다(內藤資忠), 「점·선·면·양」(출전: 『朝鮮と建築』第8輯 第5號, 1929).

의 다섯번째 장, '건축'에 나오는 부분을 번역한 것이었다. 이 글의 원제는 'L'illusion des plans'으로, 핵심적인 내용은 다음의 강조된 문장 속에 담겨 있다.

> 평면은 내부에서 시작하여 외부에 미친다. 외관은 내용의 외적 표현이다.
> 건축의 구성요소는 빛과 그림자, 칸막이(벽 — 필자)와 공간이다.
> 건축의 순서, 그것은 사용목적에 의해 위계를 정하고 계획을 구별하는 것이다.
> 인간은 지면에서 1미터 70센티의 높이에서 건물을 관찰한다. 잘 보이는 주변 대상물이나 건축을 구성하는 요소를 안배해 계획취지를 중요하게 볼 뿐이다. 그러나 건축의 본뜻에 맞지 않는 의장계획을 중요시한다면 평면의 환영에 도달하는 것이고, 공허한 것을 추구하게 되어 평면의 원칙을 깨뜨리는 것이다.[44]

이처럼 일본어로 번역된 르 코르뷔지에의 글은 '평면'에서부터 시작하는 건축의 본질에 대해 강조하고, '건설'과 '건축'이 어떻게 구별되는지 언급했다. 돌과 나무, 콘크리트를 사용해 주택과 궁전을 짓는 것도 독창력이 발휘되는 일이지만 그것은 단지 '건설'일 뿐이다. 그러나 마음을 움직이는 감동을 주고, 유익하고, 행복해서 '아름답다'고 말할 때 바로 그것이 '건축'이며 그때 비로소 '예술'이 존재한다는 것이다. 나이토는 건축의 기본으로서, "평면을 계획하는 것은 생각을 정하여 명백하게 하는 일"이라고 말했다. 이러한 생각은 마치 "프리즘(プリズム)이 빛 아래에서 분명히 드러나듯이, 연관성을 가진 프리즘에 의해 명확해진다". 그러므로 평

---

44 內藤資忠,「プランの幻影」,『朝鮮と建築』第8輯 第8號, 1929, 2쪽. 나이토가 르 코르뷔지에의 원문을 두 번에 나눠 번역 연재할 계획으로 일부가 제8호에 소개된 글이다.

면을 계획한다는 것은 아이디어를 이해하기 쉽게, 실시할 수 있게, 상호연결 가능하도록 정돈하는 일이다. 따라서 하나의 평면은 '재료가 해부되어 본질이 드러나는 곳'[解剖臺]이자 생각이 집약된 '집중물'(集中物)이다. 달리 말해 모든 건축의 형태는 하나의 평면이 만들어 낸 '결정체'(結晶體)로서, 평면은 풍부한 관념과 약동하는 계획의 의도를 갖고 있다는 것이다. 이처럼 '평면의 환영'을 비롯해 르 코르뷔지에의 글들은 그의 저서 『건축을 향하여』에 실려 1923년 초판이 발행된 데 이어 증보판(1924, 1928)이 계속 출판되었을 만큼 1920년대 말에 이르러 국제적인 '신건축의 경전'으로 읽혀졌다. 이러한 과정을 통해 당시 건축학도로서 이상은 르 코르뷔지에의 새로운 사상과 접속하게 되었던 것이다. 바로 이러한 내용들이 그가 1931년부터 발표한 초기 실험시의 언어로 용해되었다.

1929년 『조선과 건축』(제8집) 제9호에는 「조선박람회 특집호」가 실렸다. 이는 1915년 같은 장소 경복궁 내에서 열린 조선물산공진회에 이어 두번째로 열린 박람회(그림 28-1, 2, 3)로, 당시 도쿄 우에노 공원에서 열린 박람회의 두 배 규모에 달할 만큼 대규모였다.[45] 한쪽 지면 전체를 '박람회장 조감도'(博覽會場 鳥瞰圖) 화보로 할애한 이 특집은 '장식탑 야경', '정문', '생명보험탑' 등의 많은 사진 이미지를 통해 스펙터클하게 박람회를 다뤘다. 눈길을 끄는 것은 조선총독부 신청사가 세워지면서 동쪽으로 옮겨진 광화문이 박람회장 정문으로 사용되고, 7만 5천 평에 달하는 경복궁 대부분이 '디즈니랜드'로 변했다는 점이다. 이 박람회에 대해서는 『조선과 건축』 1928년(제7집) 제6호의 「조선박람회의 개요」에서 이미 자세히 소개한 바 있다.

---

[45] 조선박람회는 1929년 9월 12일부터 10월 31일까지 열렸다. 『朝鮮と建築』 제7輯 제6號, 1928, 14쪽.

〈그림 28-1〉 위, 조선박람회 포스터, 1929(출전: 『식민지조선과 전쟁미술』, 34쪽).
〈그림 28-2〉 아래 왼쪽, 조선박람회장 안내도, 1929(출전: 위의 책, 37쪽).
〈그림 28-3〉 아래 오른쪽, 광화문에서 본 경복궁 내 조선박람회장 전경 엽서, 1929(출전: 『사진엽서로 보는 근대풍경 8』, 36쪽).

1930년 『조선과 건축』(제9집) 제5호와 6호에는 로버트 엘 데이비슨이 쓴 「신건축구조법」이 번역되어 연재되었다. 제7호에선 경성제국대학 의학부 본관과 동양척식주식회사 부산지점 등 신축공사 개요가 눈에 띈다. 제8호에는 권두 화보로 '옥상정원'의 예와 '독일 뮌헨 시의 우체국과 자동전화'가 소개되었고, 특히 '연구' 편에 쓰키노(月野)가 쓴 글 「옥상정원」이 실렸다. 옥상정원에 대한 고조된 관심은 제11호에 소개된 '미쓰코시(三越) 경성지점 신축공사' 특집에서 절정을 이룬다. 책머리 화보로 미쓰코시 백화점의 '외관'에서부터 '옥상정원 내의 신사'와 '분수'에 이르기까지 무려 16장의 사진들이 실렸다. 뿐만 아니라 '설계' 편에는 미쓰코시 백화점의 「평면도」와 「공사개요」를 비롯해 공사에 대한 여러 전문가들의 평가와 의견들이 다뤄졌다.

1931년 『조선과 건축』(제10집) 제2호에는 도쿄제국대학 명예교수 이토 추타(伊東忠太)의 「현대사상과 건축」이 눈길을 끈다. 이는 이토가 1930년 11월 26일 총독부에 일이 있어 경성에 왔을 때 환영회 석상에서 했던 강연을 속기록으로 남긴 내용이었다. 그는 여기서 근래 급격한 변화를 겪고 있는 건축계의 사상적 흐름에 대해 비판적으로 조망했다. 예컨대 그는 합리주의를 표방하는 신건축, 곧 국제주의 건축이 추구하는 성격에 대해 설명하고, 이에 동조해 기존 건축을 도외시하는 젊은 건축가들의 경향과 풍토에 대해 비판적인 견해를 피력했던 것이다. 이 강연의 논조는 국가적·문화적 차이를 존중하는 대신에 국제적 보편성만을 추구하는 신건축 사조의 '사상적 위험성'을 지적하고 경고하는 데 있었다. 이러한 강연 내용 중에 다음의 대목에 주목할 필요가 있다.

…… 아시다시피 최근 유행하고 있는 것이 프랑스의 르 코르뷔지에일 것입니다.

그와 짝이 되는 독일 바우하우스의 그로피우스 등이 젊은 사람들의 숭배의 대상이 되어 있는 것 같은데, 그런 사람들이 주장하는 바가 어떤 것인가 하면 …… 간단히 말해 건축의 합리화라는 것입니다 (중략) 이런 까닭에 오늘날의 건축사상은 꽤 격한 기세로 맥진(驀進)해 가고 있습니다.[46]

이 글을 보면, 1929년 경성고공을 졸업하고 조선총독부 건축기수(技手)로 첫 발을 내딛고 있었던 이상과 같은 젊은 건축가들이 당시 어떤 사조의 영향권 내에 있었는지 그 내용과 분위기를 잘 알 수 있다. 이토의 말을 빌리면, 그들은 사상적으로 "이전의 건축을 죽은 건축으로 매도하고 …… 최첨단을 달리고 있다".

요즘 저는 이런 이야기를 친구에게 들었습니다. 지금 세상에서 소위 첨단을 달린다는 것이 유행하지만 제일 첨단을 달리고 있는 것이 건축이다. 문예가, 미술가, 다양한 사람들이 꽤 새로운 것을 말하지만, 자기가 체험하는 범위에서는 젊은 건축가가 제일 새로운 것을 주창하고 있어, 최첨단을 달리는 것은 젊은 건축가다.[47]

이렇게 말하면서, 이토는 국제주의 신건축에 의해 "생활이 점차 세계적이 되고 경계가 없어지는" 현상에 대해 우려를 표명하고 있었다.[48] 문제는 이토의 이러한 지적과 비판이 이상과 같은 조선인 건축가를 '이중의 딜레마'에 빠지게 한다는 것이다. 왜냐하면 신건축 사상은 당시 식민지 조선 건축계의 현실에서 볼 때 비판의 대상이 아니라 큰 괴리가 있는 '이상'

---

46 伊東忠太, 「現代思想と建築」, 『朝鮮と建築』 第10輯 第2號, 1931, 4쪽.
47 위의 글, 6쪽.
48 앞의 글, 5쪽.

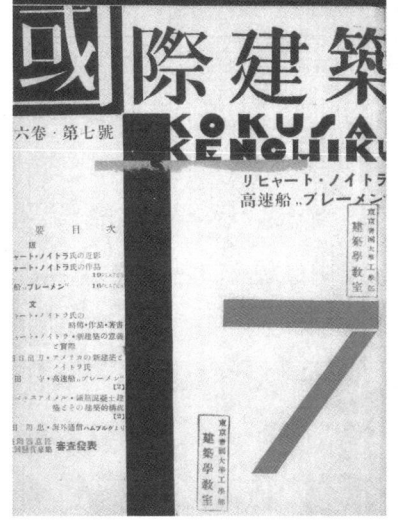 

〈그림 29〉 왼쪽, 『국제건축』(國際建築), 1930년 7월호 표지. 이 잡지는 일본에서 『신건축』(新建築)과 함께 1925년에 창간되었다(출전 : Ken Tadashi Oshima, *International Architecture in Interwar Japan*, University of Washington Press, 2009, plate 2).

〈그림 30〉 오른쪽, 『신건축』 1938년 1월호 표지. 이 표지에는 1937년 준공된 도쿄의 근대식 병원의 옥상 데크가 실렸다(출전 : *ibid.*, plate 14).

(理想) 내지는 '헛꿈'에 불과했기 때문이다. 예컨대 이상이 1929년 총독부 내무국 건축과의 기수로 들어가서 그해 11월 총독 직속기구인 관방회계과 영선계로 옮겨 1931년에 투입된 일은 '충남도청사 건립을 위한 설계' 같은 일이었다. 그것은 제5대 총독 사이토 마코토(齋藤實)의 임기 말 치적 사업으로, 대전지역 중부권 내의 식민정책 수행을 위한 상징체 건립 사업이었다.[49] 이는 당대에 세계적으로 펼쳐지고 있는 신건축 사상과 아무 접점도 형성할 수 없는 식민건축에 머물고 있었던 것이다.

---

[49] 졸고, 「(구)충남도청사 본관 문양도안의 상징성 연구」, 『건축역사연구』 제18권 5호(2009년 10월), 41~58쪽.

이상에서 대략 1926년부터 1931년까지 이상이 경성고공 재학시절을 전후로 접한 근대건축에 관한 지식과 경험을 총체적으로 살펴보았다. 요약하면 그는 새로운 근대건축과 디자인의 원리에 기초해 모더니즘 예술이 추구한 새로운 지적 성향과 태도에 감응했음을 알 수 있었다. 그는 경성고공 입학을 전후로 초기에 한스 푈치히류의 표현주의 건축과 키르히너 식의 표현주의 화풍의 영향을 받았다. 이로 인해 그는 질풍노도 정신과 심화된 내면의 표현주의에 감응해 최초의 예술적 페르소나인 「1928년 자화상」을 그렸고, 이러한 지적 성향이 1930년에 그의 최초의 소설 「12월 12일」로 이어졌던 것이다. 이후 그는 설리번과 라이트를 거쳐 발터 그로피우스와 르 코르뷔지에로 이어지는 기능주의와 국제주의 모더니즘의 세계와 접했다(그림 29, 30). 이중에서 특히 르 코르뷔지에가 보여 준 신건축의 이념과 실제는 이상으로 하여금 표현주의를 넘어서 새로운 세계와 접속하게 하는 데 큰 영향을 끼쳤다. 그것은 건물이 중력에 저항해 지면 위로 솟아오르고, 평면과 입면이 해방되는 새로운 건축언어의 세계였던 것이다. 그에게 이러한 건축적 창조 과정에서 추구된 형태의 본질이란 시적 언어의 창조와 다를 바 없다는 확신으로 이어졌다. 또한 그는 근대도시건축의 구성 원리와 서구 도시의 사례에 대한 지식을 습득했다. 이로써 그는 1920년대 경성고공이 배출한 조선인들 중에서 건축을 '도시건축' 차원에서 이해한 최초의 건축가 세대가 될 수 있었다.

이외에도 경성고공 시절, 이상은 20세기 초 현대시각예술이 펼쳐 놓은 다양한 경관을 매우 폭넓고 깊게 이해하고 있었다. 이는 그가 남긴 삽화와 텍스트 등 여러 경로의 증거들을 통해 확인된다. 예컨대 그것은 그가 주도하고 경성고공 학생들과 함께 만든 문예지 『난파선』의 제호에서도 발견된다. 앞서 설명했듯이 그는 경성고공 시절에 건축을 공부하면서 그림과 글쓰기를 함께 했다. 그가 편집한 『난파선』은 현재 전해지지 않아 그가 어떤 내용의 글을 썼는지 밝혀 줄 단서는 없다. 하지만 『난파선』이란 제호는 그에게 표현주의나 기능주의 등의 사조와는 또 다른 맥락의 의식이 유입되었음을 암시한다. 표현주의가 '질풍노도의 정신'에서 비롯된 것이고 기능주의가 '구조적 해방과 합목적성의 추구'와 맞닿아 있다면, 『난파선』은 '다다적 해체의식'과 접속되었음을 뜻한다. 뒷부분에서 자세히 설명하겠지만, 여기엔 1차 세계대전 직후 시작된 서구 다다 운동과 1920년대 초 일본의 아방가르드 예술단체 '마보'(Mavo)[50] 등을 통해 표명된 다다적 활동의 영향이 있었다. 따라서 「1928년 자화상」을 그린 경성고공 졸업반 시절에 이미 이상은 표현주의, 입체파, 퓨리즘, 미래파, 다다와 초현실주의, 구성주의와 기능주의 등으로 촘촘하게 직조된 20세기 초 근대 미술-건축-디자인의 경관을 가로지르는 풍부한 시각예술의 지식과 감각을 지니고 있었던 것이다.

---

[50] 아방가르드 다다그룹 마보(Mavo)는 처음에 무라야마 도모요시(村山知義) 등의 미술가들이 주축이 되어 1923년 7월에 결성되었다. 1928년경까지 지속된 마보 운동은 처음에 미술이 중심이었지만 점차 건축과 무용, 문예, 그래피즘의 영역으로도 확장되어 서구 다다와 국제적으로도 연결되어 있었다. 1924년에 창간된 기관지 『마보』(Mavo)는 타이포그라피 디자인에서 혁신과 실험성을 보여 줬다.

4장 또 팔씨의 출발

절정기와 좌절, 또 출발

―

지구를굴착하라.

동시에 생리작용을야기하는

상식을포기하자.

쏜살같이달리고

또쏜살같이달리고

또쏜살같이달리고

또쏜살같이달리는사람은

쏜살같이달리는일들을

정지한다.

- 「또팔씨의 출발」 중에서

1 문학을 넘어서

  몇 해 전, 필자는 한국시학회의 초청으로 이상 시에 나타난 시공간의식과 현대디자인과의 상관성에 대한 글을 발표한 적이 있다.¹ 학회가 끝나서 나오는데 한 대학 국문과 여교수께서 필자에게 다가왔다. 그분은 "발표 잘 들었어요"라고 인사를 하면서 한 가지 지적을 해주셨다. 필자가 "이상의 주요 시 50'점' 중에 62%에 해당하는 31'점'의 시에서 시공간의식이 반영되어 있어 이상 시에서는 시공간의식이 차지하는 비중이 매우 높다"고 말한 부분에 대해 이렇게 지적해 주시는 것이었다. "문학에서는 작품을 셀 때 '편'(篇)이라고 하지 '점'(點)이라고 하지 않아요. 김 교수님께서 이상의 시에 대해 '편'이라 하지 않고 그림을 셀 때 붙이는 '점'이라고 말씀하셔서 재미있었어요. 미술에서는 작품을 '1점, 2점……' 하고 말하지만 문학에서는 작품에 대해 '1편, 2편……'이라 해요." 그분은 필자가 실

---

1 졸고, 「이상 시의 시공간의식과 현대디자인적 가상공간」, 한국시학회 제 24차 전국학술발표대회, 2009. 이 논문은 『한국시학연구』 제26호, 2009, 7~37쪽에 수록되었다.

수로 이상 시에 대해 '점'이라고 말했을 것이라 여겼던 모양이었다. 당시 필자는 학회가 늦게 끝나는 바람에 경황이 없어 그분께 충분한 답변을 드리지 못하고 발표장을 떠나 두고두고 아쉬웠다. 한데 역설적으로 이 지적을 통해 필자는 이상이 자신의 시에 대해 갖고 있었던 의식과 태도에 대해 전보다 더 강한 확신을 갖게 되었다. 분명히 밝히지만, 시를 셀 때 '편'이 아니라 '점'이라 말한 사람은 필자가 아니라 바로 이상이었다. 이상은 자신의 시를 문학의 텍스트가 아니라 무의식 중에 그림과 같은 이미지로 간주하고 있었던 것이다. 다음의 글이 입증해 주고 있다. 이상은 1934년 한 신문에 연재 중이던 「오감도」(烏瞰圖) 연작시가 15회 「시 제15호」를 끝으로 중단되자 자신의 심정을 「오감도 작자의 말」에서 이렇게 밝혔다.

> 왜 미쳤다고들 그러는지 대체 우리는 남보다 수십년씩 떨어져도 마음 놓고 지낼 작정이냐. 모르는 것은 내 재주도 모자랐겠지만 게을러빠지게 놀고만 지내던 일도 좀 뉘우쳐 보아야 아니하느냐. 여남은 개쯤 써보고서 詩 만들 줄 안다고 잔뜩 믿고 굴러다니는 패들과는 물건이 다르다. **二千點**에서 **三十點**을 고르는 데 땀을 흘렸다. **三十一 年 三十二年** 일에서 龍 대가리를 떡 꺼내어 놓고 하도들 야단에 배암꼬랑지커녕 쥐꼬랑지도 못 달고 그만두니 서운하다.(굵은 글씨는 필자의 강조)[2]

위 글에는 연재가 갑자기 중단된 후 억울하고 서운한 심정이 고스란히 묻어 있다. 한데 여기서 그는 이미 써 두었던 '이천 점'의 시 중에서 '삼

---

[2] 임종국 엮음, 『이상전집』, 문성사, 1966, 210쪽. 1956년에 나온 초판의 개정판인 1966년판 『이상전집』 서문에서 편저자 임종국은 2년 동안 2천 점을 썼다는 이상의 작품은 대부분이 미발표인 채 그의 마지막을 지켜본 부인 변동림의 남동생, 즉 이상의 처남이 가져가 소장한 것으로 밝힌 바 있다. 이상의 처남은 1966년 당시 한국에 살고 있지 않았다고 하니 이상의 유고시 2천 점은 세상 어디엔가 아직도 떠돌고 있을 가능성이 없지 않다. 위의 책, 5쪽.

십 점'을 고르는 데 땀을 흘렸다고 분명히 '점'(點)이란 용어를 사용하지 않았던가. 이는 그동안 이상의 시가 문학 텍스트로 읽혀지는 데 있어 해석적 오류가 어디에서부터 기인하고 있는지를 명확히 해주는 중요한 단서인 것이다. 그동안 이상의 작품에 대한 수많은 해석의 오류는 시각예술과 관련된 그의 매체감각, 시공간 개념, 미적 체험 등에 대한 무지와 간과에서 비롯된 것이라 할 수 있다.

이런 이유로 필자는 앞서 졸고와 졸저 등을 통해 이상의 시는 보통의 시어로 창조된 문학적 텍스트를 넘어서 시각적 독해 방식에 의존하지 않고서는 결코 해석될 수 없는 특별한 시라고 역설했던 것이다. 이상 시는 화가이자 건축가이자 편집 및 활자 디자이너였던 그가 현대건축, 미술, 디자인뿐만 아니라 양자역학과 상대성이론 등 현대물리학의 출현에 감응한 '첨예한 의식'이 그의 실존적 현실에서 솟아오른 것이라 할 수 있다. 그의 시는 조형예술의 새로운 '매체의식'의 변화가 문학적 언어와 질료를 통해 시의 형태로 투사(projection)되어 발현된 것이다. 여기서 매체의식이란 이미지 생산 과정에서 미디어, 곧 건축, 삽화, 타이포그라피 등과 같은 매체와 사람의 지각 사이에서 인지되는 마음의 작용을 뜻한다. 달리 말해 그의 시는 건축가와 디자이너들이 다루는 시공간 매체의식으로부터 전개되었다는 것이다. 이는 시뿐만 아니라 「날개」와 같은 소설 속 공간개념에서도 마찬가지였다. 이상의 실험시에 대해 설명하기에 앞서 먼저 소설 「날개」를 살펴보기로 한다.

「날개」는 이상이 시 쓰기를 중단하고, 평이한 문체의 수필과 소설을 발표한 1936년에 발표되었다. 이 소설에는 다음과 같은 대목이 나온다.

이 절대적인 내 방은 대문간에서 세어서 똑 — 일곱째 칸이다. 럭키 세븐의 뜻이 없지 않다. 나는 이 일곱이라는 숫자를 훈장처럼 사랑하였다. 이런 이 방이 가운데 장지로 말미암아 두 칸으로 나뉘어 있었다는 그것이 내 운명의 상징이었던 것을 누가 알랴?

위 대목에는 '절대적 방'으로 묘사된 공간 '내 방'이 등장한다. 흔히 이 소설은 매춘 행위를 하는 아내에 대해 자의식의 과잉에 허덕이는 화자로서의 '내가' 겪는 심리의 단편으로 알려져 있다.[3] 한데 이 소설에 등장하는 '내 방'의 공간구조는 그의 초기 시에 나타난 공간의식과 관련해 흥미롭게 다가온다. 주인공이 말하듯 내 방은 "흡사 유곽이라는 느낌이 없지 않은" 33번지 18가구가 "어깨를 맞대고 늘어서" 있는 일곱째 칸에 위치해 있다. 그리고 이 방은 '아내 방'과 '내 방' 두 칸으로 분할된다. 여기서 '나'는 이해할 수 없는 현실이 펼쳐지는 밝고 화려한 아내의 방과 분리되어 해가 들지 않는 축축한 '내 방'에서 세속을 벗어나 늘 상상의 공간과 접속한다. 예컨대 '나'는 '내 방' 속에서 뒹굴며 "행복이니 불행이니 하는 그런 세속적인 계산을 떠난 가장 편리하고 안일한 절대적 상태"에 몰입한다. 여기서 공간은 또 다시 '내 방'과 '이불 속'으로 분할된다. 그는 '내 방'의 '축축한 이불 속'에서 "여러 가지 발명뿐만 아니라 논문도 쓰고 시도 많이 지었다"고 읊조린다. 이러한 공간 개념은 〈그림 1〉과 같은 이미지로 시각화될 수 있다.

이처럼 「날개」에 나오는 공간개념은 의식적으로 분열되는 특징을 지니고 있다. 이러한 의식을 많은 이상 연구자들은 자아의 분열과 광기의 증세 같은 것으로 보아 왔다. 그러나 이러한 공간은 구조 자체로만 보면 1928

---

[3] 김용직, 『한국 현대시 해석비판』, 시와시학사, 1993, 121쪽.

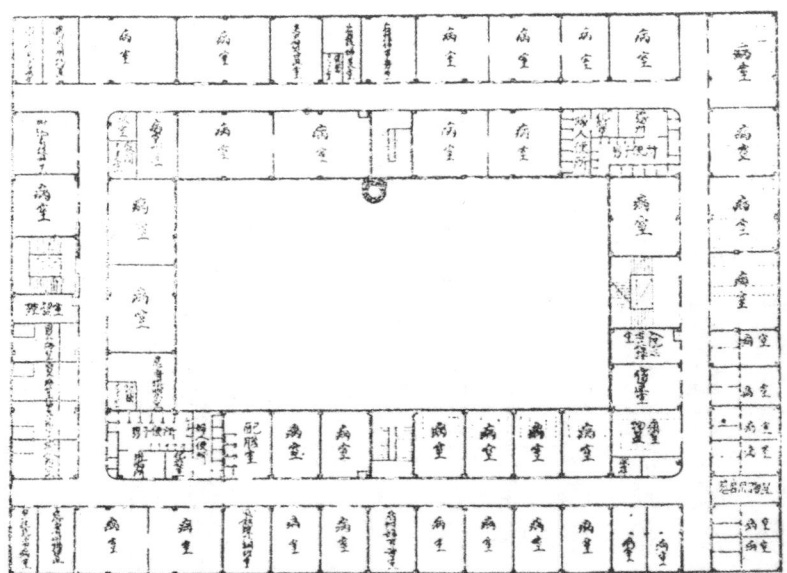

〈그림 1〉「날개」의 18가구 속 일곱째 칸의 '아내 방'(A)과 '내 방'(B)의 공간개념도

〈그림 2〉도쿄 철도병원 3층 평면도(출전: 『朝鮮と建築』 第7輯 第7號, 1928).

년경에 세워졌던 근대식 병원 건물 등의 평면도에서 흔히 볼 수 있는 실제 공간의 이미지에서 유래한 것이다(그림 2).

따라서 이러한 공간은 내면적으로 자아의 분열이나 광기의 증세에서 비롯된 것이 아니라 이상 자신의 '존재론적 공간'을 상징한다. 왜냐하면 그의 방은 아내의 방을 거쳐야만 들어갈 수 있는 특수한 방으로 '디자인'되어 있기 때문이다. 소설의 시작 부분에서 이상은 "여인과 생활을 설계하오……"라며, "이런 여인의 반(半)——그것은 온갖 것의 반이오——만을 영수(領收)하는 생활을 설계한다는 말이오"라고 밝혔다. 따라서 이상이 설계한 위의 공간은 여인과의 생활을 위해서 디자인된 존재론적 의미를 지닌다. 이 설정은 이상의 여러 텍스트들 전체를 통해서 반영되는 여성의 상징성과 겹쳐지는 대목이라고 할 수 있다. 왜냐하면 그는 여성을 '억압된 존재'로 보고 있었기 때문이다. 그는 '날개는 큰데도 날 수가 없는' 자신을 태생적으로 억압된 존재로서 여성보다도 '한 겹 더' 억압된 존재로 인식했다. 그래서 이상은 '여성의 반만을 영수하는 생활을 설계한다'고 말한 것이다. 실제로 소설에서 '아내와 나' 중에 자유로운 사람은 '아내'다. 아내는 "외출할 뿐만 아니라 내객이 많다. 아내에게 내객이 많은 날은 나는 온종일 내 방에서 이불을 쓰고 누워 있어야만 된다". 또한 소설 속의 '내가' 밖으로 나갈 수 있는 시간은 "아내의 밤 외출 틈"으로 묘사되고 있다. 따라서 「날개」에서 이상은 공간적으로 억압된 존재로서 여성의 절반, 곧 '절반의 절반'으로 쪼개진 실존의 공간을 확보한 인간으로 그려지고 있는 것이다.

이렇듯 '절반의 절반'인 공간에서 소설 속 주인공 '나'는 다시 '내 방의 이불 속' 공간에서 모든 작업을 한다. 그곳은 '나의' 유일한 창조적 작업공간이자, 상상의 공간으로 들어가는 문지방인 것이다. 이러한 「날개」 속의 분열되는 공간개념은 그가 『조선과 건축』에 발표한 연작시 「조감도」(1931년 8호) 중 "1층위에있는2층위에있는3층위에있는옥상정원에올라서……"로 시작하는 「운동」(運動)에서부터 「건축무한육면각체」(1932년 7호) 중 "사각의가운데의사각의가운데의사각의가운데의사각의가운데의사각……"으로 시작하는 「마가장 드 누보테에서」(AU MAGASIN DE

〈그림 3〉 M. C. 에셔(M.C. Escher), 「상대성」(Relativity), 1953, Lithography 27.2 x 29.2cm.

NOUVEAUTES)[4] 등의 대목들을 연상시킨다. 「운동」은 마치 에스컬레이터의 움직임을 따라 끊임없이 이어지는 층계 이미지를 생각나게 한다. 예컨대 화가 에셔(M. C. Escher)의 그림을 본 사람이라면 그가 그린 「상대성」의 이미지를 연상할지 모른다(그림 3). 또한 「마가장 드 누보테에서」의 경우, 사각형의 내부에 또 다른 사각형이 연속적으로 분열하는 이 시의 이미지는 흡사 미로와 같은 정육면체의 공간이 등장하는 영화 「큐브」(1999)처럼 다가온다(그림 4). 더 나아가 이는 주인공이 여러 차원을 넘나들며 시공간에 개입하는 영화 「인셉션」(2010)을 예고하는 듯하다(그림 5).

---

[4] 이 시의 제목 「마가장 드 누보테에서」(AU MAGASIN DE NOUVEAUTES)에 나오는 '마가장 드 누보테'는 1830년대 유럽의 파리 각지에 번성했던 의류품점으로 1860년대에 출현하는 백화점의 원형에 해당했다. 요시미 순야, 『박람회 : 근대의 시선』, 103~104쪽.

 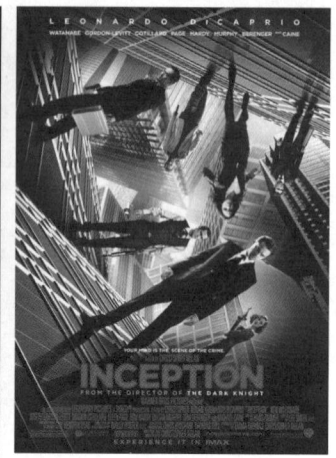

〈그림 4〉 왼쪽, 영화 「큐브」(Cube) 포스터, 1999.
〈그림 5〉 오른쪽, 영화 「인셉션」(Inception) 포스터, 2010.

이와 같이 「날개」에도 등장하는 이상 시의 독특한 공간개념과 의식은 어디에서 유래한 것인가? 이를 추적할 수 있는 대목이 「날개」에 약간 암시되어 있다. 이상은 주인공 '나'를 통해 "내가 지구 위에 살며 내가 이렇게 살고 있는 지구가 질풍신뢰의 속력으로 광대무변의 공간을 달리고 있다는 것을 생각했을 때 참 허망하였다. 나는 이렇게 부지런한 지구 위에서는 현기증도 날 것 같고 해서 한시 바삐 내려 버리고 싶었다"고 말했던 것이다. 이는 이상의 공간개념이 현실을 넘어선 동력학적 운동은 물론 우주론적 물리현상과 맞닿아 있었음을 암시한다. 흥미로운 점은 「날개」(1936)가 나오기 5년 전에 이미 초기 시에서 이 같은 생각이 고도로 심화된 형태로 표명되었다는 사실이다. 그는 1931년 『조선과 건축』에 발표한 「삼차각설계도」 중 「선에관한각서 1」의 마지막 시행에서 다음과 같이 말했다.

입체에의 절망에 의한 탄생

운동에의 절망에 의한 탄생

지구는 빈집일 경우 봉건시대는 눈물이 날만큼 그리워진다

위의 시는 다음에서 자세히 설명하겠지만, 이상이 1920년대 말까지 진행된 신건축(新建築)을 비롯해 양자역학 및 상대성이론에 기초해 새로운 세계와 인간의 탄생을 표명한 '자아 선언문'에 해당한다. 그는 고전물리학의 원자적 존재와 데카르트의 근대적 자아개념을 대치하는 새로운 시공간과 인간의 탄생을 선언하면서 초기 실험시의 세계를 펼치기 시작했던 것이다. 특히 위의 마지막 시행은 유클리드 기하학과 고전물리학의 운동 법칙이 무의미해진 새로운 세계의 탄생에 대한 자신의 소회를 담고 있어 오늘날 우리와 교감하는 바가 크다. 예컨대 최첨단 정보기술에 의해 탄생한 디지털 가상공간의 시대에 살면서 진공관 앰프와 LP판이 들려주는 아날로그 소리를 추억하며 살고 있는 오늘날 우리 시대의 정서와 매우 닮은 모습이라 할 수 있다.

이상의 초기 시는 그의 인생 절정기에 현대건축과 디자인뿐만 아니라 현대물리학의 새로운 발견들로 형성된 새로운 세계에 대한 지적 감응의 결과라고 할 수 있다. 또한 그것은 나중에 그가 그린 여러 삽화(일러스트레이션)와 표지 디자인 등의 이미지에서 볼 수 있듯이 현대미술과 디자인의 새로운 시각언어와도 연결되어 있었다. 그는 인생의 절정기에 이러한 세계를 보았지만 안타깝게도 또 다른 한편으로 '절망들'과 맞서 처절하게 싸워야만 했다. 그러나 그의 시는 그동안 문학적으로 '난해하고 불가해한 실험시'로 분류 취급되어, 시의 실존적 의미가 파악되지 못한 채 단어가 지닌 부분적 의미와 구조적 형태만이 조명되거나, 그의 남다른 생애와

관련해 정신분석학적인 차원에서 주로 다루어졌던 것이다. 다음에서 이상을 이해할 수 있는 모든 열쇠가 들어 있는 그의 시 세계에 대하여 살펴보기로 하자.

2   이상 시의 조감도

이상은 1929년 경성고공 졸업 후 1929년 3월부터 조선총독부에서 기수로 근무를 시작했다(그림 6). 첫 출근을 하던 날, 청사에 들어서자 천정 스테인드그라스를 투과해 내리 비추는 '제국의 빛'이 대리석 바닥에 새겨진 사방팔방 세계로 뻗어가는 햇살 문장과 겹쳐져 차갑게 빛나고 있었다(그림 7, 8). 이상은 2층으로 올라가는 계단에서 준공된 지 채 몇 년 되지 않은 청사 실내가 뿜어내는 '하얀 대리석'의 육중한 위압감을 폐부 깊숙이 들이마시며 심호흡을 했다. 그가 처음 근무한 사무실은 총독부 내무국 건축과였다. 그러나 그는 업무 능력이 뛰어나서 일본인 과장의 눈에 발탁되어 그해 11월 총독부 내 핵심 기구로 자리를 옮겼다. 그곳은 바로 총독 관방 회계과 영선계였다. 이는 총독부 내에서도 가장 유능한 직원들로 구성된 부서로, '총독 관방'이란 총독이 직접 관할하는 일종의 비서실을 뜻한다.[5] 따라서 이상은 막강한 총독 관방 회계과에 근무하던 1930년에 최초의 작품으로 장편소설 「12월 12일」을 연재 발표하고, 1931년 『조

---

[5] 총독 관방에는 총독의 직접 관할을 받는 비서실과 육군 또는 해군 소장을 포함한 두 명의 무관을 두어 총독의 참모 역할을 맡도록 했다. 이밖에 위관급으로 전속 부관을 한 명씩 배치했다. 총독 관방은 부분적으로 헌병대의 지휘 감독권도 갖고 있을 만큼 막강한 부서였다. 허영섭, 『조선총독부, 그 청사 건립의 이야기』, 37쪽.

〈그림 6〉 위, 조선총독부 신청사, 1926 준공(사진 : ⓒ 김재경, 1987).
〈그림 7〉 아래 왼쪽, 조선총독부 내부 대형 홀과 바닥의 문장들(사진 : ⓒ 김재경, 1987).
〈그림 8〉 아래 오른쪽, 조선총독부 천정 스테인드그라스(사진 : ⓒ 김재경, 1987).

선과 건축』 7월호부터 실험시를 발표했던 것이다. 이후 1933년 봄에 폐결핵이 심해져서 총독부를 사직하고 나온 뒤, 그는 1934년에 15점의 「오감도」 연작시만을 발표하면서 충분히 뜻을 펼치지 못했다. 이후 그의 시는 1936년까지 간헐적으로 발표되었고 사후에 유고시가 추가로 발견되기도 했다.

따라서 이상이 총독부에 들어가 소설과 실험시를 발표하던 1929년부터 1931년까지 약 3년간의 시기가 훗날 그가 유고 「공포의 기록」에서 말한 인생의 절정기였던 것이다. 그는 "발이 맞아 들어왔다. 호흡은 깨끼저고리처럼 찰싹 안팎이 달라붙었다. 탄도(彈道)를 잃지 않은 질풍(疾風)이 가리키는 대로 곧잘 가는 황금과 같은 절정(絶頂)의 세월이었다. 그 동안에 나는 나의 성격을 서랍 같은 그릇에다 담아 버렸다. 성격은 온데간데 없어졌다"라고 말했던 바로 그 시기였다.

다음에서 필자는 이상 연구에서 주로 거론되어 온 주요시 50점을 발표 순서에 따라 배열해 '이상 시의 조감도'를 그려 봤다. 내용적으로 시공간의식이 표명된 것과 아닌 것을 분류하고 검토해 봤는데, 여기서 '시공간의식의 유무'는 앞서 필자의 졸고와 졸저에서 밝힌 시공간에 대한 현대건축과 디자인 그리고 현대물리학의 관점을 기준으로 판단했다. 이 중에서 현대건축과 디자인의 관점이란 20세기 시각예술에 나타난 미학적 속성들, 곧 이미지의 파편화, 동시성, 속도감, 동역학적 구성, 자유배치 등을 뜻한다. 이는 입체파 이후 구성주의, 절대주의, 데 스틸, 다다, 초현실주의, 바우하우스와 르 코르뷔지에의 건축적 표명 등에서 발현된 새로운 미학체계의 양상을 포함한다. 필자는 앞서 한 졸고[6]에서 이러한 기준에 근거해 다

---

6 졸고, 「이상 시의 시공간의식과 현대디자인적 가상공간」.

음의 〈표:주요 이상 시의 조감도〉와 같이 이상의 주요시 50점을 세 가지 유형으로 분류해 표시해 봤다. ① 강하게 표명된 경우(○), ② 부분적으로 관계가 있는 경우(△), ③ 관계가 없거나 파악이 되지 않는 경우(×).

〈표〉 주요 이상 시의 조감도 : 시간적 배열과 시공간의식 분석표 (O = 25, △= 6, X = 19)

	발표지	연작 제목	시 제목	서명일	발표일	시공간 의식 유무
1	조선과 건축	이상한가역반응	이상한가역반응	1931.6.5	1931.제10집 7호	○
2			파편의 경색			△
3			▽의 유희			○
4			수염			△
5			BOITEUX・BOITEUSE			○
6			공복			○
7		조감도	2인—1—	1931.8.11	1931. 제10집 8호	×
8			2인—2—			×
9			신경질적으로 비만한 삼각형	1931.6.1		○
10			LE URINE	1931.6.18		×
11			얼굴	1931.8.15		△
12			운동	1931.8.11		○
13			광녀의 고백	1931.8.17		×
14			흥행물천사	1931.8.18		×
15		삼차각설계도	선에관한각서 1	1931.5.31/ 9.11	1931.제10집 10호	○
16			선에관한각서 2	1931.9.11		○
17			선에관한각서 3	1931.9.11		○
18			선에관한각서 4	1931.9.12		○
19			선에관한각서 5	1931.9.12		○ 未定稿
20			선에관한각서 6	1931.9.12		○
21			선에관한각서 7	1931.9.12		○

22			AU MAGASIN DE NOUVEAUTES		1932.제11집. 7호	○
23			열하약도			△ 未定稿
24		건축무한육면각체	진단 0:1	1931.10.26		○
25			이십이년			○
26			출판법			×
27			且8氏의출발			○
28			대낮			△
29	카톨릭청년 5호		거울		1933. 10월호	○
30			시 제1호			○
31			시 제2호			○
32			시 제3호			○
33			시 제4호			○
34			시 제5호			○
35			시 제6호			×
36			시 제7호			×
37	조선중앙일보	오감도	시 제8호		1934.7.24~8.8	○
38			시 제9호			×
39			시 제10호			×
40			시 제11호			×
41			시 제12호			×
42			시 제13호			×
43			시 제14호			×
44			시 제15호			○
45	카톨릭청년 33호	역단(易斷)	화로, 아츰, 가정, 역단, 행로		1936. 2월호	×
46	여성 2호		명경(明鏡)		1936. 5월호	△
47			금제(禁制), 추구, 침몰(沈歿),		1936.10.4	×
48	조선일보	위독(危篤)	절벽, 백화(白畵), 문벌(門閥)		10.6	×
49			위치, 매춘, 생애,		10.8	×
50			내부, 육친, 자상(自像)		10.9	×

분석 결과, 위 50점의 시들 중 절반인 25점에서 시공간의식이 강하게 표명되었고, 6점은 부분적으로 관계가 있으며, 나머지 19점은 관계가 없거나 잘 파악되지 않는 경우에 해당한 것으로 파악되었다. 따라서 관계가 있는 것을 모두 포함하면(○+△), 시공간의식이 반영된 이상 시는 총 31점(62%)에 달한다. 위의 조감도를 보면, 이상의 시공간의식은 1931년 『조선과 건축』(제10집) 제7호에 발표한 그의 첫번째 시 「이상한가역반응」에서부터 나타나고 있음을 알 수 있다. 이후에도 시공간의식은 계속 발견되지만 가장 강하게 모두 반영된 연작시는 「삼차각설계도」였음을 알 수 있다. 「오감도」의 경우, 시공간의식은 「시 제1호」에서 「시 제5호」까지, 그리고 「시 제8호」와 「시 제15호」에서 강하게 반영되었으나, 그 외의 시에서는 관계가 없거나 파악이 되지 않는다. 이후 1936년 2월에 발표한 「역단」(易斷)에서는 시공간의식이 보이지 않았지만, 같은 해 5월에 발표한 「명경」(明鏡)에서는 부분적으로 반영되었다. 그러나 마지막의 연작시 「위독」(危篤)에서는 발견되지 않는다.

위의 결과를 종합해 볼 때, 이상 시의 시공간의식은 1931년 발표한 초기 시에서부터 발현되어 「삼차각설계도」 연작시에서 정점을 이루었음을 알 수 있다. 그리고 1934년 「오감도」 연작시까지 지속해서 전개되었지만, 이후 「명경」(1936)을 끝으로 잘 드러나지 않았다는 것을 알 수 있다. 이러한 결과는 무엇을 의미하는가? 그것은 이상이 1933년 폐결핵으로 기수직을 사임하고 총독부를 나오기 전까지 발표한 이상의 초기 시들에서 주로 시공간의식이 발견되며, 바로 그 무렵이 그가 말한 '절정의 세월'에 해당한 시기였음을 뜻한다. 다음에서 발표 시기의 순서에 따라 이상 시 속으로 들어가 보도록 하자.

3 이상한가역반응: 직선은 원을 살해하라!

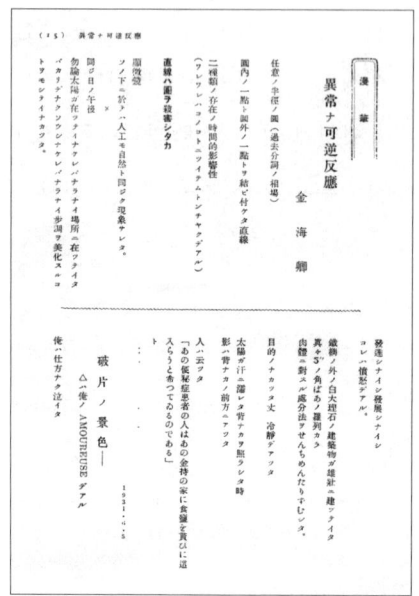

〈그림 9〉「이상한가역반응」의 원문(출전:『朝鮮と建築』第10輯 第7號, 1931).

위 〈그림 9〉의 「이상한가역반응」은 김해경 본명으로 발표되었다. 여기서 이상은 "과거분사의 시세(時勢)"인 "임의의 반경을 지닌 원"을 설정하고, "원 안의 한 점과 원 밖의 한 점을 연결한 직선"을 말한다. 또한 그는 "두 종류 존재의 시간적 영향력"에 대해 "우리들은 이 일에 대해 아랑곳하지 않는다"며, "직선은 원을 살해하였는가"라는 도발적인 질문을 던진다. 그리고 그는 "현미경"을 제시한 다음, "그 밑에 있어서는 인공도 자연과 다름없이 현상되었다"고 밝힌다. 도대체 이 말들은 무엇을 의미하는 것일까? 우선 일어 원문을 번역하면 다음과 같다.

異常ノ可逆反應
이상한가역반응[7]

김해경

任意ノ半徑ノ圓 (過去分詞ノ相場)
임의의반경의원 (과거분사의時勢)

圓內ノ一點ト圓外ノ一點トヲ結ビ付ケタ直線
원안의한점과원밖의한점을연결한직선

二種類ノ存在ノ時間的影響性
두종류의존재의시간적영향성
(ワレワレハコノコトニツイテムトンチャクデアル
(우리들은이일에대하여아랑곳하지않는다)

直線ハ圓ヲ殺害シタカ
직선은원을살해하였는가

顯微鏡
현미경
ソノ下ニ於テハ人工モ自然ト同ジク現象サレタ。
그아래에서는인공도자연과똑같이현상되었다.
　　　×
同じ日の午後
같은날오후
勿論太陽ガ在ツテイナケレバナラナイ場所ニ在ツテイタバカリデナクソウシ

---

[7] 새로 번역한 것임. 이하 번역과 해석에 대해 무단 사용을 금함. ⓒ 김민수, 2012.

ナケレバナラナイ歩調ヲ美化スルコトヲモシテイナカツタ。
물론태양이있지않으면안되는장소에있었던것뿐만아니라그렇게하지않으면안되는보조를미화하는일도하지않고있었다.

發達シナイシ發展シナイシ
발달하지않고발전하지않고
コレハ憤怒デアル。
이것은분노다.

鐵柵ノ外ノ白大理石ノ建築物ガ雄壯ニ建ツテイタ眞々5"ノ角ばあノ羅列カラ
철책밖의하얀대리석건축물이웅장하게서있던진짜 5"의 각 바-[8]의 나열에서
肉體ニ對する處分法ヲせんちめんたりずむシタ。
육체에맞서는처분법을센티멘털리즘했다.

目的ノナカツタ丈冷靜デアツタ
목적이없었던만큼냉정했다

太陽ガ汗ニ濡レタ背ナカヲ照ラシタ時
태양이땀에젖은등짝을비추었을때
影ハ背ナカノ前方ニアツタ
그림자는등짝의전방에있었다

人ハ云ツタ
사람은말했다
「あの便秘症患者の人はあの金持ちの家に食鹽を貰ひに這入らうと希つてあ

---

[8] bar

るのである」

ト

"저변비증환자는저부잣집에소금을얻으러들어가기를간절히바라고있다"고 ······

1931. 6. 5.

　위의 시에서 맨 앞에 표명된 "과거분사의 상장(相場)"이란 이미 완료된 '시대적 추세'(時勢)를 뜻한다. 즉 그것은 앞의 구절 "임의의 반경의 원"을 수식해 '새롭게 설정되어 시대적 추세'가 되어 버린 '일제의 식민지 근대'를 의미한다. 이때 '원'은 한 단계 더 깊은 의미의 층에서 일장기, 곧 히노마루(日の丸)와 동격의 의미를 암시하는 은유로 작용한다. 다음으로 "원 안의 한 점과 원 밖의 한 점을 연결한 직선"은 이상 자신의 위치를 말하는 것으로 '원 안의 한 점'은 총독부 안에 들어가 건축 기수로 일본을 위해 일하고 있는 현재 자신의 지점이고, '원 밖의 한 점'은 그로부터 탈출한 자신의 지점을 뜻한다. 따라서 이 두 지점을 연결하는 직선을 그으면 그것은 자연스레 '식민지 근대'에 대한 반역행위가 될 수 있다. 한데 원의 '안과 밖' 두 지점 사이에는 두 종류의 시간이 존재한다. 원 안쪽은 그런대로 식민지 근대화 내지는 도시화의 혜택을 누리며 잘 먹고 잘살 수 있어 밝은 미래가 보이지만, 원 밖은 앞이 보이질 않고 시간이 멈출 수 있다. 그러나 이상의 선택은 '짝퉁 근대화'의 노예가 되기보다는 오히려 초극해 세계사적 본류와 만나는 '원 밖으로의 탈주'를 꿈꾼다. 그래서 그는 "우리들은 이 일에 대해 아랑곳하지 않는다"며, "직선은 원을 살해하였는가"라는 도발적인 질문을 던진 것이다.

　다음으로 "현미경. 그 아래에서는 인공도 자연과 똑같이 현상되었다"는 '자세히 들여다보면, 낯선 새것이나 익숙한 과거나 이렇게 하나 저렇게 하나 식민통치 아래에서 모두 다 똑같은 일'이라는 의미에 해당한다. 이상은 자신이 총독부에서 일하고 있는 현실에 대해 '태양(일본)이 있는 장소에 있었을 뿐 식민통치에 보조를 맞춰 미화하는 일도 하지 않고 있었다'고 고백한다. 이는 그가 총독부 기수로서 자신의 일이 일본의 시책에 보조를 맞춰 미화 찬양하는 부역행위는 아니라고 비밀리에 말하고 있는 것이다. 그리고 그는 "발달하지 않고 발전하지 않는" 식민지 조선의 현실에 대해 분노했다. 그는 식민지 근대화와 도시화가 조선사회의 발달과 발전과는 하등의 관계가 없는 그야말로 '짝퉁 근대화'라는 사실을 조선총독부의 심장부인 관방 회계과에서 직접 관찰하고 경험한 결론으로 말하고 있었던 것이다. 이를 예증하는 것이 다음의 시행이다. 그는 총독부 건축과에서 짓고 있는 건물들이 총독부 신청사처럼 제국주의 건축(하얀 대리석 건축물)을 답습해 현실(육체)에 맞서는 실행(처분법)을 감상주의(센티멘털리즘) 차원에서 하고 있다고 개탄했다. 이에 그는 기술적으로 냉정하게 일만 했다는 말을 "목적이 없었던 만큼 냉정했다"고 말한다. 그가 했던 일은 학창시절 꿈꿨던 신건축의 이념과 실천이 아니고, 식민통치를 위해 지어지는 판에 박힌 관공서 건물 나부랭이나 설계하고 있는 것이었으므로 자신의 전방, 곧 앞날에 그림자가 드리워져 있다고 보았던 것이다. 이를 두고 그는 "태양(일본 또는 총독부)이 땀에 젖은 등짝을 비추었을 때 그림자는 등짝의 전방에 있었다"고 절묘하게 표현했다. 따라서 이상 자신이 현재 총독부에서 일하면서 꿈꾸고 있는 것은 식민지 도시근대화의 '모조 근대'를 살해하는 일이다. 그럼에도 사람들은 자신의 깊은 뜻을 모르고, 마치 자신이 변비증에 걸려 부잣집(총독부)에 빌붙어 식염(食鹽)[9]이나 얻어먹으려 하는 줄 잘못 알고 있다고 끝을 맺는다.

이로써 이상이 왜 「이상한가역반응」을 자신을 대표하는 첫번째 시로 『조선과 건축』에 실었는지 그 이유와 본심을 알 수 있다. 그것은 일제의 '식민지 근대화'에 대한 모반을 선언한 엄청난 시였다. 그는 자신이 총독부 기수로 있으면서 시를 발표하게 된 진짜 속내를 절묘하게 은폐시켜 표명했던 것이다. 그의 반역의 속내가 바로 '가역반응'이었다. 즉 그것은 현재와 미래에 "발달하지 않고 발전할 수도 없는" 이른바 '모조 근대'를 전복시키는 것을 뜻한다. 그는 자신의 본심을 들키지 않도록 위장하여 시 속에 절묘하게 담았던 것이다. 그는 비밀스레 의미를 교란시키기 위해서 흔히 히라가나로 쓰는 글자를 가타카나로 표기하고, 보통 가타카나로 표기하는 외래어(바, 센티멘털리즘)를 오히려 히라가나로 표기했다. 직선이 원을 살해하는 이상의 반역은 시각 이미지로 바꾸면 더욱 극적으로 드러난다.

필자는 「이상한가역반응」의 앞부분에 나오는 시행을 다음 페이지의 〈그림 10〉처럼 시각언어로 변환시켜 보았다. 흥미롭게도 러시아 구성주의자 엘 리시츠키(El Lissitzky)의 혁명적 이미지와 독일 바우하우스의 교수로서 새로운 동력학의 세계를 위한 디자인 이론을 확립한 모호이-너지(Moholy-Nagy)의 시각 실험[10] 등을 연상시키는 이미지임을 알 수 있다. 이들은 모두 20세기 초 시공간의 역동적 구성 원리를 탐구했던 시각예술가들이었다. 그런데 이상 시의 문자언어가 20세기 초 아방가르드 조형예술가들의 이미지와 일치하고 있는 것이다. 특히 이상이 "직선은 원을 살해하였는

---

[9] 한의학에서 소금은 만성변비증의 완화제로 사용될 뿐만 아니라 각혈, 토혈, 사혈의 지혈제이자 생리식염수로서 혈액순환을 유지하는 데 필수 약성을 지닌 것으로 알려져 있다. 따라서 「이상한가역반응」에서 이상이 식염(食鹽)을 말한 것은 1930년 1차 각혈 이후에 지혈을 위해 복용한 경험이 반영된 것으로 여겨진다.

[10] 「이상한가역반응」의 시각 이미지는 조형적으로만 볼 때, 모호이-너지가 1920년대 선보인 역동적인 시공간 이미지의 작업논리와도 관계가 있어 보인다. 특히 모호이-너지는 시간-빛-공간을 사용한 동역학적 연속 경험을 창조하기 위해 포토그램, 키네틱 조각, 빛-공간 변조기 등의 다양한 실험 작업을 펼쳤던 인물이었다.

가"라고 묻는 시행은 리시츠키의 러시아혁명 지지 포스터, 「붉은 쐐기로 흰색을 쳐라」(1919)와 이미지의 발상과 의미가 매우 흡사하다는 사실에 주목할 필요가 있다. 그것은 명백히 반역의 의도를 담은 이미지였던 것이다. 이러한 연관성에서 이 시가 일본인 건축기술자들이 주축이 되어 만든 조선건축회 기관지『조선과 건축』의 맥락에서 발표될 때 그 역설과 모반의 의미는 엄청나게 증폭된다.

이처럼 이상은 첫번째 발표 시에서 근대디자인의 시각언어를 시어

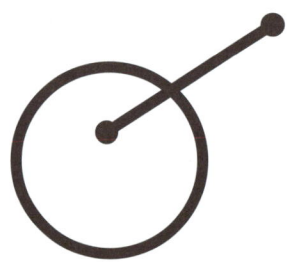

「이상한 가역반응」의 변환된 시각 이미지(ⓒ 김민수).

엘 리시츠키, 「붉은 쐐기로 흰색을 쳐라」, 1919.

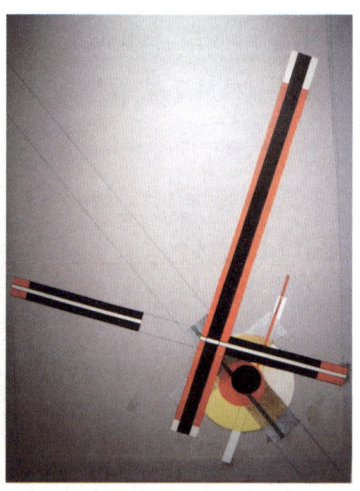

모호이-너지, 「무제」, 1928

〈그림 10〉「이상한가역반응」을 시각 이미지로 변환시킨 필자의 드로잉과 현대디자인과의 상관성.

(詩語)로 변환시켜 엄청난 '반역의 비밀계획'을 몰래 표명했던 것이다. 1930년대 초에 「이상한가역반응」처럼 시각언어와 문자언어 사이의 상호 변환 가능성을 암시한 시는 일찍이 출현한 적이 없었다. 당시 시인들 중에 '시각언어'를 문자언어에 결부시킨 이들은 흔치 않았기 때문이다. 이 책 '5장 모조 근대의 초극:이상 시의 혁명성'에서 자세히 다루겠지만, 1920년대 중반 다다풍의 시를 쓴 일부 시인들을 제외하고 조선 땅에서 시각언어를 시적 표현으로 구사한 시인은 없었다.

「이상한가역반응」과 함께 발표된 연작시 「▽의유희」, 「BOITEUX・BOITEUSE」[11], 「공복」에서는 시공간의식이 부분적으로 엿보인다(그림 11, 그림 12). 특히 「▽의유희」는 앞서 「이상한가역반응」에서 전개된 의식을 공유하면서 '1, 2, 3'의 숫자 행렬이 파생되는 조짐을 보인다는 점에서 주목할 필요가 있다. 이러한 행렬 이미지는 다음에서 설명할 「선에관한각서 1」에 본격적으로 등장하는 숫자판과 연관성이 있다.

이외에도 「수염」에는 뚜렷한 시공간의식은 담겨 있지 않지만 "삼심원"(三心圓)이란 단어가 나오고, 「파편의 경색」(破片의景色)에는 「▽의유희」처럼 '▽'과 '△' 같은 부호들이 등장한다. 이는 두번째 연작시 「조감도」 중 「신경질적으로비만한삼각형」에서도 반복해 등장한다. 이처럼 이상의 시에 나타나는 부호와 띄어쓰기 무시 등은 1920년대 조선에 출현한 다다풍의 시적 표현들과 맥을 같이 한다고 볼 수 있다. '5장 모조 근대의 초극'에서 자세히 설명하겠지만, 예컨대 정지용, 박팔양, 임화 등은 언어에 대한 자각과 기존의 언어구조와 문법체계를 파괴해 시를 시각화했다. 이들은

---

11 불어로 「부와뙤・부와뙤즈」는 '절름발이'를 뜻하며 '부와뙤'는 남성형 '부와뙤즈'는 여성형을 지칭한다. 이 시는 이상이 '이상'이란 필명으로 1930년 2월부터 12월까지 『조선』(朝鮮)에 발표한 첫번째 장편소설 「12월 12일」에 불구의 이미지로 설정한 등장인물들과 관련이 있어 보인다.

(중략)
屈曲한直線
그것은白金과反射係數가相互同等하다
▽은테이블밑에숨었느냐

   x

1
2
3은公倍數의征伐로向하였다
電報는아직오지아니하였다

―「▽의遊戱」의 부분

긴것
짧은것
열十字

   x

그러나CROSS에는기름이묻어있었다
墜落
不得已한平行
物理的으로아팠었다
 (以上平面幾何學)
(이하 생략)

―「BOITEUX・BOITEUSE」의 부분

(중략)
나의 內面과 外面과
이件의系統인모든中間들은지독히춥다
左 右
이兩側의손들이相對方의義理를 저버리고―
(이하 생략)

―「空腹」의 부분

〈그림 11〉「이상한가역반응」 연작시에 반영된 시공간의식 관련 부분들.

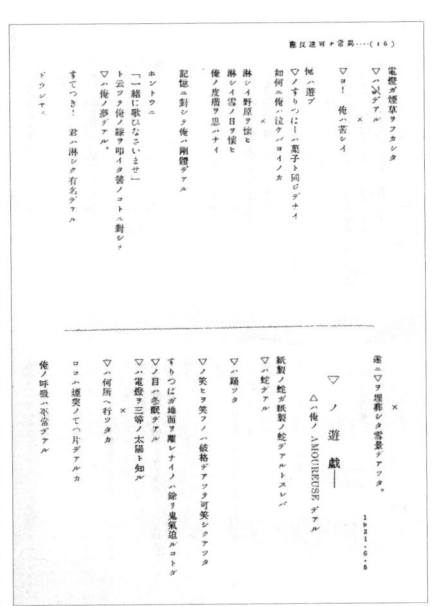

〈그림 12〉「▽의유희」 원문(출전: 『朝鮮と建築』 第10輯 第7號, 1931).

부분적으로 소리, 억양, 리듬 등을 표현하기 위해 단어를 배제하고 대소문자와 부호를 사용해 시각시의 형태요소를 반영했다. 하지만 이러한 다다 풍의 시들은 단지 시각 효과를 위해 언어 파괴적인 요소들을 부분적으로 사용하고 있을 뿐 언어의 조직 자체를 내밀하게 파괴시킬 만큼 실험적이지는 않았다. 대소 활자의 크기를 달리한 활용과 추상기호와 부호의 사용 등은 기존의 단어를 부분적으로 대치했을 뿐 아직 내용에 있어서는 기존의 시 형태를 그대로 유지하고 있었다. 그러나 이상의 경우는 달랐다. 그의 시는 후에 발표되는 연작시들에 이르러 일찍이 서구의 다다이스트들조차 구현하지 못한 혁신적인 모습으로 나아갔던 것이다.

한편 「조감도」 중 「얼굴」은 마치 자화상 내지는 거울 이미지를 보며 진술한 것 같은 내용이다. 여기서 이상은 단어 '저 사내'를 19번이나 반복 사용하고 띄어쓰기를 하지 않아 마치 자신과 어머니와 아버지와의 끊어질 수 없는 숙명적 관계를 이야기하는 듯하다.

얼굴 [12]

배고픈얼굴을본다.
반드르르한머리카락밑에어째서배고픈얼굴은있느냐.
저사내는어데서왔느냐.
저사내는어데서왔느냐.

저사내어머니의얼굴은박색(薄色)임에틀림없겠지만저사내아버지의얼굴은잘생겼을것임에틀림이없다고함은저사내아버지워낙은부자(富者)였던것인데저사내어머니를취(娶)한후(後)로는급작히가난든것임에틀림없다고생각되기때문이거니와참으로아해(兒孩)라고하는것은아버지보담도어머니를더닮는다는것은그무슨얼굴을말하는것이아니라성행(性行)을말하는것이지만저사내얼굴을보면저사내는나면서이후(以後)대체(大體)웃어본적이있었느냐고생각되리만큼험상궂은얼굴이라는점으로보아저사내는나면서이후(以後)한번도웃어본적이없었을뿐만아니라울어본적도없었으리라믿어지므로더욱더험상궂은얼굴임은즉(卽)저사내는저사내어머니의얼굴만을보고자라났기때문에그럴것이라고생각되지만저사내아버지는웃기도하고하였을것임에는틀림이없을것이지만대체(大體)로아해(兒孩)라고하는것은곧잘무엇이나숭내내는성질(性質)이있음에도불구하고저사내가조금도웃을줄을모르는것같은얼굴만을하고있는것으로본다면서저사내아버지는해외(海外)를방랑(放浪)하여저사내가제법사람구실을하는저사내로장성한

---

[12] 임종국의 번역에 기초함. 임종국 엮음, 『이상전집』, 227~8쪽.

후(後)로도아직돌아오지아니하던것임에틀림이없다고생각되기때문에또그렇다면저사내어머니는대체(大體)어떻게그날그날을먹고살아왔느냐하는것이문제(問題)가될것은물론(勿論)이지만어쨌든간에저사내어머니는배고팠을것임에틀림없으므로배고픈얼굴을하였을것임에틀림없는데귀여운외톨자식인지라저사내만은무슨일이있든간에배고프지않도록하여서길러낸것임에틀림없을것이지만아무튼아해(兒孩)라고하는것은어머니를가장의지(依支)하는것인즉어머니의얼굴만을보고저것이정말로마땅스런얼굴이구나하고믿어버리고선어머니의얼굴만을열심(熱心)으로숭내낸것임에틀림없는것이어서그것이지금(只今)은입에다금니를박은신분(身分)과시절(時節)이되었으면서도이젠어쩔수도없으리만큼굳어버리고만것이나아닐까고생각되는것은무리(無理)도없는일인데그것은그렇다하더라도반드르르한머리카락밑에어째서저험상궂은배고픈얼굴은있느냐.

1931. 8. 15.

이처럼 「얼굴」은 띄어쓰기를 무시함으로써 마치 의식이 끊임없이 이어지는 초현실주의적 이미지를 보여 준다.[13] 그러나 이는 타이포그라피 디자인의 관점에서 볼 때, 훗날 1934년에 발표한 「오감도」 연작시 중 「시 제2호」와 「시 제3호」에 나타난 이미지와 마찬가지로 마치 전광판에 활자가 흐르듯 '시간과 속도 의식'과 관련이 있어 보인다. 이상은 시의 구조에 시간과 속도감을 부여하고 있었던 것이다. 이러한 실험이 바로 「조감도」 중 「운동」에서 극적으로 드러났다. 그는 옥상정원에 이르는 건물의 층을 오르내리며 "동쪽에서 솟아올라 서쪽으로 떨어지는" 태양의 반복적 주기를 자신과 시계의 관계에 대입시켰다. 이는 앞서 설명했듯이 마치 화가 에셔의 그림처럼 끝없이 이어지고 이동하는 층계 이미지를 연상시킨다.

---

[13] 흔히 이상 연구자들은 이러한 의식과 표현을 초현실주의의 자동기술법 차원에서 설명하고 있다.

운동[14]

일층우에있는이층우에있는삼층우에있는옥상정원에올라서남쪽을보아도아무것도없고북쪽을보아도아무것도없고해서옥상정원밑에있는삼층밑에있는이층밑에있는일층으로내려간즉동쪽에서솟아오른태양이서쪽에떨어지고동쪽에서솟아올라서쪽에떨어지고동쪽에서솟아올라서쪽에떨어지고동쪽에서솟아올라하늘한복판에와있기때문에시계를꺼내본즉서기는했으나시간은맞는것이지만시계는나보담도젊지않으냐하는것보담은나는시계보다늙지아니하였다고아무리해도믿어지는것은필시그럴것임에틀림없는고로나는시계를내동댕이쳐버리고말았다.

1931. 8. 2.

4 삼차각설계도 : 새로운 세계·인간 선언문

「삼차각설계도」는 앞서 〈표〉에서 봤듯이, 시공간의식이 가장 많이 반영된 연작시에 해당한다. 이 시는 작가명을 본명 '김해경'으로 밝히고 「선에관한각서 1, 2, 3」 연작시로 1931년 『조선과 건축』(제10집) 10호에 발표되었다(그림 13). 이 시들은 형태뿐만 아니라 내용적으로 이후에 펼쳐질 이상 시의 전환점에 해당한다. 특히 선언문적 내용이 담긴 「선에관한각서 1」은 「이상한가역반응」보다 약 3개월 뒤에 발표되었지만 실제 서

---

[14] 임종국의 번역에 기초함. 임종국 엮음. 『이상전집』, 228쪽.

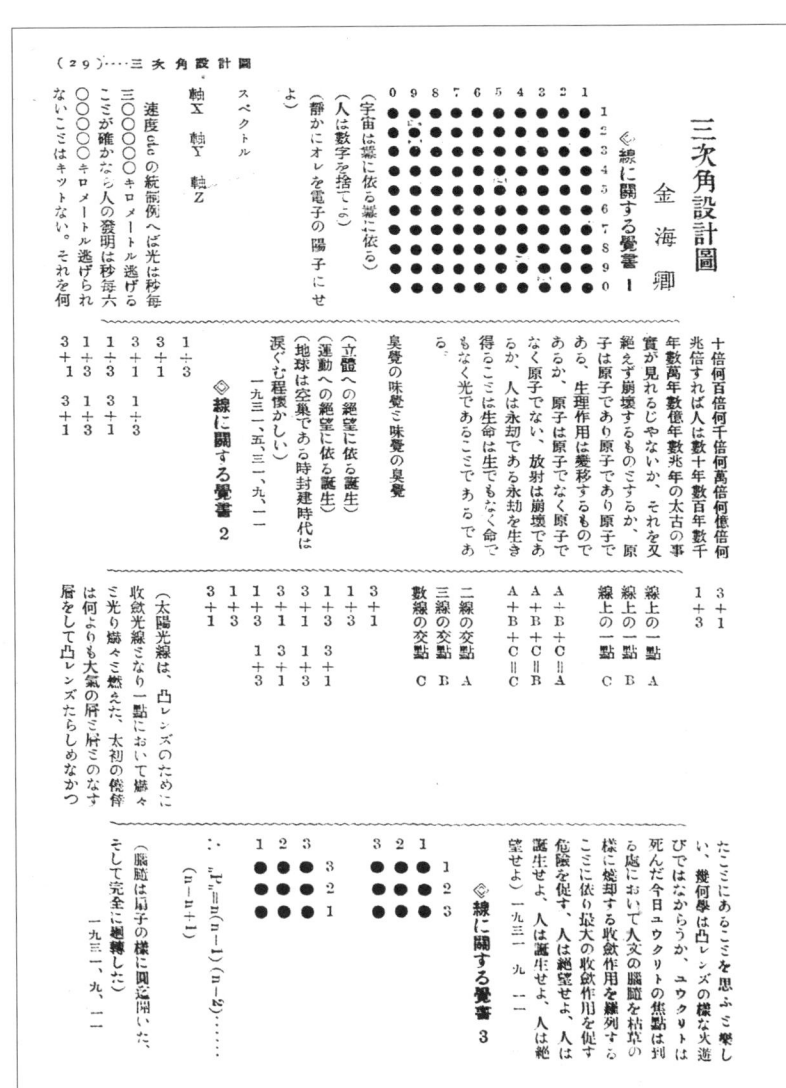

〈그림 13〉 「삼차각설계도」 중 「선에관한각서 1, 2, 3」 원문 (출전: 『朝鮮と建築』 第10輯 第10號, 1931).

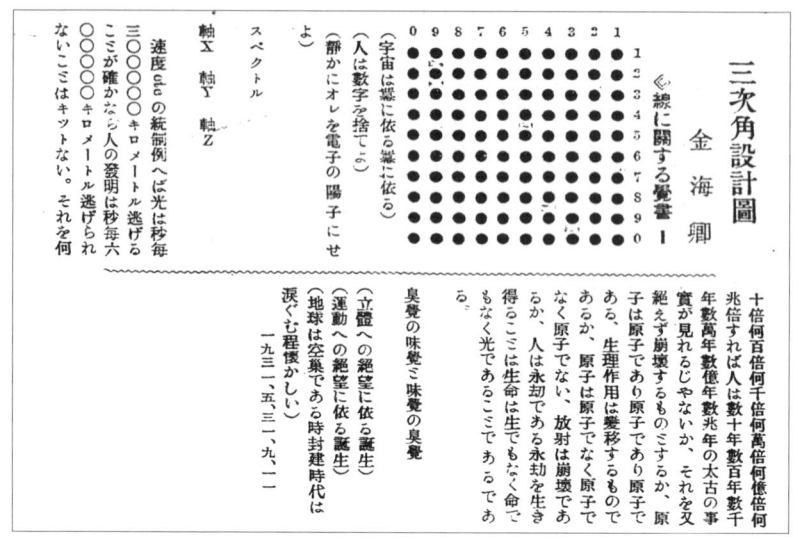

<그림 14> 「삼차각설계도」 중 「선에관한각서 1」의 원문.

명 날짜가 5월 31일이었고, 9월 11일에 수정되었기 때문에 「이상한가역반응」보다 6일 정도 앞서 작시된 것임을 알 수 있다. 이 두 시는 거의 비슷한 시기에 쓰여졌지만 내용상 큰 차이가 있다. 「이상한가역반응」에는 시공간 의식이 부분적으로 반영된 반면, 「선에관한각서 1」에는 시공간에 관해 현대건축과 현대물리학이 발견한 새로운 사실들이 표명되어 있기 때문이다. 이런 이유로 그는 「선에관한각서 1」을 3개월 후인 9월 11일자로 개작해 서명하고 따로 묶어 「삼차각설계도」를 발표했던 것으로 추정된다.

「선에관한각서 1」을 보면, 이상은 1에서 10까지 가로와 세로 좌표에 100개의 점을 위치시킨 행렬을 제시해 마치 지표면에 100개의 기둥이 박힐 건축 평면도를 연상시킨다(그림 14).

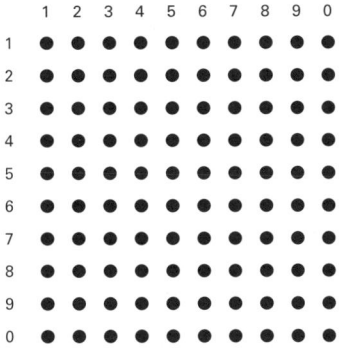

㉠   (宇宙는冪에依하는冪에依한다)

㉡   (사람은數字를버리라)

㉢   (고요하게나를電子의陽子로하라)

　　…

㉣   스펙톨

㉤   軸X　軸Y　軸Z

㉥   速度etc의統制例컨대 光線은每秒當三〇〇〇〇〇키로메-터달아나는것이確實하다면사람의發明은每秒當六〇〇〇〇〇키로메-터달아날수없다는법은勿論없다.그것을幾十倍幾百倍幾千倍幾萬倍幾億倍幾兆倍하면사람은數十年數百年數千年數萬年數億年數兆年의太古의事實이보여질것이아닌가,그것을또끊임없이崩壞하는것이라고하는가,原子는原子이고原子이고原子이다.生理作用은變移하는것인가,原子는原子가아니고原子가아니고原子가아니다.放射는崩壞인가,사람은永劫인永劫을살릴수있는것은生命은生도아니고命도아니고光線인것이라는것이다.

㉦   嗅覺의味覺과味覺의嗅覺

㉧   (立體에의絶望에의한誕生)

㉨   (運動에의絶望에의한誕生)

(ㅊ)　(地球는빈집일境遇封建時代는눈물이날이만큼그리워진다)
1931. 5. 31, 9. 11.

　이상은 100개의 점이 찍힌 행렬의 도상 이미지를 배열한 다음, "우주는 먹에 의하는 먹에 의한다" "사람은 숫자를 버리라" "고요하게 나를 전자의 양자로 하라"고 주문한다. 이로써 도상 이미지와 뒤의 시행과의 관계가 드러난다. 이상은 X좌표와 Y좌표의 1에서 10까지 숫자판에 의해 고정된 행렬의 점들에게 '숫자를 버려서' 자유롭게 '우주적 공간'으로 해방되어 '고요하게 전자의 양자가 되라'고 말하고 있는 것이다. 여기서 100개의 점들은 지표면에 확정된 건물의 기둥, 즉 필로티를 뜻하며 이는 르 코르뷔지에가 표명한 신건축의 원리를 의미한다(그림 15). 달리 말해 이상은 르 코르뷔지에식의 신건축에서 표명된 '공간의 해방'마저도 벗어나 우주적 공간으로의 이동을 상상하고 있었던 것이다.
　「선에관한각서 1」에서 100개의 점으로 표시된 행렬은 르 코르뷔지에가 '신건축의 5원칙'에서 표명한 '기둥(필로티)의 자유로운 사용'과 관련된다. 이상은 기둥에 의해 지면 층을 없애고 지상 위로 끌어 올려진 새로운 건축 구조에서 일종의 실존적 해방감을 느꼈던 것이다. 따라서 신건축의 기둥 이미지는 이상이 1929년 『조선과 건축』(제8집) 제3호에 실린 글 「코르뷔지에 씨의 건축에 관하여」뿐만 아니라 그의 『건축을 향하여』(*Vers une Architecture*)와 같은 책의 영향을 받았을 가능성을 충분히 시사한다. 한데 후자의 책 속에는 이런 말이 나온다.

　위대한 시대가 시작되었다. 거기에 새로운 정신이 존재한다.
　(중략)

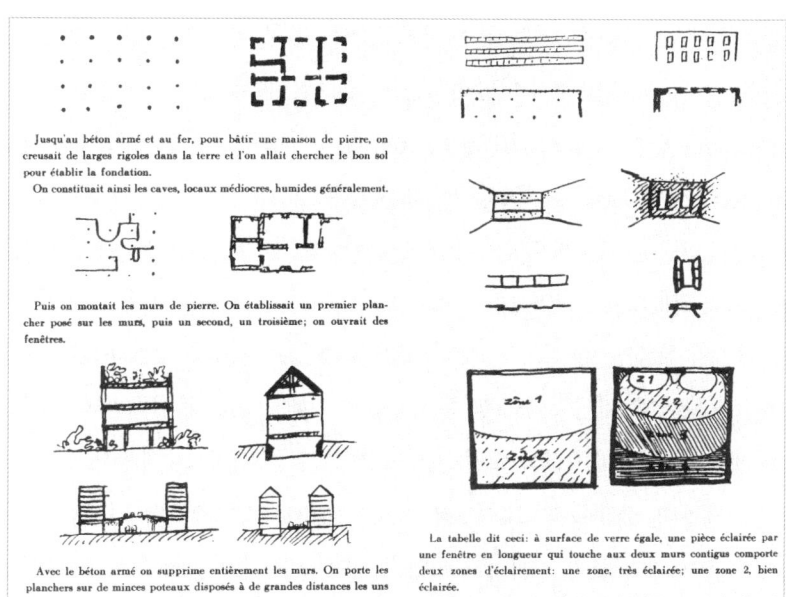

〈그림 15〉 르 코르뷔지에의 신건축의 5원칙, 1926년(출전: Marvin Trachtenberg and Isabelle Hyman, *Architecture:From Prehistory to Post-Modernism* / *The Western Tradition*, Englewood Cliffs, NJ : Prentice Hall, Inc., 1986, p.529).

주택은 더 이상 깊은 기초에 의해 땅에 무겁게 뿌리내린, 그 위에 가족과 종족의 제단이 너무나 오랫동안 집약되었던 대상으로 '단단하게' 지어진, 시대에 뒤떨어진 존재가 되지 않을 것이다.[15]

르 코르뷔지에의 이러한 천명은 앞서 언급했듯이 이상에게 있어 마치 해방구처럼 들렸을 것이다. 왜냐하면 그는 자신을 끌어당기고 있는 현

---

[15] 르 코르뷔지에 지음, 『건축을 향하여』, 이관석 옮김, 동녘, 2007, 233쪽.

실로부터 탈출해 해방되는 꿈을 꾸고 있었기 때문이다. 이로 인해 그는 기둥으로 건물을 지면에서 이탈시키는 르 코르뷔지에식의 신건축마저도 부정하고, 우주적 공간으로 벗어나는 탈주를 꿈꾸었던 것이다. 바로 이러한 내용이 다음에 연결되는 시행들에서 표명되었다.

이상은 신건축의 혁신마저도 무한한 우주적 공간, 양자역학, 상대성이론에 의해 해체되어야 할 '유클리드 기하공간'임을 언급했다. 그는 아인슈타인의 상대성이론에 기초해 시공간을 자유롭게 넘나드는 타임머신의 비전을 상상하고, 양자역학 등 현대물리학이 새로 밝힌 물질에 대한 견해, 즉 '물질이 미립자이면서 미립자가 아닌 빛으로 운동하는 파동으로 이루어진 사실'에 영감을 받았다. 그래서 그는 "원자는 원자이고……" "원자는 원자가 아닌" 광선적 존재라고 표명한 것이다. 특히 이상에게 상대성이론의 의미는 각별했다. 왜냐하면 이는 미립자들의 상대적 시간과 공간에 대한 혁명적 견해였다. 시간과 공간은 서로 분리된 별개가 아니라 서로 연결된 4차원의 연속체이며, 서로 다른 관찰자들이 동일한 사건에 대해 상대적으로 다른 속도로 움직이면 하나의 사건을 서로 다르게 볼 수 있다는 것이다. 이때 기존의 물리공간에서 취해진 모든 측정들은 절대적 의미를 상실한다. 따라서 이상은 절대적 의미가 붕괴되어 지각하는 상대적 위치에 따라 '후각의 미각'이 '미각의 후각'으로 감각이 자유자재로 상호 변환될 수 있는 새로운 존재의 탄생 가능성에 환호한 것이다. 이런 이유로 그는 마지막 시행에서 광선적 존재가 유클리드 기하학의 '입체'와 고전물리학의 '운동'의 법칙에 대한 절망으로부터 나온 새로운 탄생이라 말했다. 그는 또한 "생명은 생도 아니고 명도 아니고 광선"이듯이, 지구가 물질로 채워진 것이 아니라 광선과 같은 비물질로 이루어진 빈집과 같을 때 "봉건시대는 눈물이 날 정도로 그리워진다"고 감회를 피력했던 것이다.

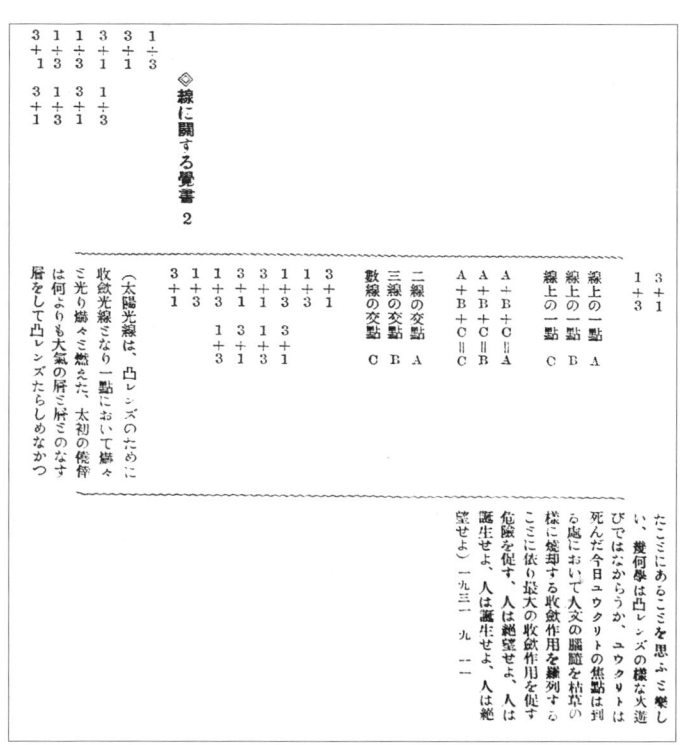

〈그림 16〉「삼차각설계도」 중 「선에관한각서 2」 원문.

이처럼 「선에관한각서 1」은 이상이 르 코르뷔지에식의 신건축에 감응하고, 현대물리학의 새로운 시공간 이론에 따른 새로운 세계와 인간 존재의 탄생을 담은 선언문에 해당한다. 그는 유클리드 기하공간의 좌표 체계에 고정된 건축을 넘어서 무한한 우주적 공간과 광선적 존재가 고요하게 빛의 속도로 이동하는 새로운 시공간을 표명한 것이다. 이러한 새로운 시공간의 선언적 성격은 「선에관한각서 2」와 「선에관한각서 3」에서 더욱 심화된 형태로 전개되었다.

위 〈그림 16〉의 「선에관한각서 2」의 앞부분을 먼저 번역해 보면, 이 시는 다음의 〈그림 17〉과 같이 가운데 ⓒ, ⓒ, ⓔ의 세 시행을 가운데 두고 앞의 ㉠ 시행과 뒷부분의 ⓜ 시행이 기본 등식(1+3, 3+1)에 의해 서로 뒤집힌 '대립쌍 구조'를 이룬다. 한데 가운데 세 시행에 이상한 세 존재 A, B, C에 대한 정의가 서술되어 있다.

㉠ 1+3

    3+1

    3+1 1+3

    1+3 3+1

    1+3 1+3

    3+1 3+1

    3+1

    1+3

ⓒ 線上의一點 A

    線上의一點 B

    線上의一點 C

ⓒ A+B+C=A

    A+B+C=B

    A+B+C=C

ⓔ 二線의交點 A

    二線의交點 B

    二線의交點 C

ㅁ	3+1
	1+3
	1+3 3+1
	3+1 1+3
	3+1 3+1
	1+3 1+3
	1+3
	3+1

〈그림 17〉「선에관한각서 2」의 앞부분 번역 및 시행 구분.

  그것은 ABC가 '한 선상에 위치한 서로 다른 세 개의 점이자, 세 점의 합이고, 두 선의 교점'임을 말하고 있다. 과연 이러한 현상이 물리적으로 가능한가? 이상은 상대성이론에 기초해 가능하다고 보았던 것이다. 그는 만일 시공간이 분리된 것이 아니라 서로 연결된 4차원의 연속체이고, 유클리드 기하학이 아닌 우주적 곡률공간 또는 위상공간일 때 이런 현상이 발생할 수 있음을 시각화했던 것이다. 여기서 한 발 더 나아가 그는 놀랍게도 시선에 따라 위상공간의 이동이 이루어지게 했다.
  위의 시에서 시행 ㉠ 내의 숫자 1과 3의 기본 조합에 의해 파생된 기본 등식(1+3, 3+1)을 도해하면 〈그림 18〉과 같은 모습이 된다. 그림 A에서 〈1+3〉과 〈3+1〉의 뒤집힌 형태는 하나의 쌍을 이뤄 다음의 대립쌍과 만나고 다시 이는 또 다른 뒤집힌 형태의 쌍과 대립쌍을 이룬다. 같은 방식의 대립쌍 구조가 아래의 그림 B를 형성한다. 이는 다시 그림 A의 대립쌍들과 대립하게 된다. 오른쪽의 그림 C는 이 대립방식을 이해하기 쉽게 필자가 그래픽으로 도해한 것이다. 칠해진 검은 사각형이 '1'에 해당하고, 칠해지지 않은 하얀 사각형을 '3'이라고 했을 때, 이 시행의 대립쌍 구조의 논

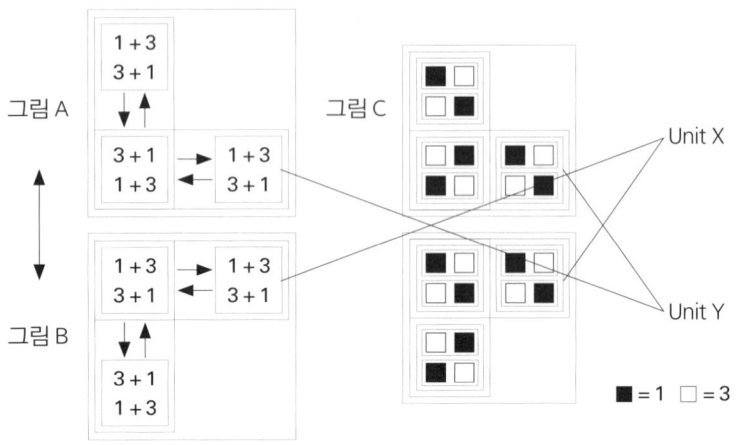

〈그림 18〉「선에관한각서 2」첫 시행의 대립쌍 도해도(ⓒ 김민수).

리를 따른다면 그림에서 'Unit X'와 'Unit Y'는 서로 뒤집힌 모양이 되었어야 옳다. 그러나 어쩐 일인지 X와 Y 유니트는 서로 뒤집힌 꼴이 아니라 같은 꼴이지 않은가. 이상은 왜 이런 '논리적 오류'를 보여 준 것일까?

　이 수수께끼의 해답은 밑의 시행 ㉤에 담겨 있다. 유니트 X는 절묘하게도 위상공간을 이동해 시행 ㉤에서 대립쌍 구조를 형성한다. 이는 무엇을 의미하는가? '유니트 X'가 시행 ㉠의 공간에서는 '오류' 또는 '미친 놈'으로 보이지만 시행 ㉤과 만나는 전체 공간에서는 대립이 통합되어 '올바름'의 양상으로 보여질 수 있음을 뜻한다. 이는 다음 〈그림 19〉와 같이 시행 ㉠과 ㉤을 다이어그램으로 도해해 보면, 그림 C와 그림 D의 대립쌍 구조로 명확하게 드러난다.

　위의 다이어그램 도해를 통해 이제 이상의 숨은 의도를 포착할 수 있다. 그가 대립쌍으로 통합되는 시행 ㉠과 ㉤을 직접 병치시키지 않고 중간

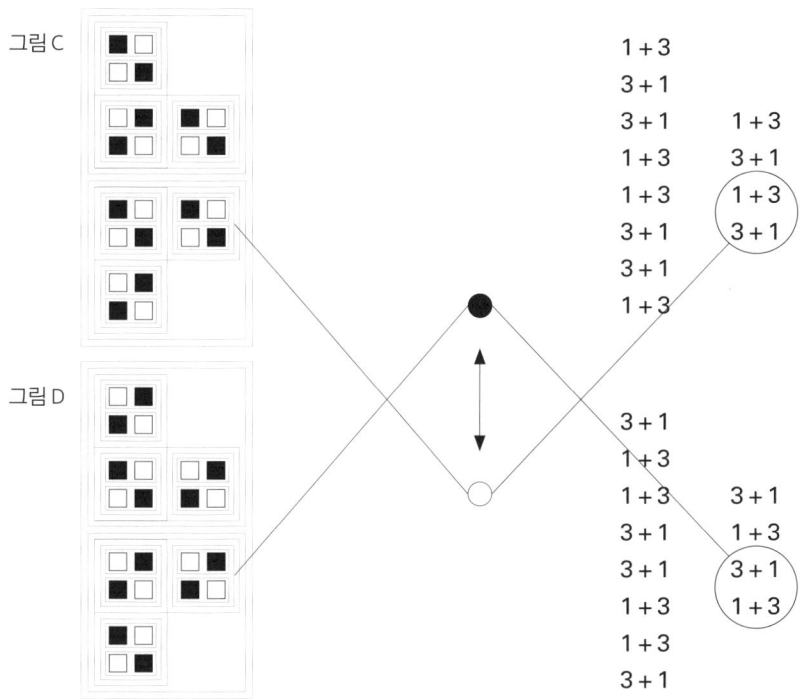

<그림 19> 「선에관한각서 2」의 시행 ㉠과 ㉱의 대립쌍 도해도(ⓒ 김민수).

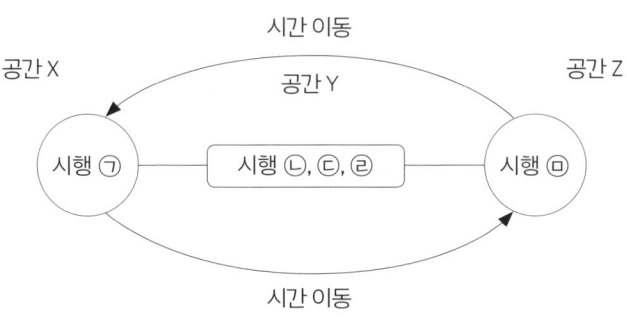

<그림 20> 「선에관한각서 2」 시행의 위상공간 이동(ⓒ 김민수).

에 시행 ㉡, ㉢, ㉣을 삽입해 분리시킨 것은 그 둘이 별개의 '위상공간'(位相空間)이라는 사실을 시각화하기 위함이다. 즉 앞의 〈그림 20〉과 같이 그는 절묘하게 시선에 따라 다른 위상의 시공간으로 이동하는 이미지를 보여 주려 했던 것이다.

바로 여기에 이상이 말하고 싶은 진심이 있다. 그는 절대적인 것에 대한 상대적 가치, 즉 이성적인 것과 비이성적인 것이 서로 별개의 영역에서 따로 존재하는 것이 아니라 통합되어져야 함을 말하고 싶었던 것이리라. 이로써 그는 기존의 시적 언어, 의미, 실체 등에 관한 선입견을 부정할 수밖에 없었다. 서구의 입체파, 미래파로부터 다다로 이어진 일련의 미학적 실험들이 성취할 수 없었던 지점에까지 도달했던 것이다.

한편, 이와 동일한 시공간의식이 다음의 「선에관한각서 3」에서 보다 압축된 이미지 언어로 전개되었다(그림 21).

다음 〈그림 21〉의 시행 ㉠은 앞서 설명한 「선에관한각서 1」에서 제시된 도형 이미지를 「선에관한각서 2」와 결부시켜 압축시킨 형태다. 시행 ㉡에서 이상은 이것이 무한한 대립 쌍들 속에서 임의로 선택된 단지 하나의 경우일 뿐임을 명시했다. 시행 ㉡은 복잡한 수학 방정식이 아니라 '$_nP_h=n(n-1)(n-2)\cdots(n-h+1)$', 즉 n개 중 h개를 선택하는 경우의 수를 구하는 순열등식이기 때문이다. 마지막 시행 ㉢은 이상이 앞서 「선에관한각서 2」에서도 표명했듯이, 시공간 이동이 유클리드 기하공간이 아니라 '우주적 곡률공간'에서 취해진 것임을 설명하고 있다.

아인슈타인의 이론에 따르면 중력의 힘은 공간과 시간을 휘게 하는 효과를 갖는다. 이는 공간을 기하학적 입체구조로 정의하는 유클리드 기하학이 휘어진 곡률공간에서 타당치 않음을 의미한다. 2차원의 평면인 지도를 둥근 지구본(地球本)의 표면에 입힐 수 없는 것과 같은 이치인 것이

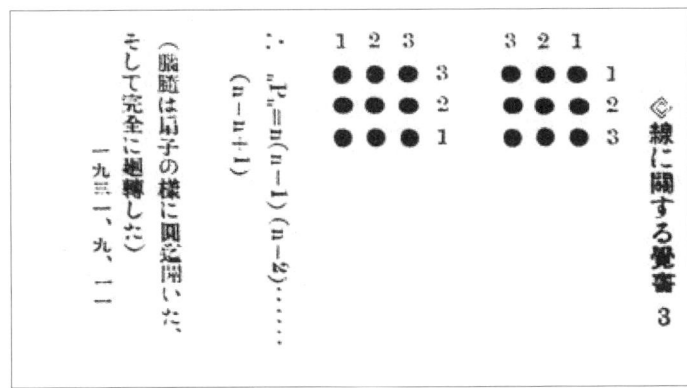

㉠

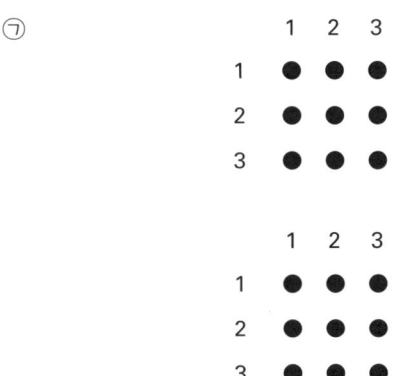

㉡   ∴ nPh=n(n-1)(n-2)……(n-h+1)

㉢   (腦髓는부채와같이圓에까지展開되었다,그리고완전히 廻轉하였다)

1931. 9. 11.

<그림 21> 「선에관한각서 3」의 원문(위), 번역(아래).

다. 따라서 시행 ㉢에 표기된 '뇌수'(腦髓)는 시공간 이동에 대한 '관찰자'의 위치를 의미하며, '부채와 같은 圓'은 그것이 발생한 곡률공간을 지칭한다. 이와 같은 우주적 시공간에 대한 생각은 다음 〈그림 22〉의 「선에관한각서 4」를 비롯해 여러 텍스트에 계속 반영되었다. 예컨대 "탄환이일원도를질주했다(탄환이일직선으로질주했다에있어서의오류등의수정)"이라는 시행은 탄환이 유클리드 기하공간에서 직선운동을 하는 것이 아니라 원(실제로는 球임)으로 이루어진 우주적 곡률공간에서 운동하고 있는 것임을 말하고 있는 것이다

이와 같이 이상은 유클리드 기하학과 물리공간의 한계를 벗어나고 싶은 열망을 표현했다. 그래서 그는 「선에관한각서 5」에서 "사람은 광선보다 빠르게 달아나라"며, "확대하는 우주를 두려워하는 자여, 과거에 살라, 광선보다도 빠르게 미래로 달아나라"고 재촉했다. 이 대목에 관해 언젠가 서울대 천문학과에 재직하다가 고등과학원으로 자리를 옮긴 친구 박창범 교수와 이야기를 나눈 적이 있었다. 당시 박 교수는 내게 이상이 이 땅에서 최초로 '우주 팽창론'을 언급한 인물이라며 매우 놀라워했다. 그동안 이상 연구자들 중에는 이러한 현대물리학적 표명을 '객기' 어린 장난에 불과하다고 말하겠지만, 어디서 주워 들었건 간에 그가 양자물리학과 일반상대성이론뿐만 아니라 우주 팽창론에 대한 지식을 갖고 있었던 것은 분명한 사실이다.

따라서 위에 설명한 시들에 자주 등장하는 이상의 "원(圓)과 부채" 등의 단어들은 우주적 시공간을 뜻하며, 여기에 탈주를 위한 매개가 바로 "광선과 거울" 등의 단어였던 셈이다. 이상의 현대물리학적 시공간 인식은 흔히 이상 연구자들이 말하듯 '유희적 장난' 수준에서 언급된 것이 결코 아니었다. 이상 연구자들은 이러한 그의 의식을 어린 시절 양자 체

〈그림 22〉 위, 「선에관한각서 4, 5, 6」 아래, 「선에관한각서 4」 원문.

```
◇線に關する覺書 6

               時間性(通俗思考に依る歷史性)

               速度ㄷ座標ㄷ速度

   4 + ㄷ
   ㄷ + 4
   4 + ㄱ
   ㄱ + 4
   e t c

   人は靜力學の現象しないこㄷ
   同じくあるこㄷの永遠の假設であ
   る、人は人の客觀を捨てよ。

   主觀の體系の收歛ㄷ收歛に依る
   凹レンズ。

4 第四世
生。
4 一千九百三十一年九月十二日

4 陽子核ㄷしての陽子ㄷ陽子ㄷ
の聯想ㄷ選擇。

數字の方位學
   4    ㄱ
   ㄷ    4
   4    ㄱ
   ㄷ    4

數字の力學
```

<그림 23> 「선에관한각서 6」의 원문

험(실제로 그는 양자가 아니었다), 가정 체험, 분리, 고아 체험 등의 정신적 외상에서 비롯된 트라우마[16] 내지는 "분열된 자아의 양립 불가능한 모순"[17] 등으로 해석하기도 한다. 그러나 그는 이 모든 것을 배태한 자신의 실존적 삶과 현실에서 벗어나 무한질주가 가능한 해방구의 가능성을 처음에 르 코르뷔지에의 신건축에서 보았고, 더 나아가 새로운 현대물리학과 우주론에서 찾았던 것이다.

그의 꿈은 단순히 탈주로 끝나지 않았다. 그는 「선에관한각서 6」에

---

16 이승훈, 『이상 : 식민지 시대의 모더니스트』, 건축대학교출판부, 1997, 20쪽.
17 김승희, 『이상』, 문학세계사, 1993, 17쪽.

서처럼 무한 시공간에서 자유로운 유영(遊泳)을 상상하며, 숫자와 등식이 좌표 체계 내에서 동역학적으로 마음대로 회전하는 이미지까지도 상상했다. 뿐만 아니라 그는 「선에관한각서 7」에 이르러 앞서 표명한 '광선'적 존재에 새로운 삶의 희노애락을 부여하기도 했다. 예컨대 그는 광선을 즐기고, 슬퍼하고, 웃고, 울라고 주문하면서, "광선이 사람이라면 사람은 거울이다. 광선을 가지라"라고 함으로써 '가상공간의 삶'을 갈구했던 것이다.

5   건축무한육면각체 : 현실과 이상(理想), 그리고 좌절

1932년 『조선과 건축』 제11집 제7호에 필명 '이상'으로 발표한 연작시 「건축무한육면각체」(그림 24)는 「마가장 드 누보테에서」(「AU MAGASIN DE NOUVEAUTES」)[18], 「진단 0 : 1」, 「이십이년」과 같은 시들처럼 이전보다 시적 표현에 있어 더욱 압축 심화된 의식을 엿보이기도 한다. 이 시들은 앞의 「선에관한각서」에서 최초로 표명된 신건축이론과 현대물리학의 우주론적 이상(理想)을 현실에 대비시킨 실험들이었다.

「건축무한육면각체」 연작시 중 첫번째 시, 「마가장 드 누보테에서」에서 이상은 이제껏 표명했던 시공간의식을 현실세계의 도시건축에 투영

---

[18] 여기서 'MAGASIN DE NOUVEAUTES'란 1860년대 출현한 백화점의 원형으로 1830년대부터 파리 각지에 번성하였던 마가장 드 누보테로 불리는 의류품점에서 유래했다. 요시미 순야, 『박람회 : 근대의 시선』, 103쪽. 따라서 이 시의 제목에 표기된 『마가장 드 누보테에서』란 '백화점에서'란 의미가 된다. 이상은 이 용어를 당시 개점한 지 얼마 되지 않은 미쓰코시 백화점 경성지점을 지칭해 사용하고 있다.

建築無限六面角體

李　　　箱

◇ AU MAGASIN DE NOUVEAUTES

四角の中の四角の中の四角の中の四角　の中の四角。
四角な圓運動の四角な圓運動　の　四角な圓。
石鹼の通過する血管の石鹼の匂を透視する人。
地球に做つて作られた地球儀に做つて作られた地球。
去勢された襪子。（彼女のナマヘはワアズであつた）
貧血緬絶，アナタノカホイロモスヅメノアシヨホデス。
平行四邊形對角線方向を推進する莫大な重量。
マルセイユの春を解禮したコテイの香水の迎へた東洋の秋。
快晴の空に鵬遊するZ伯號。蛔蟲良藥と書いてある。
屋上庭園。猿猴を眞似てゐるマドモアゼル。
彎曲された直線を直線に走る落體公式。
文字盤にXIIに下された二個の濡れた黄昏。
ドアアの中のドアアの中の鳥籠の中のカナリヤの中の嵌殺戸扉の中のアイサツ。
食堂の入口迄來た雌雄の様な朋友が分れる。
黒インクの溢れた角砂糖が三輪車に積荷れる。
名刺を踏む軍用長靴。街衢を疾驅する造花金蓮。
上から降りて下から昇つて上から降りて下から昇つた人は下から昇らなかつた上から降りなかつた下から昇らなかつた上から降りなかつた人。

あのオンナの下半はあのオトコの上半に似てゐる。（僕は哀しき邂逅に哀しむ僕）
四角な箱櫃が歩き出す。（ムキミナコトダ）
ラヂエタアの近くで昇天するサヨホナラ。
外は雨。發光魚類の群集移動。

◇ 熱河略圖 No. 2 (未定稿)

1931年の風雲を寂しく語つてゐるタンクが早春の大霽に軽く鏽びついてゐる。
客棧の炕の中。（實驗用アルコホルランプが燈の代りをしてゐる）
ベルが鳴る。
小孩が二十年前に死んだ溫泉の再噴出を知らせる。

◇ 診　斷　0：1

或る患者の容態に關する問題。
　1234567890・
　123456789・0
　12345678・90
　1234567・890
　123456・7890
　12345・67890
　1234・567890
　123・4567890
　12・34567890
　1・234567890
　・1234567390
診斷 0：1
　26・10・1931
以上　責任醫師　李箱

시켰다. 예컨대 그는 첫 시행에 끝없이 '내부로 분열하는 사각형' 이미지를 제시한 다음, 그 내부에 펼쳐진 세부 풍경을 접사하는 카메라 렌즈의 시선으로 그려냈다.

마가장 드 누보테에서 [19]

사각형의내부의사각형의내부의사각형의내부의사각형의내부의사각형.

사각형이난원운동의사각형이난원운동의사각이난원.

비누가통과하는혈관의비눗내를투시하는사람.

지구를모형으로만들어진지구의를모형으로만들어진지구.

거세된양말. (그여인의이름은워어즈였다)

빈혈면포(貧血緬袍). 당신의얼굴빛깔도참새다리같습네다.

평행사변형대각선방향을추진하는막대한중량.

마르세이유의봄을해람(解纜)한코티의향수의마지막동양의가을

쾌청(快晴)의공중에붕유(鵬遊)하는Z백호(伯號). 회충양약(蛔蟲良藥)이라고쓰여져있다.

옥상정원. 원후(猿猴)를흉내내이고있는마드무아젤.

만곡(彎曲)된직선을직선으로질주하는낙체공식(落體公式)

시계문자반(文字盤)에XII에내리워진일개의침수된황혼

도아-의내부의도아-의내부의조롱(鳥籠)의카나리야의내부의감살문호(嵌殺門戶)의내부의인사.

식당의문깐에방금도착한자웅(雌雄)과같은붕우(朋友)가헤어진다.

파랑잉크가엎질러진각설당(角雪糖)이삼륜차에적하(積荷)된다.

명함(名啣)을짓밟는군용장화.가구(街衢)를질구(疾驅)하는조화금련(造化金蓮)

---

19 임종국의 번역에 기초함. 임종국 엮음, 『이상전집』, 269쪽.

위에서내려오고밑에서올라가고위에서내려오고밑에서올라간사람은밑에서올라가지아니한위에서내려오지아니한밑에서올라지아니한위에서내려오지아니한사람.

저여자의하반(下半)은저남자의상반(上半)에흡사하다.(나는애련한해후에애련하는나)

사각이난케-스가걷기시작이다(소름끼치는일이다)

라지에-타의근방에서승천하는끗빠이.

바깥은우중(雨中). 발광어류(發光魚類)의군집이동(群集移動).

위의 첫 시행은 요즘 영화나 게임의 '3D 내비게이션' 장면을 방불케 한다. 마치 하늘에 카메라를 고정시키고 렌즈의 초점거리를 도시 공간 속으로 '줌인'(Zoom in)해 빨아들이는 속도감이 느껴진다. 그는 사각형이 끝없이 내부로 분열해 들어가는 도시 속의 한 건물 내부를 샅샅이 훑어 탐사하고 있다. 시행 "비누가 통과하는 혈관의 비눗내를 투시하는 사람"은 바로 이상 자신을 뜻한다. 그는 X-레이로 투시하듯 건물을 조명했던 것이다. 앞서 필자가 검토했듯이, 1930년 『조선과 건축』(제9집) 제8호에는 옥상정원에 대한 특집이 이미 다뤄졌고, 제11호에는 '미쓰코시(三越) 경성지점 신축공사' 특집이 실려 내부 평면도에서부터 공사개요에 이르기까지 상세히 소개되었다. 따라서 1931년 10월 말경 작시된 이 시는 막 문을 연 미쓰코시 백화점을 둘러본 이상의 감회가 담긴 시였다. 한데 이 글은 흔히 문학 이론가들이 말하듯 단순히 도시의 '관찰자'로서 이상이 미쓰코시 백화점에 대해 언급한 것이 아니었다. 그는 이 백화점이 르 코르뷔지에의 신건축 원리에 의해 설계된 것도 아니면서 옥상정원까지 두고, 백화점 내부는 물 건너온 수입품으로 채워지고, 엘리베이터를 오르내리며 남녀가 만나고 헤어지는 장소 나부랭이밖에 되지 않는 것에 크게 실망했던 것이다.

　이러한 실망감은 그가 상상했던 근대도시건축의 이상과 현실의 큰 괴리감에서 비롯된 것으로 추정된다. 그는 백화점의 옥상정원과 층을 오르내리는 여성들에 대해 마치 마르세이유에 봄이 온 것처럼 닻줄을 풀고 (解纜) 물 건너 온 코티 향수를 풍기며, (서양인을 흉내 내듯) "원숭이(猿猴)를 흉내 내고 있는 마드모아젤"이라 평한다. 또한 그는 "위에서 내려오고 밑에서 올라가"는 엘리베이터에서 서로 밀착되어 붙어 있는 남녀를 보고, "저 여자의 하반(下半)은 저 남자의 상반(上半)에 흡사하다"고 말한다. 그는 이렇게 엘리베이터가 움직이는 것을 '사각이 난 케이스가 걷기 시작'했다며 "소름끼치는 일"로 절망했다. 이런 이유로 그는 시 제목을 마치 '먼 나라의 19세기 장소에서 본 이야기'처럼 1830년대 유럽 파리에 번성했던 의류품점의 이름을 빗대어 「마가장 드 누보테에서」라고 붙였을 것이다. 그것은 이러한 도시 풍경이 이상 자신에게는 '근대를 빙자한 전근대' 도시에 불과한 모습으로 비쳐졌기 때문이다. 따라서 이 시는 당시 건축가로서 신건축과 현대물리학의 세계에 직면한 이상이 식민지 도시화와 근대화에 내재된 모순과 허구를 발견하면서 자괴감 같은 심정을 담은 시라고 할 수 있다. 그래서일까? 마지막 시행의 "바깥은 우중(雨中), 발광어류의 군집이동"에선 묘한 여운이 남는다. 그것은 비오는 백화점 창문 밖으로 행인들이 오가는 거리풍경을 묘사한 대목이다. 하지만 왠지 오늘날 사이버펑크 SF 소설에 나오는 암울한 미래 도시의 스산함과 같은 회한이 느껴진다. 이상이 1933년 총독부 건축과 기수직을 그만둔 데에는 무엇보다 각혈로 병이 깊어진 것이 직접적 원인이었지만 그의 내면에는 이러한 자괴감과 절망감이 자라나고 있었던 것이다.

　〈그림 25〉의 「진단 0:1」은 앞서 「선에관한각서 1」에서 나왔던 것과

비슷하다. 「진단 0 : 1」은 건물을 지면 위로 들어올리기 위한 100개의 필로티(기둥)가 그려진 평면도 행렬(매트릭스)에 숫자를 대입해 만든 시였다. 한데 이 시는 오늘날로 치면 움직이는 '애니메이션 시'에 해당한다. 왜냐하면 얼핏 보기에 고정된 숫자판으로 보이지만 구조 내부에 엄청난 움직임이 발생하고 있기 때문이다. 즉 〈그림 25〉 아래 그림의 내부 변화도처럼 1에서 0까지 '10개'의 수로 이루어진 최초의 행렬에 하나의 점이 개입해 들어가면서, 내부에 '10가지'의 서로 다른 행렬이 분열하고, 다시 '10개'의 수로 이루어진 행렬로 환원되는 '운동'이 일어나고 있지 않은가. 이러한 움직임은 마치 '이상한 가역반응'과도 같이 역의 경우에 있어서도 마찬가지 결과를 파생한다. 이는 얼핏 보기에 단순한 숫자판 그림처럼 보이지만 시간적 경과에 따라 사건의 진행을 보여 준 놀라운 시였던 것이다.

이때 숫자 '0'과 '1'은 문학적 알레고리와 별 상관이 없이 그 자체가 엄청난 '철학적 의미'를 지닌다는 사실에 주목해야 한다. 그것은 바로 '존재성'에 대한 표명으로서, 상대성이론으로부터 유래하는 물질 또는 존재란 쪼개질 수 없는 고정된 것의 합성체가 아니라 역동적 에너지의 흐름 자체[20]이며, 끊임없이 변하는 분리할 수 없는 영원한 실체로서 힌두철학의 '브라만'(Brahman), 도가의 '도'(道), 불가의 '선'(禪)의 상태와 같은 것을 의미하는 것이라고 할 수 있다. 이상은 이러한 철학적 의미를 문학적 차원으로 끌어 오기 위해 기존의 시 형태를 유지하는 부제를 사용했다. 이 시는 그가 애초에 형태의 기본 이미지 요소를 「선에관한각서 1」로부터 유추

---

[20] 「진단 0 : 1」은 마치 핵가속 장치 속에서 두 개의 미립자들을 고에너지 상태로 충돌시켰을 때 미립자들은 조각으로 부서지지만, 그 조각들은 충돌 과정에서 발생한 운동에너지에 의해 원래의 미립자들보다 결코 작지 않은 같은 종류의 미립자를 생성시킨다는 상대성이론으로부터 진전된 소위 '상대성 소립자이론'을 확인시켜 주는 듯하다.

◇診　斷　0：1

或る患者の容態に關する問題。
1 2 3 4 5 6 7 8 9 0 ·
1 2 3 4 5 6 7 8 9 · 0
1 2 3 4 5 6 7 8 · 9 0
1 2 3 4 5 6 7 · 8 9 0
1 2 3 4 5 6 · 7 8 9 0
1 2 3 4 5 · 6 7 8 9 0
1 2 3 4 · 5 6 7 8 9 0
1 2 3 · 4 5 6 7 8 9 0
1 2 · 3 4 5 6 7 8 9 0
1 · 2 3 4 5 6 7 8 9 0
· 1 2 3 4 5 6 7 8 9 0

診斷　0：1
26・10・1931
以上　責任醫師　李箱

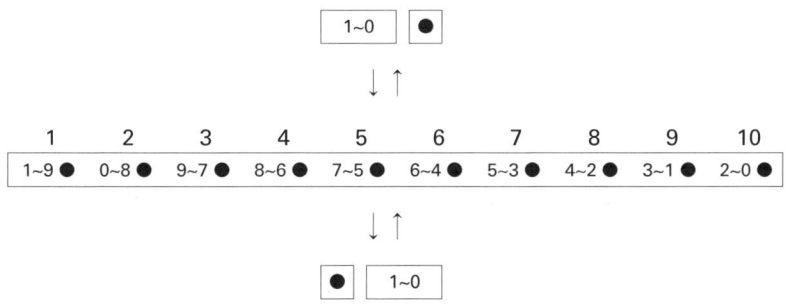

〈그림 25〉 위, 「진단 0 : 1」 원문. 아래, 점에 의해 발생한 숫자판 내부의 변화도(ⓒ 김민수)

4장 _ 또팔씨의 출발 : 절정기와 좌절, 또 출발　　235

시켰다는 점에서, 조형적 실험을 끝마친 후에 부제와 마지막 시행의 "진단 0:1", 그리고 자신의 서명 "以上 책임의사 李箱"이라는 시적 표현을 붙였을 가능성이 크다. 철학적 의미를 부제 "환자의 용태에 관한 문제"와 관련시켜 보면, "책임의사로서 나 '이상'(李箱)이 이상(以上)의 환자를 진단했을 때, 진단 0:1이다. 즉 존재는 분리 가능한 것이 아니며 상대적 위치와 시간에 따라 변하는 고로 우리가 생각하는 환자는 환자가 아니다. 고로 그는 정상과 비정상의 차이는 단지 상대적 시각에서 보기 나름이"라는 진단을 내리고 있었던 것이다.

그러나 부제, 진단과 서명까지 끝마쳐진 단계에 이르러 이상은 이미지의 표정에 대해 생각했던 모양이다. 왜냐하면 「진단 0:1」의 최종 이미지는 너무나 '정상'처럼 보이기 때문이다. 따라서 그는 환자의 용태를 강조하기 위한 시각적 장치를 추가하기로 마음을 먹는다. 그래서 그는 1934년에 발표한 「오감도」 연작시 중 「시 제4호」에서 「진단 0:1」의 숫자판을 뒤집어 놓았다. 그것은 이전의 모든 시들에서 취해진 '물질과 존재성에 대한 부정', '무한 시공간으로의 이동', '절대적 자아의 붕괴'를 시각적으로 통합한 것이다.

〈그림 26〉의 「이십이년」에서 이상은 신건축이 해방시킨 건축적 이상(理想)과 자신의 현실과의 괴리를 그려냈다. 예컨대 그는 첫 시행에 "전후좌우를 제(除)하는 유일의 흔적에 있어서"란 말을 제시한다. 이어서 장자(莊子)의 산목(山木)편에 나오는 한 고사의 "날개는 큰데도 날지 못하고, 눈은 큰데도 보질 못한다"(翼殷不逝 目大不覩)는 대목을 인용했다. 그리곤 끝이 두 갈래 대칭으로 화살표를 이루는 도형을 두고, 이에 대해 장부(臟腑, 눈)라는 것은 침수된 축사와 구별될 수 있을런가라는 질문을 던졌다. 여기서 '전후좌우를 제한 유일의 흔적'이란 〈그림 27〉처럼 도형 이미지

```
(26)···建築無限六面角體

     ◇二十二年

前後左右を除く唯一の痕跡に於ける

翼殷不逝  目大不覩

胖矮小形の神の眼前に我は落傷した故事を有
つ。

    ┌─┐  ┌─┐
    │←│  │→│
    └─┘  └─┘

(臟腑 其者は浸水された畜舎こは異るもので
あらうか)
```

◆ 二十二年

前後左右를除하는有一의痕跡에있어서

翼殷[21]不逝 目大不覩

胖矮小形의神의眼前에我前落傷한古事를有함

(臟腑라는것은浸水된畜舍와區別될수있을는가)

〈그림 26〉 위, 「이십이년」의 원문 **아래**, 번역

---

21 위의 「이십이년」 원문에 표기된 한자 '단'(段)자는 '은'(殷)자의 오자이다. 1934년 『조선중앙일보』에 발표된 동일한 내용의 「오감도」 연작시 「시 제5호」에는 '은'(殷)으로 수정되어 있기 때문이다. 내용적으로 '날개가 크데도 날지 못하고'의 '익은불서'에는 '은'(殷)이 맞는 표기이다. 이상의 텍스트에서 한자어 독해는 많은 주의를 요한다. 그는 경우에 따라 일반적 용례의 한자를 사용하지 않고 의도적으로 의미는 같지만 다른 형태의 한자를 사용하거나 완전히 다른 의미의 한자를 사용한 경우가 종종 있기 때문이다. 위의 경우는 의도적인 변경에 의한 것이 아니라 인쇄 조판 과정에서 나온 오자로 여겨진다.

가 침수된 축사에서 '3차원의 입체성'이 제거된 '평면도'임을 뜻하며, 앞서 설명한 르 코르뷔지에의 신건축 원리 중 평면에 대한 이미지와 관계한다.

따라서 '전후좌우를 제한 유일의 흔적'이란 말은 그것이 침수된 축사의 평면도와 같다는 말이다. 무엇보다 이것이 건축 평면도임은 '조롱의 울타리로 먹이를 노리고 날아든 이상한 까치 한 마리'가 나오는 장자의 고사로 더욱 확실해 진다. 이 고사에 등장하는 까치는 날개폭이 일곱자요, 눈의 지름이 한 치나 되어 보였다. 그러나 날개는 큰데도 날지 못하고, 눈은 큰데도 보질 못했다. 이상은 이 까치를 두고 '크지만 작고' 하늘에서 내려다 본 존재로서 '반왜소형의 신'이라 빗대어 표현한 것이다. 따라서 도형 이미지는 침수된 축사를 하늘에서 내려다 본 건축 평면도였던 것이다. 대체 왜 그는 이러한 평면도를 제시하면서 날개는 큰데도 날지 못하고, 눈은 큰데도 보질 못한다고 한 것일까?

이 질문의 답은 르 코르뷔지에의 신건축 이론 속에 담겨져 있다. 이상의 이러한 표명은 르 코르뷔지에가 말한 '평면'의 중요성에 대한 주장과 관계하는 것으로 여겨진다.『건축을 향하여』에서 그는 건축가가 상기해야 할 세 가지 교훈 중 '평면'(plan)에 대해 다음과 같이 강조했다.

> 평면은 생성원(生成元, générateur)이다.
> 평면이 없으면, 무질서와 자의성만이 있을 뿐이다.
> 평면은 어떤 느낌을 자극하는 본질적인 힘을 지니고 있다.
> 집단적 필요에 따라 야기된 미래의 커다란 문제들은 다시 한번 평면에 대해 의문을 제기한다.
> 현대의 삶은 주택과 도시를 위한 새로운 평면을 요구하며 기다린다.[22]

---

[22] 르 코르뷔지에,『건축을 향하여』, 65쪽.

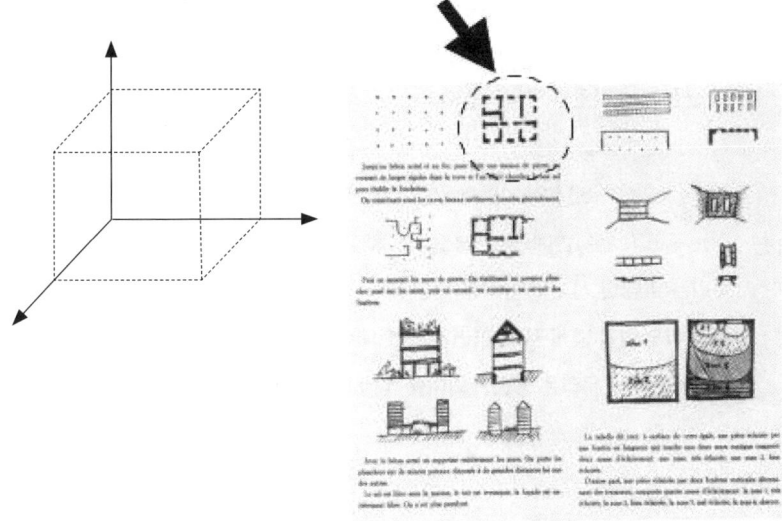

⟨그림 27⟩ **왼쪽**, 3차원 입체성을 정의하는 X, Y, Z 축을 지닌 좌표체계
오른쪽, 르 코르뷔지에의 신건축의 5원칙 중 '평면의 원리' 부분 이미지(화살표), 1926년.[23]

　　이처럼 현대의 삶이 생성원으로서 본질적인 힘을 지닌 새로운 평면을 요구하며 기다린다는 르 코르뷔지에의 주장은 이상을 열광시키기에 충분했을 것이다. 이는 침수된 축사 이미지의 평면도 안에 둘로 갈라지는 화살표가 대칭을 이루도록 표시한 대목이 입증해 주고 있다. 그것은 르 코르뷔지에가 말한 '평면 안에 존재하는 원초적 리듬'을 표시하기 위함이었다. 『건축을 향하여』의 「평면」편에는 평면의 리듬에 대해 다음과 같은 대목이 나온다.

---

23 출전 : Marvin Trachtenberg and Isabelle Hyman, *Architecture : From Prehistory to Post-Modernism / The Western Tradition*, p. 529.

평면은 자체 내에 원초적으로 미리 규정된 리듬을 지니고 있다 …… 무한히 변조될 수 있는 간명한 법칙이 필요하다. 리듬은 복잡하거나 단순한 대칭 또는 섬세한 균형에서 비롯된 평형의 상태다. 동등화(대칭, 반복 : 이집트와 힌두의 사원), 보정(상반된 부분들의 운동 : 아테네의 아크로폴로스), 변조(초기의 조형적 창안물의 발전 : 성 소피아 사원)같이 리듬은 일종의 방정식이다. 리듬과 평형의 상태를 부여한다는 목표가 일치함에도 불구하고 각 개인의 반응은 근본적으로 다르다. **그래서 우리는 위대한 시대의 놀라운 다양성을, 장식의 유희가 아닌 건축적 원리의 결과인 다양성을 얻게 된다. 평면은 자체 내에 감각의 본질을 지니고 있다. 그러나 100년 전부터 우리는 평면의 의미를 잊어 왔다.**(굵은 글씨체는 필자의 강조) [24]

르 코르뷔지에의 위의 주장을 보면, 이상이 평면도 끝 선의 화살표를 왜 두 갈래의 대칭을 이루도록 그려 넣었는지 그 의도를 알 수 있다. 그것은 "평면 자체 내에 원초적 리듬이 있으며, 리듬이란 복잡하거나 단순한 대칭 또는 섬세한 균형에서 비롯된 평형상태이고, 위대한 시대의 놀라운 다양성이 바로 이러한 단순한 건축적 원리로부터 나온 '시각적 표상'이었던 것이다.

이쯤에서 시 제목「이십이년」의 의미도 확실해진다. 이 시는 1931년 10월경에 작시된 것으로 이때 이상의 나이가 바로 22살이었다. 그는 자신의 생애 '이십이 년'에 이르러 근대 신건축의 이치를 깨우쳤지만 그 뜻을 제대로 펼 수 없었다. 바로 이러한 억울한 심정이 장자의 고사, "날개는 큰데도 날지 못하고, 눈은 큰데도 보질 못한다"(翼殷不逝 目大不覩)에 감정이입 되었던 것이다. 결론적으로,「이십이년」은 이상이 스물두 살에 이르러

---

24 르 코르뷔지에, 『건축을 향하여』, 69~70쪽.

근대 신건축이 해방시킨 건축의 이상과 자신의 실존적 현실 사이의 괴리감을 은유적으로 그린 또 다른 자화상이었던 것이다.

그럼에도 불구하고 이상이 할 수 있는 것이라곤 괴리감의 극복을 위해 노력하는 것뿐이었다. 그러나 그의 생에 중대한 변수가 발생한다. 그 변수를 표현한 시가 바로 앞서 설명한 「건축무한육면각체」에 함께 실린 「且8氏의 出發」이었던 것이다. 필자는 이 시가 그동안 많은 이상 연구자들이 해석하듯, '항문기 새디즘적 성도착 이미지를 극대화한 시'가 결코 아니며, '且8氏'자가 '모자를 쓴 눈사람'을 뜻하는 것도 아니며, '성적 이미지와 x팔씨'와 같은 저질스런 의미도 아니고, 더욱이 제목 '차'(且)자의 형태가 '구'(具)자와 비슷해 구본웅의 '具'씨를 의미한다는 황당한 해석과는 거리가 멀다고 설명했다. 이 시의 제목은 「또팔씨의 출발」로서, 질척거리는 현실의 땅에서 분투적으로 땅을 파왔지만, 이제 각혈하는 폐결핵으로 죽음이 다가오는 순간을 분투적인 자살로 맞서기 위해 땅을 계속 또 파야만 하는 한 인간의 처절한 출발을 다짐하는 치열한 삶이 담긴 시였던 것이다. 전술한 앞부분에 이어 전체를 번역하면 다음과 같은 내용이다.

◆ **또팔씨의 출발** [25]

균열이들어간장가이녕의땅에한자루의곤봉을꽂는다.
한자루인채로커져간다.
수목이자란다.
　　이상 꽂는일과자라는일의원만한융합을
　　　가르킨다.

---

25 새로 번역한 것임. ⓒ 김민수, 2012.

사막에자란한그루의산호나무옆에멧돼지같은
사람이생매장당하는일을당하는일없이외롭게
생매장하는일에의해자살한다.
만월은비행기보다신선하게공기를추진한다는일의
신선함은산호나무의음울함을보다늘리는것
전의일이다.

윤부전지 전개된지구의를앞에둔설문

하나.

곤봉은사람에게땅을떠나는곡예를가르치지만
사람은이해하는것이불가능한것인가.

지구를굴착하라.

동시에

생리작용을야기하는상식을포기하자.

쏜살같이달리고또쏜살같이달리고또쏜살같이달리고또
쏜살같이달리는사람은쏜살같이달리는일들을정지한다.
사막보다고요한절망은사람을불러세우는무표정한표정의무지한한
그루산호나무의사람의배꼽을등쪽인앞쪽에상대하는자발적인두려움
때문이지만사람의절망은고요한것을지키는성격이다.

지구를굴착하라.

동시에

사람의숙명적발광은곤봉을꽂는일이니＊.

＊사실또팔씨는자발적으로발광하였다.그리고언제인가부터또팔씨의온
실에는은화식물이꽃을피우고있었다.눈물에젖은감광지
가태양과만나서하얗게빛났다.

이상은 처음에 진창에 꽂은 한 자루 곤봉이 산호나무처럼 형형색색

아름답게 자라났지만 이제 폐결핵으로 각혈을 해서 '생매장' 당하는 상황에 직면했음을 암시했다. 그럼에도 불구하고 그는 자신의 죽음을 앉아서 맞는 '고요한(靜謐) 타살'이 아니라 '능동적인 자살'로 만들기 위해 멧돼지처럼 계속 땅을 파야 할 '또팔씨'의 분투적 출발을 계획한다. 여기서 그가 자살을 모색했다는 사실은 다음의 시행이 결정적으로 말해 주고 있다. "생리작용을 야기하는 상식을 포기하자." 즉 각혈하면 죽는다는 상식을 포기하자는 말이다. 따라서 그는 '쏜살같이 달리고' 또 달려(땅을 또 파고 또 파서) 결국에 죽음에 도달할 것임("달리는 일들을 정지한다")을 예상했다. 그는 죽음을 앞에 두고 가만히 있는 것("고요한 것을 지키는 성격")이 오히려 사람의 절망이라고 결론을 내린다. 그래서 그는 지구를 굴착하고 계속 지면을 떠나는 기둥을 세우는 것("곤봉을 꽂는 것")이 자신의 숙명적 발광이라고 외친다. 그의 이러한 자살로 향한 몸부림("자발적 발광")에 언제부터인가 자신의 세계("온실")에 '꽃을 피울 수 없는' 은화식물(隱花植物)[26]에 꽃이 피는 결실도 맛보았다. 이에 그는 젖은 눈시울("눈물 젖은 감광지")로 하얗게 빛나는 태양을 보며 흐느꼈던 것이다.

여기서 '인간 이상'의 처절한 절규가 들리지 않는가? 마지막 시행, "눈물 젖은 감광지가 태양과 만나 하얗게 빛났다"에선 소름 돋는 전율에 눈시울이 뜨거워진다. 죽음에 직면해 오히려 스스로 분신할 계획을 세우고 있는 "또팔씨"의 다짐에서 우리는 이제껏 이상 연구자들이 해왔던 해석적 자유방임주의, 언어유희, 말장난 따위를 중단하고 숙연해질 필요가 있다. 이 시에 담긴 진실을 알고 나면 식민지 조선 땅에서 그가 감내해야 했던 이상과 현실 사이의 괴리감의 부피만큼, 막다른 골목에서 그가 몸부

---

[26] 은화식물(隱花植物, cryptogams)은 꽃을 피우지 못하는 식물로, 여기선 이상 자신 또는 그의 삶을 뜻한다.

림쳐야만 했던 삶의 무게에 연민마저 느끼게 된다. 해방 후 '난해한 이상시'가 연구되고 읽혀진 여러 이유들 중에는 바로 이런 치열한 정신이 자리 잡고 있었다. 예컨대 한국 문학사에서 최초로 친일문학을 규명하고 고발한[27] 임종국이 흩어진 그의 시를 끌어모아 『이상전집』을 내어 이상 연구의 발판을 마련했던 것도 바로 이런 이유 때문이었을 것이다. 또한 비민주적 진창의 시대와 샅바 끈을 잡았던 김수영이 임종국과 함께 이상의 유고를 번역해 『이상전집』에 실었던 것[28]도 그의 예술세계의 독보적 스타일뿐만 아니라 실존의 처절함을 본능으로 교감했기 때문일 게다. 그러나 한국전쟁 이후 이상은 전후 모더니즘 문학계에서 단지 형식주의 언어미학의 차원에서 조명되면서 그의 텍스트는 점차 '난해한 기호', '성도착적 정신분석의 대상', '열려진 텍스트'라는 해석적 방임주의로 진화 과정을 거쳐 더욱 난해하고 복잡한 신화로 자리 잡아 갔던 것이다. 이상의 '문학적 상상력'의 한계와 무지로 인해 이상에게 덧씌워 놓은 '이상한 껍데기들'을 이제 그만 벗겨 주도록 하자.

「건축무한육면각체」 연작시는 1932년 『조선과 건축』 제7호에 발표되었지만 서명날짜는 1931년 10월 26일로 되어 있다. 앞서 〈표〉에서 보듯 「건축무한육면각체」를 발표한 후 이상은 더 이상 『조선과 건축』에 시를 발표하지 않았다. 따라서 『조선과 건축』에 실린 이상 시는 대부분 1931년 5월 31일부터 10월 26일 사이에 집중적으로 작시되어 서명된 것이라 할 수 있다. 한데 1932년부터 1933년 사이에 이상은 『조선과 건축』에 시를 발표하는 대신에 'R'이라는 필명으로 1932년 제11집 6호, 9호, 10호, 그리고

---

[27] 임종국, 『친일문학론』, 평화출판사, 1966.
[28] 임종국 엮음, 『이상전집』, 7쪽.

메호리-나기이⋯⋯ 최초의 불분명한 원경험에서 생활전체가 생겨⋯⋯ 기초경험이 발전하고 변형하여 정신적이 되고 다른 모든 경험과 관계하여⋯⋯건축까지 도달한다. 교육문제⋯⋯ 선현의 인간⋯⋯ 원시인은 한명으로 엽사, 공예가, 건축사, 의사를 겸했다⋯⋯현대인은 그 하나를 택한다. 미래는 전적인 인간을 요구한다. 봉조에서는 인간은 목적이다. 인간에서 성욕을 공제하는 것. 인간에서 번식을 정지하는 것. 인간은 어떤 것을 희망할까? 그것을 우리들은 잃어버린 것 같다.	이단뛰기⋯⋯메호리-나기이⋯⋯ 감각적 훈련. 촉각적 훈련. 재료의 경험, 구조, 조직, 조성, 집합체. 창작활동의 방법으로서의 생물공학. ⋯⋯원칙⋯⋯책임⋯⋯형식자의 자유. 장식 고대에 있어서는 오너멘트는 자주 기능과 융합하고 있다. 평면편성. 컨버지션. 컨스트럭션. 전설. 고전미의 공리. 아카데미교육. 예술은 상부구축을 만든다. 1932. ⋯⋯ 10⋯⋯R

〈그림 28〉 **왼쪽**, 『朝鮮と建築』 第11輯 第9號(1932)의 권두언. **오른쪽**, 第10號의 권두언

1933년 제12집 5호, 6호, 7호, 8호, 11호의 권두언을 쓴 것으로 알려져 왔다. 이는 『문학사상』이 1976년 7월호에 낸 글 「새로 찾은 아포리즘」에서 모두 13편의 이상이 쓴 권두언을 발표한 데 따른 것이다. 그러나 이 부분에 대해서는 이상 연구자들 사이에서 의문이 제기되기도 한다.[29] 왜냐하면 이 시기 중 1933년 3월 이후엔 이상이 각혈이 심해져 총독부 기수직을 그만둔 상태여서 지속적으로 매달 권두언을 쓰기 어려운 상황이었기 때문이며, 또한 필명 'R'이 이상이라고 쉽게 단정할 수 없기 때문이다. 이 점에 대해서는 앞으로 반드시 규명되어야 할 것으로 여겨지지만 그가 사직하기 전인 1932년(제11집)에 발표된 권두언들은 이상이 쓴 것일 가능성이 전혀 없는 것만도 아니다. 이 권두언 중에는 특히 9호와 10호처럼 디자인 이론가 모호이-너지가 바우하우스에서 펼쳤던 디자인관이 표명되어 있기 때문이다. 따라서 결정적인 추가 사료가 발굴되기까지는, 이러한 권두언 집필이 그가 사직한 1933년 3월 이후에 불가능했겠지만, 사직 후에 (다른 사람에 의해서건 어떤 경로를 통해서건) 계속 같은 논조의 내용으로 이어졌을 가능성을 완전히 배제할 필요는 없다고 여겨진다.

　이러한 전제 하에 주목할 것은 이들 권두언들이 이상이 시에서 실제로 표명한 내용과 전혀 무관하지 않다는 사실이다. 이 중에서 특히 1932년 6호, 9호, 10호와 1933년 5호 등의 권두언들은 현대예술에 대한 견해뿐만 아니라 독일 바우하우스의 헝가리 출신 교수 모호이-너지가 『신시각』(*The New Vision*)에서 언급한 현대디자인의 핵심 내용들을 그대로 옮겨 놓은 것들이었다. 『신시각』은 모호이-너지가 바우하우스에서의 교육경험과 강

---

29 조해옥, 「김민수의 「이상 시의 시공간의식과 현대디자인적 가상공간」에 대한 토론문」, 『이상 시의 미학과 쟁점』, 한국시학회 제24차 전국학술발표대회, 2009. 10. 24.

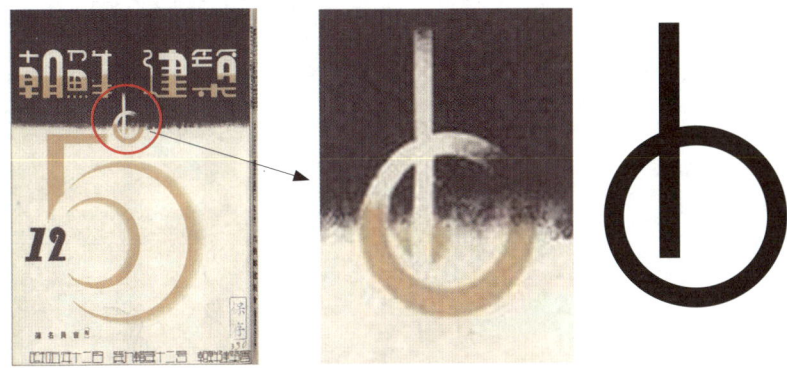

〈그림 29〉 이상의 1929년『조선과 건축』표지 디자인 1등작과 제호 디자인 중 'ㄴ'(과)字의 도형 이미지(© 김민수).

의에 기초해 1925년부터 1928년 사이에 집필한 것으로, 원래는 1928년 초에『재료에서 건축으로』(*Von Material zu Architektur*)란 제목으로 독일에서 출간되었다.[30] 이는 1930년과 1938년에 미국에서 두 차례에 걸쳐 영문판으로 개정 출간되었다. 따라서 이러한 정황과 이상 시의 내용을 근거로 추정컨대, 이상은 경성고공 졸업을 앞둔 1928년 중후반부터 총독부 내무국 건축과 기수로 취직한 1929년 사이에 독일어판으로 모호이-너지의 책을 봤거나, 1931년 시를 쓰고 발표하기 시작한 무렵에 영문판을 접했을 가능성을 완전히 배제할 수는 없다.

왜냐하면 이상이 1929년 12월『조선과 건축』표지도안 현상공모에 참여해 1등과 3등에 당선된 작품 중 1등작은 현대디자인의 본질을 제대로 이해하지 못하고는 쉽게 표현될 수 없는 특별한 이미지였기 때문이다. 홍

---

[30] Lázlo Moholy-Nagy, *The New Vision 1928 fourth revised edition 1947 and Abstract of an Artist*, New York : George Wittenborn, 1947, p. 6.

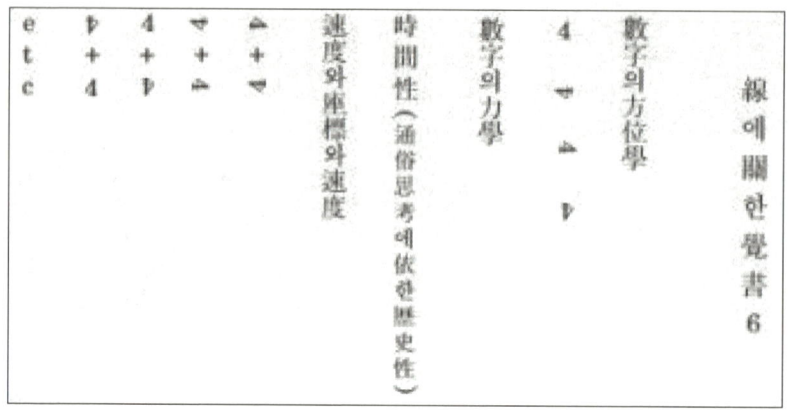

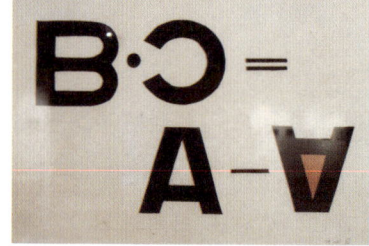

〈그림 30〉
위, 이상의 「선에관한각서 6」(1931.10).
아래, 모호이-너지의 「타이포-콜라주」(1922).

미로운 사실은 이 표지 디자인이 앞서 필자가 이상의 첫 발표시 「이상한가역반응」의 분석 과정에서 시각화한 이미지 요소를 담고 있다는 사실이다. 예컨대 〈그림 29〉처럼, 그는 제호 '朝鮮と建築'에서 '과'에 해당하는 일본어 'と'자를 '원형에 직선이 개입된' 형태로 도형화시켰던 것이다.

이는 이상이 시에서 말한 "직선은 원을 살해하였는가"가 바로 이러한 이미지와 구체적으로 연결되어 있었음을 방증하는 결정적 근거라고 할 수 있다. 뿐만 아니라 표지 가운데의 주요소에서도 앞서 논의한 엘 리시츠키, 말레비치, 모호이-너지 등의 작업에 나타난 시공간의식이 자리 잡고 있다.
　이상의 시공간의식이 모호이-너지의 동역학적 디자인 세계와 긴밀하게 연결되어 있다는 증거는 다음 〈그림 30〉의 「삼차각설계도」 중 「선에관한각서 6」에서도 발견된다. 여기서 그는 90도 각도로 회전하는 숫자 '4'의 방위 개념을 설정하고 '숫자의 역학', '시간성', '속도와 좌표와 속도'라는 시행으로 움직이는 동역학의 세계를 표명했다. 이는 1922년 모호이-너지가 활자의 회전을 선보인 소위 「타이포-콜라주」(Typo-Collage)와 일맥상통한다.

6 　오감도 :
　　막다른 골목에서

　이러한 맥락에서 이상이 1934년 『조선중앙일보』(7. 24~8. 8)에 15회에 걸쳐 연재한 「오감도」 연작시 중 「시 제1호」에서 「시 제5호」까지의 시와 「시 제8호」는 주목할 만하다. 이 시들은 이전보다 시공간의식이 형태와 구조적으로 더욱 진전된 모습을 보여 준다. 이 시들은 1931년 발표한 「삼차각설계도」의 「선에관한각서」류의 연작시와 「건축무한육면각체」의 시들에서 반영된 초기 실험에 기초하여 문자언어와 시각언어 사이의 자유로운 변환 가능성을 모색한다든지(「시 제1호」), 또는 보다 압축 심화된 형태(「시 제4호」)로 전개되었다. 무엇보다 눈에 띄는 것은 동력학적 '운동'에 대한 열망이다.
　예컨대 앞서 통인동 부근에 실재했던 '무서운 골목'의 장소 이미지

詩第一號

十三人의兒孩가道路로疾走하오.
(길은막다른골목이適當하오.)
第一의兒孩가무섭다고그리오.
第二의兒孩도무섭다고그리오.
第三의兒孩도무섭다고그리오.
第四의兒孩도무섭다고그리오.
第五의兒孩도무섭다고그리오.
第六의兒孩도무섭다고그리오.
第七의兒孩도무섭다고그리오.
第八의兒孩도무섭다고그리오.
第九의兒孩도무섭다고그리오.
第十의兒孩도무섭다고그리오.

第十一의兒孩가무섭다고그리오.
第十二의兒孩도무섭다고그리오.
第十三의兒孩도무섭다고그리오.
十三人의兒孩는무서운兒孩와무서워하는兒孩와그러케뿐이모혓소(다른事情은 업는것이차라리나앗소)

그中에一人의兒孩가무서운兒孩라도좃소.
그中에二人의兒孩가무서운兒孩라도좃소.
그中에二人의兒孩가무서워하는兒孩라도좃소.
그中에一人의兒孩가무서워하는兒孩라도좃소.

(길은뚤닌골목이라도適當하오.)
十三人의兒孩가道路로疾走하지아니하야도좃소.

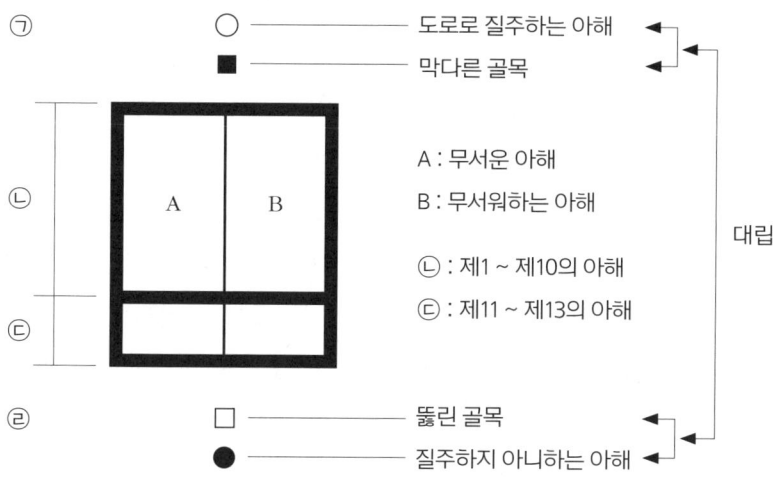

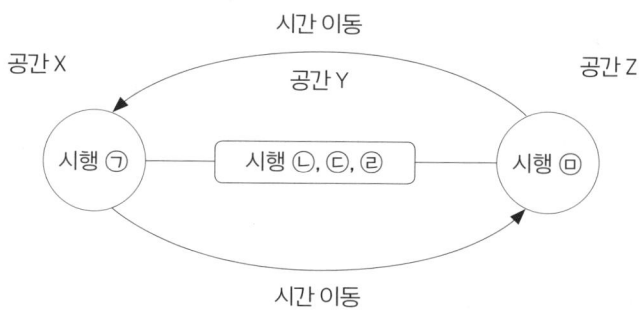

〈그림 31〉 「오감도」의 「시 제1호」의 구조적 도해도(위)와 「선에관한각서 2」 시행의 위상공간 이동(아래)의 닮은 꼴(ⓒ 김민수).

4장 _ 또팔씨의 출발 : 절정기와 좌절, 또 출발

와 관련해 소개한 「시 제1호」를 살펴보자. 이 시의 형태와 구조는 다음 〈그림 31〉에서 보듯, 시행 ㉠ 안에 13인의 아해들의 '도로로 질주함'이 '막다른 골목'과 대립쌍을 이루고, 마지막 시행 ㉣에서 '도로로 질주하지 않음'이 길이 '뚫린 골목'과 대립쌍을 이룬다. 결국 시행 ㉠과 ㉣은 중간 시행 ㉡과 ㉢을 건너뛰어 더 큰 맥락에서 대립쌍으로 통합된다. 또한 무섭다고 하는 아해들은 시행 ㉡에 '제1에서 제10의 아해'가 배열되고, 시행 ㉢에는 제11에서 제13까지의 아해들이 놓여진다. 이 모든 13인의 아해들은 시행 ㉢이 표명하듯, 다시 '무서운 아해'(A)와 '무서워하는 아해'(B)의 두 그룹으로 원자 분열된다. 이처럼 〈그림 31〉의 구조를 보면, 눈썰미가 있는 독자라면 앞서 설명했던 어떤 시의 이미지가 떠오를 것이다.

「시 제1호」는 중간에 시행을 두고 시선의 움직임을 통해 다른 위상공간(位相空間)으로의 이동을 보여 줬던 「선에관한각서 2」와 닮은꼴이다. 여기서 이상은 「선에관한각서 2」에서 사용했던 숫자등식을 문자언어로 변환시켰다. 예컨대 「선에관한각서 2」의 1+3과 3+1의 등식이 바로 '질주하는 아해+막다른 골목'과 '뚫린 골목+질주하지 않는 아해'로 바뀐 것이다. 그는 앞서 자신이 했던 '시의 실험'을 문자언어와 시각언어를 오가며 변환시키는 실험을 하고 있었던 것이다. 그러나 「시 제1호」의 내용은 「선에관한각서 2」와 완전히 달랐다. 후자가 우주적 위상공간 사이의 자유이동을 상상한 것이라면 전자는 철저하게 자신의 실존적 상황을 그린 시이기 때문이다.

내용적으로 「시 제1호」는 인생 절정기에 폐결핵으로 '죽음'이라는 막다른 골목에 직면한 이상이 그의 내면에 꿈틀거리는, 한편으로 죽음에 맞서려는 투지와 다른 한편으로 몹시 두려운 엇갈린 심정을 담은 '역설의 풍경화'였다. 13인의 아해는 죽음의 수 '13'이 들러붙은 이상 자신을 뜻한다. 앞서 「또팔씨의 출발」에서 보았듯이, 이상은 각혈하면 죽는다는 "생리 작용을 야기하는 상식을 포기하자"며, 다가오는 죽음을 고요하게 맞기보다는 쏜살같이 달리고 또 달려 죽음에 도달하자는 '능동적 죽음'("숙명적 발광")을 선택했다. 하지만 그의 내면에는 두 종류의 마음이 있을 뿐이다. 하나는 죽음의 질주로 자살에 능동적으로 도달하려는 '무서운 자신(아해)'과 이러한 질주가 두려워 '무서워하는 자신(아해)'. 이 대목은 너무나 인간적인 고뇌가 아닐 수 없다. 죽음 앞에선 아무리 초연하려 해도 두려운 것이 인간의 마음이지 않은가.

따라서 마지막 시행 ㉣, "(길은 뚫린 골목이라도 적당하오), 13인의 아해가 도로 질주하지 아니하여도 좋소"는 죽음의 질주를 하지 아니하여도 좋은, 곧 살고 싶은 그의 욕망(길은 뚫린 골목……)을 암시한 대목이다. 살고 싶다는 말이다. 그러나 이는 앞부분의 시행 ㉠, "도로로 질주하는 13인의 아해 / 막다른 골목"과 대립쌍 구조를 이루기 때문에 숙명적으로 다시 '막다른 골목'으로 회귀되는 역설의 상황을 만든다. 이 시의 백미에 해당하는 것이 바로 이 부분이다. 독자들은 이 시의 마지막 시행에서 다시 첫 시행으로 돌아가는(looping) 대목에서 이상이 느꼈을 심정을 한번 상상해 보기 바란다. 그가 느꼈을 극도의 절망감이 처절하게 다가온다. 마지막에 자신의 살고 싶은 욕망이 첫 시행으로 절묘하게 돌아가는 이 순환 구조에서 그의 눈은 앞서 「또팔씨의 출발」의 마지막 대목처럼 "눈물 젖은 감광지"로 얼룩졌을 것이다.[31] 그동안 해석을 두고 억측과 논란만 무성했던 이 시는 이런 내용이었다.

---

[31] 이 시의 놀라운 점은 구조적으로 시작과 끝이 만나 계속 순환되도록 구조화되었다는 점이다. 요즘 식으로 치면 비디오 또는 DVD 영상이 끊임없이 순환하는 시에 해당한다. 따라서 이는 이 땅에서 최초로 이른바 루핑(looping)되는 구조의 시였던 것이다.

「시 제2호」와 「시 제3호」의 경우, 형태적으로 시행의 구분을 없애 마치 초현실주의의 자동기술법을 사용한 것과 같은 반복구조를 이룬다.

> 나의아버지가나의곁에서조을적에나는나의아버지가되고또나는나의아버지의아버지가되고그런데도나의아버지는나의아버지대로나의아버지인데어쩌자고나는자꾸나의아버지의아버지의아버지의…… 아버지가되니나는왜나의아버지를껑충뛰어넘어야하는지나는왜드디어나와나의아버지와나의아버지의아버지와나의아버지의아버지의아버지노릇을한꺼번에하면서살아야하는것이냐
> ─「시 제2호」[32]

> 싸움하는사람은즉싸움하지아니하던사람이고또싸움하는사람은싸움하지아니하는사람이었기도하니까싸움하는사람이싸움하는구경을하고싶거든싸움하지아니하던사람이싸움하는것을구경하든지싸움하지아니하는사람이싸움하는구경을하든지싸움하지아니하던사람이나싸움하지아니하는사람이싸움하지아니하는것을구경하든지하였으면그만이다 ─ 「시 제3호」[33]

위 시들의 형태는 얼핏 보기에 「건축무한육면각체」의 「마가장 드 누보테에서」의 첫 시행에 나오는 "사각형의내부의사각형의내부의사각형의내부의사각형의내부의사각형……"의 연속 이미지와 유사해 보인다. 하지만 그것이 내부로 분열되어 들어가는 도시건축의 구조적 이미지라면 위의 시들은 "아버지"와 "싸움하는 사람" 등의 이미지 요소가 계속 연결됨으로써 읽는 과정에서 의식을 지연시키는 것이 특징이다. 그러나 실제 내용

---

[32] 임종국 엮음, 『이상전집』, 216쪽.
[33] 위의 책, 216쪽.

을 보면 「시 제2호」에서 이상은 자신의 아버지가 엄연히 존재하고 있음에도 자신이 아버지의 가장 노릇을 하며 살아야 하는 것에 대한 일종의 생활이 담겨 있는 시라고 할 수 있다. 1933년 각혈로 총독부 기수직을 그만두고 그는 황해도 배천온천으로 요양을 갔다. 이곳에서 금홍을 만나 귀경해 집문서를 저당 잡힌 돈으로 종로에 제비 다방을 개업하고 동거를 시작했다. 그러나 돈벌어 보겠다고 마음먹고 시작한 다방의 운영은 생각만큼 여의치 않았다. 이때 그는 생활고에 쪼들려 『조선중앙일보』에 「오감도」를 발표하고, 하융(河戎)이란 또 다른 필명으로 신문소설 「소설가 구보씨의 일일」에 삽화를 그려 생활하고 있었다. 이에 대해 동생 옥희는 다음과 같이 증언했다.

> …… 오빠는 집안일에는 여간 애를 태우지 않았습니다. 내가 돈을 타러 갈 때면 으레 주머니를 털어서 몇 푼이고 손에 잡히는 대로 몽땅 제 손에 쥐어 주시곤 했으니 말입니다.
> 당시 곤란했던 우리 가정의 생활을 위해 장남으로서의 의무를 다해 보려고 그 앓는 몸으로 온갖 힘을 기울인 오빠를 생각할 때 그지없이 가엾게 생각될 때가 있습니다. 바깥일은 집에 와서 절대 이야기 않던 오빠도 부모에 대한 생각은 끔찍이 했던 것 같습니다. 지금 살아 계신 어머님도 큰 오빠가 어머니에게 늘 공손했고 뭘 못해 드려서 애태우곤 했었다고 말씀하십니다. 곧 돈을 벌어서 어머님을 편안히 모시겠다는 말을 입버릇처럼 되뇌이던 큰 오빠를 어머님은 지금도 잊지 못하고 계십시다. 큰 오빠는 어머님께 뿐만 아니라 아버님이나 동생들에게도 퍽 잘했습니다 (중략) 친절하고 너그러운 오빠임에 틀림없었습니다. 큰 오빠는 정말 착하고 따뜻한 분이었습니다.[34]

---

[34] 김옥희, 「오빠 이상」, 『신동아』 1964년 12월.

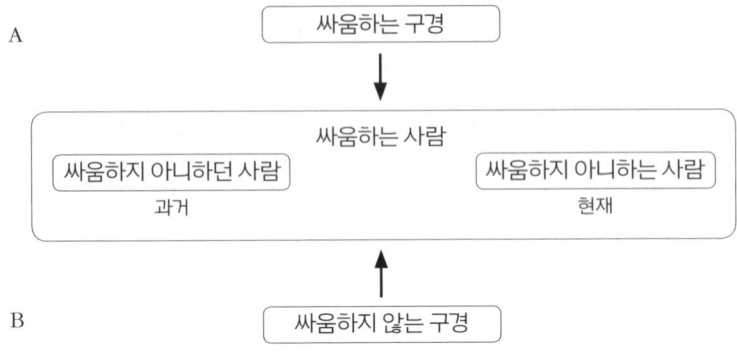

〈그림 32〉 「시 제3호」 내용의 기본 구조.

1964년 한 잡지에 실린 막내 여동생 옥희의 증언에 따르면 이상은 장남으로서 가정의 생활을 위해 그의 말대로 "아버지 노릇을 한꺼번에 하면서 살아야" 했던 것이다. 그는 그러한 자신의 심정을 드러내고 싶지는 않아 연속 시행의 마스킹 효과로 의미를 지연시킨 것이 아닌가 추정된다. 이 시는 1931년 『조선과 건축』 제8호에 실린 일문시 「조감도」 중 「얼굴」에서 진행된 '배고픈 얼굴'과 '부모와의 관계'에 대한 독백과 무관하지 않은 인상을 준다.[35]

「시 제3호」의 구조는 〈그림 32〉와 같이, 싸움하는 사람이 두 개체, 곧 '싸움하지아니하던사람'(과거 시제)과 '싸움하지아니하는사람'(현재 시제)으로 나뉘어 시제에 있어 과거와 현재가 동시성을 획득하고 있다. 이상은 이러한 미묘한 존재에 대해 발생한 두 사건들, 즉 싸움하는 것을 보는 것과 싸움하지 않는 것을 보는 것이 결국 동일한 것이라고 말한다. 한마디로,

---

[35] 「조감도」에 실린 「얼굴」에 대해서는 이 책 210~211 참조.

〈그림 33〉 「시 제4호」 원문.

 이는 대립된 모순 관계를 이루는 A와 B의 두 사건이 관찰자의 상대적 시각에 따라 다른 것일 뿐 본질적으로 같은 것이라는 것이다(A=B).
 「시 제3호」의 내용은 앞서 「시 제1호」에 등장한 죽음의 질주로 자살에 도달하려는 '무서운 자신'과 이러한 질주를 '무서워하는 자신'의 관계를 '싸움하는 구경'과 '싸움하지 않는 구경'의 관찰자의 시각으로 변환시킨 것으로 여겨진다. 어쩌면 이상은 이 시에서 '능동적 자살'의 막다른 골목 끝까지 질주해야 할지 아니면 앉아서 '고요한 타살'을 맞이해야 할지 갈등하는 내면의 '심란하고 복잡한 심정'을 연속 시행의 속도감에 '그냥 흘려 보내 버리고' 싶었는지도 모른다. 하지만 능동적 자살이든 고요한 타살이든 그래 봐야 죽음에 이르는 것은 동일하다는 결론에 도달한다.
 「시 제4호」의 원형은 「건축무한육면각체」 연작시 중 「진단 0 : 1」에서 유래했다. 이번에 이상은 〈그림 33〉에서 보듯 숫자판을 뒤집힌 형태로 변경시켰다. 앞서 설명했듯이 「진단 0 : 1」은 시간의 영향력을 받는 두 존재에

관한 표명으로 문학적 알레고리보다 철학적 의미가 앞선 시였다. 즉 그것은 상대성이론으로부터 유래해 물질 또는 존재란 쪼개질 수 없는 고정된 것의 합성체가 아니라 역동적 에너지의 흐름 자체임을 보여 준 독특한 시였다.

그러나 「시 제4호」에선 숫자판이 뒤집혀짐으로써 '환자의 용태'가 더욱 강조된다. 이상은 여기서 자신의 애초 철학적 표명을 '삶의 문제'로 심화시키려 했던 것이 아닐까. 다시 말해, 앞서 「진단 0:1」의 의미가 '물질과 존재성에 대한 부정', 또는 '절대적 자아의 부정'과 같은 철학적 의미에 있었다면, 이번 「시 제4호」의 의미는 뒤집힌 숫자판으로 인해 '환자 상태의 부정'이 되어 다음과 같은 의미로 변하게 된다.

> 책임의사로서 나 '이상(李箱)'이 이상(以上)의 환자를 진단했을 때, 진단 0:1. 즉 인생은 분리 가능한 것이 아니라 상대적 위치와 시간에 따라 변하는 고로, 위의 (뒤집힌 숫자판처럼) 상태가 심각한 환자는 환자가 아니며, 삶과 죽음의 차이는 단지 상대적 시각에서 보기 나름이다

이상은 「시 제4호」를 통해 자신의 죽음을 향한 질주 과정에서 이전에 전개했던 우주론적 철학의 차원을 실존적 삶의 문제로 끌어내려 전개시키고 있었던 것이다. 이러한 의식은 「시 제5호」로 계속 이어졌다. 그는 앞서 발표한 「건축무한육면각체」 중 「이십이년」을 제목만 바꿔 「시 제5호」로 발표했다. 발표하자마자 '난해하다'고 원성이 빗발쳤던 이 시는 「시 제1호」에서 보았듯이 「오감도」 연작시의 문맥에서 재구성되었을 때 더욱 의미가 확실해졌다. 즉 그는 진창에서 간신히 산호나무의 꽃을 피워 신건축이 해방시킨 건축적 이상과 이치를 깨우쳤지만 이제 병으로 건축가의

길은 물 건너갔고, 다방 '제비'를 차려 물장사와 글품을 팔고 삽화를 그려 겨우 생계를 유지하는 신세가 되었다. 이상은 큰 뜻을 제대로 펼칠 수 없었던 억울한 심정을 "날개는 큰데도 날지 못하고, 눈은 큰데도 보질 못한다"(翼殷不逝 目大不覩)는 장자의 고사에 다시 담아 강조한 것이다. 그러나 그의 이상과 현실의 간극은 앞서 「이십이년」 때보다 더 벌어져 있었다.

그럼에도 불구하고 그는 분투적으로 땅을 또 계속 팔 수밖에 없었다. 이러한 내용이 「시 제8호 해부」에 치열하게 담겼다.

시 제8호 해부(解剖)

제1부시험　　수술대　　　　　1
　　　　　　　수은도말평면경　1
　　　　　　　기압　　　　　　2배의평균기압
　　　　　　　온도　　　　　　개무(皆無)

위선(爲先)마취된정면으로부터입체와입체를위한입체가구비된전부를평면경(平面鏡)에영상(映像)식힘. 평면경에수은을현재와반대측면에도말(塗沫)이전(移轉)함. (광선침입방지에주의하여) 서서히마취를해독함. 일축철필(一軸鐵筆)과일장백지(一張白紙)를지급함. (시험담임인은피시험인과포옹함을절대기피할것) 순차(順次)수술실로부터피시험인을해방함. 익일. 평면경의종축(縱軸)을통과하여평면경을이편(二片)에절단함. 수은도말이회(二回).
ETC 아즉그만족(滿足)한결과를수득(收得)치못하얏슴.

제2부시험　　직립한평면경　　1
　　　　　　　조수　　　　　　수명(數名)

야외(野外)의진실을선택함. 위선마취된상지(上肢)의첨단(尖端)을경면(鏡面)부착식힘. 평면경의수은을박락(剝落)함. 평면경을후퇴(後退)식힘. (이때 영상된상지는반듯이초자(硝子)를무사통과하겟다는것으로가설(假設)함) 상지의종단까지. 다음수은도말. (재래면에) 이순간공전(瞬間公轉)과자전(自轉)으로부터그진공을강차(降車)식힘. 완전히두개(二個)의상지를접수하기까지. 익일(翌日). 초자를전진식힘. 연(連)하야수은주를재래면(在來面)에도말함(상지의처분) (혹은멸형(滅形))기타. 수은도말면의변경과전진후퇴의중복등.

ETC 이하미상(未詳)

　제1부와 제2부로 나뉜「시 제8호 해부」에서 이상은 '거울'에 대한 해부학적 시험(試驗)을 감행한다. 이 시는 실험실의 한 장면을 촬영한 '영상기록물'과 같은 이미지를 자아낸다. 예컨대 그는 제1부 시험에서 수술대에 평면경을 올려놓고 이 속에 현실의 모든 장면을 '입체' 영상에 담아 수은을 바른(도말) 거울(水銀塗抹平面鏡)을 만들고 이를 절단하는 공정을 거친다. 그러나 만족한 결과를 얻지는 못한다. 다음 제2부 시험에서 그는 놀랍게도 윗팔과 손 부위의 '상지(上肢) 복제실험'을 감행한다. 즉 상지를 거울에 부착시키고 거울의 수은을 벗겨 내 영상사진을 찍은 다음 이를 유리로 복제해서 다시 수은을 입혀서 "완전히 두 개의 상지를 접수하기까지" 실험을 계속 반복하는 기록을 남겼다.

　내용적으로 의식의 배열에 있어,「시 제8호 해부」는 앞서 1933년『카톨릭청년』제5호에 발표한 시「거울」로부터 심화되어 전개된 시로 여겨진다. 그는 "거울 속에는 소리가 없소. 저렇게까지 조용한 세상은 참 없을 것이오"로 시작하는「거울」에서 비쳐진 자화상에 대해 진술했던 것과 달리 이번에 그는 거울이라는 매체 자체를 수술대에 올려놓고 절단까지 해가며 해부하고, 그것도 모자라 신체 부위(상지)를 유리로 복제해 수은을 입히는 실험을 감행했기 때문이다. 이는 막다른 골목으로 질주하는 과정에서 이상이 자신의 의식을 극단의 상태로 몰고 가는 첨예한 의식을 잘 반영한 것이라 할 수 있다. 그는 자신의 병든 육체의 신체 부위(폐)를 거울, 유리, 수은 등의 재료를 사용해 복제된 폐로 갈아 끼우고 싶은 욕망을 '상지복제실험'의 은유를 통해 갈망했던 것이다. 이 시는 다음에서 설명하겠지만 이상의 가상공간에 대한 '매체적 의식'이 첨예하게 담긴 매우 중요한 시라고 할 수 있다.

  그러나「오감도」가 계속 연재되면서 독자들의 항의가 이어졌고, 그의 실험은 완전히 펼쳐지지 못한 채「시 제15호」를 끝으로 중단되었다. 이로써 앞서 이야기했듯이 2천 점 중에서 30점을 골라 발표하려 했던 그의 애초 계획은 무산되고 멈춰졌다. 이처럼 이상의 시공간의식은 앞서 〈표, 주요 이상 시의 조감도〉에서 보듯,「오감도」연작시 중에서「시 제5호」발표 후「시 제8호」에서 잠시 발현되었다가 중단되었고, 그 후 2년 뒤「명경」(『여성』2호, 1936. 6)에서 희미한 빛을 남기고 사그러졌다. 하지만 이것으로 이상 시의 시공간의식이 소멸된 것은 아니었다. 그것은 또팔씨 이상과 함께 나비처럼 날아올라 20세기 현대예술의 위상을 가로질러 21세기와 접속하고 있다.

5장 모조 근대의 초극

이상 시의 혁명성

—

임의의반경의원 (과거분사의時勢)

원안의한점과원밖의한점을연결한직선

두종류의존재의시간적영향성

(우리들은이일에대하여아랑곳하지않는다)

직선은원을살해하였는가

- 「이상한가역반응」 중에서

이처럼 시공간의식이 담긴 이상의 실험시는 1920년대 갓 출현한 신건축의 원리뿐만 아니라 양자물리학 등의 새로운 우주론에 기원점을 두고 있었다. 그는 애초에 식민지 도시근대화에 대한 모반의 계획을 세우고, 동시에 새로운 세계의 탄생에 직면해 이에 따른 인간 존재와 자아에 대한 표명을 선언했다. 그는 시에 자신의 이상(理想)과 경성의 식민도시화의 현실 사이에 존재하는 심원한 간극으로 인해 뜻을 제대로 펼칠 수 없었으며, 설상가상 그의 인생에 막다른 골목이 찾아왔다. 이에 그는 자살의 질주를 위한 계획을 세우고 분투적으로 시를 썼지만 소통의 벽에 부딪쳐 미완의 발표 「오감도」 연작시를 끝으로 평이한 문체의 수필, 소설, 시로 향해 갔다. 이렇게 이상 실험시는 짧았던 그의 생애만큼이나 찰나의 순간처럼 빛을 발하고 사라졌다. 하지만 그의 시에서 발산된 빛 에너지의 양은 20세기 전체를 관통해 21세기인 오늘날까지 전해지기에 충분한 것이었다. 여기엔 다음과 같은 이유가 있었다.

무엇보다 이상 시의 큰 특징 중 하나는 보통의 시들과 달리 그 내용에 있어 절대적인 것에 대한 상대적 가치 또는 이성적인 것과 비이성적인 것이 서로 별개의 영역에서 따로 존재하는 것이 아니라 통합되어져야 함을 주장한다는 사실이다. 또한 형태적으로는 일종의 '좌표체계'에서 비롯된 '행렬'(매트릭스) 의식이 존재한다는 점이다. 이는 그가 양자역학과 상대성이론과 같은 현대물리학의 우주론에 기초해 르 코르뷔지에의 신건축 원리에 감응했기에 가능한 일이었다. 이로 인해 그는 행렬을 '마음의 평면도'로 삼아 철근콘크리트의 물리적 건축이 아니라 문자 텍스트로 이루어진 시로 '가상공간'을 구축해 나갔다. 이러한 의식이 앞서 설명한「삼차각설계도」연작시의「선에관한각서 1, 2, 3」과「각서 6」,「건축무한육면각체」중「진단 0 : 1」,「오감도」연작시「시 제1호, 제2호, 제3호, 제4호」등에 잘 담겨졌던 것이다. 이에 반해 그동안 이상의 시는 서구 다다이즘으로부터 영향을 받은 일본 다다이스트들을 모방한 것으로 폄훼되어 소개되었다. 과연 그러한가? 다음에서 이 질문에 답을 함으로써 이상의 텍스트가 지닌 가치를 재발견하고자 한다.

1 한국·일본 다다이즘과 이상

흔히 이상을 문학적 예술사조와 관련해 볼 때 많은 연구자들은 그의 시의 특성이 입체파, 다다이즘 또는 초현실주의의 문학적 특질과 유사한 것으로 본다. 한데 작품의 스타일적 유사성을 검토할 때 항상 주의할 것이 있다. 외형적인 스타일만 보려 하고 내적인 사고 과정의 스타일, 즉 특별한 '작업논리'를 보지 않는 것이다. 여기서 작업논리란 한 예술가가 특정한 작업 공간(이상의 경우 종이와 눈과 펜 사이) 속에서 선택한 이성과 직관을 포함한 지식과 경험 또는 정보와 채택된 절차 사이의 상호작용이며, 이러한 연결망 속에 행해지는 특정한 자세와 태도로서 삶의 문제와 관계한다. 즉 '창조적' 예술가의 내적인 스타일로서 작업논리란 한마디로 작가가 특정한 인생의 과정에서 펼치는 매체와 지식·정보·경험 사이의 사고행위인 것이다. 그러므로 이상이 실제로 했을 사고행위가 파악되지 않은 채 외적인 스타일적 유사성만을 보는 것은 작품에 내재된 본질을 놓치는 결과를 초래할 수 있다. 그동안 이상의 시가 잘못 해석된 데에는 이러한 부분이 크게 작용한 것으로 여겨진다. 문학이라는 폐쇄회로에 갇혀 그의 내적 논리에 관여한 지식·정보·경험의 얼개를 총체적으로 파악하지 않았기 때문이다. 이상이 실제로 했을(또는 적어도 하였음직한) 사고 과정까지 보려는 꼼꼼한 '눈'이 필요한 것이다. 이런 전제 하에 필자는 그동안 한국 문학에서 다뤄진 다다이즘과 이상의 관련성에 대해 짚어 보고자 한다.

한국 문학사에서 그동안 다다의 수용과 비판에 관한 대부분의 태도들은 엄밀히 말해 '이즘으로서의 다다' 즉 '다다이즘'에 관한 것들이었다. 그러나 1차 세계대전을 전후로 유럽에서 일어난 실제 다다의 움직임은 '이즘'(ism)이나 특정 예술사조가 아니었다. 이렇게 받아들여진 원인에는 한국 다다이즘이 1920년대 초 식민지 내지(內地), 곧 일본으로부터 유입되었기 때문이었다. 일본에서 '딜레탕트적인 향락주의', '허무주의' 또는 '현실주의'로 소개된 다다는 1920년대 중반 한국 문단에 수용되는 과정에서 하나의 뚜렷한 유형 또는 유파적 이즘으로 소개되었던 것이다.[1]

같은 태도가 최근까지도 이어져, 한국 현대문학사에서 이상이 논의되는 지점은 다다이즘과 초현실주의의 중간쯤에 위치한 것으로 분류된다.

---

[1] 조은희, 「한국 현대시에 나타난 다다이즘·초현실주의 수용양상에 대한 연구」, 『현대문학연구』 제72집, 1987.

이러한 시각들은 통사적인 관점에서 다다이즘이라는 한국 현대문학의 한 쪽을 장식하는 사조 또는 유파 정리에 큰 공헌을 했지만, 유형학적 산물로서 스타일 분석의 한계점 때문에 이상의 작시(作詩) 행위와 관련된 '생성논리'와 다다 스타일 내에서 실제 그의 시가 갖는 특수한 차이점을 규명할 수 없었다. 이런 이유로 이상의 작품은 지역 문학의 폐쇄회로에 갇혀 세계사적 관점에서 조명될 수 없었던 것이다. 따라서 필자는 그동안 주로 '이즘'의 관점에서 비교되었던 '다다이즘과 이상'의 차원을 넘어서 구체적 예술적 감수성과 위에서 설명한 '작업논리'의 관점에서 이상의 시를 보고자 했다.

이상이 다다적 감수성을 갖게 된 배경에 대해서는 그동안 이미 여러 연구들이 제시한 바 있다. 일반적으로 시사적 맥락에서 연구자들은 이상의 시가 1930년대 모더니즘의 맥락에서 시 자체의 미적 순수성을 지향하는 주지적 태도[2]와 도시를 중심으로 전개된 도시문학의 일종으로서 미적 가공기술의 혁신과 언어의 세련성을 추구하는 미학개념의 전개[3]에서 비롯된 것이라는 데 대체로 동의하고 있는 듯하다. 달리 말해 이상의 다다적 감수성은 일차적으로 1920년대 3·1운동 이후 문화정치가 시작되면서 사실주의, 자연주의, 상징주의 등과 같은 본격적인 외국 사조들이 수입되고, 1차 세계대전을 전후로 나타난 표현주의, 입체파, 미래파 등 현대 아방가르드 예술사조의 유입에서 비롯되었고, 이차적으로는 1920년대 프롤레타리아 문학운동(KAPF) 이후 1930년대 식민지 지식인들이 역사의 표면에서 후퇴된 체제 순응적 태도를 견지하면서 문학과 현실을 분리시킨 이른

---

[2] 김윤식, 「모더니즘시 운동양상」, 『한국현대시론비판』, 일지사, 1982 ; 김훈, 「모더니즘의 시사적 고찰」, 장덕순 외, 『한국문학사의 쟁점』, 집문당, 1986.
[3] 서준섭, 『한국 모더니즘문학 연구』, 일지사, 1988.

바 예술지상주의의 표명에서 비롯되었다는 것이다.⁴

　한 연구에 따르면, 한국 문학에서 다다이즘은 1921년 현철(玄哲, 본명 曉哲鍾)이 당시 일본 문단에 소개되기 시작한 다다이즘에 대해 "인상주의 또는 자연주의에 대한 특징적인 개별명사, 내적 생명의 표현에 불과한 그러나 보통의 표현주의와는 그 취향이 다른 것"이라는 비평을 함으로써 처음 수용되었다고 알려져 있다. 그 후 1924년 9월 고한용(高漢容)이『개벽』에 발표한 최초의 본격적인 다다이즘론「다다이슴」을 통해 다다이즘의 정의와 표현양식, 서구에서 그 운동의 발단, 트리스탄 차라(Tristan Tzara)의 선언문 인용과 그 운동의 의의가 소개되었다. 고한용은 1920년 다다이즘에 심취되어 다다이스트가 된 다카하시 신키치(高橋新吉, 1901~1987)로부터 받은 영향과 교류를 통해 '조선 최초의 다다이스트'가 되었지만 실제 작품의 예를 보여 주지는 못했다. 고한용의 글이 나오고 두 달 후 김기진(金基鎭)이『매일신보』(11. 24)에「본질에 관하여」라는 글을 발표하면서 다다이즘에 대한 비판적 논쟁이 최초로 가해졌다. 김기진은 글에서 다다이즘을 "도시인의 관능적 감수성과 생활의 불안정으로부터 자라난 프롤레타리아의 아리스토크라틱한 감정의 소산물"이며 "도회지에서 일어난 기형적인 과도기 현상"이라고 공격함으로써 다다이즘을 '20세기의 고질병적인 기형적 유파'로 간주했던 것이다. 한편 김기진의 글이 실린 것과 같은 일자『동아일보』지면에는 무이잔보(無爲山峰)의 다다이즘론「'다다'? '다다'!」가 발표되었다. 이로써 1920년대 중반 한국 문단에 다다이즘에 대한 개념적 논의가 최초로 시작되었다는 것이다.⁵

---

4 조은희,「한국 현대시에 나타난 다다이즘·초현실주의 수용양상에 대한 연구」, 2쪽.
5 위의 글.

이러한 논의와 함께 실제 작품에서 다다풍의 시가 출현한 것은 정지용이 『학조』(學潮) 창간호에 실은 초기 시 「슬픈인상화」, 「파충류 동물」, 「카페 프란스」(1926. 6), 김니콜라이(박팔양의 필명)의 「윤전기와 4층집」(1927. 1), 김화산의 「악마도」(1927. 2), 임화의 「지구와 빡테리아」(1927. 8) 등을 대표적인 사례로 들 수 있다. 이들 다다풍 시들의 공통점은 언어에 대한 자각과 시각 효과를 위해 기존 시가 지닌 언어 구조와 문법 체계를 '부분적으로' 파괴함으로써, 시가 이미지화되는 모습을 보여 준 데 있었다. 무이잔보가 다다 시의 특색을 "재래 언어와 문장과 표현을 탈피한 표현 추구"[6]에 있다고 파악했듯이, 위의 시들에서는 소리·억양·리듬 등을 표현하기 위해 단어를 배제시키고 대소문자와 부호를 사용하는 이른바 '음향시 또는 소리시'의 요소가 나타나고, 같은 단어를 반복적으로 나열하는 '동시시', 그리고 불규칙한 단어의 배열과 숫자와 등식부호를 사용한 그림문자화된 '시각시'의 형태 요소들이 반영되었던 것이다.

그러나 이러한 사례들은 시각적 효과를 위해 언어 파괴적인 요소들을 담고 있는 것은 사실이지만 아직 언어의 조직 자체가 완전히 파괴된 것은 아니었다. 즉 시에 적용된 대소 활자의 활용과 추상기호의 사용은 엄밀히 말해서 기존의 단어를 부분적으로 대치했을 뿐 아직 내용에 있어 기존의 시 형태는 그대로 유지되고 있었던 것이다. 따라서 이러한 다다풍의 초기 시들은 원래 '다다의 정신'의 지향점이라고 할 수 있는 '무(無)의 세계로의 환원'을 위한 '반예술 또는 반시적(反詩的)' 다다미학과는 본질적 거리가 있는 것으로, 단지 기존 시에 대한 반항의식의 시도라는 점에서 의의를 찾아야 할 것이다. 반면 1930년대 이상이 보여 준 실험시는 1920년대

---

[6] 무이잔보, 「'다다'? '다다'」, 『동아일보』 1924. 11. 2.

식민지 조선 땅에 출현한 다다풍의 시들과는 차원이 달랐다. 그것은 서구의 다다이스트들조차 미처 실현하지 못한 철저함마저 보여 주었다. 이에 대한 설명에 앞서, 그렇다면 그의 시는 당시 일본에서 진행되었던 다다풍의 시들과는 어떤 관계가 있을까? 이번에는 일본과 직접 비교를 해보기로 한다.

일본에서 1920년대 일어난 아방가르드 예술운동은 이른바 '다이쇼(大正) 데모크라시' 시기의 산물이었다. 이는 문화인류학자 루스 베네딕트(Ruth Benedict)가 말한 『국화와 칼』식의 일본 특유의 모순된 이중성이 잘 드러난 시기였다. 왜냐하면 다이쇼 시기(1912~1925)에 일본은 외교적으로 조선의 국권을 침탈한 침략주의를 감행하면서 정치적으론 의회정치체제를 갖추고, 문화예술 분야에서는 자유주의 운동을 추구했기 때문이다. 이처럼 다이쇼 자유주의의 바람을 타고 다다가 일본에 상륙한 것은 1차 세계대전 직후의 일이었다. 이는 곧바로 다카하시 신키치와 하기와라 교지로(萩原恭次郞, 1899~1938) 등에 의해 급속히 예술사조로 퍼져 나갔다. 이들 중 새로움을 위한 다다 정신이 '고질병적인 기형적 유파'로 자리매김하는데 크게 공헌한 인물은 다카하시 신키치였다. 그는 자신의 주체할 수 없는 권태와 관능적 욕망 등의 퇴폐적 감정을 불쏘시개 삼아 '다다풍'의 시를 발표했다. 이는 원래 다다 정신과는 무관한 것으로, 이른바 로댕(A. Rodin, 1840~1917)이 일본에서 '오뎅'이 되는 순간이었다. 따라서 고한용이 식민지 조선 땅에 수입한 다다이즘은 '사이비(모조) 다다'였던 것이다. 그는 다카하시가 오뎅이라 부른 로댕을 다시 '템뿌라'로 받아들였고, 이를 두고 김기진이 "프롤레타리아의 아리스토크라틱한 감정의 소산 …… 도회지에서 일어난 기형적인 과도기 현상"이라 '평론'을 했으니…….

반면 하기와라 교지로의 다다 시는 진지하게 다다 정신에 다가갔다.

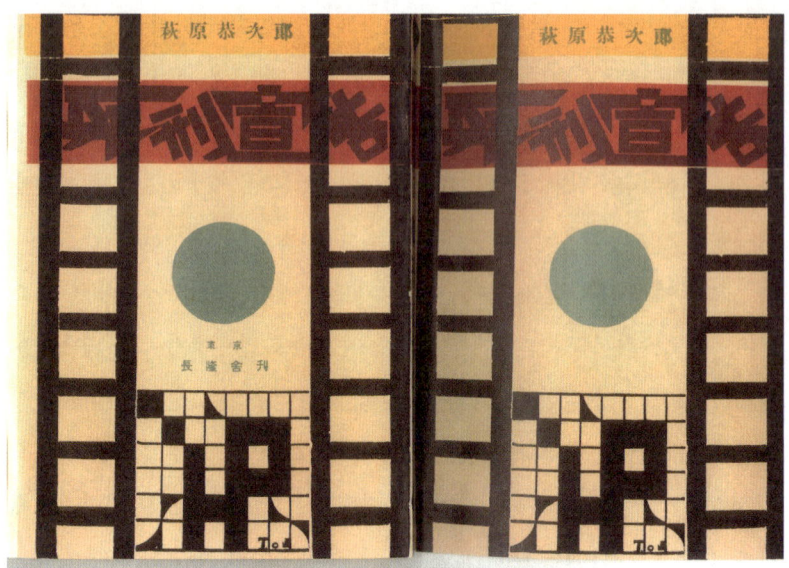

〈그림 1〉 하기와라 교지로, 『사형선고』(死刑宣告)의 표지 디자인(長隆舍書店, 1925).

그는 예술적 우상과 언어 파괴를 위해 기존의 일본 근대시는 물론 다카하시류의 다다풍 시와 매우 구별되는 시를 발표했다. 하기와라의 시는 형태적으로 이상 시와 외견상 유사하다는 점에서 주목할 만하다. 예컨대 1925년 10월에 발간한 그의 시집 『사형선고』(死刑宣告)를 보면, 「노대(露臺)에서 초여름 가로 위를 보다」와 「광고등!」(廣告燈!)과 같은 시들이 나온다.[7]

「노대에서 초여름 가로 위를 보다」(그림 2)에서 하기와라는 시행을 마치 삼각형의 가로경관처럼 구조화하고, 가로등처럼 점을 배치하고, 차가 다니듯 '車'자를 배열했다. 또한 활자공간에 담배, 파라솔, 여인의 가슴

---

[7] 萩原恭次郎, 『死刑宣告』, 長隆舍書店, 1926.

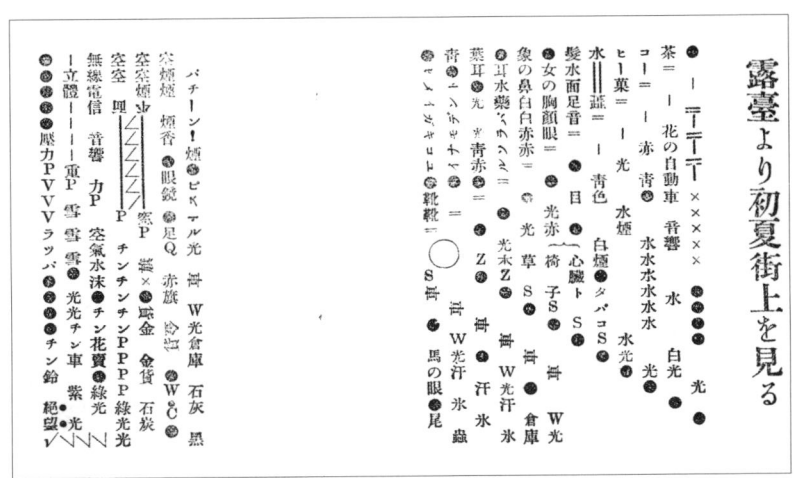

〈그림 2〉 하기와라 교지로의 『사형선고』 중 「노대에서 초여름 가로 위를 보다」 원문.

과 얼굴, 눈, 여러 색상의 사물들과 하늘, 연기 등의 도시적 요소들뿐만 아니라 권총소리와 비명 등의 음향요소들도 나열했다. 한마디로 이 시는 초여름 도시의 가로 풍경을 그린 '시각시'인 것이다.

한편 「광고등!」은 시의 첫 부분에 "배설하다-충돌하다, 교류하다-분출하다, 폭발하다-붕괴하다, 돌격하다-호규(號叫)하다, 출입하다-전복하다"와 같은 구문을 대칭 구조로 배열하고 이들 구문 사이에 활자를 나열했다. 그리고 이어진 시행들에서 그는 모든 것을 부정하는 다다이스트의 삶에 대해 말했다. "나른한 두뇌는 노래를 부른다. 나는 물의 소음을 듣고 있다……끝도 없고 시작도 없다!……온갖 것은 오고간다!……믿는 것은 자유도 신도 인간도 아니다! 극도의 균열을 다다이스트에 인정할 뿐이다! 모든 것은 허식의 나열이다!"

이처럼 하기와라의 다다풍 시는 얼핏 보기에 형식에 있어 이상 시와

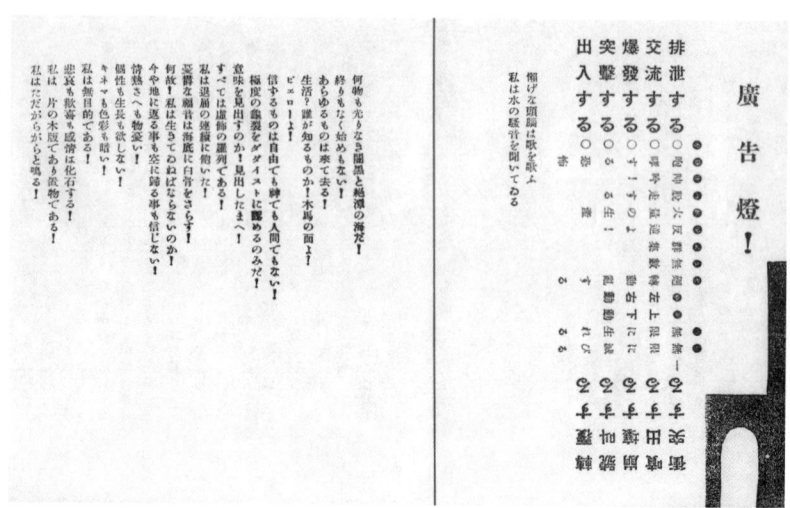

〈그림 3〉 하기와라 교지로의 「광고등!」 원문.

매우 유사해 보인다. 그러나 실제 내용에 있어 큰 차이가 있다. 중요한 것은 이상 시가 하가와라식의 '형상적 설명'의 도움 없이 '추상형태로 하여금 스스로 말하게 하는' 매우 독특한 구조와 공간적 통합력을 지닌다는 점이다. 예컨대 하기와라의 「광고등!」은 다다이스트의 삶을 '구술적'으로 설명하는 대칭 형태를 구조화함으로써 결국은 구상적 설명방식으로 의미를 전달한다. 하기와라는 진정한 다다란 스스로 자신이 다다임을 부정할 때 진짜 다다가 된다는 이른바 다다 정신의 '부정변증법'을 이해하지 못했던 모양이다. 그는 스스로 다다임을 치기 어린 모습으로 자랑하고 있었던 것이다. 그러나 이상의 실험시는 앞서 「선에관한각서 2」에서 보듯, 형태적으로뿐만 아니라 내용적으로 우주적 위상공간을 이동해 절대적인 것에 대한 상대적 가치, 곧 이성적인 것과 비이성적인 것을 철학적으로 통합하고 다시 루핑(looping)되어 순환하는 반복 구조로 환원되는 놀라운 모습을 보여 준다. 또한 하기와라의 「노대에서 초여름 가로 위를 보다」는 가로등의 점, 車 등의 단어로 구조화된 가로경관의 '형상 이미지'로 '초여름 가로 위' 풍경을 그려 '구상적 의미'를 전달한다. 반면 「진단 0 : 1」과 「시 제4호」로 이어진 작업논리에서 검토했듯이 이상은 숫자판 이미지를 굳이 뒤집어 환자의 용태를 설명하지 않았어도, 그 자체로 '추상 형태의 내부'에서 구조 스스로 운동력을 생성했다. 이로써 그는 존재론적 시공간과 움직임을 매우 심원하게 철학적으로 통합할 수 있었다. 따라서 하기와라의 시와 이상 시 사이에는 매우 큰 차이와 간격이 있는 것이다.

이상이 하기와라의 다다 시보다 한참 더 나아간 시를 쓸 수 있었던 것은 '다다 정신'의 본질을 제대로 이해하고 있었기 때문이었다. 이는 그가 1927년 8월에 제7호까지 발행된 일본의 다다적 활동그룹의 기관지 『마보』(Mavo)의 영향을 받았고, 그 내용을 꿰뚫고 있었음을 시사한다. 처음에 '마보'는 무라야마 도모요시(村山知義), 오우라 슈조(大浦周藏), 오가타 가메노스케(尾形龜之助), 야나세 마사무메(柳瀬正夢)를 포함한 다섯 명의 미술가에 의해 1923년 7월에 결성되어 점차 미술뿐만 아니라 각종 예술 분야를 넘나들며 과격하면서 도발적인 창작활동을 전개했다.[8] 이른바 종합예술운동을 표방한 마보는 그래픽과 타이포그라피 디자인과도 연결되었다. 예컨대 마보의 구성원이었던 타이포그라피 디자이너 오카다 다쓰오(岡田龍夫)가 하기와라의 시집 『사형선고』의 편집 및 북 디자인을 맡아 했던 것도 바로 이런 맥락이었다. 또한 『마보』는 당시 일본의 지역성에 갇힌

---

8 다키자와 교지(瀧澤恭司), 「마보의 국제성과 오리지널리티 : 마보와 그 주변 그래피즘에 대하여」, 『미술사논단』 제21호, 2005, 47쪽.

〈그림 4〉 『MaVo 3』 표지, 1924. 9.

매체가 아니었다. 그것은 국제적인 아방가르드들과도 연대해 서구의 새로운 아방가르드 매체들과 정보를 교환하고 있었고 세계의 새로운 예술운동 잡지들을 소개하기도 했다.[9] 이로써 이상이 르 코르뷔지에의 신건축과 현대물리학뿐만 아니라 다다 운동과 관련된 근대 타이포그라피 디자인의 영향도 함께 받았음을 시사한다. 따라서 이상의 시는 1920년대 후반까지 진행된 모든 근대예술과 과학철학을 네트워킹한 그 자체가 '종합예술의 결정체'였던 것이다. 바로 이 점이 이상 시가 일본식 다다 시를 넘어 서구의 다다 시와 직접 만나는 지점이다. 다음에서 필자는 이상의 시와 서구 다다의 시들과의 관련성을 살펴보기로 한다.

2 서구 다다와 이상 시

다다(Dada)의 본질을 이해하는 데 있어 전제해야 할 중요한 사실이 있다. 앞서 짧게 언급했지만 그동안 알려진 다른 예술사조나 문학운동과 달리, 다다는 뚜렷한 형질을 지닌 특정 '이즘'이나 '운동'으로 일반화되지 않는다는 사실이다. 그럼에도 불구하고 1920년대 일본 아방가르드 예술가들은 이것이 마치 하나의 '이즘' 또는 예술 유파인 것처럼 잘못 인식해 받아들였고, 이러한 영향이 곧바로 현해탄 건너 식민지 조선 땅에 유입되었다. 다다는 20세기 초 1차 세계대전을 전후로 유럽의 여러 아방가르드 유파들의 크고 작은 실험들과 얽혀 있었다. 그것은 수많은 개인들에

---

9 다키자와 교지, 「마보의 국제성과 오리지널리티 : 마보와 그 주변 그래피즘에 대하여」, 50쪽.

의해 복잡하게 직조된 일종의 거미줄과 같은 연결망이었다. 애초에 다다의 출발은 1916년 2월 스위스 취리히에 후고 발(Hugo Ball)이 개점한 카바레 볼테르(Cabaret Voltaire)에서 시작되었다. 이곳에 모여든 마르셀 얀코(Marcel Janco), 트리스탄 차라(Tristan Tzara), 조르주 얀코(George Janco), 한스 아르프(Hans Arp), 휠젠베크(Huelsenbeck) 등의 미술가와 시인 등에 의한 새로운 예술적 움직임에 대해 붙여진 이름이 '다다'였다.[10] 처음에 술집의 웅성거림과 같은 소음으로 출발한 다다가 공식화가 되어 활기를 띠게 된 것은 1917년 트리스탄 차라가 편집한 계간지 『다다』(*DADA*)가 등장하면서부터였다. 이 잡지로 인해 다다의 정신과 움직임이 순식간에 유럽의 주요 도시에 전파되었던 것이다.

다다의 출현은 1차 세계대전을 전후로 전쟁을 초래한 유럽의 문화적 가치와 사회적 신화를 거부하고 부정한 예술가들의 태도에서 비롯되었다. 이는 앙드레 브르통(André Breton)이 말한 일종의 '정신상태'와 같은 것이었다.[11] 다다이스트들은 당시 유럽의 많은 예술가들이 이탈리아 미래파처럼 파시즘을 찬양하고 전쟁을 기려 참전한 것과 달리 유럽 문화의 기반을 부정하고 나아가 장례식을 치르길 원했다. 즉 이들의 목표는 탐욕과 물질주의 등 유럽의 모든 문화적 우상과 신화체계를 거부하는 것이고, 이러한 사회와 작별을 고하는 것이었다. '다다의 정신상태'는 전쟁의 참상을 경험한 거의 모든 유럽 도시의 아방가르드들에 전해져 순식간에 감염시켰다. 따라서 다다의 주 무대는 한 도시 내지는 장소가 아니라 취리히, 베를린, 쾰른, 하노버, 파리 등과 같은 유럽의 도시는 물론 뉴욕과 같은 미국 도

---

10 Dawn Ades, "Dada and Surrealism", Nikos Stangos ed., *Concepts of Modern Art*, New York : Thames and Hudson, 1994(the 3rd Edition), pp. 110~111.
11 Dawn Ades, "Dada and Surrealism", p. 111.

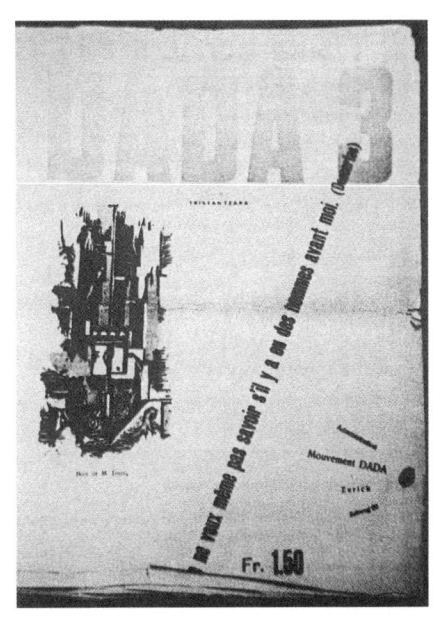

〈그림 5〉 트리스탄 차라, 『다다 3』(*DADA 3*), 취리히, 1918.

시도 망라되었다. 그들은 서로 다른 공간에서 활동하면서 '다다 정신'으로 연결되어 도시를 넘나들며 교류했다.

다다의 스타일은 매우 다양하게 펼쳐졌다(그림 5). 그것은 이탈리아 미래파, 프랑스의 입체파, 독일 표현주의, 네덜란드 신조형주의 유파인 데 스틸(De Stijl) 운동, 러시아의 구성주의와 입체-미래파(Cubo-Futurism) 등의 여러 예술사조들을 흡수하며 전개되었다. 여기서 중요한 것은 주변 예술사조들의 이념과 양식이 다다에 전부 흡수된 것이 아니라 선택적으로 섭취되었다는 점이다. 다다의 유형이 한 가지가 아니라 매우 다양했던 이유가 여기에 있다. 그렇기 때문에 다다를 일컬어 하나의 이즘이나 유파가 아니라고 말하는 것이다. 미술 비평가 루시 리파드가 말했듯 '즉각성과 파괴의 중개체'[12] 역할을 할 수 있는 모든 예술행위는 다다가 될 수 있었다. 다다란 매우 적용 범위가 넓을 뿐 아니라 무한대의 흡입력을 지닌 용어였다.

그렇다면 다다이스트들이 추구한 실제 작업과 논리는 무엇인가? 다다 정신은 기존의 모든 문화적 가치를 거부하면서 '새로운 사회의 원초적 출발'[13]을 지향하는 것이다.[14] 다다의 예술은 모든 매체 영역의 작업을 '무(無)의 원점 세계'로 환원시켜 새로 시작하는 것을 의미했다. 이를 위해 다다가 생각해 낸 방법론은 한쪽에 절대적 논리나 법칙을 두고, 다른 편에 절대적 무질서나 우연을 두어 서로 대립시킨 다음에 이를 다시 통합시켜 무의 세계로 환원시키는 것이다. 그들은 이러한 '부정변증법'을 사용하는 것이 궁극의 다다 정신에 도달하는 길이라 여겼던 것이다. 그러나 실제로 다다이스트들이 이러한 궁극에 도달한 시를 보여 준 경우는 없었다. 바로 이것이 다다의 숙명적 난제였다. 다다이스트들은 다만 절대적 논리(법칙)를 보여 주든지 절대적 무논리(우연)를 보여 주는 반쪽 수준에서 그쳤다. 예컨대 전자에 해당하는 경우가 대표적으로 슈비터스의 '구체시'의 맥락이고, 후자가 트리스탄 차라 등의 '우연시'에 해당한다.

하노버의 다다이스트 쿠르트 슈비터스(Kurt Schwitters)의 다다 시에서는 어떤 절대적 명료함이 반영되어 있다. 이는 1920년대 독일을 중심으로 풍미한 논리적 실증주의와 같은 과학철학과 바우하우스의 기계미학과 관련된 '즉물미학' 내지는 '물질미학'[15]의 영향과 관련된다. 그의 시는 마치

---

12 Lucy Lippard ed., *Dadas on Art*, Englewood Cliffs, NJ : Prentice-Hall, 1971, p. 1.
13 Dawn Ades, "Dada and Surrealism", p. 111.
14 이는 이상이 선언문적인 「선에관한각서 1」에서 표명한 점이기도 하다. 그래서 그는 과거 유클리드 기하학의 시대가 의미가 없어진 새로운 세계에서 구 봉건시대는 눈물이 날 정도로 그리워진다고 말했던 것이다.
15 독일에서 '물질미학'의 기원은 19세기 전반 일명 비더마이어 양식(Biedermeierstil)으로 대변되는 생산 공

타이포그라피로 이루어진 그림처럼, 단어의 의미보다는 '조형적' 형태의 즉물적 이미지가 더 중요한 것이 특징이었다. 그는 즉물미학이 그렇듯이, 문자나 숫자와 같은 조형요소를 어떠한 개념적 내용도 갖지 않는 구체적(具體的) 오브제(concrete object)로 보았기 때문이었다. 이러한 작업은 '다다'라는 이름 대신에 그가 이미 채택해 사용한 '메르츠'(Merz)라는 작업논리이자 예술활동에서 유래했다. 자세히 말해, 메르츠란 일상의 물건들과 재료들을 병치시켜 콜라주한 구성물을 뜻한다. 그러나 이는 작업논리의 차원을 넘어 예술활동 전반에 걸쳐 확대되었다. 그는 기존 예술의 경계를 지워 버리고 소음에서부터 음악, 회화, 조각과 심지어 건축까지 한데 모으는 거대한 합성체를 구상했던 것이다.[16] 그의 의도는 모든 물질을 추상적 관계로 환원시켜 물질과 정신 사이의 새로운 관계를 보여 주려 했던 것이었다. 이러한 생각이 그가 만든 잡지 『메르츠』를 통해 세상에 전해졌다.

따라서 슈비터스의 다다 시는 일종의 추상회화와 같은 '시각시'에 해당한다. 그는 문자와 숫자를 병치시키거나 단순한 단어들의 순서를 바꿔 사용해 절대적으로 논리적인 시를 시각화했다고 여겼던 것이다. 예컨대 그는 「원소나타」라 부른 '음향시'를 만들었는데,[17] 이는 현대 무조음악의 악보처럼 기하학적인 질서와 비례를 드러내는 현대의 '구체시'(具體詩)가 지닌 미학적 특징의 원조에 해당했다. 다음 〈그림 6〉에 나오는 「원소나타」의 「테마 11」을 보자.

정을 반영하는 직접적인 재료의 표현에서부터, 1914년 헤르만 뮤테시우스에 의해서 결성된 독일공작연맹(Deutscher Werkbund)의 객관성과 사실에 입각한 '즉물주의'(卽物主義, Sachlichkeit)적 태도와 바우하우스(1919~1933)의 생산철학으로 이어진다. 그것들은 모두 기계양식(maschinenstil)에 대한 미학적 반영이었다.

16 Kurt Schwitters, "Merz"(1920), Robert Motherwell ed., *The Dada Painters and Poets*, New York, 1951.
17 이러한 단계에 이르러 시는 '짓다' 또는 '쓰다'가 아니라 '만들다'가 된다는 사실에 주목할 필요가 있다.

Grimm glimm gnimm bimbimm
                    (P)
Grimm glimm gnimm bimbimm
Grimm glimm gnimm bimbimm
Grimm glimm gnimm bimbimm
Grimm glimm gnimm bimbimm
Grimm glimm gnimm bimbimm
Grimm glimm gnimm bimbimm
Grimm glimm gnimm bimbimm
....

Bumm bimbimm bamm bimbimm
Bumm bimbimm bamm bimbimm
Bumm bimbimm bamm bimbimm
Bumm bimbimm bamm bimbimm
....

Grimm glimm gnimm bimbimm
Grimm glimm gnimm bimbimm
Grimm glimm gnimm bimbimm
Grimm glimm gnimm bimbimm
....

Bumm bimbimm bamm bimbimm
Bumm bimbimm bamm bimbimm
Bumm bimbimm bamm bimbimm
Bumm bimbimm bamm bimbimm
....

Bemm   bemm
Bemm   bemm
Bemm   bemm
Bemm   bemm
....

〈그림 6〉 쿠르트 슈비터스, 「원소나타」(Ursonate) 중 「테마 11」.

위 시는 순수하게 추상적인 문자군들의 기하학적 구조와 비례만으로 이루어져 있다. 그것은 기존 시어(詩語)가 지닌 의미를 제거함으로써 마치 네덜란드의 신조형주의 운동 데스틸(De stijl) 내지는 러시아 구성주의와 절대주의(Suprematism)의 추상회화와 같이 형태 자체로 시를 대변하고 있는 모습이다. 이와 같이 슈비터스가 기존 시에서 관례적으로 사용되었던 구문론을 폐기하고 새로운 '비선형적' 구문론을 전개시킨 배경에는 일찍이 프랑스의 말레르메와 아폴리네르 같은 시인들의 공헌과 이탈리아 미래파와 러시아의 입체-미래파 등의 시도들이 있었다.[18] 이처럼 슈비터스의 작업논리는 '절대적인 논리와 질서'를 추구하기 위해 추상회화적 속성을 지닌 구체성에 기초했다. 따라서 그는 궁극적으로 다다 정신의 최종 목표인 우연적 가치에 대한 시적 잠재력을 통합하는 데 실패했다고 할 수 있다. 따라서 그가 도달한 지점은 타이포그라피로 이루어진 구체시였다.

반면 트리스탄 차라의 작업논리는 그가 절대적 '우연시'를 만들기 위한 처방전을 기록한 「다다이스트의 시를 위한 처방」에서 잘 드러났다. 그

---

[18] 타이포그라피 디자인의 관점에서 20세기 초 진행된 시각시의 맥락은 다음과 같이 진행되었다. 그 출발은 1897년 말라르메가 발표한 시 「주사위 던지기는 우연을 말살시키기지 않으리」(Un coup de dés jamis n'abolira le hasard)였다. 여기서 말라르메의 시는 단어를 구문으로 배열하는 대신에 지면에 마치 주사위 놀이하듯 우연히 뿌려 나온 단어로 우연히 이루어졌다. 이러한 문자언어의 시각적 힘은 얼마 후 아폴리네르의 시 「비가 내리네」(Il Pleut)로 이어졌다. 이 시는 마치 지면을 타고 흐르는 빗물과 같이 정말로 흘러 내리고 있었다. 한편 마리네티를 중심으로 한 이탈리아 미래파는 수많은 출판물과 정기간행물들을 통해 나중에 데스틸, 바우하우스, 러시아 구성주의 타이포그라피에 영향을 준 시각적 장치인 '자유로운 낱말'(Words-in-Freedom)을 1914년경에 창안했다. 이는 시의 폭발적인 힘과 즉흥성 등의 그래픽적인 가능성을 제시했다. 한편 언어적 감수성에 대한 또 다른 혁신이 러시아 '입체-미래파'에 의해 조장되었는데, 여기에는 크루체니흐, 클레브니코프, 부를류크, 리프쉬츠, 마야코프스키, 즈다네비치와 카멘스키 등이 참여했다. 이들은 단어의 숨겨진 소리의미, 문자 이전의 의미, 또는 단어의 무의식적인 언어적 깊이를 작업에서 표명하기 시작했다. 이들이 사용한 소위 '자움'(Zaum)이라 일컬어지는 '의미를 초월한 언어'는 당시 종이와 인쇄물자가 부족한 시기에 가장 긴장된 시각적 형태와 결합된 문학 형태를 파생시켰다. 안상수, 「타이포그라피적 관점에서 본 이상 시에 대한 연구」, 한양대학교 박사학위 논문, 1995, 16~44쪽.

는 이렇게 말했다. "신문을 주워 들어라. 가위를 들고, 시를 지으려고 계획하고 있는 기사를 선택하라. 그것을 가위로 오려내라. 그리고 오려낸 각기의 단어들을 봉지에 넣고 마구 흔들어 섞어라. 그리고 단어들을 하나하나 봉지에서 꺼내고, 꺼내진 순서대로 단어들을 옮겨 적어라"고 제안했던 것이다. 차라와 유사한 작업논리는 아르프, 휠젠베크, 뒤샹 등과 같은 다른 다다이스트들의 작업에서도 적용되었다. 이들은 시에서 임의적으로 선택된 단어와 문장들의 파편 또는 '기성품'의 콜라주를 통해 우연성을 만들어 냈다. 특히 아르프는 신문과 광고에서 임의로 선택한 단어와 문장 조각을 나열해 시를 만들기도 했던 것이다. 휠젠베크는 단음으로 드럼을 두드리는 '소음시'를 만들기도 했고, 뒤샹은 저 유명한 '레디 메이드' 등과 같은 기성품 조합방식으로 우연성을 보여 줬던 것이다. 그러나 이들이 도달한 우연성은 슈비터스와 마찬가지로 논리적 법칙을 통합하는 데 실패했다.

그러나 이상의 시는 서구의 다다이스트들조차 미처 실현하지 못한 철저함마저 보여 준다. 예컨대 그의 시는 앞서 검토했듯이 시적 구문을 해체시키면서도 내부의 구조를 통해서 스스로 메시지를 전달하고 있다. 즉 그는 기존 시의 언어와 구문 형태를 파괴하는 동시에 새로운 시각시의 가능성뿐만 아니라 시 내부에 우연적 동시성이 함께 발생하는 '생성론적 통합구조'로 재창조되는 절묘한 시를 만들어 낸 것이다. 따라서 슈비터스의 절대적 논리의 시각시는 절대적 논리의 '즉물적 이미지'만을 제시하고, 트리스탄 차라와 휠젠베크는 의미를 결여한 '목적 없는 우연적 자치성'만을 보여 준 셈이었다. 반면, 이상의 시는 앞서 하기와라의 시와 비교하면서 검토했듯이 추상형태로 하여금 스스로 말하게 하는 매우 독특한 구조와 공간을 통합한 것이다. 또한 이상 시는 우주적 위상공간의 개념을 시각화해 슈비터스와 차라가 도달하지 못한 절대적/상대적, 논리적/비논리적, 이성/광기, 필연/우연 등의 모든 대립쌍을 철학적으로 통합하면서 더 나아 갔던 것이다. 이는 이상 시가 위치한 지점이 1920~30년의 다다미학의 근대적 위상이 아니라 훨씬 뒤인 현대의 위상공간에 맞닿아 있음을 의미한다. 예컨대 이상 시는 같은 문학 장르에서 다다를 계승하고 1953년 무렵 체계화된 현대 구체시(concrete poem) 계열의 시인들도 미처 성취하지 못한 독보적인 것이었다.

3 구체시와 해체미학을 넘어서

대부분의 현대 구체시는 문자군(群)이 파생하는 순수한 인상만을 시각화한다. 이미지의 성격에 있어 '형상'에 의존해 구문을 의미로 설명하는 것이라 할 수 있다. 이는 일본의 구체시인 세이치 니쿠니의 「川/州」에서 잘 반영되어 있다(그림 7). 이 시는 왼쪽 삼각형 구조 속에 위치한 강물 '川'이 오른쪽 아래의 삼각주 '州'의 빗면 위에 놓여져 마치 '삼각주'(三角洲)[19] 위로 흐르는 강물의 성격을 영상화하고 있다.[20] 결과적으로 이러한 구체시들은 다다 시의 자치성과 달리, 군집을 이룬 단어들의 '그래픽적 형상'을 강조해 시각적 인상 혹은 제스처를 '영상화'한다. 하지만 이상의 실험시는 오히려 다다를 초월해 구체시에 적용된 구술언어의 도움 없이도 추상기호와 구조에 의해 구문론과 의미론을 모두 통합시켰다. 따라

---

19 한자 단어 '삼각주'(三角洲)에서 '洲'는 '州에 흐르는 강'을 지시하고 있다.
20 Seiichi Niikuni, "List of Works", *Visual Poems*, exhibition catalogue, London : Whitechapel Gallery, 1974.

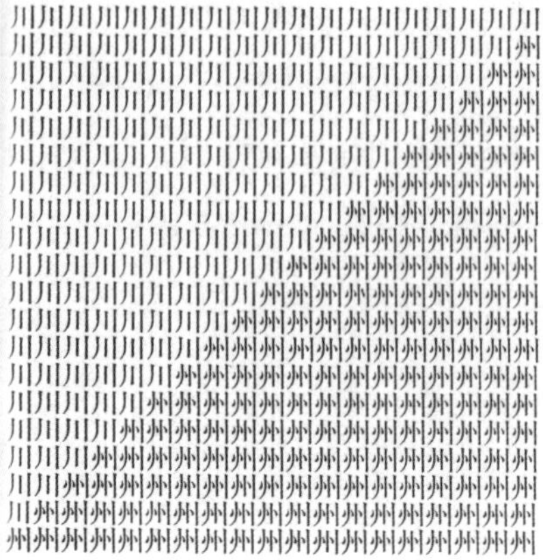

〈그림 7〉 구체시의 예, 세이치 니쿠니(Seiichi Niikuni), 「川/州」, 1970년대.

서 그의 시는 구체시의 위상도 뛰어넘는 것이라 할 수 있다. 그것은 다다 미학은 물론 1950년대 '구체시 운동'을 훌쩍 뛰어넘어 20세기 후반 '해체 미학'을 관통한다.

이상의 「시 제4호」에는 뒤집혀진 숫자판의 지시대상을 제외하고, 다만 숫자와 점이라는 '추상적 존재'들의 관계성과 이에 대해 '진단 0:1'이라는 표명만이 있을 뿐이다(그림 9). 이 시 내부의 이러한 추상적 존재들로부터 엄청난 새로운 의미들이 파생되는 놀라운 잠재력이 발견되는 것은 어떤 이유 때문인가? 여기서 이상이 사용한 행렬과 숫자로 이루어진 전체 형태는 기존의 추상계열 예술형태들이 일반적으로 취해 왔던 '존재적 형태'가 아니라는 사실에 주목해야 한다. 이는 앞서 언급했듯이 숫자가 90도로 계속 회전하는 이미지를 보이는 「선에관한각서 6」의 경우도 마찬가지다(그림 8). 이는 얼핏 보기에 모호이-너지의 「타이포콜라주」와 모습이 비슷하지만 다른 점은 모호이-너지의 타이포콜라주와 달리 이상의 시들은

'행렬'을 기본틀로 사용해 수많은 변화를 생성시킨다는 점이다. 바로 이러한 행렬로부터 변형되는 강력한 생성론적 운동에너지가 극대화된 경우가 「시 제4호」인 것이다(그림 9).

이러한 이상 시에 나타난 추상적 형태는 존재론적 형태로서가 아니라 그 자신이 그토록 갈망했던 "빛과 같이 끊임없이 변화하는" 일종의 에너지의 흐름처럼 생성된다. 즉 그것은 추상성 자체를 형태 내부로부터 해체시켜 나감으로써 고정된 추상성을 허용치 않고 '밀어내는', 그러면서도 스스로의 존재를 설명하는 놀라운 힘을 갖고 있었던 것이다. 이러한 혁명

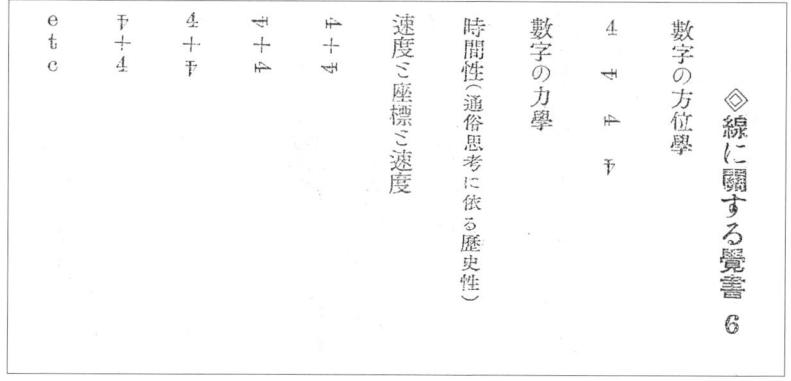

〈그림 8〉 위, 이상의 「삼차각설계도」 중 「선에관한각서 6」.
〈그림 9〉 아래, 이상의 「오감도」 중 「시 제4호」.

적 모습은 시각예술의 영역에서 지난 20세기 말에 진행된 이른바 해체주의 건축이론과 그에 대한 실제 모습이 확인되기 전까지 그 어떤 예술 양식에서도 존재하지 않았다(그림 10).

피터 아이젠만(Peter Eisenman)과 베르나르 추미(Bernard Tschumi) 등의 해체주의 건축가들이 지향한 목표는 건축의 구조와 기능에 대한 해체였다. 이는 후기 구조주의 철학가 데리다가 주장한 "언어란 언제나 문자로 되어 있는 텍스트 내에 작용하고 있는 힘의 위치를 교란시키는 능력을 전제로 하며, 언어를 소통하는 상황에서 그것이 말이든 문자든 간에 현전하지 않는 다른 요소들과 관련되지 않고는 기호(sign)로 작용할 수 없다"는 주장으로부터 유래했다.[21] 해체 건축에서 드러나는 공간과 구조의 불일치, 격차, 대립, 반전, 치환 등과 같은 전략적 암호들은 "텍스트의 의미란 소리와 감각의 수준에서 서로 대조를 이루는 차별적인 모습들의 산물이지 말이나 문자가 지닌 표상적 지시대상(기의, signified)이 아니며 거기에는 다만 '차이'에 의해 연속적으로 의미가 '지연'되는 표류하는 기표(signfier)의 관계적 특성만이 존재한다"는 이른바 데리다의 '차연'(差延, différence) 이론을 반영하고 있는 것이다. 어떤 의미에서 의미 부재의 해체주의가 표명하는 '부재의 미학'은 건축과 같은 시각예술이건 또는 문학이건 간에 모든 표상적 언어로 이루어진 텍스트들의 확정성을 거부하는 '체념의 스타일' 또는 '허무주의'로 비쳐질지 모른다. 그러나 그것은 인간 주체가 통합된 자치적 존재 또는 확정된 자아를 지닌 존재가 아니라 개별적으로 상이한 의미와 상대적 주관성을 전제로 한 것임을 말해 준다.

이상 시의 질주는 해체미학에서 끝나지 않는다. 왜냐하면 그 속에는

---

21 Jacques Derrida, *Positions*, Alan Bass ed., Chicago : Univ. of Chicago Press, 1981. p. 26.

〈그림 10〉 **위.** 피터 아이젠만(Peter Eisenman), 「하우스 III」(House III), 1971.
〈그림 11〉 **아래.** 베르나르 추미(Bernard Tschumi), 라 빌레트공원(the Parc de la Villette)의 '폴리'(folies) 중 한 예, 1985(ⓒ 김민수, 2002).

5장 _ 모조 근대의 초극 : 이상 시의 혁명성

집요한 '통합에의 갈망'이 담겨져 있기 때문이다. 그가 진정 꿈꾸었던 것은 끝없는 의미의 지연도 표류도 아닌 해체 후에 탄생할 새로운 세계에 대한 갈망이었다. 그것은 물질적 고정성이 붕괴되는 '가상세계'에 대한 생각과 유사하다. 앞서 『시 제8호 해부』에서 보았듯이, 실제로 그는 신체를 유리로 복제하는 이른바 '아바타'의 꿈까지 꾸고 있었다. 따라서 그가 접속한 곳은 20세기 말 해체주의를 넘어서 바로 오늘날 우리가 살고 있는 21세기 디지털 가상공간이었다.

6장 죽음의 질주와 또팔씨의 부활

―

떨어진 팔과 다리, 동구(瞳球), 간장(肝腸),

이것들을 차마 볼 수 없다는

가애로운 표정으로 내려다보며

새로운 우주의 가로를 걸어 가는 그에게

전별의 마지막 만가(輓歌)를

쓸쓸히 들려주었다.

- 「12월 12일」 중에서

1   가상성과 가상현실

결국 이상이 갈망한 것은 식민지 조선 땅을 훌쩍 뛰어넘는 우주적 세계였다. 이는 단순히 무의식적인 심층세계의 이미지를 상상하는 초현실주의에서 다뤄진 것과는 차원이 다른 세계인 것이다. 비유컨대, 그것은 최근 현대 입자 물리학이 우주 탄생의 비밀을 푸는 '힉스' 입자(Higgs boson)로 보이는 새 입자를 거대강입자 충돌기로 밝혀 낸 '과학적' 사실을 두고 '초현실적'이라고 하지 않는 것과 같다. 애초에 그는 우주적 세계로 이동하는 열망을 그의 1차 각혈이 시작된 1930년 첫 소설 「12월 12일」에 담았다. 이 소설에는 '새로운 우주의 가로를 보행하다가 기관차에 치어 신체가 해체되는' 내용이 후반부에 나온다. 이미 그가 갈망한 것이 새로운 우주적 공간 이동 내지는 '생성의 빅뱅 논리'임이 암시된 것이다. 그리하여 이러한 암시가 1931년 10월 『조선과 건축』에 「삼차각설계도」 연작시 중 「선에관한각서 1」에서 최초로 '새로운 세계의 인간 선언문'의 내용으로 명증하게 전개되었고, 「선에관한각서 2」와 「선에관한각서 4」 등의 형태로 계속 펼쳐져 '우주적 위상공간으로의 이동'을 예시하고 시각화되었다. 뿐만 아니라 그는 「선에관한각서 5」와 「선에관한각서 7」 등에서 다음과 같이 물질적 고정성이 붕괴되는 세계에 대한 철학적 표명을 했다.

> 사람은광선보다도빠르게달아나면사람은광선을보는가.
> 사람은광선을본다.연령의진공에있어서두번결혼한다.세번결혼하는가,
> 사람은광선보다도빠르게달아나라.
> 미래로달아나서과거를본다,과거로달아나서미래를보는가,미래로달아나는것은과거로 달아나는것과동일한것도아니고미래로달아나는것이과거로달아나는 것이다.
> 확대하는우주를우려하는자여,과거에살라,광선보다도빠르게달아나라.
> ― 「선에관한각서 5」

> (생략)
> 광선을즐기거라,광선을슬퍼하거라,광선을웃거라,광선을울거라,
> 광선이사람이라면사람은거울이다.
> 광선을가지라
> 광선의이름을가지는것은계획의효시이다.시각의이름을발표하라.
> 시각의이름의통로는설치하라,그리고그것에다최대의속도를부여하라
> 하늘은시각의이름에대하여서만존재를명백히한다(대표인나는대표인 ― 예를들것)
> 창공,추천,창공,창천,장천,일천,창궁(대단히갑갑한지방색이나아닐는지)하늘은시각의이름을발표했다.
> 시각의이름은사람과같이영원히살아야하는숫자적인어떤일점이다.시각의이름은운동하지아니하면서운동의코오스를가질뿐이다.
> 시각의이름은광선을가지는광선을아니가진다.사람은시각의이름으로하여광선보다도빠르게달아날필요는없다.

> 시각의이름을건망하라.
> 사람은광선보다도빠르게달아나는속도를조절하고때때로과거를미래에있어서
> 도태하라.
> ─「선에관한각서 7」

위의 두 시는 마치 철학적 의미에서 전통적인 존재론을 불신하는 듯 사물, 실체, 성질 등 기존에 우리가 물질세계에 대해 가지고 있었던 모든 선입견을 여지없이 붕괴시킨다. 여기서 이상은 광선보다도 빠르게 달아나는 '순간적 삶'을 그리고 있고(「선에관한각서 5」), 이 순간들이 만들어 내는 '세계'에 대해 이야기하고 있다(「선에관한각서 7」). 특히 후자의 경우 "광선이 사람이라면 사람은 거울이다"라는 구절은 대단히 흥미롭다. 일단 이를 정리하면, "광선=사람=거울"이라는 말이 된다. 이상은 물질적 존재의 절대적 의미가 붕괴된 세계에서 광선이 사람이라 했고, 이제 광선과 사람은 다시 거울과 동격이라고 하고 있는 것이다. 여기서 거울은 무엇을 의미하는 것일까?

거울은 일반적으로 현실의 실체를 모방한 또는 비쳐진 이미지(mirror image)를 담는 사물에 해당한다. 그러나 이상의 시에 나타난 위의 '거울'은 그러한 일반 거울 개념과는 다른 냄새를 풍긴다. 특정한 실재를 지시하거나 표상하기 위한 것이 아니라 일종의 '가능성 또는 잠재성'만을 지닌 특수한 인상을 주기 때문이다. 위의 「선에관한각서 7」 뒷부분에 나오는 다음 구절을 꼼꼼히 보자.

> 광선의이름을가지는것은계획의효시이다. 시각의이름을 발표하라.
> 시각의이름의통로는설치하라, 그리고그것에다최대의속도를부여하라.

(중략)

시각의 이름을 건망하라.

첫번째 시행에 나타난 명제를 풀어서 설명하면, 일단 (비물질적인) '광선의 이름'을 갖는 것이 세계에 대한 인식을 위한 기본 전제이자 출발점이며, 이때 '광선의 이름'이 감각적으로 현전하기 위해서는 '시각의 이름'이 필요하다는 말이 된다. 여기서 '이름'이란 의미론의 차원에서 적어도 다음 세 가지 차원과 관계한다. 첫째, 사물의 상태를 재현하는 특별한 이미지와 말을 결합한 지시작용(designation), 둘째, 말하고 표현하는 주체에 대해 명제가 갖는 관계로서 현시작용(manifestation), 셋째, 보편적인 개념과 개념들 간의 논리적 함축관계를 통해 이루어지는 연결 관계로서 기호작용(signification).[1] 감지할 수 없는 비물질적 광선이라는 개념은 지시하고, 현시하고, 기호작용을 하는 의미, 즉 '이름'을 가질 때만 인식될 수 있으므로 이상은 그 시각의 이름을 발표하라고 요구한다. 다음으로 이상은 이러한 "시각의 이름에 통로를 설치하고 최대의 속도를 부여하라"고 주문한다. 이는 그가 설정한 '광선=사람=거울'의 관계가 닫혀진 체계가 아니라 열려진 것임을 말하는 것이다. 한데 여기서 더 나아가 그는 이제까지 설정한 "시각의 이름을 잊어버리라"고 무(無)의 세계로 환원시켜 버렸던 것이다.

그러나 1933년 7월 『카톨릭청년』에 발표한 시 「거울」에 이르러 위와 같이 새로운 우주론적 차원에서 생각했던 '광선'과 '거울' 개념은 다시 희

---

[1] 이정우, 『시뮬라크르의 시대 : 들뢰즈와 사건의 철학』, 거름, 1999, 72~105쪽. 박성수, 『들뢰즈와 영화』, 문화과학사, 1998, 47~56쪽.

한한 거울 개념으로의 변화를 보여 주었다. 다음의 시, 「거울」을 보자.

거울속에는소리가없소.
저렇게까지조용한세상은참없을것이오.

거울속에도내게귀가있소.
내말을못알아듣는딱한귀가두개나있소.

거울속의나는왼손잡이오.
내악수를받을줄모르는―악수를모르는왼손잡이오.
거울때문에나는거울속의나를만져보지를못하는구료마는
거울아니었던들내가어찌거울속의나를만나보기만이라도했겠소.

나는지금거울을안가졌소마는거울속에는늘거울속의내가있소.
잘은모르지만외로된사업(事業)에골몰할게요.

거울속의나는참나와는반대(反對)요마는
또꽤닮았소.
나는거울속의나를근심하고진찰(診察)할수없으니퍽섭섭하오.

위의 시에서 이상은 거울 앞에서 거울 속에 비쳐진 자신을 본다. 한데 여기서 '거울 속의 나'와 '거울 밖의 진짜 나' 사이의 관계가 흥미롭게 서술되고 있다. 왜냐하면 흔히 일반적인 매체로서 거울은 비쳐진 이미지를 대칭으로 담아내는 도구에 불과하다. 한데 이상은 '거울 속의 나'를 나와 분리된 새로운 사건이 일어나는 존재로 바라본다. 해서 거울 속의 나는 '거울 밖의 나'와 똑같이 귀가 있지만 "내 말을 못 알아듣는 딱한 귀"를 지니고 있고, '거울 밖의 내'가 오른팔을 내밀어 악수를 청할 때 똑같이 비쳐진 팔을 내민다. 하지만 그는 거울 속의 나는 '왼손잡이'인 새로운 사건이 발생해 악수를 청한 '거울 밖의 나'의 오른손을 잡을 수 없다. 흔히 이 시를 두고 많은 이상 연구자들은 이상이 미쳐서 정신착란을 일으킨 장면 묘사라고 해석해 왔다.

　　그러나 지난 20세기 말에 이르러 현대철학의 시각에 볼 때 이상의 이러한 생각은 미친 것이 절대 아니다. 그는 거울의 개념을 일종의 가상적으로 실재하는(존재하는 것이 아니라) 물체의 표면이자, 사건이 발생하는 순간으로 보고 있는 것이다. 이러한 가상적 실재를 오늘날 우리는 '가상현실'(virtuality)이라 하며 새로운 매체환경으로서 3D 게임에서뿐만 아니라 영화 「아바타」에 이르기까지 익숙하게 받아들이고 있지 않은가? 이상의 거울 개념에 대한 사유방식은 바로 오늘날 마치 현대철학자 질 들뢰즈(Gilles Deleuze)가 말한 시뮬라크르(simulacre), 즉 순간 속에 나타났다 사라지는 '사건'에 대한 사유와 유사성을 갖는다. 들뢰즈가 순간적인 것, 지속성을 가지지 않는 것, 자기 동일성이 없는 것으로서 사건 또는 시뮬라크르를 철학의 테마로 삼았을 때, 그는 플라톤 이래 기존의 철학적 사유가 기반했던 '존재론적 차원'을 우발적이고 비물체적인 '사건의 차원'으로 파악한다.[2] 이상이 생각했던 거울은 바로 이러한 사건이 발생하는 소위 '가상현실'(virtual reality)의 차원이었던 것이다.

　　사실 바로 이런 이유로 이상은 「선에관한각서 7」에서 "시각의 이름의 통로는 설치하라"라고 했다. 그것은 거울이 단순히 이미지를 비치기만 하는 '닫혀진 매체'가 아니라 비상구 즉 출구가 설치된 '생성 공간'임을 뜻하기 때문이다. 달리 말해 그는 거울 속에 어떤 잠재적 생성태가 있음을

---

[2] 이정우, 『시뮬라크르의 시대 : 들뢰즈와 사건의 철학』 참고.

말하고 있다. 이러한 잠재적 생성태에 "최대의 속도를 부여"하면 시간에 따라 변하는 새로운 생성이자 변화 과정이 발생한다. 이상은 바로 이러한 가능성과 연속성이 만들어 내는 사건, 또는 생성 과정의 중요성을 생각하고 있었던 것이다. 이때 남겨지는 것은 절대적 가치의 존재가 아니라 사건의 표면(거울)에서 일어나는 가상적 표정들이었던 것이다.[3] 그래서 그는 "광선을 즐기거라, 광선을 슬퍼하거라, 광선을 웃거라, 광선을 울거라"라고 사건의 표정에 대해 말했던 것이다.

놀랍게도 우리는 최근에 이상이 생각했던 거울과 유사한 매체를 전자적 가상공간의 하이퍼텍스트(hypertext)나 하이퍼미디어(hypermedia) 등에서 발견한다. 하이퍼텍스트란 용어는 좁은 의미에서 비선형적인 전자 텍스트 방식을 지칭하면서, 넓은 의미로 이미 확정된 차원이 아닌 제3의 알려지지 않은(생성되어질) 차원을 지칭한다. 만일 기존의 사물, 공간, 텍스트에 대해 '하이퍼'라는 용어가 붙으면 그것은 추가적인 차원을 갖게 된다. 이는 확정된 물질적 대상이 아니라 접합, 연결과 조작에 의해 끊임없이 표상과 형질을 변경시키는 일종의 '메타모포시스(metamorphosis)적 생성태'라 할 수 있다. 예를 들어, '하이퍼'로 이루어진 텍스트의 특징은 하나의 표상에 매이지 않고 어느 각도에서든지 볼 수 있게 이동이 자유로우며, 각각의 시각은 바로 그 텍스트를 직관적으로 비약해서 볼 수 있다는 점이다.[4] 하이퍼텍스트의 공간에서의 비약은 마치 미래 소설에 나오는 우주선의 움직임과 비슷하다. 그것은 아이작 아시모프의 공상과학소설 「발가벗은 태양」(Naked Sun)의 다음 대목에서 잘 묘사되어 있다.

---

[3] 철학자 이정우는 스토아 철학으로부터 영향받은 들뢰즈에게 있어 '표정'은 물질적인 것의 표면에 나타난 효과('표면효과', effet de surface)를 뜻하며, 바로 이것을 사건이라 한다. 앞의 책, 65~66쪽.
[4] 마이클 하임, 『가상현실의 철학적 의미』, 책세상, 1997, 65쪽.

순간 뒤집혀지는 듯한 이상한 느낌이 있었다. 그것은 한순간 지속되었다. 베일리는 그것이 도약임을 알았는데, 하이퍼공간을 통해 우주선과 그 속에 포함된 모든 것을 몇 광년 너머로 보내는, 이해할 길 없는 신비롭고도 순간적인 이동이었다. 다른 시간대가 흐르는 또 다른 도약 그리고 여전히 또 다른 시간의 흐름과 도약이 진행되고 있었다.[5]

위의 대목은 공상과학소설 특유의 과장된 내용을 담고 있지만, 요즘 세계 주식거래 동향을 보여 주는 3D 인포그래픽(infographics)에서부터 사회적 네트워크(Social Network)의 데이터 시각화(Data Visualization) 등의 여러 미디어 형태로 우리가 흔히 보고 실제로 겪고 있는 경험들이 되었다. 이러한 사실을 염두에 두면 이제 「선에관한각서 7」에 나오는 다음의 마지막 시행까지도 내용이 보다 분명해진다.

    사람은 광선보다도 빠르게 달아나는 속도를 조절하고 때때로 과거를 미래에
    있어서 도태하라

위의 시행에서 과거와 미래는 서로 병치되고 중첩된 하이퍼 구조를 이룬다. 이상은 미래의 시점에서 과거를 도태하라고 '공간 이동과 비약'에 대해 말하고 있다. 이 말의 의미가 오늘날 '하이퍼미디어'에 의해 입증되고 있는 것이다. 그가 제시한 '거울' 개념은 오늘날 우리가 사용하고 있는 하이퍼미디어로 구축된 '가상현실'의 개념과 별로 다를 게 없다고 할 수

---

5 Isacc Asimov, *Naked Sun*, New York : Valentine, 1957. p. 16. 마이클 하임의 『가상현실의 철학적 의미』 66쪽에서 재인용.

있다. 가상현실은 구체적으로 디지털 기술에 의해 구현되는 매체환경으로서 물리적 예증을 굳이 필요치 않는 환영(simulacrum)에 의해 형성된 또 다른 현실을 의미한다. 그것은 오늘날 우리가 살고 있는 현실과 공간을 설명하는 '생활 용어' 중의 하나가 되었다. 우리는 현재 이런 시대에 살고 있다. 이를 두고 아직까지도 이상에 대해 정신분석자 자크 라캉의 '거울 단계' 운운하며 '자아가 미발달된 유아상태' 또는 '환각', '정신착란' 등으로 설명하는 인문학자가 있다면, 그는 필시 새로운 기술문화 환경을 이해하려고 노력도 하지 않으면서 자신의 도태 위기를 마치 학문의 위기인 양 과대포장하는 이른바 '인문학의 위기'를 외치는 사람일 것이다. 그래서 이런 이들을 두고 이상이 "왜 미쳤다고들 그러는지 대체 우리는 남보다 수십 년씩 떨어져도 마음 놓고 지낼 작정이냐"고 개탄했던 것이다. 결국 이상 신화는 자신들의 지적 수준을 은폐한 채 '난해'하다며 이상에게 그 탓을 돌리고, 다시 이를 통해 그를 마주하기 어렵게 조장한 '난해 프레임'을 확대재생산해 온 한국 문학계의 이상한 풍토가 빚어 낸 만들어진 전통이었다.

「거울」은 이상이 1933년 총독부 기수직을 그만두고 배천온천으로 요양을 다녀온 그 해 7월에 발표된 시였다. 8월에는 정지용, 김기림, 박태원, 이태준 등과 함께 문학동인 '구인회'(九人會)를 결성했다. 당시 그의 몸은 병이 계속 깊어지고 있었지만 그는 다가오는 죽음 앞에 좌절치 않고 땅을 계속 파려는 '또팔씨'의 투지를 계속 불태우던 때였다. 따라서 1931년 발표된 「선에관한각서」가 우주적 공간으로의 '공간적 탈출'에 관한 것이라면, 「거울」에 이르러 그의 의식은 자신의 몸이 처한 현실에서 이탈해 가상공간에서 새로 태어나는 '가상현실'과 '육체복제'에 대한 열망으로까지 전개되었다. 바로 이러한 열망이 1934년 「오감도」에 반영되어 「시 제1호」에서 '13인의 아해'(이상 자신)가 열려진 골목(삶)으로 질주하길 원하는 삶에 대한 갈망으로 표현되었다. 나아가 이상은 「시 제8호」에서 '신체 복제' 실험까지 감행하는 의지를 불살랐다. 그리고 그의 영혼의 불꽃은 마침내 나비가 되어 지구를 떠날 준비를 감행한다. 육체를 이탈한 그의 영혼은 '나비'가 되어 가상공간으로 날아간 것이다. 바로 이러한 지구와 육체를 이탈하는 이상 시의 마지막 단계가 「시 제10호 나비」에서부터 「시 제15호」의 시들에서 전개되었다.

> 찌저진벽지(壁紙)에죽어가는나비를본다. 그것은유계(幽界)에낙역(絡繹)되는비밀한통화구(通話口)다. 어느날거울가운데의수염(鬚髥)에죽어가는나비를본다. 날개축처어진나비는입김에어리는가난한이슬을먹는다. 통화구를손바닥으로꼭막으면서내가죽으면안젓다일어서듯키나비도날러가리라. 이런말이결(決)코밧그로새여나가지는안케한다. — 「오감도」 연작시 중 「시 제10호 나비」

위 시를 해석하면 먼저 '찢어진 벽지'란 '좌절된 현실'을 뜻한다. 나비는 이승과 저승을 잇는 매개체이다. 다음 구절이 이를 설명하고 있다. 그는 나비가 "유계(幽界)에 낙역(絡繹)되는 비밀한 통화구(通話口)다"라고 밝혔다. '유계'란 육신의 고통이 사라지는 저승을 뜻한다. 즉 그는 나비가 저승을 연결(絡繹)하는 '비밀 통화구'라고 말한다. 다음 구절에서 그는 거울의 한가운데 수염이 난 자신의 모습을 보며 "죽어가는 나비를 본다"고 말한다. 이 대목은 이상이 육신으로부터 영혼이 빠져나와 나비와 중첩되는, 즉 영화 기법으로 치면 '오버래핑' 장면에 해당한다. 이 날개 축 처진 나비는 입김이 어리는 가난한 이슬을 먹으며 마지막 숨을 쉬고 있다. 다음 구절에서 그는 통화구(코와 입)를 꼭 막아 숨을 쉬지 않으면 죽게 될 것이고 그때 자신은 마치 앉았다 일어서듯이 나비처럼 날아갈 것이라고 말한다.

그는 이 말이 밖으로 새어 나가지 않게 비밀로 한다.

　　이 시 속에는 전율이 느껴지는 이상의 비밀이 담겨져 있다. 얼핏 보기에 이는 "찢어진 벽지에 죽어가는 나비를 본다"에서 보듯, 그가 자신의 죽음을 대상화하고 명(命)이 다한 자조적 시선을 담은 것처럼 보인다. 그러나 여기서 '찢어진 벽지'란 그의 '좌절된 현실'이다. 그는 자신의 영혼이 '나비'라는 영매를 통해 이승의 육체로부터 빠져나오는 '영혼이탈의 과정'을 그리고 있었던 것이다. 흔히 속설에 사람이 죽으면 영혼이 나비가 되어 하늘로 날아간다고들 한다. 그는 이 시를 통해 죽음과 동시에 나비로 환생해 날아가는 장면을 담아냈던 것이다. 그는 (코와 입을 막아 자살해) 죽는 순간 앉았다 일어나듯이 나비가 되어 환생하는 마지막 순간을 미리 예고한 셈이다. 이 대목에서 우리는 그가 앞서 「또팔씨의 출발」 등에서 이미 암시했듯이, 자신의 죽음을 타살이 아니라 자살로 맞이할 각오를 계속 이어가고 있었음을 알 수 있다. 이로써 그는 '거울'을 통해 가상공간에서 '나비'로 부활함으로써 치열한 삶과 예술의 마지막 단계를 이미 「오감도」에서 완성시켜 놓았던 것이다. 그러나 이처럼 마지막 순간을 채비하는 이상의 생각은 처절한 '인간적 갈등' 속에서 완성된 것이라는 사실을 다음과 같이 「시 제11호」가 말해 주고 있다.

> 그사기컵은내해골(骸骨)과흡사하다. 내가그컵을손으로꼭쥐엿슬때내팔에서는난데업는팔하나가접목(椄木)처럼도치드니그팔에달린손은그사기컵을번적들어마루바닥에메여부딧는다. 내팔은그사기컵을사수(死守)하고잇스니산산(散散)히깨어진것은그럼그사기컵과흡사한내해골이다. 가지낫든팔은배암과갓치내팔로기어들기전(前)에내팔이혹(或)움즉엿든들홍수(洪水)를막는백지(白紙)는찌저젓으리라. 그러나내팔은여전히그사기컵을사수한다. ─「오감도」 연작시 중 「시 제11호」

위의 「시 제11호」에서 이상은 먼저 사기컵이 자신의 해골과 흡사하다고 말한다. 해골과 흡사한 사기컵은 피골이 상접한 자신의 '육체적 생명'을 의미한다. 한데 그는 손으로 움켜쥐고 있는 사기컵을 같은 팔에서 접목처럼 돋아난 팔이 내동댕이쳐 깨뜨렸다고 말한다. 그러나 자신의 본래 팔은 이 컵을 사수하려 하고, 깨어진 것은 사기컵, 곧 자신의 해골이라고 말한다. 살고 싶지만 이미 죽음은 어쩔 수 없다는 것이다. 이 시에서 '접목처럼 돋아난 팔 하나'는 그의 내면에서 샘솟는 '자살충동'을 뜻한다. 그러나 죽음은 이러한 자살충동이 유혹하는 뱀처럼 팔 안으로 기어들기 전에 팔을 움직이며 저항하려 발버둥을 쳐도 홍수를 한 장의 백지로 막아봐야 찢어지듯 속수무책이라고 말한다. 그럼에도 불구하고 그의 팔은 여전히 해골 같은 몰골을 하고 있는 자신의 생명, 곧 사기컵을 사수하고 있다고 밝힌다. 필자는 바로 이 대목이야말로 이상 시가 보편적 '삶의 예술'로 승화되어 완성되는 중요한 지점이라고 본다. 그는 살고 싶은 욕망과 생을 견딜 수 없어 접목처럼 돋아나는(또는 유혹하는 뱀처럼 기어드는) 자살충동이 막다른 골목과 같은 죽음 앞에서 처절하게 싸움을 벌여야만 하는 인간 존재와 삶의 역설을 말하고 있었던 것이다. 이는 이상 시의 본래 가치가 우주적 공간을 멀리 돌아와 결국 감동적인 '인간 드라마'와 같은 위상에서 만나는 것임을 말해 준다. 이 지점에서 그동안 '이상 문학'이라는 이름으로 그의 시를 '언어유희' 내지는 '초현실주의적 상상'의 허접한 나부랭이쯤으로 여기고 내놓은 해석들이 얼마나 생뚱맞고 황당한 것인지를 알게 된다.

2   찢어진 벽지 위의 나비

「오감도」 연재는 애초에 계획한 30점을 모두 발표하지 못했기에 뜻을 이루지 못한 미완의 계획처럼 보인다. 하지만 위의 「시 제10호 나비」와 「시 제11호」 등에서 보듯, 이상의 시 세계는 이미 완성되어 궁극의 단계에 도달해 있었던 것이다. 이로 인해 「오감도」 이후 시 쓰기에 대한 자괴감을 느낀 점도 있었겠지만 이후에 (간헐적으로 이어졌지만) 그는 시 쓰기보다는 수필과 소설로 나아갔다. 이때의 심정을 그는 유고 「공포의 기록」에 다음과 같이 기록했다.

> 그러나 겨울이 왔다. 그러나 장판이 카스테라빛으로 타 들어왔다. 얄팍한 요 한 겹을 통해서 올라오는 온기(溫氣)는 가히 비밀을 그스를 만하다. 나는 마지막으로 나의 특징까지 내어놓았다. 그리고 단 한 가지 재주를 샀다. 송곳과 같은—송곳 노릇밖에 못하는—송곳만도 못한 재주를—과연 나는 녹슨 송곳 모양으로 멋도 없고 말라버리기도 하였다.

이 글은 1937년에 유고로 발표되었지만, 1935년 8월 2일에 쓴 글이었다. 첫 각혈이 있은 지 5년 후에 다시 찾아온 2차 각혈로 운명이 더욱 어두워지던 때였다. 이상의 인생에서 "카스테라 빛으로 누렇게 타들어간 겨울"이 시작되었다. 이 한기가 그의 영혼에 어찌나 시렸던지 "얄팍한 요 한 겹을 통해서 올라오는 온기(溫氣)는 가히 비밀을 그스를 만하다"고 역설적으로 말했다. 이는 그만이 할 수 있는 절묘한 표현이 아닐 수 없다. 그러면서 그는 "나는 마지막으로 나의 특징까지 내어놓았다"라고 말한다. 여기서 "비밀을 그스를 만하다"란 표현은 이른바 그의 '실험'이 소멸되고 있음을 뜻하고, "마지막으로 내놓은 나의 특징"이란 먹고 살기 위해 그려야 하는 '삽화 그리기'를 일컫는 것으로 여겨진다. 그는 1934년 『조선중앙일보』에 실린 박태원의 소설 「소설가 구보씨의 일일」에 필명을 바꿔 삽화를 그리기 시작했다. 당시 금홍과 함께 제비 다방을 운영하고 있었지만 생계도 제대로 이어갈 수 없었고, 그가 선택한 길은 삽화라도 그려 돈을 마련하는 것이었다. 이를 두고 '마지막으로 나의 특징까지 내어 놓았다'고 말한 것이다. 여기서 이상이 그동안 자신의 필명 '이상'을 다른 필명 '하융'(河戎)으로 바꾼 것은 아마도 자존심 때문이었을 것이다. 그는 그동안 첨예한 예술 세계를 위해 '비밀'을 새기는 데 사용한 예리한 필명 '이상'을 생계를 위해 그리기 시작한 삽화가의 필명으로 사용하기 싫었던 것이리라. 반면 그는 자신이 쓴 글에 들어가는 삽화의 경우에 필명 '이상'을 사용했다. 예컨대 1936년 발표한 「날개」에는 글과 그림 모두 '이상'으로 서명되어 있다. 다음으로 그는 자신의 마지막 특징까지 내어 놓고 그 대가로 "단한 가지 재주를 샀다"고 말하는데, 여기서 "단 한 가지 재주"란 수필이나 소설 같은 '글쓰기'를 암시하는 것으로 추정된다. 그는 자신이 김기림처럼 예리한 수필과 시론 등을 쓰지 못했다고 여겼던 모양이었다. 해서 그것이 '송곳만도 못한 재주'이고 '녹슨 송곳 모양으로 멋도 없고 말라버리기도 하였다'고 말한 것이다. 이러한 진술을 놓고 볼 때 그가 보물처럼 여긴 비밀은 바로 '시 쓰기'와 관련된 것임을 알 수 있다.

이상은 비록 먹고 살기 위해 삽화를 그려야만 했던 상황에서도 최선을 다했다. 이른바 '비밀이 끄슬러진' 그림이었지만 그는 여기에서도 자신의 특징을 찾아나갔다. 글 분위기에 맞춰 입체파에서부터 다다와 기계 미학에 이르기까지 매우 다양한 범주로 디자인했던 것이다. 디자인 스타일의 차원에서 볼 때 이 삽화들에서는 앞서 1929년 절정기에 그가 『조선

⟨그림 1⟩ 이상, 『조선과 건축』 표지 디자인. 1929년 공모에서 1등상을 수상해 이듬해 소화5년(1930) 1월호부터 12월호까지 표지로 사용되었다.

과 건축』 표지 공모에서 1등으로 당선된 표지 디자인[6]과 많은 차이가 발견된다. 삽화에 대해 분석하기 전에 잠깐 이상의 표지 디자인에 대해 검토하고 넘어갈 필요가 있다. 한국 근대디자인의 역사에서 매우 중요한 순간이기 때문이다. 이상이 제작한 1929년 표지 디자인은 앞서 잠깐 언급했듯이, 엘 리시츠키의 러시아 구성주의(Constructivism), 말레비치 등의 절대주의(Suprematism)뿐만 아니라 나아가 바우하우스의 모호이-너지와의 관련성이 있는 조형적으로 매우 첨예한 것이었다. 이는 한국 디자인계에서 1960년대 미국으로부터 추상미술이 본격적으로 유입되기 전까지 국내에 유래가 없는 독보적인 그래픽 이미지였던 것이다(그림 1).

---

6 이상은 1931년 『조선과 건축』 표지 공모에서 4석 입선을 하기도 했다. 이 디자인은 1929년의 것과 비교해 밀도감이 현저히 떨어져 보이지만 제호의 타이포그라피에 많은 공을 들인 것이었다.

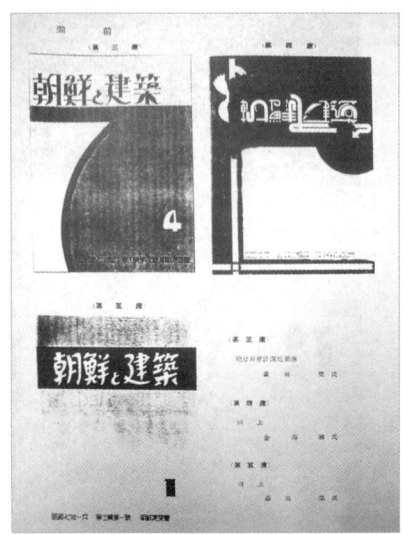

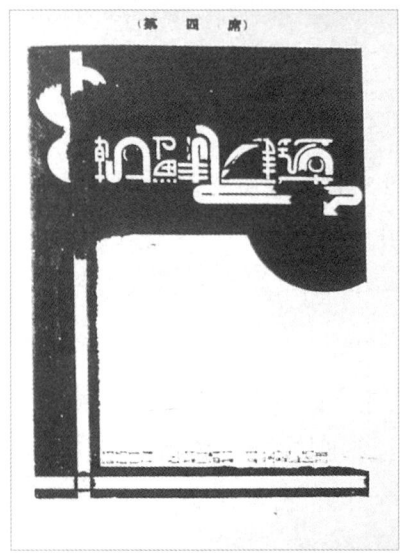

〈그림 2-1, 2, 3〉 이상, 『조선과 건축』 표지 디자인. 1931년 공모에서 4석 수상한 결과가 1932년 1월호에 발표되었다. 이 표지 디자인은 활자에 기계적 요소를 적용함으로써 르 코르뷔지에가 화가로서 추구한 퓨리즘(Purism)적 영향력을 보여 준다.

한데 1929년 표지 디자인과 함께 검토되어야 할 그의 표지 디자인이 또 하나 있다. 그것은 이상이 1931년 말에 『조선과 건축』 표지 공모에서 4석을 수상한 디자인이다. 이에 대해서는 그동안 이상 연구에서 한 번도 제대로 검토된 적이 없었다. 아마도 4석 수상작이었고 1929년 디자인에 비해 긴장감과 밀도가 떨어져 주목받지 못한 점도 있을 것이다. 하지만 이 표지에 적용된 타이포그래피에서는 근대미술·디자인사의 맥락에서 결코 간과할 수 없는 부분이 발견된다. 활자에 기계적 요소가 적용되고 있음에 주목하기 바란다. 이러한 스타일은 입체파 계열과 별도로 분류되는 페르낭 레제(Fernand Leger)의 '튜비즘'(Tubism)이나 르 코르뷔지에의 '퓨리즘'(Purism)과의 관련성을 짐작케 한다. 레제는 '원통형'(tube) 이미지를 소재로 하여 현대의 기계문명을 묘사한 화가로 알려져 있다. 이상의 1931년 표지 타이포그래피는 제호 '조선과 건축'을 마치 원통형 기계 부품을 조립해 놓은 듯한, 요즘 식으로 '프라모델' 부품 요소들처럼 활자를 구성하고 있는 특징을 이룬다. 따라서 이는 레제식의 '튜비즘'적 요소를 지닌다고 할 수 있다.

덧붙여 여기서 필자가 주목하는 것은 르 코르뷔지에의 퓨리즘과의 관련성이다. 1931년 표지 디자인의 활자는 르 코르뷔지에가 화가로서 친구 오장팡과 함께 전개했던 '퓨리즘', 곧 순수주의를 연상케 한다. 르 코르뷔지에는 피카소와 브라크가 입체파를 추구하고 있을 때 이와는 다른 갈래의 독자적인 순수주의를 개척한 화가로서의 경력도 갖고 있었다. 그는 정물화에서 기계 형태를 본질로 삼아 일체의 장식과 허식을 제거한 구조적 형태 이미지를 즐겨 그렸다. 예컨대 〈그림 3〉의 정물화에는 병, 의자, 랜턴, 침대 등이 지닌 구조적 본질이 담겨져 있다. 이상의 1931년 표지의 타이포그래피는 바로 이러한 맥락과의 관련성을 암시한다고 할 수 있다. 이

〈그림 3〉 르 코르뷔지에, 「랜턴이 있는 정물화」, 1922, 81x100cm, Oil on Canvas(출전 : 르 코르뷔지에 재단 소장).

는 한국 근대미술사뿐만 아니라 디자인사에서 튜비즘과 퓨리즘적 디자인이 1930년대의 식민지 시각문화의 경관에 나타난 최초의 예라고 할 수 있다. 이상은 이처럼 매우 폭넓은 스펙트럼의 디자인 감각을 지니고 있었던 것이다.

 1934년 이후 이상이 그린 삽화 디자인의 경우도 마찬가지였다. 그는 양식적으로 입체파 풍에서부터 야수파-표현주의, 다다풍의 물질미학, 초현실주의풍과 기계미학에 이르기까지 매우 폭넓고 자유롭게 넘나들었다. 그가 그린 전체 삽화를 살펴보면, 〈표, 이상 삽화의 조감도〉와 같다. 이는 이상이 1934년 8월부터 1937년 6월 사이에 발표한 삽화들을 양식적 요소와 기법별로 분류해 본 것이다.[7]

분류	연도	발표지	삽화의 글 제목	양식적 요소	제작 기법
1	1934년 8월~9월	조선중앙일보	소설가 구보씨의 일일	입체파적 정물 야수파 및 표현주의적 묘사	리노컷 판화
2	1934년 9월	중앙잡지	딱한 사람들	입체파적 정물	리노컷 판화
3	1936년 9월	조광	날개	입체파적 정물 구성주의적 묘사	리노컷 판화 및 펜화
4	1936년 10월	조광	동해(童骸)	다다적	리노컷 판화 및 펜화
5	1937년 6월(사후)	조광	슬픈이야기, 어떤 두 주일 동안	초현실주의 기계미학	리노컷, 판화 포토몽타주

〈표〉 이상 삽화의 조감도(ⓒ 김민수, 2012).

　〈표〉에서 보듯,「소설가 구보씨의 일일」연재 소설에 들어간 삽화에 신 대체로 두 가지 양식적 요소가 특징적으로 나타났다. 첫째는 입체파적 요소이고 둘째는 야수파와 표현주의적 요소다. 1934년 8월 1일부터 시작된 연재 초반의 삽화들은 손, 귀, 얼굴 등의 신체 요소와 원고지, 전차노선도, 약국 처방전 등의 요소들을 비교적 단순하게 중첩시킨 이미지로 그려졌다(그림 4).

　그러나 8월 중순경의 삽화들에서 이미지 요소들은 복잡하게 얽혀 입체파적으로 전개되기 시작했다(그림 5). 예컨대 그는 원작 소설 속 다방 정물과 풍경의 여러 요소들로 형성된 복잡한 관계방식을 중층적으로 배열했다. 이러한 특징은 8월 20일경 이후 삽화들에서 야수파적이고 표현주의적 이미지로 변형되었다(그림 6). 이미지 요소들 사이의 복잡한 관계에 대한 입체파적 구성보다는 파열되는 회화적 효과를 강조했던 것이다. 흥미

---

7 이 분석은 1976년 『문학사상』이 발굴한 미발표 유고시와 함께 소개한 그림 자료에 기초해 필자가 작성한 것임을 밝혀 둔다. 『문학사상』 1976년 6월, 151~173쪽 참조.

〈그림 4〉 위, 초기 삽화, 「소설가 구보씨의 일일」(『조선중앙일보』 1934. 8. 1).
〈그림 5〉 가운데, 입체파적 정물 삽화, 「소설가 구보씨의 일일」(『조선중앙일보』 1934. 8. 15).
〈그림 6〉 아래, 야수파 및 표현주의적 삽화, 「소설가 구보씨의 일일」(『조선중앙일보』 1934. 8. 20).

로운 것은 제작 기법으로 이른바 리노컷 판화 기법이 사용되었다는 사실이다. 그는 삽화를 펜이나 붓으로 그린 것이 아니라 인쇄기술의 일종인 소위 리놀륨을 이용한 판화 기법으로 제작했던 것이다. 리노컷은 리놀륨 판화(linoleum cut)로 불리며, 목판보다 쉽게 조각할 수 있는 장점이 있어 독일 표현주의 화가들에서부터 일본 다다그룹 마보(Mavo)에 이르기까지 근대 아방가르드 예술가들이 많이 사용했던 판화 기법이었다. 따라서 「소설가 구보씨의 일일」의 삽화들은 이상이 한국 근대디자인사에서 일러스트레이션에 판화를 매체로 사용한 첫번째 인물이었음을 말해 준다.

1934년 9월에 발표된 「딱한 사람들」의 삽화는 정물의 입체감을 극대화했다. 음영의 강한 대비를 줄 수 있는 리노컷의 장점을 잘 살려 담배, 파이프, 재떨이의 그림자를 강하게 강조한 것이다. 동일 기법의 이미지가 1936년 9월 발표한 소설 「날개」 속의 삽화 중 한 컷에도 적용되었다(그림 7). 반면 「날개」의 또 다른 삽화에는 '알로날'(Allonal)이라는 약 상자의 펼친 면에 서로 대칭되는 문구가 배열되었는데, 이는 마치 지면에 세워진 구성주의적 건축물의 입면도를 연상시킨다(그림 8). 특히 여기엔 캡슐에서 떨어져 나온 6개 알약 위에 영문 알파벳이 배열됨으로써 활자의 새로운 시각적 가능성을 보여 준다. 이는 이상의 '텍스트 구성 감각'을 잘 드러낸 좋은 예라고 할 수 있다. 전통적으로 시인들이 시행의 구문에서 단어의 의미를 배열하는 데만 초점을 두었다면, 그는 더 나아가 활자 자체를 그래픽적인 공간 요소로 파악함으로써 시각효과까지 고려하고 있었던 것이다.

「날개」가 발표되던 해에 뒤이어 나온 소설 「동해」(童骸)의 삽화는 다다풍의 이미지로 이루어졌다. 「동해」는 이상이 도쿄로 떠나기 전인 1936년 10월에 발표되었는데, 흥미로운 사실은 이 소설의 삽화뿐만 아니라 서사적 구성 모두가 '콜라주 기법'에 의한 것이라는 점이다. 예컨대 소설의

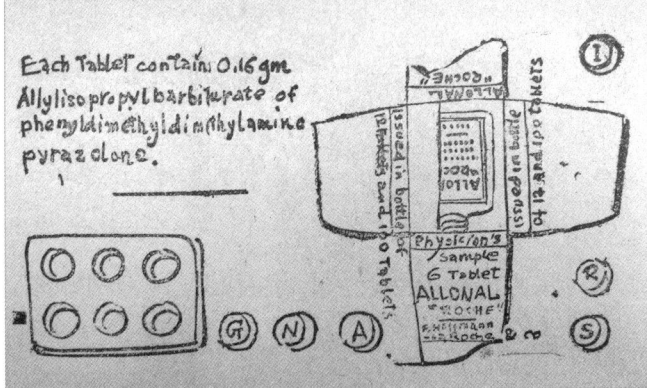

〈그림 7〉 위, 「날개」의 삽화(『조광』 1936. 9).
〈그림 8〉 가운데, 「날개」의 삽화(『조광』 1936. 9).
〈그림 9-1, 2〉 아래, 「동해」의 삽화(『조광』 1936. 9).

서사는 7편의 소제목으로 구성되어 전체가 마치 개별적인 7컷의 불연속 이미지들을 콜라주한 느낌으로 다가온다. 소설의 삽화 또한 마찬가지였다. 그는 담배 광고 전단지를 소재로 콜라주 이미지를 소설에 삽입했던 것이다(그림 9). 이는 다다이스트 쿠르트 슈비터스가 보여 줬던 이른바 '물질미학'과의 관련성을 시사한다. 앞서 '5장 이상 시의 혁명성'에서 언급했듯이, 슈비터스는 물질미학의 차원에서 일상적 소재를 사용해 재료들이 각기 서로를 조절하고 관계를 맺는 일명 '릴리프 콜라주' 기법을 전개한 바 있었다.

한데 「동해」의 삽화에서 진짜 '물질적 소재'가 사용된 것은 아니었다. 이상은 먼저 기본 이미지를 리노컷 판화로 찍고 그 위에 펜으로 활자를 직접 써서 마치 진짜 광고 전단지인 것처럼 보이게 하는 이른바 '재현된 콜라주'를 보여 주었다. 비록 실제로 물질적 소재를 사용한 것은 아니었지만, 그는 한 그리스 아테네의 담배 제조회사 광고 전단지를 갖고 조절과 제어를 통해 콜라주 이미지를 제작한 것이다. 어쨌든 이처럼 제작된 「동해」의 삽화는 한국 근대디자인사에서 본문과 삽화가 한 작가에 의해 같은 기법으로 제작된 최초의 디자인이었다고 할 수 있다. 당시 대부분 문학잡지나 시집 등의 출판물에 실린 삽화들은 본문의 글과 무관한 그림이 '시화'(詩畵) 차원에서 형식적으로 그려지는 경우가 일반적이었다. 반면에 「동해」의 경우, 글과 삽화 모두에 있어 내용과 형식이 일치되는 근대적 혁신성이 발생한 것이다. 이는 이상의 글쓰기가 앞서 '1장 이상의 기원'에서 설명했듯이 이미지 생산을 위한 작업논리와 긴밀히 맞물려 있기 때문인 것이다. 이러한 특징은 1936년 7월에 한 달 앞서 제작한 「날개」의 삽화보다 좀더 진전된 모습이라고 할 수 있다. 「날개」 속 삽화의 경우, 비록 이상 자신이 글과 그림 모두의 작가였지만 삽화는 본문의 내용을 일부 암시하는 종속적 기능만을 수행할 뿐 본문 자체의 스타일적 특징과 일치된 것은 아니었다.

이상은 1936년 「날개」와 「동해」의 삽화 제작 과정을 거치면서 비로소 삽화 나름의 '맛'을 느끼기 시작했던 것으로 여겨진다. 왜냐하면 처음에 삽화는 이상에게 있어 자신의 "마지막 특성을 내어놓고 (글쓰기라는) 단 한 가지 재주를 샀다"고 말할 만큼 생계 수단으로 절박해서 시작한 일이었다. 그러나 그는 작업이 심화되는 과정을 통해서 비로소 삽화 디자인 고유의 '맛'을 느꼈던 모양이다. 그의 디자인은 점차 탄력을 받아서 삽화의 잠재성을 실험하는 과정으로 계속 진행되기 시작했다. 이것이 바로 1937년 그의 사후 유고 「슬픈 이야기: 어떤 두 주일 동안」에 실린 3컷의 삽화였다.

수필 「슬픈 이야기」의 내용은 「동해」의 서사와 유사하다. 글이 「동해」처럼 구조적으로 나눠져 있지는 않았지만 이는 글 자체가 여러 파편적 기억들을 소재로 마치 '릴리프 콜라주'한 것 같은 특징을 갖는다. 따라서 「슬픈 이야기」를 두고 딱히 몇 년도에 어디에서 쓰인 것이라고 쉽게 단정하기 어려운 부분이 있다. 그럼에도 불구하고 그동안 이상 연구자들은 이 글에 나오는 "젖 떨어져서 나갔다가 23년 만에 돌아와 보았더니 여전히 가난하게들 사십디다"로 술회한 대목에만 기초해 이 글을 이상이 3살 때 백부 김연필의 통인동 집에 들어가 살다가 1932년 5월 7일 백부가 사망하고 친가의 식구들과 재회한 기록으로 보고 있다. 그러나 수필 속에는 다중시점의 기억들이 술회되고 있다는 사실에 주목해야 한다.

「슬픈 이야기」 속에 들어간 이상의 마지막 삽화들은 밀도감과 진지함에 있어 매우 심화된 모습을 보여 준다. 이는 다음과 같이 세 종류의 삽화로 나눠진다.

〈그림 10〉 위, 「슬픈 이야기」의 삽화(유고 『조광』 1937. 6).
〈그림 11〉 아래 왼쪽, 「슬픈 이야기」의 삽화(유고 『조광』 1937. 6).
〈그림 12〉 아래 오른쪽, 「슬픈 이야기」의 삽화(유고 『조광』 1937. 6).

① 판화 기법으로 제작되어 어두운 숲 속에 소실점까지 이어진 원근법적 철로 이미지(그림 10).

② 포토몽타주 기법으로 가슴에 군인들이 있는 'M'자가 새겨진 서양 여자의 사진 이미지(그림 11).

③ 판화 기법으로 길게 그림자를 드리우고 부두에 서 있는 기계미학의 남녀 이미지(그림 12).

이 삽화들은 수필에 나오는 이야기들을 은유적으로 암시할 뿐만 아니라 동시에 독자적인 삽화미학의 가능성을 실험하고 있다는 점에서 주목할 만하다. 특히 위 ②항(그림 11)과 ③항(그림 12)의 삽화는 1930년대 한국 근대미술과 디자인에서 유래가 없는 이미지였다. 예컨대 ②항의 포토몽타주 기법을 사용한 삽화의 경우, 1920년대 중반 세르게이 에이젠슈타인(Sergei M. Eisenstein)이 영화 편집 기법에서 몽타주를 선보인 이래 1930년대 중반 식민지 조선의 일러스트레이션에 몽타주 기법이 적용된 매우 드문 예라고 할 수 있다. 이는 1980년대까지도 한국 디자인교육에서 삽화와 그래픽을 대부분 포스터칼라와 수채화를 찍어 발라 그리는 것이 전부였던 수준에 비하면 엄청난 수준의 이미지였던 것이다. 또한 기계미학을 담은 〈그림 12〉의 경우, 남녀 이미지는 마치 독일 바우하우스에서 오스카 슐렘머(Oscar Schlemmer, 1888~1943)가 공연 '삼부작 발레'(Triadic Ballet)에서 선보인 전위적 무대의상과 신체 조형을 연상케 한다. 이처럼 이상은 생계 수단으로 시작한 삽화 디자인 속에서도 입체파에서부터 기계미학에 이르기까지 당대 미술과 디자인의 최전방 지점을 자신의 모든 감각과 지식의 촉수를 뻗어 샅샅이 훑어 실험했음을 확인할 수 있다.

「슬픈 이야기」의 발표 시기는 이상의 운명만큼이나 절묘했다. 이 수필은 그가 1937년 4월 도쿄에서 생을 마감하고, 유골로 돌아와 미아리 공동묘지에 묻히던 바로 그해 6월에 유고로 발표되었던 것이다. 여기엔 1936년 늦가을 그가 도쿄로 떠나기 전에 마지막을 대비하던 심정이 고스란히 담겨 있었다.

> 그렇건만 나는 돈을 벌 줄 모릅니다. 어떻게 하면 돈을 버나요. 못 법니다. 못 법니다.
> 동무도 없어졌읍니다. 내게는 어른도 없읍니다. 버릇도 없읍니다. 뚝심도 없읍니다. 손이 내 뺨을 만집니다. 남의 손같이 차디 차구나 ― 「무슨 생각을 그렇게 하시나요 ― 이렇게 야웻는데」 (중략) 내 마음은 버얼써 내 마음 최후의 재산이던 기사(記事)들까지도 몰래 다 내다 버렸습니다. 약 한 봉지와 물 한 보시기가 남아 있읍니다. 어느 날이고 밤 깊이 너이들이 잠든 틈을 타서 살짝 망(亡)하리라 그 생각이 하나 적혀 있을 뿐입니다. 우리 어머니 아버지께는 고(告)하지 않고 우리 친구들께는 전화 걸지 않고 기아(棄兒)하듯이 망하렵니다.[8]

돈을 벌 줄 몰랐던 이상의 생활은 나날이 힘들어져 갔다. 그가 벌였던 사업은 모두 실패로 끝났다. 1935년 9월경 '제비' 다방이 세 미납을 이유로 일본인 건물주가 강제 퇴거시키기 위해 법원에 명도소송을 내는 바람에 문을 닫았다. 이어 인사동에 카페 '쓰루'(鶴)를 인수했으나 여의치 않았고, 그는 다시 종로에 다방 '69', 명치정에 다방 '무기'(麥)를 개업했으나 이마저도 계속 실패의 연속이었다. 그는 왜 이렇게 되지도 않는 카페와 다방 사업에 집착했던 것일까? 물론 생계를 위한 목적도 있었겠지만 그의 '근대적 공간에 대한 갈망'도 함께 작용했으리라 추정된다. 그림과 글과

---

[8] 임종국 엮음, 『이상전집』, 131쪽.

함께 짝을 이뤄 그는 건축가로서 자신의 공간미학을 카페와 다방을 통해 창출하고 싶었던 것이다. 앞서 이상이 총독부 기수시절 '모조 기독'의 비밀 은유를 통해 암살을 기도할 만큼 '모조 근대'를 증오했음을 밝힌 바 있다. 그는 '짝퉁 근대' 건축물 설계에 투입되어 펼칠 수 없었던 '근대건축'에 대한 열망을 비록 대여섯 평에 불과한 다방이었지만 자신의 공간에서 펼쳐 보고 싶었던 것이다. 따라서 다방 사업은 그가 글과 그림에서 보여 준 '근대의식'을 담고자 한 공간적 실천이었던 셈이다. 그래서 그는 부실 경영에 따른 거듭된 실패에도 불구하고 계속 다방과 카페를 개업했던 것이다. 이상의 공간은 손님이 없어 썰렁했던 것도 있지만 디자인 자체가 당시 일반 업소와 확연히 다른 분위기를 제공했다.

　이상이 개업한 다방과 카페 중에 사람들의 기억에 남겨진 것은 '제비'였다. 배천온천에서 알게 된 금홍과 동거하면서 1933년 7월 14일부터 1935년 9월경까지 약 2년 정도 지속된 유일하게 오래 버틴 다방이었다. 사실 금홍을 그동안 세상에 알려진 것처럼 이상의 여성편력의 첫번째 대상이자 이상이라는 '기둥서방이 보유한 매춘부'쯤으로 보는 것은 이상 자체에 대한 왜곡된 시선이라고 할 수 있다. 그가 배천온천에서 금홍을 만나 경성으로 데려온 것은 물론 그녀에 대한 이성적 호감도 있었겠지만 그보다도 이상의 의식에 존재하는 '여성 이미지'와의 관련이 훨씬 더 중요하다. 그의 작품에서 '여자'는 '억압된 존재'로서 이상 자신과 동격 내지는 동병상련의 처지로 등장한다. 앞서 소설 「날개」에서 보았듯이, 그는 자신을 태생적으로 억압된 존재인 여성보다 '날개가 있는데도 날지 못하는' 더 보잘 것이 없는 존재, 곧 '절반의 절반'이 거세된 존재로 보았던 것이다. 이는 이상이 자신의 어머니뿐만 아니라 모든 여성에 대해 공통적으로 갖고 있는 이미지였다. 예컨대 그는 자신의 어머니를 얼굴이 멀쩡한데도 '얼금뱅이'라 했고 「조감도」,⁹ 연작시 「얼굴」에서는 '배고픈 얼굴'로 묘사했다. 또한 같은 연작시 「광녀의 고백」에 나오는 '여자'는 모든 것이 박탈당한 존재로 그려진다.

> 여자는 물론 모든 것을 버렸다. 여자의 성명도 여자의 피부에 있는 오랜 세월 중에 간신히 생긴 때의 박막도 심지어는 여자의 타선까지도, 여자의 머리는 소금으로 닦은 것이나 다름없는 것이다……여자는 마침내 낙태한 것이다…….

이상의 여성 이미지는 수필 「조춘점묘」(1936. 3)의 '단지(斷指)한 처녀' 대목에서도 잘 반영되어 있다.

> 극구 칭찬하는 어머니와 누이에게 억제하지 못할 슬픔은 슬쩍 감추고 일부러 코웃음치고―여자란 대개가 도무지 잔인하게 생겨먹었습네다. 밤낮으로 고기도 썰고, 두부도 썰고, 생선 대가리도 죄어치고, 나물도 뜯고, 버들개지를 꺾어서는 피리도 만들고, 피륙도 찢고, 버선감도 싹뚝싹뚝 썰어내고, 허구한 날 하는 일이 일일이 잔인하기 짝이 없는 것뿐이니, 아따 제 손가락 하나쯤 비웃 한 마리 토막 치는 세음만 치면 찍히지―하고 흘려버린 것은 물론 기변(辯)이요, 속으로는 역시 그 갸륵한 지성과 범(犯)키 어려운 일편단심에 아파하지 않을 수 없었고, 존경하는 마음으로 하여 머리 수그리지 않을 수는 없었다.

이러한 예들은 이상의 실존적 처지와 여성 이미지가 서로 중첩되어 있음을 말해 준다. 즉 그에게 '여자'는 자신과 같은 처지의 불쌍한 존재일

---

9 『조선과 건축』 1931. 8.

뿐만 아니라, 그럼에도 불구하고 '아파하지 않는 존재'로서 존경스럽게 비쳐진다. 따라서 이상은 금홍을 좋아한 것도 사실이지만, 그보다도 자신과 동병상련의 억압된 존재로서 그녀를 해방시켜 줄 요량으로 경성으로 데려왔던 것이다. 그리고 '금홍의 일'에 대해서도 그는 철저히 '직업적 차원'에서 분리시켜 보려고 했다. 이는 소설 「날개」의 다음의 대목이 말해 준다.

> 아내에게 직업이 있었던가? 나는 아내의 직업이 무엇인지 알 수 없다. 만일 아내에게 직업이 없었다면, 같이 직업이 없는 나처럼 외출할 필요가 생기지 않을 것인데—아내는 외출한다.

심지어 이상의 어떤 글 중에는 금홍이 때려서 맞고 울었다는 대목도 나온다. 이런 부분들은 문학적 은유로도 볼 수 있지만, 오늘날 남근 중심적 사고에 길들여진 한국 남성 작가들 중에 여자한테 맞았다고 글로 남길 수 있는 사람이 과연 몇 사람이나 있을지 생각해 보기 바란다. 어떤 의미에서 이상은 당시 대부분의 남성들과 달리 여성을 존중하는 휴머니스트였다. 그는 여성을 자신처럼 불쌍한 존재로 봤던 것이다. 이로 인해 심지어 그는 1935년 연애에 실패하고 자살하려는 친구 정인택을 위해 제비 다음에 문을 연 카페 '쓰루'의 여급 권순희를 그와 결혼시키기까지 했다. 이 대목에서 정말로 이상과 권순희가 서로 사랑했다고 치자. 자신이 지금 폐결핵으로 막다른 골목에 서 있는데 권순희와 결혼하는 것이 옳은가 아니면 정인택에게 보내는 것이 옳은가? 양심 있는 사람이라면 권순희를 타일러서 후자를 선택하게 할 것이다. 이를 두고 고은이 『이상평전』에서 이상을 일컬어 '성 무능력자, 현실적 기능상실자'라고 한 것은 지나친 해석이었다.

한 증언에 따르면, "제비는 종로 네거리에서 북쪽으로 조금 올라간

〈그림 13〉 다방 '제비' 개업기념사진. 뒷줄 맨 왼쪽에 서 있는 인물이 이상의 동생 운경, 그 옆이 일하는 소년 수경. 앞줄 오른쪽이 백부의 아들 문경이고 그 왼쪽이 이상이다. 사진은 이상의 어머니 박세창 씨가 소장한 것으로 다방 제비 개업기념촬영이라는 설명이 붙여져 있었다(출전 : 임종국 엮음, 『이상전집 3 : 수필』, 1956).

대로변에 위치한 붉은 벽돌집 일층에 대여섯 평 규모로 남쪽 큰 길로 난 창을 뜯어서 바둑판 모양으로 네모진 창틀을 해 박았다. 안에는 사방이 흰 벽이고 아무 장식도 없이 동쪽 벽에다가 커다란 초상화를 덩그렇게 걸어 놓았다. 그것은 삼십호 가량의 누른빛이 짙은 유화인데, 이상이 선전에 입선한 작품이었다."[10] 이처럼 '제비'의 분위기는 훗날 여러 사람들이 기억하듯 '을씨년스러운' 것으로 알려져 있다. 여기엔 손님이 없어서라는 결과 이전에 원인이 따로 있었다. 실내 공간에 근대디자인의 이념인 '탈장식 디자인'을 추구했기 때문이었다. 현재 유일하게 남아 있는 '제비' 다방의 내

---

10 조용만, 『구인회 만들 무렵』, 정음사, 1984, 59쪽.

부가 담긴 사진을 보시라(그림 13). 개업식 날 이상이 동생 운경과 백부의 친아들 문경 등과 함께 찍은 사진 속 실내 분위기가 대단히 '미니멀적'이다. 사진 속에는 앞서 '제비'에 대한 회고담처럼 왼쪽 상단에 이상 자신이 그린 자화상으로 추정되는 그림액자를 제외하곤 벽면에 아무런 장식이 없다. 오른쪽 벽면엔 커튼만이 보일 뿐이다.

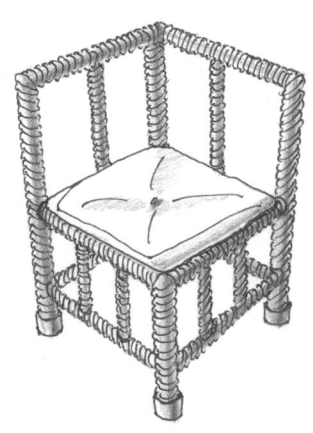

한데 의자를 자세히 보면 흥미롭게도 등받이가 90도로 각진 형태의 마름모꼴이다. 이 의자는 필자가 재현한 〈그림 14〉에서

〈그림 14〉 왼쪽, 필자가 앞의 사진에 기초해 재현한 '제비' 다방의 의자 드로잉(ⓒ 김민수, 2012).

〈그림 15〉 아래, 1700년대 말~1800년대경의 모서리 의자, 미국 피바디 에섹스 뮤지엄(Peabody Essex Museum) 소장(ⓒ 김민수, 2012).

보듯이, 앉았을 때 사진 속 인물들의 자세처럼 모서리가 양 허벅지 사이에 위치되거나 옆으로 삐딱하게 앉는 자세를 유도하는 독특한 구조를 갖고 있었다. 그런데 이런 유형의 의자는 가구 디자인사에서 '족보에 없는 사생아'가 아니라는 사실에 주목하기 바란다. 이른바 '모서리 의자'(corner chair)에서 기원을 찾을 수 있다. 모서리 의자는 원래 중국에서 유래했는데 유럽에 유입되어 18세기 말에서 19세기까지 백여 년간 보조 의자(side chair)로 사용된 예가 있었다. 이 의자는 〈그림 15〉처럼 등받이 부분이 앉았을 때 편하도록 곡선으로 처리되어 똑바로 앉을 수도 있고 옆으로 비스듬한 자세도 취할 수 있는 구조적 특징을 이룬다.

그러나 '제비' 다방의 의자는 필자가 재현한 위 그림처럼 선반 가공된 원형 목가구 결구법(結構法)으로 기하학적 형태를 이뤄 보기에 모던해 보인다. 하지만 90도 직각을 이루는 등받이는 앉았을 때 양 옆구리와 맞닿기 때문에 까칠한 불편함을 조장할 수 있다. 이쯤에서 이상이 왜 이 '불편한' 의자를 업소 의자로 채택했는지 본심을 알 수 있다. 아마 '모순된 역설의 현실'이었을 것이다. 그는 이 의자에서 전근대를 뛰어넘지도 못하면서 모양만 근대인 이른바 '짝퉁 근대성'의 모순을 역설적으로 담으려 했던 것이리라.

이처럼 '제비' 다방의 미니멀적 풍경에 대해 이상이 돈이 없어 저예산으로 디자인을 하다 보니 그렇게 되었다고 볼 수도 있을 것이다. 그러나 자신의 글과 디자인에 대한 그의 평소 성격과 태도에 비추어 볼 때 철저하게 의도된 것임이 분명하다. 이와 같은 제비 다방의 '미니멀 디자인과 역설적 의자'는 당시 여기서 주로 회합한 문학동인 구인회 구성원들을 제외하고 경성의 손님들이 이해하고 좋아했을 리가 없다. 파산은 당연한 귀결이었다. 이는 당시 잘 나가던 다른 카페와 비교해 보면 알 수 있다.

〈그림 16〉 1932년 개업한 「낙랑팔라」의 일본식 아르데코풍의 실내 디자인. 맨 오른쪽에 앉아 있는 인물이 이순석이다.

예컨대 '제비' 다방의 실내 디자인은 역설적으로 1931년 일본 도쿄미술학교(현 도쿄예술대학) 도안과를 졸업하고 돌아온 이순석이 1932년 소공동에 낸 카페 '낙랑팔라'(樂浪 parlour)의 이국적인 장식주의와 큰 차이가 있었다(그림 16). 사진에서 보듯, '낙랑팔라'의 인테리어는 1920년대 이후 유행한 일본식 아르데코(Art Deco)풍이었음을 알 수 있다. 이순석은 일본 '내지'(內地)에서 디자인을 배웠고, 해방 후 서울대학교 미술대학 초창기 도안과 교수가 되어 한국 디자인계의 씨를 뿌린 인물이었다. 이처럼 이상은 실험시뿐만 아니라 자신의 다방 공간에서도 그토록 초극해 암살하려 했던 '모조 기독'이 바로 식민지 도시화의 '짝퉁 모던'이었음을 암시했던 것이다.

3   도쿄에서 나비되어

1935년은 이상의 생애에서 죽기 전에 맞은 최악의 해였다. 2차 각혈이 있었고 일련의 다방과 카페 사업에서 완전히 파산했다. 설상가상으로 금홍마저도 떠나갔다. 이에 따라 그는 마음을 잡기 위해 인천과 성천 등을 여행하며 시간을 보냈다. 이런 체험은 후에 수필 「산촌여정」과 「권태」[11]를 낳았다. 그는 "도회인의 교활한 시선이 수줍어서 수풀 사이로 숨어 버리고 종소리의 여운만이 냄새처럼 남아 배회한" 「산촌여정」에서 MJB 커피의 미각을 그리워하며 "폐허가 된 육신에 근심이 조수(潮水)처럼 스며드는" 시간을 보냈다. 또한 「권태」에서 그는 벽촌의 여름날, 한량없이 넓은 초록의 벌판을 보며 푸른 것에 백치(白痴)처럼 만족하며 푸른 채로 있는 초록색에서 공포를 느낀다. 끝없는 권태의 내일, 여기서 그는 모든 것에서 절연되어 자살의 단서조차 찾을 길 없는 권태의 극(極) 권태를 체험한다. 이 시기, 그를 가장 힘들게 한 것은 왕성했던 지난해와 달리 작품 발표를 거의 하지 못한 사실이었다. 시 발표는 9월에 나온 「정식」(正式, 『카톨릭청년』, 9월호)과 「지비」(紙碑, 『조선중앙일보』, 9.15) 2점밖에 없었고, 수필은 「산촌여정」(『매일신보』, 9.27~10.11) 등이 전부였다. 그러나 또팔씨 이상에게 좌절은 없었다. 인생이 억울하고 분한 그에게 좌절은 사치에 불과했기 때문이다. 그에겐 "그날 하루하루가 '인생은 짧고 예술은 길다' 하는 엄청난 평생이었다."[12] 이 말대로 그는 이듬해인 1936년 보통 작가가 상상할 수 없을 만큼 엄청난 분량의 시와 수필을 마치 각혈하듯 한꺼번에

---

[11] 수필 「권태」는 1936년 12월 19일 도쿄에서 쓴 것으로 『조선일보』(1937. 5. 4~11)에 유고로 연재됨.
[12] 소설 「종생기」는 1936년 11월 20일 도쿄에서 쓴 것으로 『조광』(1937. 5)에 유고로 발표됨.

쏟아 냈다. 그는 1월과 2월에 낸 「어디로갔는지모르는안해」와 「역단」(易斷)을 비롯해 약 22점의 시와 소설 「지주회시」, 「날개」, 「봉별기」와 함께 3월부터 신문에 연재한 「조춘점묘」를 비롯해 총 9점의 수필을 발표했다. 병세가 짙어진 몸으로 가히 초인적인 집중력과 생체에너지의 발산이 아닐 수 없었다.

    1936년 초에 시 발표를 통해 다시 자신감과 리듬을 회복한 이상은 여름에 접어드는 6월경 구본웅의 계모 변동숙의 이복동생 변동림(卞東林)과 결혼을 했다. 그들은 황금정(현 을지로)에 방을 얻어 신혼살림을 차렸지만 이상이 도쿄행을 선택함으로써 이 부부가 나눈 정은 월간지 4개월치 분량밖에 되지 않았다. 세간에 둘 사이의 관계는 매우 좋지 않았던 것으로 알려져 있다. 하지만 이상이 죽고 훗날 재혼한 변동림은 그와의 짧았던 결혼 생활을 회상하며 행복했었다고 술회하기도 했다. 세상의 인연이 그리 단순한 것은 아니었지만 그들은 또 언제 무엇이 되어 다시 만날지 모르는 기약 없는 이별을 해야 했다. 이들 부부 관계를 직접 묘사한 것인지 아니면 은유한 것인지 확인할 길은 없지만 연작시 「위독」(危篤)의 「추구」(追求)에는 위태로운 부부관계가 암시되어 있다. "안해를 즐겁게 할 조건들이 틈입하지 못하도록 나는 창호를 닷고 밤낮으로 꿈자리가 사나워서 나는 가위를 눌린다." 이상이 경성역에서 기차를 탄 것[13]은 10월 4일부터 9일까지 이 연작시 12점[14]을 발표하고 난 뒤였다. 관부연락선을 타러 부산으로 향하는 철로 위에서 이상은 무엇을 생각했을까? 아마도 자신의 첫 소

---

13 김윤식은 『이상연구』에서 이상의 도쿄행이 1936년 10월이었다고 기술한 반면, 고은은 이상이 경성역에서 부산행 기차를 탄 것이 11월 17일 밤이라고 기술한 바 있다. 『이상평전』, 341쪽.
14 「금제」, 「추구」, 「침몰」, 「절벽」, 「백화」, 「문벌」, 「위치」, 「매춘」, 「생애」, 「내부」, 「육친」, 「자상」(『조선일보』, 10. 4~9).

〈그림 17〉 1920년대 경성역(1925). 출전 : 『사진엽서로 떠나는 근대기행』, 72쪽.

설 「12월 12일」의 마지막 대목에 나오는 "새로운 우주의 가로를 걸어가는 …… 전별의 마지막 만가(輓歌)"였을 것이다.

> 기관차의 차륜이 …… 그의 피곤한 뼈를 분쇄시키고 타고 남은 근육을 산산이 저며 놓았는지도 모른다. 그리하여 기관차의 피스톤은 그의 해골을 이끌고 그의 심장을 이끌고 검붉은 핏방울을 칼날로 희푸르러 있는 선로 위에 뿌리며 …… 어느 촌락의 정거장까지라도 갔는지도 모른다.

그가 경성역(그림 17) 대합실에서 변동림과 배웅 나온 몇몇 지인들과 헤어져 오른 도쿄행 기차는 이미 오래전에 예정된 바로 그 '죽음의 선로'였던 것이다. 그는 작은 가방을 들고 객차에 오르는 자신의 모습에서 마치 영화의 한 장면처럼 「12월 12일」과 겹쳐지는 영상을 생각하며 도쿄로 향

〈그림 18〉 위, 부산역(1910). 출전 : 부산근대역사관 소장자료.
〈그림 19-1〉 가운데, 부산세관(1910). 출전 : 『사진엽서로 떠나는 근대기행』, 89쪽.
〈그림 19-2〉 아래, 1930년대 부산항 부두. 이곳에서 이상은 관부연락선을 타고 떠나갔다.

했을 것이다. 왜냐하면 그의 도쿄행은 '예정된 죽음의 완성'을 위한 것일 수 있기 때문이다. 그는 마지막으로 죽기 전에 거기서 확인할 것이 있었다. 다음에 설명하겠지만 바로 이것이 그가 도쿄에 간 이유였다.

이상이 부산역에 내렸을 때 그의 눈에 제일 먼저 들어온 것은 경성역과 같은 양식의 르네상스풍으로 지어진 부산역(1910)과 부산세관(1910) 건물이었다(그림 18, 19). 이것들은 모두 붉은 벽돌과 화강석을 사용한 절충식 르네상스풍으로 지어졌는데, 당대 유럽에서 진행되던 근대건축의 본류와는 거리가 먼 한 시대 전 양식의 건축물들이었다. 쉽게 말해, 유럽의 건축문화가 먹다 버린 쓰레기 건축이 일본에서 재활용되어 식민지 조선에서 공공건축의 표준양식으로 둔갑해 이식된 것이다. 이처럼 시대정신을 반영해야 할 건축의 역할을 방기하고 유통기간이 지난 불량식품이 조선에 이식된 데에는 원인이 있었다. 동아시아 개항 초기에 일본에 온 서양인들은 전문 건축가들이 아니라 개척지를 찾아다닌 기술자들이었다. 그들은 앞 시대에 고국에서 자신들이 보았던 양식들을 대충 모방해서 건물을 지었던 것이다. 따라서 이러한 영향으로 일본의 1세대 건축가들은 본고장에서 이미 한 시대 뒤떨어진 수준 낮은 건축물을 답습하며 식민지 조선의 공공건축을 건설했던 것이다.[15] 이상이 총독부 건축 기수로서 절망했던 것이 바로 이러한 시효가 지난 불량식품 제조 과정이었던 것이다. 이런 이유로 그는 최초의 발표시 「이상한가역반응」에서 "발달하지 않고 발전하지 않고…… 이것이 분노"라며, 과거를 답습해 감상주의(센티멘털리즘) 건축을 조선에 이식하고 있는 식민지 도시근대화에 반역과 모반의 의지를 극비리에 표명했던 것이다. 이상이 부산항 부두에서 관부연락선을 탄 진짜

---

[15] '99건축문화의 해 조직위원회 편저, 『한국건축 100년』, 국립현대미술관, 1999, 59쪽.

〈그림 20〉 1914년(大正3년) 준공 당시 도쿄역(사진 소장 및 출전 : 岡本哲志, 『「丸の内」の 歷史』, 株式會社 ランダムハウス講談社, 2009, 10쪽).

이유가 바로 여기에 있었다(그림 19-2).

시모노세키 부두에서 다시 도쿄행 기차로 갈아타고 이상이 거의 탈진해 갈 무렵, 마침내 기차는 도쿄역에 도착했다. 그는 어수선한 개찰구를 빠져나와 역 광장에서 중앙 대합실 쪽을 바라보았다(그림 20). 그것은 규모만 좀더 클 뿐 대합실 정면 위에 붙어 있는 시계 위의 처마 궁륭의 모습 하며, 떠나 온 경성역과 별 다를 것이 없었다. 그가 숙소로 정한 곳은 진보초(神保町) 3정목(丁目) 10-1-4번지 이시카와(石川)의 작은 방이었다. 진보초는 일왕이 거주하는 궁성을 중심으로 북쪽에 위치해 남쪽의 도쿄역에서 '15분 거리'밖에 되지 않은 곳이었다. 흔히 문학 연구자들 사이에서는 그가 이곳에 하숙집을 정한 이유가 진보초에 유명한 고서점을 비롯하여 책방이 많았기 때문이라고 한다. 역사적으로 진보초가 속한 간다 지역은 메이지 시대 이래로 인쇄 출판문화가 발달하여 인쇄소, 출판사, 서점 등이 번성했다. 이러한 이유로 오늘날에도 진보초에는 고서적 희귀본 서점을 비롯해 많은 중고책방들이 자리 잡고 있는 것이 사실이다. 따라서 진보초가 이상이 문학 관련 서적을 쉽게 구입하고 새로운 작품 구상을 위한 시간을 보내기에 안성맞춤의 장소였다고 쉽게 추정할 수 있다. 그러나 이는 문학 연구자들이 흔히 하는 문학적 상상이고, 필자는 다른 이유를 생각해본다.

진보초 일대 간다 지역은 앞서 언급한 다이쇼 데모크라시 시대, 즉 1920년대에 전위예술이 실험된 장소였다는 점에 주목할 필요가 있다. 예컨대 일본 다다 '마보' 운동을 주도한 무라야마 도모요시가 독일에서 귀국해 1923년 5월 첫번째 개인전을 연 '분보도'(文房堂) 같은 미술 전시공간이 간다에 있었던 것이다.[16] 뿐만 아니라 간다에는 1910년 문을 연 일본 최초의 화랑 '로칸도'(琅玕洞)가 아와지초(淡路町)에 위치해 있었다.[17] 이상은 이러한 전위예술 운동에 대해 익히 잘 알고 있었고, 이 흔적들을 직접 살펴보고 싶었을 것이다. 간다 지역에서 자유주의 전위예술이 발생한 것은 이 지역의 태생적 장소성과도 관계가 있었다. 에도 시대 이래 도쿄의 도시 구조는 궁성을 에워싼 둥근 고리형(環狀形)으로, 이는 다시 계급 구조에 의해 반으로 나뉘어졌다. 예컨대 왼쪽 서편은 상류계층인 무사계급들의 저택을 비롯해 신사와 사원 등이 배치된 '야마노테'(山の手), 오른쪽 동편은 하층계급 '초닌'(町人)들이 주로 거주하는 지역으로 '시타마치'(下

---

[16] 나가토 사키, 「변모하는 컨스트럭션: 大正 시대 신흥미술운동에서의 전시공간」, 『미술사논단』 제21호, 2005. 79쪽.
[17] 위의 글, 82쪽.

町)라 불렸다. 한데 간다(神田) 일대는 니혼바시(日本橋)와 교바시(京橋) 지역과 함께 시타마치에 속해 니혼바시를 중심으로 이른바 대중적인 '에도문화'가 꽃핀 장소성을 지니고 있었다.[18] 1920년대 다이쇼(大正) 시대에 간다 지역에서 일어난 자유주의 전위예술 운동은 이러한 오래된 장소성과 맞물려 있었던 것이다. 이를 방증하는 증거가 이상의 유고 소설 「실화」(失花)[19]에 적혀 있다.

> 여기는 동경이다. 나는 어쩔 작정으로 여기 왔냐? (중략) 여기는 신전구(神田區) 진보초(神保町). 내가 어려서 제전(帝展), 2과(二科)에 하가키 주문하던 바로 게가 예다. 나는 여기서 지금 앓는다.

이는 과거에 이상이 간다구 진보초 지역을 미술활동과 관련해 알고 있었음을 말해 주는 결정적인 대목인 것이다. 여기서 그가 말한 '제전'이란 일본 '제국미술전람회'(帝國美術展覽會)를 뜻한다. 1907년 일본은 미술심사위원회 관제를 제정해 제국미술전람회를 개최하기 시작했다. 조선총독부는 1922년에 이를 흉내 내어 '조선미술전람회'를 개최했다. 제전은 처음에 1부(일본화), 2부(서양화), 3부(조각)의 3부제로 개최되기 시작했는데, 이상이 말한 '2과'란 바로 서양화부를 뜻한다. 따라서 위의 대목은 이상이 제전 서양화부에 '하가키'를 주문하던 그곳이 바로 이곳 진보초라는 말이다. 그렇다면 '하가키'란 무엇인가? 일본어 '하가키'(はがき)를 일컬어 어떤 문학 연구자는 '엽서'라고 해석했지만, 여기서는 제전에 작품 출품에

---

[18] E. 사이덴스티커 지음, 『도쿄이야기』, 허호 옮김, 이산, 1997, 21~22쪽.
[19] 유고로 1939년 3월 『문장』(文章)에 실렸다.

앞서 제출하는 '출품 신청서'를 뜻한다. 제전에 작품을 출품하기 위해서는 몇 가지 과정을 밟아야 했다. 출품자는 작품 제출에 앞서 제전 측에서 받은 '하가키'에 자신의 출품 의향을 적어 제출해야 한다. 이 경우 하가키는 일종의 '출품 의향'을 밝히는 '출품 신청서' 같은 문건이라 할 수 있다. 따라서 출품자의 요청에 대해 제전 측에서 '출품 신청서'를 보내 주면, 출품자는 이 신청서를 작성해 작품 출품 전에 제출하게 된다. 따라서 이상이 진보초에서 제전 서양화부에 하가키를 주문했다는 것이 그가 작품을 제출할 의향이 있음을 밝히는 출품 신청서를 그곳에서 주문했다는 말이 된다. 그렇다면 그는 도쿄에서 직접 하가키를 주문한 것일까? 물론 그럴 가능성도 배제할 수는 없지만 이보다는 누군가에게 부탁해서 주문했을 가능성이 크다. 이에 대해 필자는 그 주문자가 구본웅일 가능성이 크다고 본다. 왜냐하면 당시 구본웅이 도쿄에 있었기 때문이다. 그가 처음으로 도쿄에 건너가 가와바타 화숙에 다니던 때가 1928년 가을이었음을 감안하면 이상이 그를 통해 제전에 작품을 출품하기 위해 하가키를 주문했을 가능성이 많다. 이때 구본웅이 하가키를 주문한 곳이 진보초였을 것으로 추정된다. 만일 그렇다면 이상은 어떤 그림을 출품하려 했던 것일까? 그것은 바로 「1928년 자화상」이었을 것이다(그가 실제로 작품을 출품했는지에 대해서는 추가 확인이 필요하다).

어쨌거나 이상이 도쿄에 간 1936년 무렵 간다 지역의 자유주의 전위예술 운동의 움직임은 이미 시들해진 뒤였다. 여기엔 두 가지 원인이 있었다. 첫째는 1923년 9월 1일 발생한 관동대지진 때 지진 후 화재로 도쿄 시가지 태반이 파괴되었다가 나중에 도시 전체가 재건되었기 때문이었다(그림 21). 이때 옛 야마노테 지역 대부분은 화재의 피해를 입지 않았지만, 시타마치 지역 곧, 간다와 니혼바시(日本橋) 일대는 구역의 94~99%가 소

〈그림 21〉 관동대지진 당시 간다구 진보초 일대의 피해상황, 1923 (출전: 石田賴房, 『日本近現代の都市計畫の展開』, 自治體硏究社, 2004, 118쪽).

실되었던 것이다.[20] 이로 인해 이 지역은 1923년 이래 새로운 도시계획으로 개조되어 재편성되기에 이르렀다. 둘째는 이상이 도쿄에 도착한 1936년 말에 일본사회는 이듬해 중일전쟁을 대비하면서 군국주의 전시체제로 전환되어 사상 검열 및 국민 통제를 강화하고 있었기 때문이었다. 이상이 1937년 2월에 사상이 불온하고 불량한 조선인, 즉 '후테이센진'(不逞鮮人, 불령선인)으로 검거되어 니시간다(西神田) 경찰서 유치장에 들어갔다가 병세가 치명적으로 악화되었던 것도 바로 이런 맥락이었다. 따라서 그가 도쿄에 갔을 때는 간다 지역의 전위예술 운동이 이미 시들해져 도쿄역 남쪽 긴자 거리 '쓰키지'(築地) 소극장 정도에 일본 신극운동의 명맥이 겨우

---

20 고시자와 아키라, 『동경의 도시계획』, 윤백영 옮김, 한국경제신문사, 1998, 49쪽.

유지되고 있던 상황이었다. 수필 「동경」[21]에는 이러한 상황이 다음과 같이 기록되어 있다.

> C군은 위선 졸려죽겠는 나를 築地小劇場으로 안내한다. 극장은 지금 놀고 있다. 가지가지 「포스터」를 부친 이 일본신극운동의 본거지가 내눈에는 서툴은 설계의 끽다점(喫茶店) 같았다. 그러나 서푼짜리 영화는 놓지는 한이 있어도 이 小劇場 마는 때때로 참관하였으니 나도 연극애호가 중의로는 고급이다.

간다 지역의 전위예술을 확인하고자 했던 이상은 겨우 명맥만 유지하고 있던 일본 신극운동의 본거지 쓰키지 소극장(築地小劇場)이 설계된 꼴을 보고 '어설픈 끽다점' 같다고 실망했던 것이다. 하지만 이거라도 위안을 삼을 생각에 "서푼짜리 영화는 놓쳐도 소극장만은 때때로 참관했다"고 말한 것이다.

한데 필자는 이상이 진보초에 숙소를 정한 더 큰 이유가 있었다고 본다. 그것은 이곳 일대가 서점과 옛 전위예술의 장소성뿐만 아니라 지리적으로 도쿄 근대도시화의 중심부를 살피기에 '15분 정도' 밖에 걸리지 않는 매우 '가깝고 저렴한' 최적지였기 때문이었다. 관동대지진 이후 도쿄역 주변은 도시 재건에서 핵심 축에 해당한 곳이었다. 도쿄는 종래의 시가지 개량을 넘어서 1919년 '도시계획법'이 공포되면서 근대적 의미의 도시계획이 시작되었다. 하지만 1923년 대지진 때 화재로 거의 모든 도시 기반이 소실되었다. 이에 따라 정치가 고토 신페이(後藤新平, 1857~1929)의 지휘

---

[21] 이 수필은 이상이 도쿄에 도착한 직후인, 즉 1936년 10월 말에서 11월 사이에 쓰여졌으며, 유고로 『문장』(1939. 5)에 발표되었다.

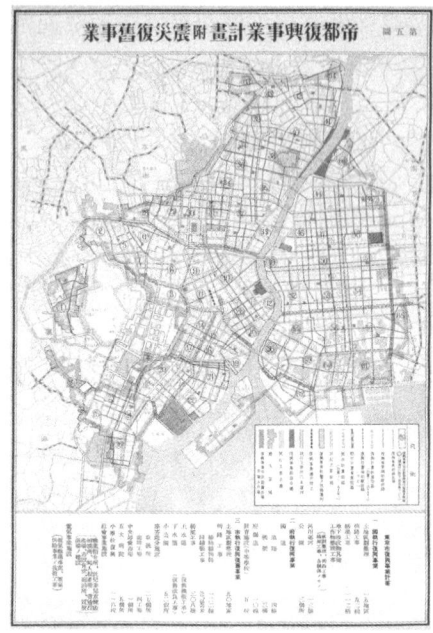

〈그림 22〉 도쿄 부흥사업계획도, 1930(출전: 越澤明, 『復興計劃』, 中公新書, 2005).

체제로 시작된 이른바 '제도부흥계획'(帝都復興計劃)에 의해 새로운 도시 디자인이 추진되었던 것이다.

 그것은 도쿄를 단순히 과거 상태로의 재건인 '복구' 차원이 아니라 근본적인 도시개조 차원에서 '부흥'시키는 야심찬 계획이었다.[22] 이에 따라 기존 도쿄역을 중심으로 반경 6.4킬로미터(4마일) 이내에 5개의 환상형(環狀形) 도로가 계획되어 오늘날과 같은 도쿄 가로망의 원형이 처음 신설되었다.[23] 이와 함께 도쿄역과 궁성을 잇는 광폭의 중앙가로와 최초의 근

---

22 고시자와 아키라, 『동경의 도시계획』, 50쪽.

대식 건물 마루노우치 빌딩(일명 마루비루, 丸ビル)이 세워졌다.

도쿄역과 마루노우치 사이의 중앙가로는 이른바 일왕이 나들이 나오는 '행차도로'(行幸道路)라 불리는 곳으로 양쪽의 유라쿠초(有樂町)와 오테마치(有樂町)와 함께 도쿄의 근대도시화의 심장부였던 것이다. 원래 이곳의 지명 '마루노우치'(丸の內)는 에도 시대 이래 궁성의 수비를 위한 내부 해자(內濠)와 외부 해자(外濠) 사이에 병영(兵營)이 위치해 있던 곳으로 '궁성의 내부'를 뜻하는 장소성을 지니고 있었다.[24] 이곳은 1889년 제국헌법이 공포되어 이듬해부터 병영이 교외로 이전한 후, 도쿄역이 들어서면서 근대도시화의 중심축이 되어 있었던 것이다. 따라서 이상이 도쿄에 도착해 가장 먼저 확인한 것은 진보초의 책방거리나 간다의 빛바랜 전위미술운동의 자취보다도 사실은 1924년경부터 1930년까지 이루어진 도쿄의 새로운 '근대도시계획의 결과'였던 것이다. 특히 관동대지진 때 피해를 입은 마루비루는 3년간의 대대적인 보수공사를 거쳐 1926년에 다시 태어났다. 그는 그것을 알고 있었던 것이다. 수필 「동경」의 첫 구절이 '마루노우치' 빌딩으로 시작하고 있는 이유가 바로 여기에 있었다.

> 내가 생각하던 '마루노우찌뻴딩' ― 속칭(俗稱)마루비루 ― 는 적어도 이 '마루비루'의 네 갑절은 되는 굉장(宏壯)한 것이었다. 뉴욕(紐育) '부로-드웨이'에 가서도 나는 똑같은 환멸을 당할른지 ― 어쨌든 이 도시는 몹시 '깨솔링'내가 나는구나! 가 동경의 첫 인상이다.
>
> (중략)
>
> 나는 '택시' 속에서 20세기라는 제목을 연구했다. 창밖은 지금 궁성호리 곁 ― 무

---

23 앞의 책, 111쪽.
24 岡本哲志, 『「丸の內」の 歷史』, 92~136쪽.

〈그림 23〉 위. 1930년대 도쿄역 앞 중앙도로(행차도로), 왼쪽에 보이는 건물이 '도쿄카이조'(東京海上) 빌딩. 오른쪽의 건물이 '니혼우센'(日本郵船) 빌딩이다. 마루노우치 빌딩은 바로 이 니혼우센 빌딩 뒤에 도쿄역과 마주하고 있었다(출전 : 저자 소장 사진엽서).
〈그림 24〉 아래. 오른쪽 건물이 이상이 보았던 바로 '마루비루' 즉 '마루노우치 빌딩'이다. 이 사진은 도쿄역을 왼편에 두고 서남쪽 '다이묘코지'(大命小路)를 정면으로 바라보고 찍은 것이다. 오른쪽 마루비루 뒤에 미쓰비시(三菱) 주식회사 건물이 보이고, 거리 왼쪽에 도쿄중앙우편국이 위치해 있다(출전 : 저자 소장 사진엽서).

수한 자동차가 영영(營營)히 20세기를 유지하노라고 야단들이다. 19세기 쉬적지근한 내음새가 썩 많이 나는 내 도덕성은 어째서 저렇게 자동차가 많은가를 이해할 수 없으니까 결국은 대단히 점잖은 것이렸다.

여기서 이상은 경성에서 건축잡지 등에서 봤던 '마루노우치' 빌딩, 곧 '마루비루'(丸ビル)의 실제 모습이 생각했던 것과 완전히 다른 '허상'이었음을 확인한다. 원래 생각한 마루비루가 적어도 "4갑절은 되는 굉장한 것이었다"라는 그의 말은 단지 규모만을 두고 한 말은 아니라는 사실에 주목해야 한다. 내용적으로도 훨씬 더 엄청나 보였는데 그게 아니라는 의미도 포함된다(그림 24).

당시 사료들을 훑어보면 그가 이렇게 말할 수 있었던 정황 근거가 발견된다. 실제로 이 건물은 일본이 모든 매체를 통해 대대적으로 홍보한 이른바 내지(內地)를 넘어서 '동양 최고의 건물'이었던 것이다. 예컨대 소화 7년(1932)에 발행된 한 그림엽서에는 '마루비루'에 대해 이렇게 소개하고 있었다.

도쿄역 앞 정면에 세워져 있는 마루노우치 빌딩은 동양 제일의 방대한 건물로서 1층과 2층을 상점, 3층 이상 8층까지 전부 임대사무실로 사무실 총 갯수는 361개로 여기에 통근하는 사람은 4천 5백 명에 이르렀다. 이 부근에 해상(海上, 카이조) 빌딩. 이우센(郵船) 빌딩, 그 외에 큰 빌딩들이 즐비해 있어서 소위 말하는 마루노우치 비즈니스 센터를 형성한다.

이상의 눈에 이러한 마루비루의 이미지와 실체 사이에는 큰 간격이 있었던 것이다. 이 실망감은 단지 외관뿐만 아니라 건물 내부 전체에 대

〈그림 25〉 마루노우치 빌딩(사진 소장 및 출전: 岡本哲志, 『「丸の內」の 歷史』, 13쪽).

한 그의 비평적 시선이 작용한 것으로 볼 수 있다. 원래 마루비루는 1920년 영국에서 공부하고 건축사자격증을 획득한 사쿠라이 고타로(櫻井小太郎)가 설계하고 미국 건축회사가 시공을 맡아 관동대지진이 발생한 그해(1923) 초(2월)에 준공되었다.[25] 그러나 이상이 보기에 마루비루의 건축미학은 한스 푈치히 또는 브루노 타우트 등이 펼친 표현주의 건축의 강력한 카리스마(스타일)를 반영한 것도 아니었다. 그렇다고 설리반과 라이트로 이어진 기능주의 건축, 특히 라이트식의 우주적 조화의 합일체로서 '완일성'(完一性)과 같은 '건축의 정신'이 담긴 것은 더더욱 아니었다. 그것은 이상의 낯선 눈에 '거대한 풍선'처럼 비쳐졌던 것이다. 더구나 이 건물 내부

---

25 岡本哲志, 『「丸の內」の 歷史』, 210쪽.

의 계단실을 비롯해 곳곳에는 전근대의 때가 채 벗겨지지 않는 장식주의의 흔적도 남아 있었다.

이런 맥락에서 이상은 도쿄에 도착하자마자 마루비루를 본 소감을 당시 센다이 동북제대에 와 있던 구인회(九人會)의 선배 김기림에게 편지를 써서 보냈던 것이다. 바로 이것이 그가 왜 도쿄에 왔는지를 말해 주는 결정적 대목이자 증거이다. 1936년 11월 14일자 「편지」에서 그는 "기림 형, 기어코 동경 왔소. 와 보니 실망이오. 실로 동경이라는 데는 치사스런 데로구려!"라고 썼던 것이다. 이를 두고 어떤 연구자들은 이상이 동경의 대도시 위용에 주눅 들어서 '좌표를 상실한 경성 촌놈'의 심정을 표한 것이라는 식으로 해석하기도 한다. 그러나 이상은 촌놈이라 하기엔 너무 많은 것을 알고 있었다. 그것은 '상상한 기대감'이 너무 컸기 때문에 그에 비례해 실망감도 큰 것이라고 할 수 있을 것이다. 그러나 앞서 봤듯이 그가 그동안 꿈꿨던 근대도시건축에 대한 기대감은 도쿄 현지의 수준을 훨씬 넘어선 것이었다. 그래서 그는 "뉴욕(紐育) '부로-드웨이'에 가서도 나는 똑같은 환멸을 당할른지……"라고 말했던 것이다.

이런 의미에서 이상은 '촌놈'이 아니라 '경성놈'을 빙자한 자들이 한 짓을 정확하게 알고 역겨운 식민지 수도 경성을 초월하려 했던 '세계인'이었다. 그는 건축뿐만 아니라 당대 문학, 미술, 디자인을 포함한 모든 예술의 시대적 본류(本流)와 지향점이 무엇인지를 정확하게 꿰뚫고 있었다. 그렇기에 경성에서 '식민지 모조 근대'를 살해하기로 작심했던 그는 도쿄에서 경성과 다를 바 없는 '모조 근대'를 보고 환멸감의 '역한 느낌'을 느꼈던 것이다. 왜냐하면 이상에게 그것은 '이중의 환멸감'으로 다가왔기 때문이다. 결국 자신들도 '짝퉁 근대'밖에 되지 않으면서 식민지 경성에 '짝퉁의 짝퉁'을 이식하고 있는 일본은 그야말로 치사한 수준이 아닐 수 없다. 그의 시각에선 경성을 도쿄와 비교하는 것이 아니라 '도쿄'의 비교대상이 이제 '경성'인 것이다. 그는 도쿄가 경성과 얼마나 차이가 나는가를 확인하러 현해탄을 건너 왔기 때문이다. 그러나 막상 와서 보고 나니 별 볼일이 없었다. 그가 늘 궁금해 했었고, 그래서 죽기 전에 마지막으로 도쿄에서 직접 확인해 보고 싶었던 것이 바로 이것이었다. 수필「동경」에서 말했듯이, 이는 "교바시(京橋) 곁 지하 공동변소에서 간단한 배설을 하면서 동경 갔다 왔다고 그렇게나 자랑들 하던 여러 친구들"을 통해서도 확인할 수 없는 부분이었다. 그는 도쿄가 구축한 근대도시의 실체를 자신의 눈으로 직접 확인하고 경성과 비교하고 싶어 도쿄에 간 것이었다.

한데 여기서 짚어 봐야 할 흥미로운 사실이 하나 있다. 이상이 실망한 도쿄 풍경을 언급하면서 마루비루 인근 히비야(日比谷)에 위치한 '제국(帝國) 호텔'에 대해선 한마디도 하지 않았다는 점이다. 왜 그랬을까? 건축가였던 그가 새로운 근대건축을 공부하면서 제일 먼저 배운 인물이 루이스 설리반과 그의 제자 프랭크 로이드 라이트가 아니었던가? 이상이 마루비루와 지척 거리에 있는 라이트가 디자인한 제국호텔을 보지 않았을 리가 없다. 이는 1923년 9월 1일 관동대지진이 발생하기 직전에 준공되었지만 흔들림 없이 온전히 살아남아 공포에 떨던 일본인들을 놀라게 한 '기적의 건물'이었다. 특히 전문가들 사이에선 외벽과 구조에 지진피해를 입은 마루노우치 빌딩과 큰 차이가 있어 말이 오가기도 했다. 무엇보다 제국호텔은 건축의 기능을 유기적 공간 구조가 창출하는 우주적 리듬의 질서와 유사한 것으로 파악했던 라이트의 건축관이 잘 담긴 건물이었다. 이는 유동적인 공간의 가능성을 통해 새로운 구조적 '자유'를 실현한 건물로 평가받는다.[26] 그것은 근대건축이 지향한 원형적 정신과 본질을 잘 보여 준 건물이었던 것이다. 그렇기 때문에 이상은 본질을 담은 제국호텔에 대한 아무런 언급 없이 마루비루에 대한 실망감만을 글에 담은 것이리라. 아니면 그는 제국호텔을 먼저 보고 곧바로 마루비루를 보았기에 이에 대한 환멸감이 그토록 '치사스럽게' 역하게 다가온 것일 수도……. 따라서 이상이 위의 「동경」에서 말한 "깨솔링 냄새"는 단지 대도시 도쿄의 차량 매연을 일컫는 말이 아님에 주의해야 한다. 그것은 '토악질 나는 냄새', 즉 '역겨움의 은유'인 것이다.

이런 이유로 이상은 궁성의 해자(호리) 곁을 지나는 택시 안에서 20세기 도쿄의 '짝퉁 근대'를 생각하며, (이럴 바엔 차라리) 조선의 19세기가 오히려 점잖은 것이라는 역설을 말하고 있었던 것이다. 이때 느꼈던 심정이 어떤 것인지 그는 한 수필의 끝자락에 생각을 숨겨 놓았다. 그는 「동경」을 쓰고, 11월 20일 유서에 해당한 소설 「종생기」를 쓴 다음, 12월 19일 수필 「권태」[27]를 마무리 하면서 마지막 대목에서 이렇게 말했다.

> 그러나 여기 어디 불을 차즈려는 정열(情熱)이 잇스며 뛰어들 불이 잇느냐. 업다. 나에게는 아무것도업고 아무것도 업는 내 눈에는 아무것도 보이지 안는다.
> 암흑은 암흑인 이상(以上) 이 좁은 방 것이나 우주(宇宙)에 꽉찬 것이나 분량상 차이가 업스리다. 나는 이 대소(大小) 업는 암흑(暗黑) 가운데 누어서 숨실 것도 어루만즐 것도 또 욕심나는 것도 아무것도 업다. 다만 어디까지 가야 끗이 날지 모르는 내일(來日) 그것이또 창(窓)박게 등대(等待)하고 잇는 것을 느끼면서 오들오들 떨고 잇슬 뿐이다. 12월19일 미명(未明). 동경서.

---

26 김수근, 「시와 기능과 형태」, 『문학사상』 1973년 10월호, 372~373쪽.
27 「권태」는 유고로 『조선일보』에 1937년 5월 4일부터 11일까지 연재되었다.

위 글에서 이상은 여기 어디에 '불'을 찾으려는 정열이 있으며 뛰어들 '불'이 있냐고 묻는다. 없다고 말한다. 그에게는 이제 아무것도 없고 아무것도 없는 그의 눈에는 아무것도 보이지 않는다. 암흑 속에 절망은 그것이 좁은 방이건 우주에 꽉 찬 것이든 이제 그에겐 아무런 차이가 없다. 그는 '크고 작은 차이가 없는' 암흑 가운데 누워 더 이상 욕심나는 것도 없이 떨고 있는 자신만을 볼 뿐이라고 말한다. 바로 이 지점에서 그는 자신의 진짜 '죽음'을 보기 시작한 것이다. 한데 그가 말한 '크고 작은 차이'란 '도쿄와 경성' 사이의 차이도 포함하는 것이리라. 물론 수필「권태」의 전체 맥락은 1935년 발표한 수필「산촌여정」처럼 팔봉산이 바라보이는 '성천기행'에서 체험한 조선의 한 촌락을 배경으로 하고 있다. 그러나 그가「권태」에서 남긴 마지막 대목은 수필「동경」과 죽음의 기차 칸처럼 맞물릴 때, 조선의 성천이 아니라 도쿄 진보초의 좁은 하숙방으로 공간 이동한다는 사실에 주목해야 한다. 그는 도쿄 땅에서 자신의 몸에서 마치 혼불이 빠져나가듯, 마지막 열정이 한 줄기 담배 연기처럼 사그러지는 순간을 이렇게 기록했다. 이처럼 암흑과 같은 그의 권태는 흔히 연구자들이 말하듯 이상 문학의 근원이 아니라 마지막 레퀴엠이었던 것이다.

1937년 2월 이상은 사상이 불온하다는 혐의로 검거되어 니시간다(西神田) 경찰서 유치장에 갇혀 있었다. 김기림이 훗날 전한 말에 따르면, 이상은 경찰에 의해 숙소를 수색당한 것으로 여겨진다. 그는 말하길, "공교롭게 책상 위에 몇 권의 상스러운 책자가 있었고, 본명 김해경 외에 이상(李箱)이라는 별난 이름이 있고, 그리고 일기 속에 온건하달 수 없는 글귀를 몇 줄 적었다는 일로 해서 한 달 동안 OOO에 들어가 있다가 아주 건강을 상해 가지고 한주일 전에야 겨우 자동차에 실려 숙소로 돌아왔다"는 것이다.[28] 센다이에서 김기림이 이상의 숙소에 도착한 것이 3월 20일 밤이었던 것을 감안하면 그가 입건된 것은 2월 12일경이었고, 한 달 후인 3월 13일쯤에 병보석으로 풀려났다고 할 수 있다. 이때 이상의 몰골에 대해서 김기림은 기분 좋으라고 파르테논 신전의 조각가 "피디아스의 제우스상 같다"고 말했다. 하지만 김기림이 실제로 느낀 것은 '골고다의 예수' 같았다고 한다. "전등불에 가로 비친 그의 얼굴은 상아보다도 더 창백하고 검은 수염이 코 밑과 턱에 참혹하게 무성했다." 김기림의 이 증언은 앞서 시 속에서 우리가 이미 보았던 이상의 한 모습을 생각나게 한다. 1934년 「시 제10호 나비」에서 그가 거울 속에 수염이 난 자신의 모습을 보며 "죽어가는 나비를 본다"고 한 대목과 겹쳐지기 때문이다. 따라서 우리는 육신으로부터 영혼이 빠져나와 나비가 되는 「시 제10호 나비」의 육화된 모습을 보는 게 된다. 그는 숨을 쉬지 않으면 죽게 될 것이고 그때 자신은 마치 앉았다 일어서듯이 나비처럼 날아갈 것이라고 오래전에 예언처럼 말해 두었던 것이다.

이상이 정말 나비가 된 것은 이로부터 한 달도 채 못 넘기고 도쿄제대 부속병원에서였다. 4월 초 병원에 실려와 입원한 그에게 폐결핵으로 그와 동병상련의 처지에 있던 김유정이 3월 29일 세상을 떠났다는 소식이 전해졌다. 며칠 후 이상이 위독하다는 전갈을 받고 도쿄로 아내 변동림이 급히 도착했다. 4월 16일 오후 그의 호흡이 거칠어지기 시작했다. 한데 이 무렵 현해탄 너머에서는 부친 김영창과 조모 최씨가 연이어 세상을 떠났다. 4월 17일 오후 12시 25분, 마침내 그는 아내와 몇몇 지인들이 지켜보는 가운데 눈이 잠시 태양과 만나 하얗게 빛나더니 눈꺼풀이 내려앉으며, 앉았다 일어서듯 나비처럼 날아갔다. 자신의 말대로 모든 것이 이루어진 순

---

28 김기림, 「고 이상의 추억」, 『조광』 3권 6호(1937년 6월), 『김기림 전집 5』, 심설당, 1988, 418쪽.

간이었다. 그러나 이 순간을 위해 그는 또 한 가지 말을 예비해 두었다. "나의 종생(終生)은 끝났으되 나의 종생기(終生記)는 끝나지 않는다."

4 디지털 시대, 또팔씨의 부활

이상이 「종생기」에서 남긴 말은 빈말이 아니었다. 그의 사후 많은 세월이 흘렀건만 그에 대한 관심과 연구는 우주의 블랙홀처럼 커져만 갔다. 당대 김기림이 그의 죽음을 두고 안타까워했듯이 그는 "필시 죽음에서 진 것은 아니리라. 그는 오늘의 환경과 종족과 무지 속에 두기엔 너무나 아까운 천재였다."[29] 시간이 흐를수록 그의 존재감은 더욱더 큰 에너지를 발산하고, 마침내 그의 예술은 디지털 시대에 문학의 영역을 넘어서 오히려 더 넓게 빛을 발할 수 있는 단계에 이르렀다. 그의 1930년대 실험시들은 앞서 보았듯이 시공간 개념과 치열한 삶의 밀도감이 가득 채워진 시였다. 그것들은 인쇄매체에 종속된 문학의 한계를 뚫고 나오는 묘한 힘을 발산한다. 이런 이유로 이상 시는 오늘날 우리가 익숙한 가상공간과 디지털 미디어의 방식으로 표현된 시각언어로 볼 때 훨씬 더 쉽고 친숙하게 다가온다. 이는 이상이 작품에서 '마음속 이미지'(mental image)와 '표현된 이미지'(representational image) 그리고 '눈'과 '매체(media)' 사이에 시각성'(visuality)을 두고 엄청난 고민을 했기 때문이다.

---

29 김기림, 「고 이상의 추억」, 416쪽.

〈그림 26〉 김환기, 「어디서 무엇이 되어 다시 만나랴」 전체(왼쪽)와 부분 확대(위), 232x172cm, 면에 유채, 1970.

    예컨대 이상이 세상을 떠나고 33년이 지난 후 그의 시는 이 땅에서 그림으로 먼저 부활했다. 부활한 곳은 수화 김환기(1913~1974)가 1970년 발표한 추상화 「어디서 무엇이 되어 다시 만나랴」의 그림 속이었다(그림 26). 이 유화는 화면 전체가 푸른색의 수많은 사각형과 점들로 이루어져 화가의 뉴욕 시절 인간 존재의 외로움을 담은 작품으로 알려져 있다. 이로 인해 한국 현대미술사에서 기념비적인 추상 점화(點畵)로 기록되었다. 그러나 지금까지 필자의 이야기에 귀 기울인 독자라면 김환기의 이 그림에서 앞서 본 이상의 실험시와의 관련성을 어렴풋이 지각할지 모른다. 만일 이런 느낌이 든 사람이 있다면, 훌륭한 '시각 독해력'(visual literacy)을 지

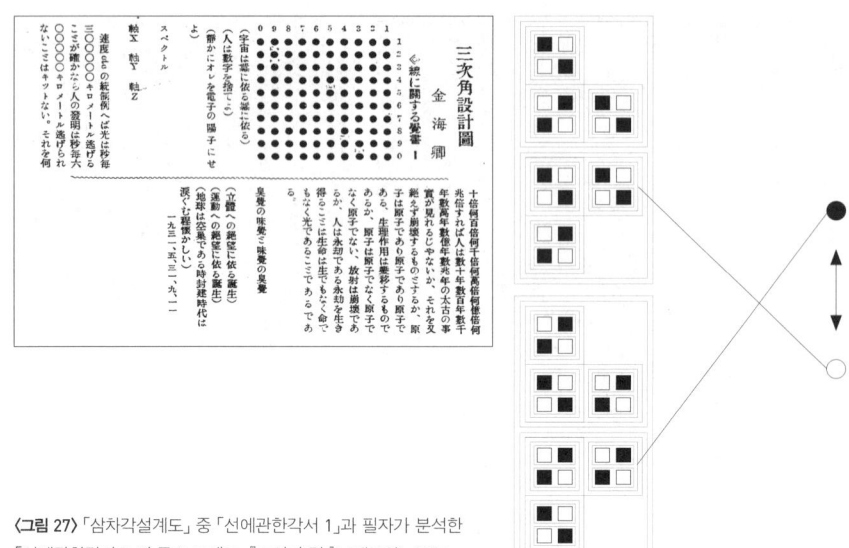

〈그림 27〉「삼차각설계도」 중 「선에관한각서 1」과 필자가 분석한 「선에관한각서 2」의 구조 도해도, 『조선과 건축』(제10집), 1931.

닌 독자임에 틀림없다.

　김환기가 김광섭의 시 「저녁에」의 한 구절에서 따왔다는 「어디서 무엇이 되어 다시 만나랴」는 이상이 「삼차각설계도」 연작시 「선에관한각서 1, 2, 3」 등에서 표명한 점(點)들과 깊은 관련이 있다는 사실에 주목하기 바란다(그림 27). 이 관련성은 이 책에서 필자가 처음 제기하는 것으로, 김환기의 점화는 이상의 「선에관한각서 1」에 등장하는 점들과 「선에관한각서 2」에서 표명된 사각형 내부의 사각형으로 분화되는 구조적 특징과 관계가 있다.

　김환기는 일찍이 이상이 그토록 갈망한 지면 위로 솟아오르는 신건축의 해방원리로 구축된 마천루 도시 뉴욕에서 점을 찍으며 그리운 인연들을 생각했다. 「어디서 무엇이 되어 다시 만나랴」의 이미지는 뉴욕의 7번지하철을 타고 허드슨 강을 건너며 바라본 맨하탄 고층건물군의 야경을 보는 순간 가슴 저미게 다가온다. 따라서 김환기가 찍은 점은 이상이 시 「선에관한각서 1」에 찍은 점, 곧 기둥으로 솟아올라 구축된 '도시 이미지'였던 것이다. 이상이 「선에관한각서 2」와 「선에관한각서 3」 그리고 「마가장 드 누보테에서」 등에서 '사각형 내부의 사각형……'으로 분열되는 근대도시의 개체성을 담았듯이, 김환기는 '고독한 도시인'의 모습을 수많은 점(點)으로 그려 냈던 것이다.

흥미로운 사실은 김환기가 1930년대 일본 유학시절 입체파와 미래파를 공부하고, 해방 후 1950년대에 한국의 자연을 주제로 한 반추상과 1960년대의 한국적 추상을 그리며 수십여 년의 세월을 보낸 끝에 1970년 도달한 지점이 '점 그림'이었다는 사실이다. 그러나 김환기가 그린 이 점화는 이상이 1931년에 찍은 「선에관한각서 1」의 점과 맞닿아 있다. 그러므로 이상이 시에서 표현한 '점'이 김환기의 '점화'(點畵)로 부활한 것이고, 한국 최초의 추상 점화를 그린 사람은 김환기가 아니라 바로 이상이었던 것이다. 이 관계를 어떻게 설명해야 하는가? 김환기는 인생의 말년에 이상의 영향을 '분명히' 받았던 것으로 추정된다. 그의 작품에서 이상이 보이는 것은 결코 우연한 일이 아니다. 왜냐하면 김환기와 이상 사이에 변동림이 있었기 때문이다. 1944년 김환기가 부인으로 맞은 김향안(金鄕岸)이 바로 이상의 마지막을 지켜 본 아내 변동림이었던 것이다. 필자는 김환기가 말년에 그린 점화를 폄하하려는 의도로 이 말을 하는 것이 결코 아니다. 그들 사이의 연결점, 즉 사람의 인연에 대해서 말하고 있을 뿐이다. 김환기는 1974년 세상을 떠나기 전, 그의 인생 마지막 그림에서 자신의 부인 김향안(변동림)과 이상이라는 두 점을 잇는 선이 되어 주었던 것이리라.

이러한 관련성은 이상이 추구했던 삶과 작품세계가 고밀도로 채워진 것이며, 당대를 뛰어넘어 얼마나 멀리까지 공명하는지를 보여 주는 한 예에 불과하다. 특히 그가 추구한 시의 세계는 오늘날 전자 신호로 제어되는 디지털 가상공간에서 새로운 배열로 부활하고 있다.[30] 예컨대 1984년 윌리엄 깁슨(William Gibson)의 가상공간을 다룬 효시적 작품『뉴로맨서』(Neuromancer)에서 보면 디지털 신호에 의해 '망막 안에' 직접 표시되는 '전자 언어'가 등장한다(그림 28). 그것은 각종 메시지가 이른바 '망막 스크린'에 투사되는 장면인데 소설 속에는 이렇게 표현되었다.[31]

```
000000000        CASE:0000        CASE : : : : :
000000000        000000000        : : : : :JACK
000000000        000000000        OUT : : : : :
```

〈그림 28〉 윌리엄 깁슨의 소설『뉴로맨서』에서 망막 안에 전자 언어가 표시되는 장면.

윌리엄 깁슨은 소설의 위 대목에서 인공보철술로 두뇌에 심어진 회로칩에 의해 망막 자체가 디지털 스크린이 되는 세계를 그려냈다. 이는 점멸하는 메시지가 망막에 신호로 들어오고 있는 장면인 셈이다. 이와 같이 어느덧 고전이 되어 버린 SF소설『뉴로맨서』는 새로운 이미지 기술을 둘러싸고 두뇌 속에 펼쳐지는 가상현실의 세계를 그려내고 있었던 것이다. 그것은 동시대 영화「블레이드 러너」(1982)와 함께「매트릭스」(1999)와 「아바타」(2009)에 이르기까지 인공보철술, 인공복제, 컴퓨터와 원격통신

---

[30] 다음에서 설명하는 일부 내용들은 앞서 졸저『멀티미디어 인간 이상은 이렇게 말했다』에 수록되었던 내용들을 발췌 재수록한 것임을 밝혀 둔다. 책이 절판되어 읽을 수 없는 독자들을 위해 제한된 범위 내에서 일부 내용을 재수록한 데 대해 독자들의 양해를 구한다.
[31] William Gibson, *Neuromancer*, New York : Ace Books, 1984. 왼쪽부터 p. 196, p. 190, p. 215에서 인용.

이 결합된 우리 시대의 인간과 미디어 생태계를 그려낸 효시적 작품이었다. 우리는 이러한 인간 생태계를 최근 디지털 가상공간(cyberspace)이라 부르고 있다. 놀랍게도 바로 이러한 세계로 향해진 비전이 1931년 이상의 실험시에서 펼쳐지고 있었던 것이다.

이러한 연결이 가능한 것은 위에서 언급했듯이 그의 시 속에 녹여진 시공간의식 자체가 가상성과 가상현실의 세계였고, 그가 사용한 매체, 곧 미디어가 바로 디지털 신호 체계로 조직되었기 때문이었다. 예컨대 그는 시에서 문자 요소를 개별적인 디지털 신호로 파악해 매트릭스(matrix)[32] 안에서 끝없이 점멸하는 연속적 이미지로 그리고 있었다. 실제로 1999년에 상영된 영화 「매트릭스」 1편의 타이틀을 보면, 그 속에 이상의 「진단 0:1」의 숫자판 행렬이 등장하는 놀라운 장면이 등장한다. 이는 이상이 자신의 시를 어떻게 전개시켜 나갔는지 작업논리와 표현을 알면 좀더 분명하게 체감될 것이다. 다음에서 「삼차각설계도」 중 「선에관한각서 1」(1931. 10)에서부터 「건축무한육면각체」 중 「진단 0 : 1」(1932. 7)과 1934년 「오감도」 연작시 중 「시 제4호」가 어떤 과정을 거쳐 전개되었는지 살펴보기로 한다.

먼저 「선에관한각서 1」의 작품 중 일부인 〈그림 29〉의 숫자판 이미지에는 1에서 0까지의 십진 좌표에 각기 점들이 표시되어 있다. 가로와 세로 좌표로 확정된 지점에 100개의 점(●)들이 매트릭스를 이룬다.

---

[32] 매트릭스(matrix)란 일반적으로 가로행과 세로줄이 결합된 '행렬'을 뜻하지만, 1999년에 발표된 영화와 관련되기도 한다. 전자는 양자역학과 같은 물리학과 위상 수학에서 매우 많이 사용하는 용어이고, 후자는 1999년 발표된 영화 『매트릭스』(Matrix)에서의 모태공간인 인공자궁, 곧 인간을 지배하는 인공지능(Artificial Intelligence)의 가상공간을 지칭한다. 특히 후자의 영화가 단지 공상과학적인 허구의 세계로만 비쳐지지 않는 것은 오늘날 정보기술이 펼치고 있는 이른바 디지털 시대의 인간생태계를 암시하는 은유가 에시되어 있기 때문이다.

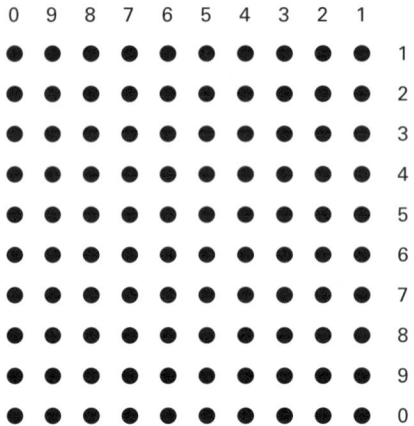

⟨그림 29⟩ 「선에관한각서 1」의 숫자판.

이에 대해 이상은 「건축무한육면각체」 중 「진단 0 : 1」을 ⟨그림 29⟩의 매트릭스에 다음과 같이 숫자를 대입시켜 만들었다.

① 위의 「선에관한각서 1」의 숫자판에서 가로와 세로 좌표축을 남겨두고 가로축에는 1부터 0까지의 숫자를 대입하고, 세로축에 모두 0을 대입한다. 오른쪽 상단의 양축이 서로 만나는 지점에 새로운 점을 찍은 다음 좌표 내의 대각선을 이루는 점들의 위치를 확인한다(그림 30).

② 위의 기본 틀 속에 1부터 0까지의 숫자를 차례로 대입한다(그림 31).

③ 생각하고 있던 혹은 위의 숫자판을 조작하면서 떠오른 시의 제목, 부제, 날짜, 서명을 붙인다(그림 32).

다음으로 이상은 1934년 『조선중앙일보』에 발표한 「오감도」 중 「시제4호」에서 「진단 0 : 1」의 숫자판을 뒤집었다(그림 33).

이러한 일련의 과정을 통해 볼 때, 이상은 이미지를 디지털 방식으로

1	2	3	4	5	6	7	8	9	0	●
									●	0
								●		0
							●			0
						●				0
					●					0
				●						0
			●							0
		●								0
	●									0
●										0

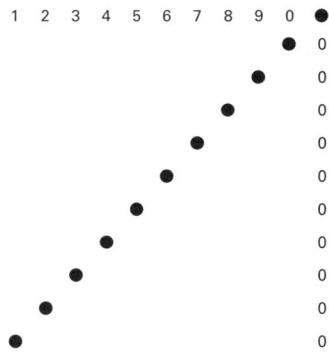

〈그림 30〉「진단 0 : 1」의 숫자판 제작 과정 1.

1	2	3	4	5	6	7	8	9	0	●
1	2	3	4	5	6	7	8	9	●	0
1	2	3	4	5	6	7	8	●	9	0
1	2	3	4	5	6	7	●	8	9	0
1	2	3	4	5	6	●	7	8	9	0
1	2	3	4	5	●	6	7	8	9	0
1	2	3	4	●	5	6	7	8	9	0
1	2	3	●	4	5	6	7	8	9	0
1	2	●	3	4	5	6	7	8	9	0
1	●	2	3	4	5	6	7	8	9	0
●	1	2	3	4	5	6	7	8	9	0

〈그림 31〉「진단 0 : 1」의 숫자판 제작 과정 2.

◇診 斷 0:1

或る患者の容態に關する問題。

1234567890・
123456789・0
12345678・90
1234567・890
123456・7890
12345・67890
1234・567890
123・4567890
12・34567890
1・234567890
・1234567890

診斷 0:1
26・10・1931
以上 責任醫師 李箱

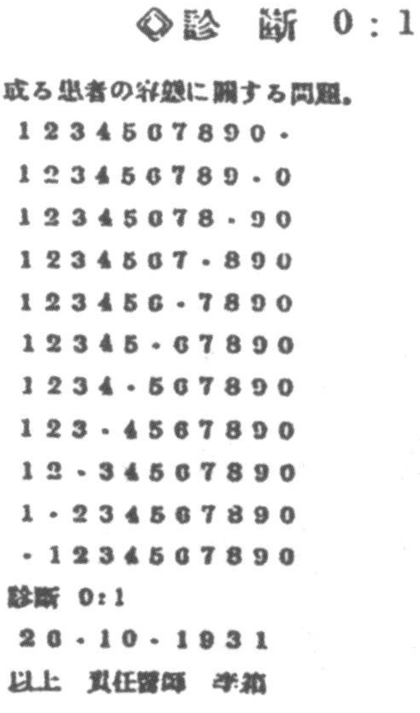

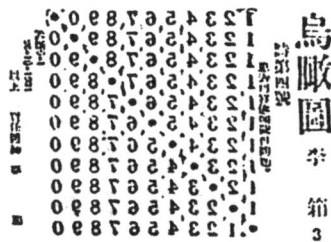

〈그림 32〉 완성된「진단 0:1」.

〈그림 33〉「진단 0 : 1」의 숫자판이 뒤집힌「시 제4호」.

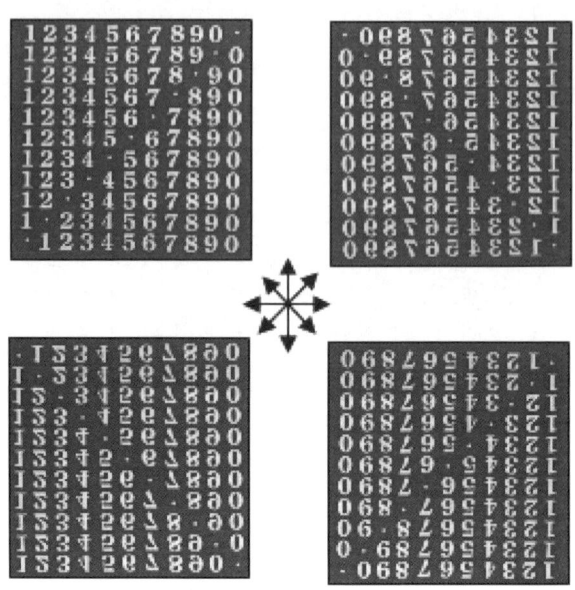

〈그림 34〉 필자가 포토샵으로 변형시킨 「시 제4호」의 숫자판 이미지.

이해하고 있었음을 알 수 있다. 디지털 방식은 0과 1이라는 두 개의 추상적 숫자(비트, binary digit)의 조합으로 세상의 모든 것을 표현함으로써 확고하게 고정된 물질적 대상을 해체시킨다. 또한 디지털 방식은 표현된 값을 보존할 수 있는 특징이 있기 때문에 모든 이미지 요소를 변형, 재배치, 회전시키는 뛰어난 조작성과 이에 대한 마음의 작용을 용이하게 한다. 예컨대 필자가 위 〈그림 34〉처럼 자유자재로 이상의 「시 제4호」의 숫자판을 변형시킬 수 있는 것도 이 글을 쓰고 있는 컴퓨터의 디지털 알고리즘의 도움 덕분이다.

　이보다 더 놀라운 사실은 이상이 이미 「선에관한각서 6」에서 '숫자의 방위학'과 '숫자의 역학'이라는 시공간의 운동 논리를 표명했다는 점이

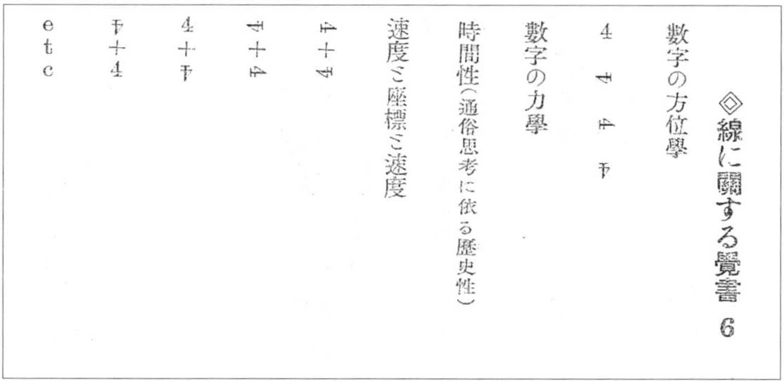

```
◎線に關する覺書 6

數字の方位學
4 4 4 下
數字の力學
4 + 4
時間性（通俗思考に依る歷史性）
7 + 4
速度と座標と速度
4 + 4
etc
7 + 4
```

〈그림 35〉「선에관한각서 6」.

다. 그는 「선에관한각서 6」에서 숫자, 속도, 좌표 체계에 시간성을 부여하여 동역학적 현상을 내세우고 있었다. 예컨대 위의 〈그림 35〉와 같이 그는 숫자 '4'가 각기 90도 각도로 회전한 네 가지의 방위 개념을 설정하고, '숫자의 역학' '시간성(통속사고에 의한 역사성)' '속도와 좌표와 속도'라는 시행에 의해 회전 대립쌍의 조합을 전개했던 것이다. 이는 놀라운 이미지가 아닐 수 없다. 이러한 용어들은 오늘날 3차원 모델링 소프트웨어의 사용자 메뉴판에서 흔히 볼 수 있는 용어들이지 않은가. 그것은 가상의 모델을 구축해 '회전 값'을 결정할 때 사용하는 용어인 것이다. 그는 앞서 「선에관한각서 1」에서 신건축에 감응하고 현대물리학의 새로운 시공간 이론에 기초해 새로운 우주론적 세계와 인간의 탄생을 선언했다. 그리고 「선에관한각서 2」와 「선에관한각서 3」에서 이러한 우주적 위상공간으로 '하이퍼텍스트적 이동'과 운동(「선에관한각서 4」)을 보여 주고, 「선에관한각서 5」에서 '광선보다 빠르게 이동하고 확대하는 우주'에 대해 이야기했다. 그리고 이제 이 「선에관한각서 6」에서 그는 자유롭게 회전하며 유영(流泳)하는 '존재의 자유'를 묘사하고 있었던 것이다.

　　이러한 증거는 이상의 시가 오늘날 전자 신호로 제어되는 디지털 가상공간의 작업논리와 맞닿아 있다는 필자의 말이 그냥 갖다 붙인 수사학적 말장난이 아님을 보여 준다. 심지어 「선에관한각서 2」와 같은 시는 텍스트의 위상공간을 시선의 움직임을 통해 이동하는 모습으로 표명함으로써 한국 최초로 '하이퍼텍스트'의 사례까지 보여 주었다. 하이퍼텍스트란 고정된 시각의 초점 대신에 독자 자신의 능동적인 관심에 따라 무한대로 '재초점화'되는 시스템이 아니던가. 오늘날 우리가 사용하는 인터넷 언어, 'HTML'(Hyper Text Markup Language)처럼 상호 연결된 텍스트들 사이의 이동을 예시하는 모습이 이미 이상 시에서 발현했던 것이다. 이처럼 그의 생각과 매체감각은 오늘날 우리 시대의 미디어인 '디지털 매트릭스'의 체계로 직조된 것이었다. 따라서 그의 시는 비록 당대 종이와 인쇄매체의 한계를 벗어날 수는 없었지만 실제 내용에 있어선 구형 LED(발광 다이오드)를 사용하는 디지털 전광판에서부터 최근 아몰레드(AMOLED) 기술의 최첨단 모니터에 이르기까지 점멸하는 '전자 메시지'로 향해갔던 것이라 할 수 있다. 이는 이상이 아직까지도 문학을 '종이와 연필의 예술'로만 여기는 이들의 무지의 감옥에 박제된 채 있을 수 없는 '그 이상의 존재'임을 말해 준다 하겠다.

　　이러한 이유로 필자는 앞서 1999년 발표한 졸저 등을 통해 이상이 한국 최초의 멀티미디어 예술가였으며, 강연할 때마다 그의 세계가 백남준 이전에 과학과 결합된 종합예술로 융합된 첫번째 사례였다고 강조했던 것이다. 백남준은 지난 20세기 동안 거대한 신화와 같았던 과학기술을 풍부한 상상력으로 인간화시킨 예술가로 알려져 있다. 1963년경 그는 자신의 작업에 대해 이런 말을 했다.[33]

모든 것은 사람이 만들어 낸 것이다.

그래서 전자와 인공을 결합시키면 모든 것을 생산해 낼 수 있다…….

따라서 내가 관심을 갖는 것은 이미지 자체가 아니라, 이미지를 어떻게 만드느냐이다.

나는 이미지를 만드는 기술적이고 물질적인 조건, 즉 수평적 수직적 탐구에 관심을 갖는다.

백남준은 이미지를 만드는 모든 기술적이고 물질적인 조건들의 개통발생과 개체발생을 모두 융합해 20세기 다중매체 시대의 예술이 어떻게 존재하고 소통하는지의 예를 보여 줄 수 있었다. 이런 의미에서 이상은 당대 문학에서부터 건축, 디자인, 미술 등 총체예술의 언어를 자신의 치열한 삶과 결합시킨 한국 최초의 융합예술가였던 것이다.

---

33 백남준 아트센터 전시물 중에서.

후기

오래된 미래

이상의 문제는 그가 자신의 시대와 소통하지 못하고 사후에 오늘날 우리와 접속되어 있다는 사실이다. 그러나 그가 당대 식민지 조선 사회와 제대로 소통치 못하고 이해되지 못함을 단순히 그의 한계 내지는 흠결로 볼 수는 없을 것 같다. 왜냐하면 역사는 르네상스 시대에 거울에 비쳐야만 해독이 가능한 비밀스런 텍스트를 남긴 레오나르도 다빈치(Leonardo da Vinci)를 일컬어 '예술과 디자인의 실패자'라고 말하지 않기 때문이다. 마찬가지로 이상은 앞서 봤듯이 '식민지 도시근대화'의 허구와 모순에 맞서 이를 살해할 목적으로 시를 암호화했던 것이다. 그에게는 식민지 도시근대화의 생산자로서 이 사실을 시에 담아 비밀로 새기는 일 자체가 곧 짝퉁 근대의 살해 행위였던 것이다. 그는 비밀이 밀봉된 병을 '역사의 바다'에 던져 띄워 보낸 것이리라. 먼 훗날 미래의 누군가 그 병을 발견해 해독하길 간절히 염원하는 심정으로…….

이상이 살았던 일제강점기는 자신의 말과 글을 자유롭게 표현할 수 없었기에 '비밀'을 만드는 시대였다. 언어에 비밀이 새겨질 수밖에 없었던 억압된 사회였다. 이런 이유로 앞서 필자가 해석한 이상의 초기 일문시들, 즉 「이상한가역반응」과 「또팔씨의 출발」 등은 원문에 기초해 제대로 이해하고 보면 이들이 일어로 『조선과 건축』이라는 일인들이 주축이 된 조선건축회 기관지에 발표되었기에 더욱 '역설의 의미'가 증폭된다. 적절한 비유일지는 모르겠지만 이는 그가 '뱀'을 잡기 위해 뱀의 말을 사용한, 즉 '땅꾼의 언어'를 구사한 것과 같은 이치로 볼 수도 있다. 이상의 경우, 이광수와 모윤숙 등처럼 진짜 뱀이 되어 버린 친일문학가들의 일어 텍스트와는 근본적으로 맥락이 다르다고 할 수 있다.

흔히 문학에서 1930년대 모더니즘은 "도시를 중심으로 전개된 도시 문학의 일종"으로 알려져 있다.[1] 이때 문학이 지닌 근대성의 특징은 도시와의 관계로 파악된다. 이 범주에 속한 작가들로 이상과 함께 활동한 구인회(九人會) 구성원들, 즉 정지용, 김기림, 박태원, 이효석 등이 거론되는 것도 이런 이유이다. 연구자들은 흔히 이들이 도시적 소재의 근대문명을 문학의 소재로 다루었다고 말한다. 그러나 같은 구인회의 구성원이었지만 도시를 보는 관점에 있어 이상은 이들과 완전히 달랐다. 그는 이들처럼 도시 경성을 '어쩔 수 없이 주어진 환경'으로 보고 받아들인 것이 아니었기 때문이다. 김기림 정도가 문명비판의 차원에서 경성을 비평적으로 보긴 했지만 유독 이상만이 주어진 환경으로서 식민지 도시 경성 자체를 부정한 유일한 인물이었다. 그는 조선인 최초로 도시건축을 학습하고 체험한 건축가로서 도시의 소비자만이 아니라 생산자였고, 이로 인해 '식민지 도시근대화'가 초래한 '짝퉁 근대성'을 실존적 차원에서 '가솔린 냄새'처럼 역겨워했던 인물이었다. 당시 대부분 지식인과 문인들이 식민통치의 진짜 억압이 무엇인지 간파하지 못하고 추상적으로 이해할 때, 그는 경성이라는 도시공간을 통해 구현된 '공간의 정치학', 곧 도시에 디자인된 지배 이

---

[1] 서준섭, 『한국 모더니즘 문학 연구』, 일지사, 1988, 7쪽.

념과 전략의 모순과 허구를 간파했던 것이다. 예컨대 그들은 식민통치에 견딜 수 없다고 분개하면서도 정작 식민지 소비도시 경성이 제공하는 '볼거리 판타지'의 달콤한 늪에 빠져서 사탕을 빨고 있었다. 다들 그러고 있을 때, 이상은 비밀리에 '모조 근대'의 암살을 작심하고 육중한 '건축' 대신에 '글과 이미지'라는 날렵한 표창을 선택해 막다른 골목으로 질주했던 것이다.

혹자들은 이러한 사실을 간과하고 단지 그가 발표한 대부분 시들이 '민족의 언어'가 아니라 일본어로 되어 있고 근대적 자각도 없는 '자의식 과잉의 솜사탕 과자'였다고 말하곤 한다. 예컨대 고은은 『이상평전』에서 이상의 문맥을 '국어문화의 탈영역성'에 위치시키고 "근대문학의 괄호 안에서 마땅한 역할을 하지 못했다"고 비판했다. "왜냐하면 이상의 언어는 그것이 국어로부터의 완전한 혁명도 아니며 그렇다고 완전한 현대어의 구사 능력을 가진 것도 아니기 때문"이라는 것이다. 이로 인해 그는 이상의 초기 일어 시는 고려의 대상도 아니며, 기껏 「오감도」(1934) 이후에 한글로 발표한 말년의 「위독」 연작시 12점 정도가 제법 "성숙한 묘사기능을 하고 있어 …… 이상 시의 커다란 수확"이라고 인색한 평가를 했다. 그러나 진짜 문제는 이상 시가 일어냐 국어냐가 아니다. 그가 어떤 '의식'을 갖고 있었는가이다. 여기서 한 가지 짚고 넘어가야 할 것이 있다. 당시 '국어 공간'에는 몸으로는 친일 부역에 앞장서고, 글로는 '민족의 언어'를 사용해 식민통치체제에 순응시키는 시어를 구사했던 서정주 같은 이들도 있지 않았던가. 이들은 소위 '한국적 서정시'란 이름으로 '국화 옆에' 서서 "아프니까 조선이다~"라는 식의 체제순응 환각제를 시에 타서 조선의 청년들에게 투약했다. 이러한 시들이 갖는 사탕발림식의 무기력한 언어를 한국 문학의 근대성인 양 자위하고 있을 때 저절로 식민미학에 동조되었던 것이 바로 이 땅의 식민지 근대화였다.

　암울한 식민통치의 시대에 저항의 형태와 언어가 모두 똑같아야 한다고 보는 것은 몹시 순진하면서 '무서운 논리'다. 이상화와 이육사처럼 드러나게 저항의식을 시에 담은 시인도 있었지만, 이상처럼 비밀리에 식민지 수도 경성의 '모조 근대'를 성찰하고 초극해 당대 예술이 나아갈 세계사적 본류를 향해 죽음의 질주를 한 작가도 있었던 것이다. 이 점에서 이상의 삶과 작품은 그 자체가 식민지 도시근대화의 허구와 모순을 드러낸 엄청난 사건이자 증거인 셈이다. 이로써 그는 이 책에서 필자가 증명해 보였듯이, 식민지 조선과 제국의 땅을 넘어서 세계와 접속할 수 있었고, 실제로 이상만이 혼자 세상 밖으로 치고 나갔다. 이는 한국 근대문학뿐만 아니라 미술, 건축, 디자인 등을 통틀어 전무후무한 사건이었던 것이다. 고은은 이상에 대해 민족의식도 저항의식도 없는 '무서운 사생아'로 낙인을 찍었다. 그러나 그것은 이 책에서 밝혔듯이 원문과 그가 갖고 있었던 지식과 정보를 보지도 않고 고려할 생각조차 하지 않은 채, 그로 인해 진실을 볼 수 없었던 경솔한 해석들 때문에 만들어진 왜곡된 편견일 뿐이다. 믿기지 않겠지만 이상이 진정 꿈꿨던 것은 "새털처럼 따뜻하고 사향처럼 향기 짙고, 배양균처럼 생생하게 살아 있는", "민족의 개화"였다.

> 한때는 민족마저 의심했다. 어쩌면 이렇게도 번쩍임도 여유도 없는 빈상스런 전통일까 하고 하지만 결코 그렇지 않았다. (중략) 사람들을 미워하고 — 반대로 민족을 그리워하라, 동경하라고 말하고자 한다. (중략)
> 커다란 무어라고 형용할 수 없는 덩어리의 그늘 속에 불행을 되씹으며 웅크리고 있는
> 그는 민족에게서 신비한 개화를 기대하며

그는 〈레브라〉와 같은 화려한 밀탁승의 불화(佛畵)를 꿈꾸고 있다. 새털처럼 따뜻하고 또한 사향처럼 향기짙다. 그리고 또 배양균처럼 생생하게 살아 있다.[2]

이상은 위 수필 「공포의 성채」에서 "한때는 민족마저 의심했다. 어쩌면 이렇게도 번쩍임도 여유도 없는 빈상스런 전통일까 하고. 하지만 결코 그렇지 않았다"고 말한다. 또한 "사람들을 미워하고—반대로 민족을 그리워하라, 동경하라고 말하고자 한다"고 밝히고 있다. 그가 꿈꿨던 것은 섬세하고 화려한 고려 불화와 같은 민족이었던 것이다. 앞서 설명한 전체 문맥 속에서 이 글을 읽고 있노라면 그동안 우리는 이상이라는 존재에 대해 도대체 무엇을 알고 있었는지 한숨이 날 정도로 그에 대해 잘못 소개하고 잘못 알고 있었던 것이다. 글에서 말하듯, 그가 본 '공포의 성채'는 곧 당대의 '철벽 무지'였다. 그는 당대의 무지몽매한 사람들은 미워할지언정 민족을 미워한 것이 아니었다. 이상이 중국의 루쉰(魯迅)처럼 그들을 계몽하려 껴안지 못한 점을 탓할 수는 있어도 민족을 저버린 사생아로 볼 수는 없다는 것이다. 그러므로 그는 앞서 누군가 언급한 시인의 조건, 곧 '시대적 암흑과 대결한 개인적 체험'뿐만 아니라, '식민지 지식인으로서의 투철한 자각과 그 사명을 행동으로 구체화하는 등의 실천력'에 있어 초특급의 치열한 삶을 살았던 인물이었을 뿐만 아니라 그의 작품은 일본은 물론 당대 서구를 능가하는 독보적 작품세계의 경지에 도달한 최초의 조선인이었다. 그는 미술, 건축, 문학, 디자인을 가로질러 질주한 최초의 융합예술가였던 것이다.

---

[2] 이상, 「공포의 성채」, 1935. 8. 3. 김윤식 엮음, 『이상문학전집 3 : 수필』, 문학사상사, 1993, 334~335쪽.

따라서 '무서운 사생아', '박제된 천재', '무한해석의 열린 텍스트' 등의 이상 신화는 이제 이쯤에서 멈추도록 하자. 이 신화는 그동안 그의 삶과 작품이 분리된 채 '무서운 문단'에 의해 잘못 해석되는 과정에서 초래된 '촌스럽고 자폐적인' 이른바 '만들어진 전통'이었다. 그를 일컬어 '국어 공간의 해독 불능자'라 낙인찍는 것은 정작 자신들의 상대적 무지함에 대해 일말의 성찰도 없이 이상의 시와 작품을 '당신들의 국어 천국'에서 제멋대로 해석해 온 무지의 자작극이었던 것이다. 이제부터 이상의 예술사적 지위를 편협한 한국 문학의 위상에서 살려 내 보다 넓은 융합예술의 위상에서 재맥락화해야 한다. 그는 한국 예술이 세계와 접속한 첫번째 살아 있는 유산인 것이다. 만일 지금껏 자행된 잘못된 이상 신화가 또 계속 확대 재생산된다면 한국 문학은 노벨문학상은커녕 영원히 '지방적 자위문학'의 결박에서 풀려나지 못할 것이다. 전세계에서 유래가 없이 거대한 출판도시까지 파주에 세운 이 나라에서 아직까지 세계와 견줄 만한 노벨문학상 수상작가 하나를 배출치 못한 이유가 바로 오늘 우리가 '이상을 보는 눈'과 관련되어 있다. 이런 의미에서 한국 문학의 지방성 극복은 물론 한국 현대예술과 문화의 국제적 위상 정립 등과 같은 앞으로의 과제는 역설적으로 이상을 곡해된 신화로부터 해방시키는 일에서부터 시작되어야 할 것이다. 그는 우리의 '오래된 미래'이기 때문이다.

참고문헌

1. 이상 작품집 및 연구

고은, 『이상평전』, 민음사, 1974.
권영민, 『이상전집 I』, 뿔, 2009.
_____, 「이상이 그린 박태원의 초상」, 『문학사상』 2009년 7월.
_____, 「새 자료로 보는 이상의 출생과 성장 과정」, 『문학사상』 2010년 4월.
김기림, 「고 이상의 추억」, 『조광』 3권 6호(1937년 6월), 『김기림 전집 5』, 고려서적, 1988.
김명인, 「근대도시의 바깥을 사유한다는 것 : 이상과 김승옥의 경우」, 『인천세계도시인문학대회 발표문』(2009. 10).
김민수, 『멀티미디어인간 이상은 이렇게 말했다』, 생각의 나무, 1999.
_____, 「시각예술의 측면에서 본 이상 시의 혁명성」, 권영민 편저, 『이상문학연구 60년』, 문학사상사, 1998.
_____, 「이상 시의 시공간의식과 현대디자인적 가상공간」, 한국시학회 제24차 전국학술발표대회, 2009(『한국시학연구』 제26호, 2009).
김승희, 『이상』, 문학세계사, 1993.
김옥희, 「오빠 이상」, 『신동아』 1964년 12월.
김윤식, 『이상연구』, 문학사상, 1987.
_____, 『이상소설연구』, 문학과비평사, 1988.
김윤식 엮음, 『이상문학전집 2 : 소설』, 문학사상사, 1991.
_____, 『이상문학전집 3 : 수필』, 문학사상사, 1993.
김정동, 「이상의 펴지 못한 날개 건축의 꿈」, 『마당』 1982년 1월.

안상수, 「타이포그라피적 관점에서 본 이상 시에 대한 연구」, 한양대학교 박사학위 논문, 1995.

이승훈, 『이상 : 식민지 시대의 모더니스트』, 건축대학교출판부, 1997.

이승훈 엮음, 『李箱문학전집 : 시』, 문학사상사, 1989.

임종국 엮음, 『이상전집』, 태성사, 1956.

―――――, 『이상전집』(개정판), 문성사, 1966.

정인택, 「불쌍한 이상」, 『조광』 1939년 12월.

조용만, 「이상시대, 젊은 예술가들의 초상」, 『문학사상』 1987년 4월.

조해옥, 「김민수의 「이상 시의 시공간의식과 현대디자인적 가상공간」에 대한 토론문」, 『이상 시의 미학과 쟁점』, 한국시학회 제24차 전국학술발표대회, 2009. 10. 24.

Kim Min-Soo, "Yi Sang's Experimental Poetry in the 1930s and Its Meaning to Contemporary Design", *Visible Language*, vol. 33.3, 1999.

2. 그 밖의 참고문헌

강상훈, 「일제강점기 박람회 건축과 근대의 표상」, 한국건축역사학회, 『한국건축역사학회 2004년 춘계학술대회자료집』, 2004.

고시자와 아키라, 『동경의 도시계획』, 윤백영 옮김, 한국경제신문사, 1998.

'99건축문화의 해 조직위원회 편저, 『한국건축 100년』, 국립현대미술관, 1999.

「기운생동하는 협전」, 『동아일보』, 1923. 4. 1.

김근배, 『한국 근대 과학기술인력의 출현』, 문학과지성사, 2005.

김기림, 「1930년대의 소묘」, 『김기림 전집 2』, 심설당, 1988.

김민수, 「(구)충남도청사 본관 문양도안의 상징성 연구」, 『건축역사연구』 제18권 5호(2009년 10월).

김백영, 「일제하 서울에서의 식민권력의 지배전략과 도시공간의 정치학」, 서울대학교 대학원 박사학위논문, 2005.

김수근, 「시와 기능과 형태」, 『문학사상』 1973년 10월호.

김신정 엮음, 『정지용의 문학세계 연구』, 깊은샘, 2001.

김영무, 『시의 언어와 삶의 언어』, 창작과비평사, 1990.

김영상, 『서울육백년 1』, 대학당, 1997.

김용직, 『한국 현대시 해석비판』, 시와시학사, 1993.

김윤식, 『한국현대시론비판』, 일지사, 1982

김종태, 「제10회 미전 평」, 『매일신보』, 1931. 5. 26~6. 4.

김훈, 「모더니즘의 시사적 고찰」, 장덕순 외, 『한국문학사의 쟁점』, 집문당, 1986.

나가토 사키, 「변모하는 컨스트럭션 : 大正 시대 신흥미술운동에서의 전시공간」, 『미술사논단』 제21호, 2005.

다키자와 교지, 「마보의 국제성과 오리지널리티 : 마보와 그 주변 그래피즘에 대하여」, 『미술사논단』 제21호, 2005.

대통령경호실 편, 『청와대 주변 역사문화유산』, 2005.

도스토예프스키, 『카라마조프가의 형제들』, 정해근 옮김, 정암, 1989.

『동명연혁고 I : 종로구편』, 1967.

렐프, 에드워드, 『장소와 장소상실』, 김덕현 외 옮김, 논형, 2005.

르 코르뷔지에 지음, 『건축을 향하여』, 이관석 옮김, 동녘, 2007.

리드, 허버트, 『도상과 사상 : 인간 의식의 발전에 있어 미술의 기능』, 열화당, 1982.

마리, J. M., 『도스토예프스키의 文學과 思想』, 이경식 옮김, 瑞文堂, 1980.

무이잔보, 「'다다'? '다다'!」, 『동아일보』 1924. 11. 2.

『문학사상』 1976년 6월.

『문학사상』 2010년 4월.

문혜원, 「한국 모더니즘 시의 전개와 발전양상」, 『시와 세계』 2004년 봄호.

박경용, 『개화기 한성부 연구』, 일지사, 1995.

박성수, 『들뢰즈와 영화』, 문화과학사, 1998.

사이덴스티커, 에드워드, 『도쿄이야기』, 허호 옮김, 이산, 1997, 21~22쪽.

서울시립미술관, 『사진 아카이브의 지형도 : 도큐멘트』, 서울시립미술관, 2004.

서울특별시, 『서울육백년사』 제4권, 1995.

서울특별시사편찬위원회, 『일제 침략 아래서의 서울(1910~1945)』, 2002.

서준섭, 『한국 모더니즘문학 연구』, 일지사, 1988.

세종대왕기념사업회, 『한국고전용어사전』, 2001.

손정목, 『일제강점기 도시사회상연구』, 일지사, 1996.

베르너-옌젠, 아르놀트 외, 『The Music : 음악의 역사』, 이수영 옮김, 예경, 2006.

오광수, 『한국근대미술사상노트』, 일지사, 1988.

오성철, 「1910년대 일제의 식민지 교육정책과 한국인의 대응」, 『한국 근대사회와 문화 II』, 서울대학교출판부, 2005.

「옥인동 송석원」, 『동아일보』 1924. 7. 21.

요시미 순야, 『박람회 : 근대의 시선』, 이태문 옮김, 논형, 2003.

윤희순, 「제10회 조선미전 평」, 『동아일보』, 1931. 5. 31~6. 9.

이구열, 「韓國 洋畵 70년의 흐름」, 『韓國洋畵 70年展』(도록), 호암갤러리, 1985. 8. 29~9. 29.

이이화, 『한국사이야기22 : 빼앗긴 들에 부는 근대화 바람』, 한길사, 2004.

이정우, 『시뮬라크르의 시대 : 들뢰즈와 사건의 철학』, 거름, 1999.

임종국, 『친일문학론』, 평화출판사, 1966.

전우용, 「일제하 경성 주민의 직업세계(1910~1930)」, 권태억 외. 『한국 근대사회와 문화 Ⅲ : 1920·1930년대 '식민지적 근대'와 한국인의 대응』, 서울대학교출판부, 2007.

「전웅희황데의 유죠」, 『신한민보』 1926. 7. 8.

정인경, 「경성고등공업학교의 설립과 운영」, 김영식·김근배 엮음, 『근현대 한국사회의 과학』, 창작과비평사, 1998.

조용만, 『구인회 만들 무렵』, 정음사, 1984, 59쪽.

조은희, 「한국 현대시에 나타난 다다이즘·초현실실주의 수용양상에 대한 연구」, 『현대문학연구』 제72집, 1987.

조주관, 『죄와 벌의 현대적 해석』, 연세대학교 출판부, 2007.

청와대경호실 편, 『청와대와 주변지역 역사 문화유산』, 2007.

최열, 『한국근대미술의 역사』, 열화당, 1998, 123쪽, 138쪽.

최완수, 「겸재 정선과 진경산수화풍」, 최완수 외, 『진경시대』, 돌베개, 1998.

하시야 히로시, 『일본제국주의, 식민지 도시를 건설하다』, 김제정 옮김, 모티브북, 2005.

하임, 마이클, 『가상현실의 철학적 의미』, 책세상, 1997.

허영섭, 『조선총독부, 그 청사 건립의 이야기』, 한울, 1996.

황상익, 「서울대병원, '시계탑 건물'의 진실은…」, 프레시안, 2010. 9. 22.

G. F. 生, 「Hans Poelzig氏の建築觀 : 近代建築ノオト」, 『朝鮮と建築』第5輯 第1號, 1926.

岡本哲志, 『「丸の內」の歷史』.

橋爪大藏, 「コルビユシエ氏の建築について」, 『朝鮮と建築』 第8輯 第3號, 1929.

內藤資忠, 「點·線·面·量」, 『朝鮮と建築』第8輯 第7號, 1929.

_____, 「サリヴァンとライトと機能主義と(續)」, 『朝鮮と建築』第7輯 第7號, 1928.

_____, 「プランの幻影」, 『朝鮮と建築』第8輯 第8號, 1929.

藤島亥治郎, 「ザルツブルグの 大劇場に就て : 現代建築のノオトの三」, 『朝鮮と建築』第4輯 第4號, 1925.

桑原住雄, 『日本の自畵像』, 東京 : 南北社, 1966.

野村孝文, 「モスコーの現代建築」, 『朝鮮と建築』第8輯 第5號, 1929.

伊東忠太, 「現代思想と建築」, 『朝鮮と建築』第10輯 第2號, 1931.

『朝鮮と建築』第5輯 第5號 : 朝鮮總督府 新廳舍號, 朝鮮建築會, 1926.

『朝鮮と建築』第7輯 第6號, 1928.

『朝鮮と建築』第10輯 第8號, 1931.

萩原恭次郎,『死刑宣告』, 東京 : 長隆舎書店, 1926.

Ades, Dawn, "Dada and Surrealism", Nikos Stangos ed., *Concepts of Modern Art*, New York : Thames and Hudson, 1994(the 3rd Edition).

Asimov, Isacc, *Naked Sun*, New York : Valentine, 1957.

Attali, Jacques, *Noise : The Political Economy of Music*, Manchester : Manchester University Press, 1985(Original work published 1977).

Conrads, Ulrich ed., *Programs and Manifestoes on 20th-Century Architecture*, Cambridge, Mass. : The MIT Press, 1970(First English language editon).

Derrida, Jacques, *Positions*, Alan Bass ed., Chicago : Univ. of Chicago Press, 1981.

Gibson, William, *Neuromancer*, New York : Ace Books, 1984.

Leyshon, Andrew et al. ed., *The Place of Music*, New York : Guilford Press, 1998.

Lippard, Lucy ed., *Dadas on Art*, Englewood Cliffs, N. J.: Prentice-Hall, 1971.

Lynton, Norbert, "Expressionism", *Concepts of Modern Art*, New York : Thames and Hudson, 1994.

Marquart, Christian, *Hans Poelzig : Architect-Painter-Designer*, Tübingen : Wasmuth, 1995.

Moholy-Nagy, Lázlo, *The New Vision 1928 fourth revised edition 1947 and Abstract of an Artist*, New York : George Wittenborn, 1947.

Niikuni, Seiichi, "List of Works", *Visual Poems, exhibition catalogue*, London : Whitechapel Gallery, 1974.

Poelzig, Hans, *Gesammelte Schriften und Werke*, Julius Posener ed., Berlin : Mann, 1970.

Posener, Julius, *Hans Poelzig : Reflections on His Life and Work*, Cambridge, Mass. : The MIT Press, 1992.

Schwitters, Kurt, "Merz"(1920), Robert Motherwell ed., *The Dada Painters and Poets*, New York : Wittenborn, 1951.

Trachtenberg, Marvin and Isabelle Hyman, *Architecture : From Prehistory to Post-Modernism / The Western Tradition*, Englewood Cliffs, N. J. : Prentice Hall, Inc., 1986.

Whitfield, Sarah, "Fauvisum", Nikos Stangos ed., *Concepts of Modern Art*, New York : Thames and Hudson, 1994.

찾아보기

【ⅰ·ⅳ】

가상공간(cyberspace) 299, 353
가상현실(virtuality) 298, 300
경성고공 97, 114, 135
고은 10~12, 94, 138, 156, 322, 362, 363
　『이상평전』 10, 138, 156, 322, 362
고토 신페이(後藤新平) 337
고한용 269
　「다다이슴」 269
고희동 48, 132~134
공업전습소 97, 135~139
　~의 학과 체제 138
구본웅 46~50, 335
　「두상습작」 48
　「친구의 초상화」 46, 48
구성주의 171, 279, 283
구인회(九人會) 301, 325, 343, 361
구체시 285, 286
권순희 322
그로피우스, 발터(Gropius, Walter) 24, 145, 147, 151, 180
금홍 11, 320, 322
기노우치 요시(木內克) 50, 53

기능주의 161, 171, 180
김기림 18, 19, 301, 306, 343, 346~348
　「1930년대의 소묘」 18
김기진 269
　「본질에 관하여」 269
김니콜라이(박팔양) 207, 270
　「윤전기와 4층집」 270
김연필 137~139
김유정 346
김윤식 11, 75
　『이상연구』 11, 75
김화산 270
　「악마도」 270
김환기 349~351
　「어디서 무엇이 되어 다시 만나랴」 349, 350
깁슨, 윌리엄(Gibson, William) 352
　『뉴로맨서』 352
나이토 스케타다(內藤資忠) 161, 168, 169, 171, 174
　「설리번과 라이트와, 기능주의와」 161
　「점·선·면·양」 168, 171
　「프랑의 환영」 169, 172
낙랑팔라 326

『난파선』 180, 181
노무라 요시후미(野村孝文) 168
　「모스크바의 현대건축」 168, 170

【vii・ix】

다다 157, 267, 275, 277, 278, 279, 280
　~ 정신의 부정변증법 274, 280
『다다』(DADA) 278
다다이즘 24, 266, 267
　일본의 ~ 271
　한국 문학에서의 다다이즘 수용 269
다리파(Die Brücke) 152, 154
다이쇼 데모크라시 25, 271, 333
다카하시 신키치(高橋新吉) 269, 271, 272
데리다, 자크(Derrida, Jacques) 288
　차연(différence) 288
데 스틸(Destijl) 279, 283
도스토예프스키, 표도르(Dostoevskii, Fyodor) 62
　「죄와 벌」 62, 63
　「카라마조프의 형제들」 62, 63
독일공작연맹 144, 145
뒤샹, 마르셀(Duchamp, Marcel) 284
들뢰즈, 질(Deleuze, Gilles) 298
라이트, 프랑크 로이드(Wright, Frank Lloyd) 162, 342
라캉, 자크(Lacan, Jacques) 301
레제, 페르낭(Leger, Fernand) 309
　튜비즘(Tubism) 309, 310
르 코르뷔지에(Le Corbusier) 125, 126, 127, 163, 164, 166, 180, 216, 217, 219, 238~240, 309
　『건축을 향하여』 164, 172, 174, 175, 238
　『도시론』 164
　신건축의 5원칙 167, 216

「에스프리 누보관」 164
『오늘날의 장식예술』 164
「오장팡 아틀리에」 164
　퓨리즘(Purism) 309, 310
리드, 허버트(Read, Herbert) 33
리시츠키, 엘(Lissitzky, El) 205, 248
릴리프 콜라주 315, 316

【ll】

마루노우치 빌딩 339, 341
마보(Mavo) 181, 275, 333
『마보』(Mavo) 181, 275
말라르메, 스테판(Mallarmé, Stéphane) 283
매체의식 187
멘델존, 에리히(Mendelsohn, Erich) 145
모조 근대 205, 343, 362
모조 기독 19, 320, 326
모호이-너지, 라슬로(Moholy-Nagy, László) 205, 246, 248, 249, 286
　『재료에서 건축으로』 246
　「타이포-콜라주」 249, 286
몽타주 기법 318
무라야마 도모요시(村山知義) 333
무서운 사생아 363
무이잔보(無爲山峰) 269, 270
　「'다다'? '다다'!」 269
무카이 준키치(向井潤吉) 50
물질미학 280, 315
미래파 279, 283
미쓰코시 백화점 177

【lll・Vl】

바우하우스(Bauhaus) 142, 145, 147, 151
박태원 39, 301, 306

「소설가 구보씨의 일일」 39, 255, 306
반정동 23, 75~79, 83, 92
발, 후고(Ball, Hugo) 278
백남준 358, 359
베네딕트, 루스(Benedict, Ruth) 271
　『국화와 칼』 271
벤야민, 발터(Benjamin, Walter) 16
변동림 11, 328, 346, 351
보성고보 131
브르통, 앙드레(Breton, André) 278
비유클리드 기하학 67
사직동 75, 78, 80, 86
사쿠라이 고타로(櫻井小太郎) 342
삽화 306, 310
　「날개」의 ~ 306, 313
　「동해」의 ~ 313~315
　「딱한 사람들」의 ~ 306, 311
　「소설가 구보씨의 일일」의 ~ 255, 306, 311~313
　「슬픈 이야기」의 ~ 316~319
상대성이론 67, 193, 218, 221
서정주 362
설리반, 루이스(Sullivan, Louis H.) 163, 342
세이치 니쿠니(Seiichi Niikuni) 285
　「川/州」 285
소음 경관 116, 117
쇤베르크, 아르놀트(Schönberg, Arnold) 70
슈비터스, 쿠르트(Schwitters, Kurt) 280, 283, 284, 315
　「원소나타」 281
　~의 구체시 280
슐렘머, 오스카(Schlemmer, Oscar) 318
　삼부작 발레 318
시미즈 다카시(淸水多嘉示) 50, 52
식민지 근대화 16, 17, 205
식민지 도시화 16, 17, 18, 135, 326

신건축 5, 18, 125, 193, 204, 265
신명학교 95
「12월 12일」 180
　도스토예프스키 작품과의 비교 62~66
　~에 대한 평가 70
　~의 내용 59~61
　~의 영화적 연출 기법 68
　~의 이미지 기법 69
　~의 특징 58
11월 동맹 151
쓰키지 소극장 337

【Ⅷ】

아르프, 한스(Arp, Hans) 278, 284
아시모프, 아이작(Asimov, Isaac) 299
　「발가벗은 태양」 299
아오키 시게루(青木繁) 50, 55
아탈리, 자크(Attali, Jacques) 116
아폴리네르, 기욤(Apollinaire, Guillaume) 283
야마가타 세이치(山形靜智) 142, 143
야수파 46
얀코, 마르셀(Janco, Marcel) 278
얀코, 조르주(Janco, George) 278
얼금뱅이 40, 89, 91
　페르소나로서의 ~ 40
에비하라 기노스케(海老原喜之助) 50, 51
에셔, 모리츠 코르넬리스(Escher, Maurits Cornelis) 191
　「상대성」 191
『에스프리 누보』 164
에이젠슈타인, 세르게이(Eisenstein, Sergei M.) 318
예나 시립극장 145
오장팡, 아메데(Ozenfant, Amédée) 164
오카다 다쓰오(岡田龍夫) 275

옥상정원 177
와그너, 오토(Wagner, Otto) 143
우연성 67
유클리드 기하학 66, 193
윤덕영 100
윤희순 56, 57
이상
　「▽의유희」 207, 208
　「거울」 20, 260, 295, 296, 297, 301
　「건축무한육면각체」 24, 119, 124, 172, 190, 229, 241, 244, 249, 254, 257
　「공복」 207, 208
　「공포의 기록」 22, 45, 70, 157, 196, 305
　「공포의 성채」 364
　「광녀의 고백」 321
　「권태」 327, 345, 346
　「날개」 39, 187, 188, 190, 192, 320, 322, 328
　다다이즘과의 관련성 267
　「동경」 337, 339, 344, 345, 346
　「또팔씨의 출발(且8氏の出發)」 9, 20, 24, 119, 120~128, 241~243, 252, 253, 303, 360
　「마가장 드 누보테에서」 190, 191, 229, 231~233, 254, 351
　「명경」 199
　「봉별기」 328
　「비밀」 6
　「산촌여정」 327, 346
　「삼차각설계도」 24, 192, 199, 212, 214, 248, 249, 293
　삽화 310~318
　「선에관한각서 1」 192, 207, 212, 214, 216, 219, 224, 233, 234, 293, 351, 357
　「선에관한각서 2」 219, 224, 252, 274, 293, 351, 357, 358
　「선에관한각서 3」 219, 224, 351, 357
　「선에관한각서 4」 226, 293, 357
　「선에관한각서 5」 226, 294, 295, 357
　「선에관한각서 6」 228, 286, 356, 357
　「선에관한각서 7」 229, 294, 295, 298, 300
　「수염」 207
　「슬픈 이야기」 89, 91, 95
　「시 제1호」 98~99, 103, 106, 107, 199, 250, 252
　「시 제2호」 211, 253, 254
　「시 제3호」 211, 253, 254, 256, 257
　「시 제4호」 236, 257, 258, 275, 286, 287
　「시 제5호」 199, 258
　「시 제6호」 249
　「시 제8호」 199, 259, 260, 290, 302
　「시 제10호 나비」 25, 302, 347
　「시 제11호」 25, 303, 304
　「시 제15호」 199, 302
　「신경질적으로비만한삼각형」 207
　「실낙원」 18
　「실화」 334
　「12월 12일」 23, 39, 40, 58~71, 157, 196, 293, 329
　「아름다운 조선말」 13
　양자 입적 83
　「어디로갔는지모르는안해」 328
　「얼굴」 210, 256, 321
　「역단」 199, 328
　「오감도」 25, 98, 186, 196, 199, 211, 236, 249, 258, 261, 302, 362
　「오감도 작자의 말」 186
　「운동」 190, 211, 212
　「위독」 199, 328, 362
　「이상한가역반응」 24, 199, 200~207, 214, 247, 331, 360
　「이십이년」 229, 237, 240, 258, 259

「자상」(自像) 53~57
「자화상(습작)」 42
「정식」 327
「조감도」 190, 207, 210, 211, 256
『조선과 건축』 표지 디자인(1929) 307
『조선과 건축』 표지 디자인(1931) 308, 309
「조춘점묘」 321, 328
「종생기」 4, 42, 62, 155, 345, 348
「지도의 암실」 39
「지비」 39, 327
「지주회시」 328
「진단 0:1」 229, 233~236, 257, 275, 353
「척각」 39
「1928년 자화상」 23, 24, 34, 38, 41, 43, 46, 48, 50, 58
「추구」 328
「파편의 경색」 207
「풍경」 134
「회한의 장」 15, 40, 91, 113
「BOITEUX · BOITEUSE」 207, 208
~시에 나타난 시공간의식 185, 196~199, 248, 265
~의 실험시 265, 270, 285, 348
~의 여성 이미지 190, 320, 321
~의 출생지 75
~의 페르소나 39, 46
이상화 362
이순석 326
이어령 119
이완용 103~105
이육사 362
이케가미 시로(池上四良) 160
「경성도시계획에 대한 소신의 일단을 피력함」 160
이태준 301
이토 추타(伊東忠太) 177, 178

「현대사상과 건축」 177
임종국 10, 21, 34, 244
『이상전집』 10, 21, 34, 244
임화 207, 270
「지구와 빡테리아」 270
입체-미래파 279, 283
입체파 279
잇텐, 요하네스(Itten, Johannes) 151

【IX · ㅊ】

작업논리 266, 267, 268, 283
잘츠부르크 페스티벌 극장 149, 151
장소 이미지 103, 106
절대주의 283
정인택 41, 44, 322
정지용 12, 207, 270, 301
「슬픈인상화」 270
「카페 프란스」 270
「파충류 동물」 270
제국미술전람회 56, 334
출품지원서 56
제비 다방 306, 319, 320
~의 의자 324~325
『조선과 건축』 23, 24, 114, 117, 119, 151, 158, 160
경성 도시계획 특집호 168, 169
권두언 244~246
조선박람회 특집호 169, 175
표지 디자인 307
조선물산공진회 17, 108~113, 119, 175
철도국 특설관 113
조선미술전람회 334
조선총독부 신청사 110, 114~116
~의 건축공사 110, 111, 114
~의 구조 115~116

즉물미학 280, 281
차라, 트리스탄(Tzara, Tristan) 269, 278, 280, 283, 284
　「다다이스트의 시를 위한 처방」 283
　~의 우연시 280, 283
챔버스, 윌리엄(Chambers, William) 143
「1928년 자화상」 98, 134, 180, 181
　페르소나로서의 ~ 39, 46, 53
청기사파(Der Blaue Reiter) 153
초현실주의 157, 267, 293
총독부 신청사 134

【ㅋ·ㅌ·ㅍ】

카바레 볼테르 278
카페 쓰루 319, 322
칸딘스키, 바실리(Kandinsky, Wassily) 151
클레, 파울(Klee, Paul) 151
키르히너, 에른스트 루트비히(Kirchner, Ernst Ludwig) 154~157, 167, 180
　「군복을 입은 자화상」 154
　「다리파 선언문」 156
타우트, 브루노(Taut, Bruno) 145, 342
파구스 구두 공장 144, 145
파이닝거, 리오넬(Feininger, Lyonel) 151
평면(plan) 238
폐허의식 107
푈치히, 한스(Poelzig, Hans) 24, 142, 145, 147, 151, 152, 158, 160, 167, 342
　「그리스도」 152
　~의 건축관 160
표현주의 24, 46, 47, 134, 152, 157, 167, 180, 279, 342
표현주의 건축 151
퓨리즘(Purism) 167
필로티(piloti) 125, 167, 216

【ㅎ】

하기와라 교지로(萩原恭次郎) 271, 272
　「광고등!」 272, 273, 274
　「노대에서 초여름 가로 위를 보다」 272, 275
　『사형선고』 272
　이상 시와의 차이점 274, 275
하세가와 도시유키(長谷川利行) 50, 52
하시즈메 오쿠라(橋爪大藏) 163, 167
　「코르뷔지에 씨의 건축에 관하여」 163
하이퍼미디어 299
하이퍼텍스트 299, 358
항타 117, 119, 125
해체미학 286, 288
해체주의 건축이론 288
회화 152
후지시마 가이지로(藤島亥治郎) 23, 142~151
　「근대건축 노트」 143, 151
　「도불 중의 후지시마 이사로부터」 160
　「발터 그로피우스」 145
　「와그너 이후: 근대건축 노트의 서」 143
　「잘츠부르크 대극장에 대하여」 147
　「한스 푈치히의 건축관: 근대건축 노트」 158
휠젠베크, 리하르트(Hülsenbeck, Richard) 278, 284